더불어 사는 세상을 위한 소중한 첫걸음

국제개발협력

입문편

더불어 사는 세상을 위한 소중한 첫걸음

국제개발협력 입문편 (개정판)

ⓒ KOICA ODA교육원, 2022

1쇄 펴낸날 | 2022년 11월 25일
5쇄 펴낸날 | 2024년 5월 17일

엮은이 | KOICA ODA교육원
펴낸이 | 허주환

펴낸곳 | ㈜아이스크림미디어
출판등록 | 2007년 3월 3일(제2011-000095호)
주소 | 13494 경기도 성남시 분당구 판교역로 225-20(삼평동)
전화 | 031-785-8988
팩스 | 02-6280-5222
전자우편 | books@i-screammedia.com
홈페이지 | https://www.i-screammedia.com

ISBN 979-11-5929-227-9 03300

개정판

더불어 사는 세상을 위한 소중한 첫걸음

국제개발협력

입문편

KOICA ODA교육원 엮음

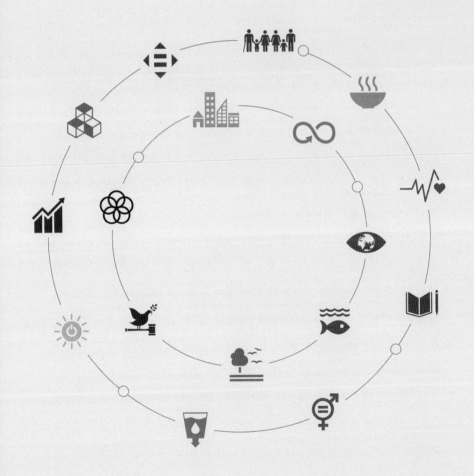

i-Scream media

| 서문 |

국제개발협력은 개발도상국의 빈곤 문제를 해결해 인간의 기본권을 지키고, 나아가 경제·사회의 지속가능한 발전을 위한 국제사회의 노력과 행동을 의미합니다. '누구도 소외되지 않는다(Leaving No One Behind)'는 UN 지속가능발전목표(Sustainable Development Goals, SDGs)의 원칙과 같이, 전 세계 모든 사람이 인간다운 삶을 누리게 하는 것이 국제개발협력의 궁극적인 목적일 것입니다.

하지만 최근 코로나19 팬데믹과 기후 위기, 분쟁 등으로 국제사회의 경제, 보건, 식량, 에너지 관련 위기가 전방위적으로 심화되었고, '소외된 사람이 더욱 소외되는' 현상이 뚜렷해지고 있습니다. 세계은행(World Bank)에 따르면 코로나19로 인해 세계의 절대빈곤율이 증가하였으며, 특히 아프리카에서 증가 폭이 더 크다고 밝힌 것처럼 최근 급변하는 환경은 국제사회에 새로운 도전 과제를 안겨 주고 있습니다.

이러한 위기 속에서 대한민국의 대표 개발협력기관인 한국국제협력단(KOICA)은 빠르게 변화하는 국제정세 및 환경에 부합하는 사업을 추진하고자 노력하고 있습니다. 코로나19로 인해 발생한 보건 위기 및 취약층의 사회경제적 위기 대응을 위한 포괄적 긴급 지원 프로그램을 2020년부터 실시하고 있으며, 개발도상국의 디지털 전환을 지원하는 디지털 공적개발원조(ODA), 분야별 성과 프로그램, 통합적 접근 등을 통해 개발도상국의 수요에 긴밀히 대응하며 개발협력의 질을 높여 오고 있습니다.

세계 최빈국에서 불과 한 세대 만에 경제성장과 민주화를 동시에 이룬 한국은 경제발전의 성공 사례이자 국제개발협력의 모범 사례로서 국제사회로부터 주목받고 있습니다. 특히 과거 선진 공여국의 사례를 따라가던 위치에서 벗어나, 경제협력개발기구(OECD) 개발원조위원회(DAC)에서 개발협력의 우수 사례로 한국이 소개되는 등 이제 타 공여국의 귀감이 되는 위치에까지 이르렀습니다. 이렇듯 국제개발협력은 국제사회의 책임을 다하여 우리의 국격을 높이는 일일 뿐 아니라, 상호연결성이 갈수록 복잡해지는 국제사회에서 상생의 국익을 달성하는 일입니다.

KOICA는 최근의 동향을 반영하여 국민들의 개발협력 분야에 대한 이해 및 지식을 증대시키고자 『국제개발협력 입문편』과 『국제개발협력 심화편』을 개정하였습니다. 먼저 '입문편'은 국제개발협력에 처음 관심을 가지는 독자가 전반적인 내용을 포괄적으로 파악할 수 있도록 기획되었으며, '심화편'에서는 국제개발협력의 주요 분야 및 이슈를 보다 심층적으로 다루었습니다.

지구촌의 더 나은 내일을 고민하며 국제개발협력의 길을 찾아가는 여러분의 여정에 이 책이 좋은 안내자, 그리고 동반자가 되기를 소망합니다.

KOICA 이사장

손혁상

차례

국제개발협력
입문편

제5장 한국의 국제개발협력
– 한국의 기여: 최빈국에서 원조 공여국으로

더불어 사는 세상을 위한
소중한 첫걸음

국제개발협력의 이해

조한덕 KOICA 베트남사무소 소장

개발협력은 우리가 공유하는 목표를 힘을 합쳐 함께 달성하기 위한 노력이다.
여기에는 신뢰 구축이 근본 요소가 되어야 한다.

J. 브라이언 애트우드
(J. Brian Atwood, OECD, 2011: 19)

인류의 복지 그리고 미래는 인류, 지구, 번영과 평화라는 공동의 목표를 달성하기 위한
글로벌 가족의 연대와 협력에 달려 있다.

안토니우 구테흐스
(Antonio Guterres, Our Common Agenda: Report of the Secretary General, UN, 2021)

1. 들어가며

국제개발협력이란 세 개의 단어, 즉 '국제', '개발' 그리고 '협력'이 조합되어 만들어진 말로서 국가 간에 개발을 위해 서로 협력하는 것을 말한다. 이 말을 이루고 있는 단어들을 하나씩 조금 더 자세히 들여다봄으로써 국제개발협력에 대한 이해를 높여 보자.

우선 '국제'라는 말은 주권을 가지고 있는 서로 다른 나라 간의 관계를 뜻한다. 따라서 어느 특정 국가의 주권이 미치는 영토 안에서 이루어지는 지방 또는 지역 간 협력은 국제개발협력이 아니다. 미국의 하와이, 아프리카 서안의 스페인령 카나리아 제도처럼 이들 지역이 미국과 스페인의 본토로부터 웬만한 외국보다 훨씬 더 멀리 떨어져 있다고 하더라도 말이다. 한편 '국가 간'은 선진국과 선진국, 선진국과 개발도상국, 또 개발도상국과 개발도상국 간의 관계를 모두 지칭하므로 넓게 보면 국제개발협력은 선진국이든 개발도상국이든 상관없이 국가 간에 이루어지는 협력을 모두 포괄하는 것이라고 해석할 수 있다. 다만 선진국은 대체로 상당한 개발이 이루어진 상태에 있다고 보므로 오늘날 국제개발협력이라고 하면 일반적으로 선진국과 개발도상국 간에, 그리고 개발도상국 상호 간의 협력을 지칭하는 좁은 의미로 해석되고 있다.

둘째, '개발'이란 토지나 천연자원 따위를 유용하게 만들거나, 지식이나 재능 따위를 발달하게 하거나, 산업이나 경제 따위를 발전시키는 것을 말한다. 다른 말로는 지금의 상태보다 더 낫거나 좋은 상태, 또는 더 높은 단계로 나아가도록 하는 것을 의미한다. 절대빈곤과 기아 상태를 없애는 것, 영양상태를 개선하는 것, 아플 때 적절한 의료혜택을 받도록 하는 것, 기대수명이 연장되는 것, 보편적인 초등교육이 이루어지고 나아가 상급학교에서 공부할 기회가 많아지는 것, 상하수도·전기·교통 인프라 등의 서비스를 지속해서 활용할 수 있는 것, 양질의 교육 및 직업훈련 이수를 통해 양질의 일자리(decent work)를 갖고 안정적인 소득원을 갖는 것, 안전하고 지속가능한 주거환경에서 사는 것, 이주의 자유가 보장되는 것, 두려움 없이 자신의 의사를 표현할 수 있는 것, 안전하게 거리를 걸어 다닐 수 있는 것, 좋은 자연환경을 누릴 수 있는 것 등이 아마도 더 나은 상태일 것이다.

셋째, '협력'은 힘을 합해 서로 돕는 것을 의미한다. 협력은 우리가 목표로 하는 바를 훨씬 쉽게 달성하도록 해 준다는 점에서 큰 의미가 있다. 앞서 개발이 무엇을 의미하는지를 구체적으로 나열한 사항 중, 예컨대 우리가 어느 공동체 전반의 영양상태를 개선한다는 목표를 가지고 있다면 이 목표의 달성 여부와 시점은 개개인이 들이는 노력과 그 공동체 전체가 함께 들이는 노력에 달려 있게 될 것이다. 만약 우리가 '나 혼자' 잘 사는 사회가 아니라 '다 함께' 잘 사는 사회를 보다 이상적으로 생각한다면, 또 내가 속한 공동체라는 개념을 단순히 내가 사는 동네, 지역, 우리나라에 국한하지 않고 모든 생명체를 포함한 지구 전체라는 개념으로 확장해서 생각할 수 있다면 국제개발협력이 왜 필요한지를 쉽게 이해할 수 있을 것이다.

국제개발협력이 필요한 이유와 영역은 빈곤퇴치에서부터 교육, 보건의료, 기후 위기, 해양오염, 대기오염, 생태계 파괴, 인도적 위기, 분쟁, 재난 복구, 코로나19와 같은 전염병 대응에 이르기까지 다양하다.

이와 같은 국제개발협력에 대한 기본적인 개념을 바탕으로 지금부터 국제개발협력이 요구되는 ▲지구촌의 빈곤과 불평등의 현실에 대해, ▲개발도상국은 왜 선진국에 비해 가난한지에 대해, ▲국제개발협력은 어떻게 추진해야 하는지에 대해, ▲국제개발협력을 이행하는 주요 수단의 하나인 공적개발원조(Official Development Assistance, ODA)는 무엇인지에 대해, ▲그간의 국제개발협력이 이룬 성과는 무엇이고 또 앞으로의 과제는 무엇인지에 대해 하나씩 살펴보도록 하자.

제1장

2. 지구촌 빈곤의 이해

(1) 불평등의 원인과 문제점

　　오늘날 우리는 과학기술의 발달, 특히 운송과 통신수단의 발달로 우리가 필요로 하는 것들을 전 세계에서 주문하고 생산하며 유통하고 소비하는 시대를 살고 있다. 우리가 일상에서 무심코 마시는 커피 한 잔을 예로 들어 보자. 우리가 커피숍에 들러 따뜻한 커피를 주문하고 그 커피가 종이컵에 담겨 나왔다고 하자. 그렇다면 커피는 십중팔구 중남미나 아프리카에서 재배된 것이고, 종이컵은 인도네시아 등 열대지방의 목재로 만들어졌을 것이다. 또 커피를 내리는 기계는 한국, 중국, 유럽 등에서 생산되었을 것이다. 만약 커피보다 더 복잡한 품목의 경우라면 그 품목을 만드는 데 필요한 재료를 확보하는 것부터 소비되기까지, 지구의 더 많은 장소와 더 많은 사람이 관여했을 것임을 쉽게 유추할 수 있다.

　이처럼 국경과 관계없이 전 세계에서 원자재의 조달부터, 생산, 유통, 소비가 이루어지는 시대를 글로벌 시대라고 부른다. 글로벌 시대는 경제학에서 말하는 소위 '절대우위' 또는 '비교우위'에 근거한 분업, '규모의 경제'에 근거한 대량생산, 교역을 통한 대량소비를 가능하게 하여 사람들이 필요로 하는 물건과 서비스를 예전에는 상상할 수 없는 저렴한 가격에 구매하고 이용할 수 있도록 함으로써 인류에게 다양한 혜택과 풍요로움을 제공해 주고 있다. 그 결과 현대를 사는 우리는 구매할 여력만 있다면 전 세계 곳곳에서 만들어진 자동차, TV, 냉장고, 휴대전화기, 신발, 의류, 식자재, 음료 등을 비롯하여 교육, 의료, 영화, 음악, 해외여행 등에 이르기까지 다양하고 이채로운 물품과 서비스를 전 세계 어디에서든 누릴 수 있게 되었다.

　그러나 모든 사물과 현상에는 명암이 있듯 글로벌 시대가 좋은 점만 있는 것은 아니다. 지금까지 대량생산과 대량소비를 미덕으로 여겨 온 글로벌 시대는 한정된 지구의 천연자원을 무분별하게 사용하며 자원 고갈, 환경파괴, 기후변화 등을 초래해 인류의 존립 기반 자체를 서서히 위태롭게 하고 있다. 또 이런 문제들은 논외로 차치하더라도 글로벌 시대가 제공하는 물질적 풍요와 다양한 서비스는 모두가 공평하게 누릴 수 있는 것도 아니다. 그리하여 한편에서는 주체할 수 없을 정도로 부가 늘어나는 사람들이 있는가 하면 다른 한편에서는 생존에 가장 기본적 요소인 의식주 해결도 하기 힘든 사람들이 상당수에 달하고 있다.

　이처럼 글로벌 시대는 인류 역사상 그 어느 때보다도 더 많은 절대다수의 인류에게 풍요로움과 다양한 서비스를 누릴 기회를 제공하고 있음에도 모두가 그 풍요로움과 기회를 골고루 누리지는 못하고 있다. 오히려 인류 역사의 어느 시점과 비교해도 압도적으로 많은 사람이 물질적 풍요를 누리고 있음에도 불구하고, 여전히 많은 사람이 절대적 또는 상대적으로 박탈감과 소외감에 시달리며 삶이 공평하지 않다고 느끼고 있는 것이 현실이다.

이런 역설적인 상황이 발생하고 있는 이유는 무엇 때문일까? 그것은 아마도 인류 전체의 부가 증가했음에도 불구하고 국가 간, 그리고 국가 안에서 불평등이 심화하고 있기 때문일 것이다. 이와 관련하여 본 장에서는 인간 사회에서 불평등이 발생하는 원인은 무엇인지, 불평등에 따른 문제점은 무엇인지, 불평등과 불가분의 관계에 있는 빈곤이란 무엇인지, 빈곤이 발생하는 원인은 무엇인지, 빈곤은 어떤 얼굴을 하고 있는지, 빈곤은 왜 개발도상국에서 보다 광범위하게 분포하고 있는지, 개발도상국의 빈곤을 경감하고 해소하기 위한 국제사회의 노력인 국제개발협력은 무엇인지, 또 그 노력은 어떤 방향으로 이루어져야 하는지 등에 대해 논하고자 한다.

불평등의 사전적 의미는 '차별이 있어 고르지 못한 상태'이다. 불평등이 생기는 이유는 인간이 사는 곳에서는 어디서나 선천적 또는 후천적으로 발생하기 마련인 개개인 또는 집단 사이에 권력, 재력, 학력, 능력, 노력 등에서 차이가 있기 때문이며, 이에 따른 우열이 발생하기 때문이다. 예컨대 남자와 여자, 부모와 자녀, 어른과 아이, 의사와 환자, 교사와 학생, 직장 상사와 부하 직원, 한 조직이나 사회의 다수 구성원과 소수 구성원, 부자와 가난한 자, 강대국과 약소국의 관계를 생각해 보자. 그러면 우리는 이들 상호 간에 물리적인 힘, 권력, 접할 수 있는 정보, 축적한 지식 등에서 상대적인 우열이 있음을 알 수 있다. <표 1-1>은 정치, 경제, 사회, 지리, 종교, 제도 등의 다양한 맥락에서 발생하는 불평등의 유형을 보여 주고 있다.

<표 1-1> 정치, 경제, 사회, 지리, 종교, 제도 차원의 불평등 구조

구분	우월적 지위	열위적 지위
공간적 차원	핵심(도시·산업 지역)	주변부(농촌·농업 지역)
국제사회의 개발 차원	지구의 북반구(선진국), 국제통화 기금, 세계은행, 원조를 주는 나라 (공여국), 채권자, 외부 전문가	지구의 남반구(개발도상국), 가난한 나라, 원조를 받는 나라(수원국), 채무자, 개발도상국 현지 주민
태생적·사회적 차원	남성, 백인, 다수 민족, 상위 계층	여성, 유색인종, 소수민족, 하위 계층
일상생활 차원	연장자, 부모, 시부모	젊은 층, 자녀, 며느리
관료적 조직 차원	상급자, 관리자, 관료, 후원자, 장교, 교도소장 및 교도관	하급자, 노동자, 민원인, 수혜자, 병사, 수감자 및 죄수
사회적·종교적 차원	후원자, 신부, 스승, 의사, 심리학자	수혜자, 신도, 제자, 환자
교육 및 학습 차원	스승, 강사, 선생님	도제, 학생

출처 : Chambers(1999: 60)

이러한 우열 및 이에 따른 불평등은 때로는 인간 사회의 안전과 조화를 위해 불가피한 측면이 있으며 일정 부분 순기능을 발휘하기도 한다. 예컨대 부모가 자녀에 대해, 그리고 어른이 아이에 대해 갖는 우월적 지위는 자녀와 아이가 안전하고 건강하게 자라고 생활할 수 있는 토대를 제공한다. 또 의사나 교사, 직장 상사가 자신들이 축적한 경험과 전문지식을 통해 환자나 학생, 후배 직원들에 대해 갖는 우월적 지위는 치료와 지식의 전수를 위해 바람직하다고 할 수 있다. 또한 인간은 저마다 타고난 재능과 추구하는 바가 다르고 노력을 통해 성취하는 정도가 다르므로, 이에 따라 발생하는 우열 관계 및 불평등은 일정 부분 불가피한 측면이 있다. 만약 이런 유형의 우열 관계 및 불평등까지 부정한다면 인간 사회의 발전과 진보를 위한 지식과 경험, 부, 나아가 인간의 생존과 번영의 기반은 그만큼 축적되지 못하고 오히려 후퇴할 수도 있을 것이다.

그러나 불평등은 개인의 역량과 노력에 관계없이 주어지는 때도 있다. 다음의 경우를 생각해 보자. 똑같은 또는 비슷한 능력을 갖추고 있는 두 아이가 있는데, 한 아이는 부유한 가정에서 태어나고 또 다른 아이는 몹시 가난한 가정에서 태어났다고 해 보자. 또 어떤 사람이 한국인으로 태어나는 경우와 몹시 가난한 나라, 예컨대 아이티의 국민으로 태어나는 경우를 생각해 보자. 두 가지 경우에서 우리는 부유한 가정에서 태어난 아이와 가난한 가정에서 태어난 아이가, 그리고 한국인으로 태어난 사람과 아이티의 국민으로 태어난 사람이 같은 삶의 질을 누릴 수 있을 것으로 기대할 수 있을까? 대부분 사람은 그렇지 않다고 생각할 것이다. 분명히 가난한 가정에서 태어난 아이와 아이티의 국민으로 태어난 사람이 부유한 가정에서 태어난 아이와 한국인으로 태어난 사람보다 불리한 상황에 있다고 할 것이다. <표 1-2>는 출신 가정의 차이가 아이에게 잠재적으로 어떤 영향을 미치게 될지를 보여 주고 있다.

<표 1-2> 부유층과 빈곤층 자녀가 기대할 수 있는 삶의 상대적* 비교

구분	부유층 자녀	빈곤층 자녀
부모가 대학교육을 받았을 가능성**	높음	낮음
영양 및 보건위생 환경 및 상태	좋음	낮음
보다 나은 양질의 교육에 대한 접근성	높음	낮음
대학 이상에 진학할 가능성	높음	낮음
보다 나은 보건 서비스에 대한 접근성	높음	낮음
보다 높은 소득을 기대할 수 있는 양질의 직업을 가질 가능성	높음	낮음
부의 대물림	높음	-
빈곤의 대물림	-	높음

출처 : Chambers(1999)

* 상대적인 가능성을 비교하는 것이지 반드시 그렇다는 것은 아니다.
** 고학력의 부모는 자녀가 유년기에 언어를 습득할 때 보다 많은 어휘를 사용함으로써 자녀의 인지 능력과 향후 학업 능력에 보다 긍정적 영향을 미치는 것으로 알려져 있다.

앞서 예로 든 불평등은 소위 '공평한 기회의 장'을 원천적으로 부정하는 구조적 불평등이다. 이런 불평등은 가족, 지역사회, 국가, 그리고 국제사회 등 다양한 차원과 영역에서 광범위하게 발생하고 있다. 아울러 그 파급 효과는 성별과 나이에 따라, 또 어떤 사회적 계층에 속해 있느냐 등에 따라 서로 다르게 나타난다. 그러면서 가난한 사람을 더욱 가난하게, 소외된 사람은 더욱 소외되게, 사회적 약자는 더욱 약하게 만든다. 만약 사회나 국가가 이러한 불평등을 개선하려는 노력을 끊임없이 모색하고 과감하면서도 적극적인 개선책을 마련하지 않으면 이런 구조적 불평등은 더욱 심화할 수밖에 없다.

그런데 안타깝게도 구조적 불평등은 풍요의 시대인 오늘날의 글로벌 시대에 오히려 극단적으로 심화하는 경향이 있다. 또 불평등의 양상도 전방위적으로 나타나고 있다. 이에 따라 불평등은 선진국과 개발도상국 사이에서는 물론, 같은 나라 안에서도, 또 전 세계 인구 개개인의 소득과 부에서도 확대되고 심화하는 것이 관찰되고 있다.

세계불평등보고서(2022)를 통해 이를 살펴보자. 동 보고서에 따르면 2021년 구매력평가지수(Purchasing Power Parity, PPP) 기준으로 전 세계 성인 1인당 평균 소득과 부는 각각 2만 3,380달러와 10만 2,600달러였다. 이제 이 소득과 부가 어떻게 배분되는지를 확인해 보면, 전 세계 상위 10%가 전체 글로벌 소득의 52%(1인당 연평균 12만 2,100달러)를 벌어들인 데 비해 하위 50%는 8.5%(1인당 연평균 3,920달러)만을 벌었음을 알 수 있다. 부의 측면에서는 상위 10%가 전체 부의 76%(1인당 77만 1,300달러)를 보유했지만, 하위 50%는 겨우 2%(1인당 4,100달러)만 보유하여 소득보다 더욱 심각한 불평등 상황에 놓여 있음을 알 수 있다<그림1-1>.

<그림 1-1> 2021년 기준 글로벌 소득과 부의 불평등 현황

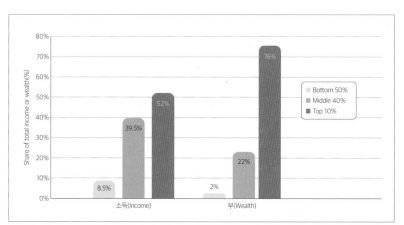

출처 : Lucas Chancel et, al.(2022)

또한 동 보고서는 1820~1980년 기간은 국가 간의 불평등이 심화하는 것이 특징이었다면, 1980년 이후는 국가 간의 불평등은 줄어드는 반면 국가 안에서의 불평등이 심화하고 있음을 보여 주고 있다. 국가 간의 불평등이 줄어든 것은 세계화가 진행되면서 전 세계 경제가 더욱 긴밀하게 연결되고 개발도상국으로의 투자 증가, 생산시설 이전 등이 활발히 이루어졌기 때문이다. 전 세계 인구의 상당 부분을 차지하는 중국과 인도 경제의 선진국 따라잡기도 여기에 한몫했다.

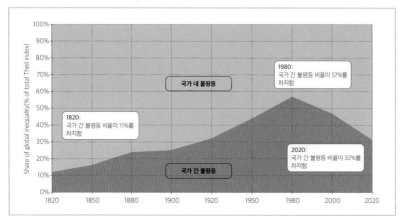

<그림 1-2> 글로벌 소득 불평등 : 국가 간 및 국가 내 불평등(Theil index)(1820~2020)

출처 : Lucas Chancel et, al.(2022)

　불평등, 특히 구조적 불평등이나 과도한 불평등의 문제점은 무엇일까? 몇 가지만 살펴보자.

　첫째, 불평등은 인간이라면 당연히 누려야 할 기본적인 인권을 실현할 기회를 박탈하거나 상당 부분을 제한한다. 역사를 통해 인류는 "인간은 자유, 존엄성, 그리고 권리에 있어 동등하다"라는 기본적 인권을 확립하기 위해 엄청난 노력과 투쟁을 전개해 왔다. 그 결과 1948년 국제연합(United Nations, UN) 총회에서 세계인권선언(Universal Declaration of Human Rights)이 채택되기에 이르렀다. 이를 바탕으로 모든 형태의 인종차별 철폐에 관한 협약, 여성에 대한 모든 형태의 차별 철폐에 관한 협약, 아동의 권리에 관한 협약 등 다수의 구체적인 인권 조약이 채택되었다. 덕분에 인권은 인류가 추구하는 보편적 가치로 확고하게 정립되었다. 그러나 불평등은 인류가 지금껏 그토록 추구해 온 인권이라는 보편적 가치의 실현을 실질적으로 제한한다.

둘째, 불평등은 한 사회가 가진 제한된 인적·물적·사회적 자원을 효과적이고 효율적으로 활용하는 것을 막고 낭비를 초래한다. 예를 들어 어떤 사람이 훌륭한 과학적, 기술적 재능을 가지고 태어났지만, 사회적 불평등 때문에 그가 가진 재능을 발휘할 기회조차 부여받지 못했다고 해 보자. 그렇다면 그 사람이 속한 사회는 그의 능력이 발휘됐을 때 달성할 수 있는 과학적 발견이나 발명으로 그와 그의 가족, 사회공동체, 그리고 그가 사는 자연환경에 가져다줄 수도 있는 큰 혜택의 기회를 날려 버린 것과 다름없다. 이는 어떤 사람이 남들보다 유리한 환경에서 태어나지 못했을 때 사회가 이를 극복할 수 있는 최소한의 기회를 제공해 주지 않는다면 그에 따른 손실이 단순히 개인적 차원에 머무는 게 아님을 보여 준다.

셋째, 불평등은 경제성장을 저해한다. 경제성장은 한 사회의 빈곤을 광범위하게 감소시키는 데 가장 효과적인 수단이므로 매우 중요하다. 그런데 불평등의 심화로 빈익빈 부익부가 광범위한 현상으로 자리를 잡게 되면 사회를 구성하는 대다수 일반 대중의 구매력이 떨어지게 되고, 이는 기업이 생산하는 제품과 서비스의 판매 감소로 연결될 것이다. 이는 다시 기업의 고용 감소와 파산으로 연결되어 사회 전반의 경제활력과 성장을 둔화시키게 된다. 이와 관련해 상위 소득계층 20%보다는 하위 소득계층 20%의 소득 증가가 경제성장에 더 크게 이바지한다는 국제통화기금(International Monetary Fund, IMF)의 보고서 내용을 주목할 필요가 있다(Era Dabla-Norris et, al, 2015).

넷째, 불평등은 빈곤을 심화한다. 인류는 기나긴 역사를 통해 한편으로 서로 대립해 싸우면서도 다른 한편으로는 서로 협력하며 살아왔다. 그 과정에서 우리는 자신의 안녕과 발전은 다른 사람을 지배하고 강제함으로써 달성할 수 있는 것이 아니고, 오히려 모든 사람이 자유롭고 평등한 존재임을 인정하고 이를 구현하는 것이 제일 나은 방법임을 배워 왔다.[1] 아울러 이러한 자유와 평등을 실현하는 가장 좋은 방법은 빈곤과 불평등을 해소하는 것이라는 것도 알게 되었다. 그런 만큼 지난 수십 년 동안 인류는 빈곤과 불평등을 해소하기 위해 집단지성을 모색하고 추진해 왔다. 그런데 불평등은 부와 권력을 가진 사람들이 모든 정책과 의사결정에서 더 큰 권한과 영향력을 행사하게 함으로써 그들에게 부의 집중을 초래하여 사회 전체를 위한 합리적인 소득 재분배와 그에 따른 빈곤 감소를 어렵게 만든다.

(2) 빈곤의 기본개념, 정의, 유형

빈곤이란 대체로 '기본적 욕구가 충족되지 못한 결핍 상태'라 정의할 수 있다. 그러나 무엇을 기본적 욕구로 볼 것인지에 대해 통일된 입장이 있는 것은 아니다. 기본적 욕구는 단순히 의식주와 관련된 것일 수도 있고, 나아가 자유와 평등에 대한 욕구, 사회적 소속감에 대한 욕구, 정치적 참여에 대한 욕구, 쾌적한 환경에 대한 욕구 등을 포괄하는 개념일 수도 있다. 따라서 무엇을 기본적 욕구로 볼 것이냐에 따라 빈곤에 대한 개념과 범위는 달라질 수 있다는 점을 이해할 필요가 있다.

기본적 욕구는 경제적 관점, 특히 소득과 소비 측면에서 가장 먼저 이해할 수 있다. 이 경우 빈곤은 다음과 같은 세 가지 유형으로 구분할 수

---

1 지금도 세계 곳곳에서 발생하고 있는 갈등, 폭력, 분쟁의 원인을 살펴보면 자기 자신이나 국가의 이익을 위해 다른 사람이나 민족의 자유와 평등을 희생시키려고 하거나 침해하려는 데 근본 원인이 있음을 알 수 있다.

있다.

첫 번째는 절대빈곤(extreme or absolute poverty)으로 이는 의식주 등 생존을 위한 기본적 욕구가 충족되지 못한 가장 심각한 상태의 빈곤을 말한다. UN은 절대빈곤을 식량, 안전한 식수, 위생시설, 보건, 주거, 교육 및 정보 등과 같은 인간의 기본적 욕구가 심각하게 박탈된 상태로 정의하고 있다. 국제사회는 통상 1일 1.9달러 미만의 소득으로 생활하는 사람을 절대빈곤층으로 정의하고 있다.[2] 절대빈곤을 극복하고자 하는 인류의 노력은 20세기 후반 이후 큰 성과를 보았다. 세계은행(World Bank, WB)[3]에 따르면 세계 인구의 절대빈곤 비율은 1990년에는 36%로, 2017년에는 10% 미만인 6.89억 명으로 줄었다. 오늘날 절대빈곤 인구는 사하라사막 이남 아프리카와 서남아시아에 집중적으로 분포하고 있다.

두 번째는 차상위 빈곤(moderate poverty)이다. 이는 생존을 위한 기본적인 욕구는 충족하지만, 가까스로 충족하는 상태를 말한다. 세계은행은 절대빈곤을 1일 1달러 미만의 소득으로 정의할 당시에는 2달러 이하의 소득을 차상위 빈곤으로 정의했으나, 현재(2022년) 1.9달러~3.1달러 구간을 차상위 빈곤의 기준치로 삼고 있다.

세 번째는 상대적 빈곤(relative poverty)이다. 이는 소득과 같은 객관적 기준에 의해서가 아니라 자신의 주관적 판단에 따라 가난하다고 느끼는

---

2 절대빈곤에 대한 글로벌 기준은 1990년 세계은행에 의해 도입되었다. 세계은행은 절대빈곤선을 1990년 하루 1달러 이하로 정의했으나, 물가상승 등을 고려해 2008년 1.25달러로 조정했고, 다시 2015년 1.9달러로 조정하여 현재까지 유지하고 있다. 세계은행(2020)에 따르면 전 세계의 절대빈곤 인구는 2017년 기준 6.89억 명으로, 비율로는 9.2%에 달한다. 전 세계의 절대빈곤 인구는 꾸준히 감소해 왔지만 2020년 코로나19의 여파로 다시 증가한 것으로 추정되고 있다.

3 세계은행은 제2차 세계대전으로 인한 피해 복구 지원 및 국제개발, 빈곤 감소 등을 위해 1945년 설립되었다. 국제통화기금(IMF), 세계무역기구(WTO)와 함께 3대 국제경제기구로 꼽힌다.

것으로, 자신이 준거기준으로 삼는 특정 집단 또는 사회에서 다른 사람과 비교해 적게 가지고 있다고 느끼는 것을 말한다. 따라서 비교적 높은 삶의 질을 누리며 사는 사람도 얼마든지 상대적 빈곤을 느낄 수 있다. 선진국이라 해서 절대빈곤이나 차상위 빈곤이 없을 수 없겠으나 선진국은 대체로 사회안전망(social safety net)의 확충을 통해 자국민이 최소한의 생존권을 누릴 수 있도록 제도적으로 대응을 하고 있으므로 선진국 국민이 느끼는 빈곤은 상대적 빈곤이 많다. 하지만 개발도상국, 특히 최빈개발도상국에서의 빈곤은 절대빈곤이나 차상위 빈곤이 주를 이룬다.

빈곤은 앞서 설명한 소득의 관점에서뿐만 아니라 소득 외적인 측면도 고려해야 한다는 주장이 널리 받아들여지고 있다. 이런 시각의 형성에 크게 기여한 인도 출신의 세계적인 경제학자 아마르티아 센(Amartya Sen)은 소득 또는 금전적 가치를 기준으로 빈곤의 척도로 삼는 것의 한계를 고려하여, 빈곤은 역량의 결핍 여부로 이해해야 한다고 주장한다. 즉 '기능(functioning)'과 '역량(capability)'의 구별을 통해 우리가 '되고자 하는 것(beings)', 또는 '하고자 하는 것(doings)'을 선택할 수 있는 자유가 있는지, 또는 '되고자 하는 것'과 '하고자 하는 것'을 달성할 능력을 갖추었는지 아닌지로 빈곤을 판단해야 한다는 것이다.

예를 들어 어떤 사람이 자전거를 필요로 하는 것은 편리한 이동이라는 기능을 위해서라 할 것인데, 이 사람이 경제적 이유로 자전거를 살 수 없거나, 신체적 장애로 인해 자전거를 탈 수 없거나, 또는 이 사람이 사는 사회가 자전거 사용을 금지한다면 자전거라는 운송수단을 선택하고 이용할 '역량'이 부족한 것이라 할 수 있다. 이렇듯 역량의 결핍이라는 관점에서 바라보는 빈곤은 개인적 상황 또는 사회적 제약으로 인해 자신이 가치를 부여하거나 가치를 부여할 만한 충분한 이유가 있는 기능을 선택할 수 있는 자유가 없는 상태를 빈곤으로 이해한다.

이러한 관점은 개발을 얼마나 가지고 있고 얼마나 소비할 수 있느냐는 소득 또는 금전적 측면에서뿐만 아니라 인간이 가치를 두고 있는 기능들을 선택할 수 있는 자유의 관점에서 봐야 한다는 점을 강조한다. 그 결과 1990년대 이후 빈곤을 소득 또는 금전적 측면에서 이해하는 것에 대한 대안적 시도가 다양하게 이루어졌는데, 유엔개발계획(UN Development Programme, UNDP)의 인간개발지수(Human Development Index, HDI), 남녀평등지수(Gender-Related Development Index, GDI), 성불평등지수(Gender Inequality Index, GII) 등이 그것이다.

센의 관점은 빈곤의 본질과 다양한 측면을 이해하는 데 많은 도움을 주었다. 그러나 빈곤은 소득의 측면과 소득 외적인 측면을 상호 보완적이자 종합적으로 이해하는 것이 필요하다. 경제적 측면을 외면한 채 빈곤을 역량의 결핍으로만 이해하면 생길 수 있는 모순을 한번 생각해 보자. 기사가 딸린 고급 자가용을 타고 다니는 어느 억만장자가 있는데 그가 신체적 장애가 있어서 자전거를 탈 수 없다면, 즉 그가 자전거를 이용할 '역량'이 결핍되어 있다면 우리는 그를 빈곤하다고 말해야 할까? 아마도 이에 동의하는 사람은 많지 않을 것이다.

(3) 빈곤의 복합적 원인과 다면성

빈곤의 원인은 다양하다. 홍수, 태풍, 가뭄 같은 자연재해, 민생을 외면하는 정부, 파벌주의, 족벌정치, 엽관주의[4], 전쟁, 정치적 불안정, 불평등, 사회적 차별, 분열, 혼란 및 폭력, 미신, 무지, 불합리한 풍속, 역량 부족, 게으름, 질병, 높은 출산율, 낮은 경제성장률, 높은 물가상승률, 실업, 불완전 고용, 소득과 자산의 집중, 법치 부족, 부정부패, 사회문제에 대한 무관심 등은 모두 빈곤의 원인으로 작용한다. 빈곤 문제에 관한 연구들은 앞에서 열거한 바와 같이 정치, 경제, 사회, 역사, 문화, 지리, 환경 등 인간 사회를 둘러싸고 있는 전체 환경 속에서 소득과 소득 이외의 다양한 측면들을 고려해 바라볼 때, 비로소 그 전체 그림을 좀 더 자세히 파악할 수 있음을 보여 준다.

이러한 맥락에서 빈곤의 원인을 종합적으로 고찰한 세계은행의 2000/2001년 세계개발보고서(World Development Report 2000/2001: Attacking Poverty)는 빈곤의 주요 원인을 다음과 같이 제시하고 있다.

첫째, 빈곤은 소득과 자산의 부족으로 인해 발생한다. 직업이 있는 사람은 빈곤에서 벗어날 수 있다. 왜냐하면 사람은 직업을 통해 소득을 얻을 수 있기 때문이다. 다만 그 직업은 안정적이고 가족을 부양할 수 있는 정도의 괜찮은 수입을 올릴 수 있어야 한다. 만약 어떤 사람이 일하고 싶지만 구할 수 있는 일자리가 없거나, 있더라도 충분치 않거나, 그 일을 통해 얻는 소득이 자신과 가족을 부양할 수 있을 만큼 되지 않는다면 어떻게 될 것인가? 당연히 그 사람과 그 가족은 경제적으로 매우 어려운 빈곤 상태에 처하게 될 것이다. 이처럼 사람들에게 일자리, 특히 양질의 일자리는 매우 중요한데, 양질의 일자리를 갖지 못한 가난한 사람은 자신과 가족의 교육, 건강 등에 대한 투자가 다른 사람들에 비해 상대적으로 낮을 수밖에 없으므로 더욱 심각한 빈곤 상황에 부닥치게 될 것이며, 나아

---

4 실적주의에 대비되는 용어로 공직자의 임용 시 후보자의 능력, 자격, 업무 실적보다 정당에 대한 충성심, 임명권자
와의 친분 등에 따라 임명하는 것을 말한다.

가 그의 자녀들에게도 빈곤을 물려주게 될 것이다.

사람들이 보유하는 유무형의 자산 또한 빈곤을 결정하는 주요 원인이 된다. 자산은 크게 인적자산, 천연자산, 물리적자산, 금융자산, 사회적자산 등으로 구분된다. 인적자산이란 사람들이 자신의 일부로 체화시킨 지식, 기술, 건강 상태 등을 말한다. 천연자산은 토지, 초원, 나무 등을 말한다. 물리적자산은 도로, 상하수도, 전기 등과 같은 사회기반시설에의 접근성을 말한다. 금융자산은 저축, 신용대출 등의 서비스 이용을 말한다. 사회적자산은 사회 구성원이 상부상조하는 네트워크 관계 등을 의미한다. 빈곤층은 이러한 자산의 축적이나 접근성에서 절대적인 측면에서나 상대적인 측면 모두 불리한 입장에 있다. 이는 다시 이들의 빈곤 상황을 나쁘게 하는 원인이 된다.

둘째, 빈곤은 자신의 입장에 대해 목소리를 낼 수 없는 것과 자신의 입장을 반영시키지 못하는 데서 느끼게 되는 무력함 때문에 발생한다. 가난한 사람들은 부유하고 힘 있는 사람들에 비해 자신의 요구를 국가나 사회의 주요 정책으로 반영 또는 관철하는 데 어려움을 겪는다. 또 가난한 사람들은 공정한 법의 적용, 폭력이나 위협 또는 착취로부터의 보호, 이해관계의 관철 등에서 종종 차별을 받는 경우가 있는데, 이는 가난한 사람들에게 커다란 부담 요인이 되며, 가난한 사람들이 자신들의 상황을 개선하는 데 장애요인이 된다.

셋째, 빈곤은 취약성으로 인해 발생한다. 가난한 사람들은 자연재해나 질병에 취약한 지역에 살거나 노출되는 경우가 많다. 예를 들어 가난한 사람들은 대개 홍수에 취약한 지역, 상하수도 및 위생 시설이 미비한 슬럼 지역 등에서 거주하는데, 이런 지역은 말라리아, 뎅기열, 결핵 등과 같은 질병 등에 취약할 수밖에 없다. 이와 같은 취약성은 가뜩이나 어려운 형편에 사는 사람들로 하여금 재해 복구나 질병 치료 등에 많은 자원과 시간을 투입하게 해 가난한 사람들의 빈곤 상황을 더욱 심화시키고 고착시킨다.

가난한 사람들의 시각에서 바라본 빈곤

다음은 세계은행의 2000/2001년 세계개발보고서에 소개된 가난한 사람들이 바라본 빈곤의 의미이다. 이를 통해 우리는 가난이 의미하는 바가 다차원적이라는 것을 이해할 수 있다. 또 가난한 사람들은 자신들의 복지를 결정하는 경제·사회적 요인들에 대해 미칠 수 있는 영향력이 매우 한정되어 있다는 것을 짐작할 수 있다(World Bank, 2001: 3).

나에게 가난이 무엇이냐고 묻지 마세요. 내 집에서 보는 모든 것이 가난을 의미하니까요. 내 집을 한번 둘러보세요. 그리고 벽과 지붕에 난 구멍들을 세어 보세요. 내가 가지고 있는 집기들을 보시고 내가 입고 있는 옷을 한번 보세요. ……당신 눈에 보이는 것이 바로 가난입니다.

- 케냐의 가난한 사람

우리가 농사를 지을 수 있는 땅은 매우 작습니다. 우리가 가게에서 사야 하는 것들은 모두 비싸기만 합니다. 그래서 살기가 힘듭니다. 우리가 일해서 벌 수 있는 돈은 매우 적습니다. 우리가 번 돈으로 살 수 있는 것들은 거의 없습니다. 물건들이 매우 부족하죠. 돈이 없어서 우리는 가난하다고 생각합니다. 만약 돈이 있다면…….

- 에콰도르의 가난한 사람

남편이 아프게 되면 우리 가족은 재앙에 직면하게 됩니다. 남편이 나아서 일을 할 수 있을 때까지 우리 가족의 삶은 정지 상태가 됩니다.

- 이집트의 가난한 여인

가난은 수치입니다. 가난해서 도움을 청할 때면 무례함, 모욕, 그리고 무관심 같은 것을 받아들일 수밖에 없게 됩니다.

- 라트비아의 가난한 여인

비슷한 맥락에서 경제협력개발기구(Organization for Economic Cooperation and Development, OECD)[5] 산하의 개발원조위원회(Development Assistance Committee, DAC)[6] 또한 빈곤은 아래와 같이 경제적·인적·정치적·사회문화적·보호적 측면의 다양한 원인이 상호작용을 하는 것으로 이해해야 하며, 원인에 대한 분석과 대응책을 마련할 때는 양성평등과 환경을 특별히 고려해야 함을 강조하고 있다(OECD, 2001).

첫째, 경제적 측면에서 바라볼 때 빈곤은 토지, 작업 도구, 가축, 산림, 어장, 신용, 그리고 양질의 일자리 등의 안정적 확보를 통해 소득과 자산을 획득하고 이를 기반으로 소비할 기회의 결여와 이를 활용할 수 있는 역량이 없음을 의미한다. 둘째, 인적 측면에서의 빈곤은 건강, 교육, 영양 상태, 깨끗한 물과 주거지 등을 누릴 기회의 결여와 이들을 보다 나은 삶으로 연결할 수 있는 역량의 결핍을 말한다.

셋째, 정치적 측면에서의 빈곤은 인권 또는 자신들이 원하는 바를 공공정책에 반영시킬 기회의 부족과 이를 관철할 수 있는 역량의 부족을 말한다.

넷째, 사회문화적 측면에서의 빈곤은 사회의 의미 있는 일원으로서의 참여를 보장받지 못하는 것을 말한다.

다섯째, 보호적 측면에서의 빈곤은 실업과 같은 경제적 충격, 또는

---

5 1961년 설립된 국제기구로서, 회원국의 지속가능한 경제성장, 고용 및 삶의 질 향상과 금융 안정을 촉진하고 세계 경제 발전에의 기여, 세계 각국의 건전한 경제성장에의 기여, 다자주의와 비차별 원칙에 입각한 세계무역 확대에 기여할 목적으로 설립되었다. 2022년 3월 기준 회원국은 38개국과 EU이다.

6 DAC는 개발협력을 촉진해 지속가능한 발전, 특히 개발도상국의 빈곤층에게 도움이 되는 경제성장, 빈곤 감소 및 삶의 질 향상에 기여하고 궁극적으로는 원조가 필요 없는 미래를 만드는 것을 목적으로 한다. 이를 위해 개발도상국으로 흘러들어 가는 ODA 등과 같은 개발재원의 모니터링, 평가, 보고 등을 실시하고, 회원국들의 개발협력 정책과 관행 등을 평가하며, 개발협력의 가이드라인 마련과 모범 사례 전파 등을 담당한다. 2022년 4월 기준 DAC 회원국은 29개국과 EU이다. OECD는 300개 이상의 위원회, 전문가 그룹을 통해 각종 정책 이슈를 다루고 있다.

사회불안, 가뭄, 홍수 등과 같은 외부적 충격을 견디고 다시 일어설 수 있는 사회적 시스템의 결여 또는 개인적 능력의 부족을 의미한다.

<그림 1-3>은 OECD DAC의 빈곤의 다차원적 특성과 이들의 상호작용에 대한 설명을 도식화해 설명하고 있다.

<그림 1-3> 빈곤의 다면성과 상호작용

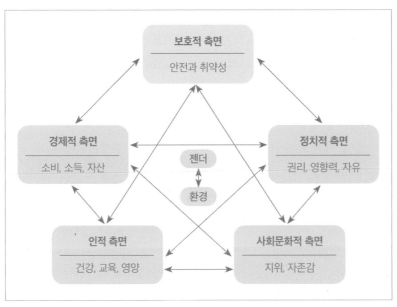

출처 : OECD(2002)

(4) 개발도상국 빈곤의 원인

빈곤은 인간이 사는 세상 어디에나 존재해 왔다. 인류의 부가 소수에게 편중되는 현상이 심화되는 글로벌 시대에, 빈곤은 비단 개발도상국만의 문제는 아니다. 선진국 또는 산업화가 고도로 진행된 나라에서도 지역 간, 계층 간, 인종 간 빈부격차는 점차 두드러지고 있는 현상이기 때문이다. 하지만 빈곤은 선진국 또는 산업화가 고도로 진행된 나라보다는 개발도상국에서 더욱 광범위하고 보편적인 현상이다.

개발도상국의 빈곤은 환경, 자원, 자연재해, 질병, 전쟁과 분쟁, 정치, 경제, 역사, 제도, 문화 등 여러 방면에서 그 원인을 찾아볼 수 있다.

첫째, 척박한 자연환경과 빈약한 자원을 물려받은 국가는 빈곤하다. 대표적으로 아프리카 사하라사막과 사하라사막 남쪽 주변부의 사막화가 진행되고 있는 사헬(Sahel) 지역 등에 있는 나라들이 이에 해당한다. 풀 한 포기도 자라기 어려운 환경에서 삶을 풍요롭게 만들 조건이 갖추어지기를 기대하기는 어렵기 때문이다.

둘째, 대규모 자연재해가 빈번하게 발생하고 질병이 창궐하는 국가는 빈곤하다. 20세기 후반 수십만 명의 아사자와 수백만 명의 이재민을 낸 에티오피아의 극심한 가뭄과 우간다, 말라위, 보츠와나 등 아프리카 지역에서 창궐한 후천성면역결핍증(HIV/AIDS)은 대표적인 사례이다. 여기에다 현재 진행되고 있는 기후변화는 그 책임이 개발도상국에게 있지 않음에도 이 국가들에 더 큰 피해를 주며 빈곤하게 만들고 있다.

셋째, 전쟁과 분쟁이 개발도상국을 빈곤하게 만든다. 전쟁과 분쟁은 대규모 국제난민(refugee)과 국내실향민(internally displaced people)을 초래하며, 주민들이 삶의 터전을 파괴하고 국토를 황폐하게 만든다. 아프리카의 수단, 르완다, 중앙아프리카공화국, 에티오피아, 시에라리온, 앙골라 등과 중동의 시리아, 아프가니스탄 등에서 발생한 내전과 전쟁 등이 이에 해당한다.

넷째, 굿 거버넌스(good governance)가 갖추어지지 않은 국가는 빈곤에 취약하다. 올바른 통치체제가 갖추어지지 않은 나라에서는 권력의 독점, 파벌주의, 족벌정치, 엽관주의, 정경유착을 통한 사적 이익 추구, 지대추구(rent-seeking) 행위[7], 법치 부족, 부정부패 등이 만연하게 될 개연성이 높다. 이 모든 것은 한 국가가 보유한 인적·물적 자원의 투명하고 효과적인 배분을 막고 사회 구성원의 자기계발에 대한 유인을 현저히 감소시키는 한편, 사회불안과 폭력을 조장하며 경제성장과 사회발전을 가로막는 주요 원인이 된다.

다섯째, 부의 과도한 집중과 이를 생산적으로 활용하지 못하는 국가는 빈곤하게 된다. 부의 축적은 산업의 육성 등에 필요한 자본을 형성할 수 있다는 점에서 일정 부분 순기능이 있을 수 있다. 그러나 상당수 개발도상국의 사례는 부의 축적이 고용을 창출하는 산업으로 이어지기보다는 부의 국외 유출이나 부의 집중을 이룬 계층의 기득권을 공고화하는 데 활용되고 있음을 보여 준다.

여섯째, 개발도상국의 식민지 경험과 유산은 이들 국가가 빈곤한 원인으로 작용한다. 종속이론(Dependency Theory)[8]은 개발도상국이 빈곤한 이유를 세계적 수준의 분업 체제에서 기술과 산업을 바탕으로 한 부유한 '핵심부' 국가에 개발도상국이 값싼 노동력과 원료 공급을 담당하는 '주변부' 국가로 전락했기 때문이라고 주장한다. 이러한 종속이론을 액면 그대

---

7 공급과 경쟁을 제한함으로써 이익을 취하는 행위를 말한다. 예를 들어 어떤 사람이 자신의 소유지를 통과하는 강을 막아 놓고 강을 오르내리는 배에 통행료를 부과한다고 하자. 이러한 행위는 그 사람 이외의 어느 누구에게도 전혀 도움이 되지 않는데, 이처럼 사회적 생산성 증대에 기여하는 바가 없이 공급 등을 제한함으로써 생기는 이익을 추구하는 행위를 '지대추구 행위'라고 한다.

8 라틴아메리카의 학자들이 제2차 세계대전 이후 개발도상국의 후진성과 그 원인을 설명한 이론이다. 종속이론은 세계는 부유한 '핵심부' 국가와 가난한 '주변부' 국가로 구분되며, 주변부 국가들은 핵심부 국가들에게 천연자원, 값싼 노동력 등을 제공하고, 핵심부 국가들이 만든 제품의 소비시장 역할을 함으로써 핵심부 국가들에게 착취당한다고 주장한다.

로 수용하기는 쉽지 않지만, 오랜 식민지 시대의 착취와 자원 약탈은 이들 국가가 스스로 산업을 육성하고 발전시킬 수 있는 원동력을 잠식하는 계기가 되었다는 것 또한 부인하기 어렵다. 또한 상당수 아프리카 국가의 경우, 제국주의 시절 침략국들이 부족들 간의 경계를 고려하지 않은 채 자의적으로 설정한 국경으로 인해 부족 간 갈등과 분쟁의 불씨를 안고 독립하였는데, 이와 같은 유산은 이들 국가의 발전을 저해해 왔다고 할 수 있다.

일곱째, 국제경제 질서 정립과 재편에 능동적으로 참여하지 못해 자신들에게 유리한 결과를 끌어내지 못하는 것 또한 개발도상국이 빈곤한 원인이 된다. 모든 제도에는 규칙을 만드는 자(rule setter)와 규칙을 따르는 자(rule taker)가 있기 마련이다. 이는 국제경제 질서에서도 마찬가지여서 경제 규모, 외교적 협상력, 국제경제 규범이 가져올 파급 효과에 대한 분석 및 이에 대한 대처 능력 등에서 상대적으로 불리한 위치에 있는 개발도상국은 국제경제 질서를 주도하기보다는 어쩔 수 없이 수용하는 경우가 대부분이다.

일례로 1990년대 이후 일명 워싱턴 컨센서스(Washington Consensus)[9]를 통해 전 세계 경제의 패러다임을 지배해 온 신자유주의(Neo-Liberalism)는 미국 등 서방국가들이 주도해 왔으며, 기본적으로 자유방임주의를 표방하며 개방화, 자유화, 민영화, 탈규제, 작은 정부 등을 옹호해 왔다. 이러한 신자유주의는 세계 경제의 비능률을 개선해 효율성을 강화하는 데 어느 정도 이바지했다. 하지만 자본과 지식, 그리고 기술 측면에서 우월적

지위에 있는 국가, 기업, 개인들이 기울어진 운동장을 이용하며 승자가 되어 모든 것을 차지하는 상황을 만들어 국가 간은 물론 국가 내 빈부격차를 확대하는 심각한 부작용을 초래했다.

이 밖에도 개발도상국들의 과다한 채무와 농업, 특히 단일 작물 경작에 의존하는 농업 기반 경제, 교육, 보건 등 기초 공공서비스에 대한 투자 부족, 우수한 인재들이 해외로 빠져나가는 두뇌 유출 등은 이들 국가가 빈곤한 원인이 된다. 아울러 이들 빈곤의 원인은 상호 복합적이고 유기적으로 연결되어 구조화되고 고착화되는 경우가 많은 것이 개발도상국들이 직면하는 빈곤의 현실이다.

개발도상국들이 왜 빈곤한가에 대한 간략한 논의를 마무리하기에 앞서 몇 가지 유의해야 할 점을 짚고 넘어갈 필요가 있다.

첫째, 개발도상국이란 대체로 1인당 국민소득, 산업화 정도, HDI[10] 등이 낮은 나라를 지칭하지만, 엄밀히 정해진 기준이 있는 것은 아니라는 점이다.

둘째, 개발도상국 간에도 개별 국가가 처한 발전 단계는 서로 같은 것이 아니어서, 개발도상국은 다시 각 국가의 소득수준 및 발전 단계에 따라 최빈개발도상국, 저소득국, 저중소득국, 고중소득국으로 분류되기도 한다는 점이다.[11]

---

10 UNDP가 평균수명, 교육 수준, 1인당 국민소득이라는 세 가지 지표를 활용해서 한 나라의 발전 정도를 0~1 척도로 수치화해 나타낸 것이다. 만점은 1점이다. 여전히 한계는 있으나 한 나라의 발전 정도를 경제수준, 특히 1인당 국민소득으로만 평가하는 것보다는 훨씬 합리적이라고 할 수 있다.

11 이러한 개발도상국의 분류 방법은 세계은행의 기준에 따른 것이다. 세계은행은 세계경제를 1인당 국민총소득 (GNI)을 기준으로 저소득국, 저중소득국, 고중소득국, 고소득국 등 4개의 카테고리로 분류한다. 최빈개발도상국은 저소득국 중에서도 소득과 개발 정도가 특히 낮은 국가로서 UN이 지정한다. 참고로 소득에 의한 개발도상국 분류는 1인당 GNI 1,045달러 이하(저소득국), 1,046달러 이상 4,095달러 이하(저중소득국), 4,096달러 이상 1만 2,695달러 이하(고중소득국)로 이루어지고 있다(2022년 집필 시점 기준, 2020년 자료).

셋째, 어떤 나라를 개발도상국이라고 하는 데는 앞서 언급한 1인당 국민소득, 산업화 정도, HDI 등과 같은 지표의 평균을 통해 그렇다고 하는 것이므로 소위 통계의 함정에 빠지지 않도록 해야 한다는 점이다. 가령 중국은 아직 개발도상국이지만 남동 연안 지대를 중심으로 하는 일부 지역의 경우 이미 높은 소득수준에 도달한 곳도 있으며, 특정 분야의 과학기술과 산업은 이미 우주선을 발사할 정도로 선진국에 못지않게 앞서 있다.

넷째, 개발도상국 주민들의 삶이 모두 다 불행하거나 비관적일 것이라고 지레짐작해서는 안 된다는 점이다. 가끔 TV 광고에서 보이는 굶어 죽을 위기에 직면한 어느 아프리카 엄마와 아기의 모습은 긴급한 인도주의적 지원이 필요한 곳의 매우 극단적인 상황을 보여 주는 것일 뿐이지 대부분 개발도상국의 실상은 그와는 거리가 멀다. 선진국과 비교해 비록 물질적으로 덜 풍요로울지라도 행복하고 평화로운 삶을 영위하는 사람들 또한 많다는 것을 잊지 말아야 한다. 이는 인간이 행복한 삶을 영위하는 데 있어서 물질적 풍요가 필요조건은 될 수 있어도 충분조건은 아니기 때문이다.

3. 국제개발협력의 이해

(1) 국제개발협력의 정의

UN은 1948년 세계인권선언을 통해 모든 인간은 자유롭고 평등하게 태어났으며 인종, 피부, 성별, 언어, 종교, 정치적 또는 기타 의견, 국적이나 사회적 출신, 재산, 출생이나 기타 신분 등의 이유로 차별을 받지 않을 권리와 자유를 가지고 있다고 선언하고 있다. 나아가 인간은 생명, 자유, 신체의 안전에 대한 권리, 법 앞에 평등할 권리, 노동할 권리, 교육받을 권리, 사회적 보호를 받을 권리 등을 가지고 있음을 선언하고 있다. UN은 개발이 이러한 인간의 천부적 권리를 보장해 주는 방향으로 추진되어야 한다는 이른바 '인권에 기반한 개발'을 옹호하고 있다.

그러나 불행히도 현실에서는 빈곤 및 불평등으로 인해 이러한 권리를 충족하지 못한 채 살아가는 사람들이 많다. 누누이 말하지만 이런 사람들은 선진국과 개발도상국을 가리지 않고 어느 나라에나 존재한다. 하지만 선진국에서는 이러한 권리를 충족하지 못하는 사람들이 전체 국민 중에서 차지하는 비율이 대체로 낮고, 이들이 인간의 기본적 욕구(Basic Human Needs, BHN)를 충족할 수 있도록 도와주는 사회안전망을 제도적으로 갖추고 있으며, 사회적 합의를 통해 이를 꾸준히 보완할 수 있는 장치와 역량을 갖추고 있으므로 이들 국가에서 빈곤과 불평등은 자체적으로 해결이 가능한 문제라고 할 수 있다.

그에 반해 개발도상국에서는, 특히 가난한 나라일수록 소수의 특권층을 제외하고는 국민 대다수가 세계인권선언이 제시한 바와 같은 인간의 천부적 권리를 추구하거나 누릴 수 있는 환경에 대한 접근성 자체가 제한적인 삶을 살고 있다고 할 수 있다. 이는 개발도상국들이 산업의 근대화와 경제개발에 뒤처져 고용기회가 적고, 양질의 일자리가 적어 소득이 낮으며, 정치·경제·사회·문화·역사적 측면에서 각종 제도와 체계가 미흡해 자국민에게 인권을 충분히 보장할 만한 여건을 갖추지 못하고 있기 때문이다.

여기서 어떤 나라를 선진국이라고 하고 또 어떤 나라를 개발도상국이라고 하는지 잠시 살펴볼 필요가 있겠다. 이에 대한 정의는 하나로 확립되어 있지 않은데, UN은 HDI를 기준으로 0.8점 이상은 선진국으로, 0.8점 이하는 개발도상국으로 분류하고 있다. 이에 비해 세계은행은 1인당 GNI가 1만 2,696달러 이상인 고소득국과 그 이하인 국가들을 저소득국, 중저소득국, 고중소득국으로 분류하는데, 대체로 고소득국에 해당하지 않는 국가를 개발도상국으로 볼 수 있다(2022년 집필 시점 기준, 2020년 자료).

세계은행의 기준으로 개발도상국으로 분류할 수 있는 국가는 137개국이며(2022년), 이들 나라의 인구는 2020년 기준 약 65.2억 명으로서 전 세계 인구 약 77.6억 명 중 84%를 차지한다.[12] 이 나라들은 대체로 아시아, 아프리카, 중남미 등 지구의 남반구에 위치하며, 농업 위주의 경제, 높은 실업률, 낮은 소득, 경직적인 사회제도, 높은 불평등, 높은 성인 문맹률, 낮은 수준의 영양상태와 공중보건 체계 등의 특성을 보인다. 이처럼 소득, 인프라, 경제성장률, 직업 기회, 교육, 보건위생, 생활환경 등과 같은 인간의 삶의 질을 결정하는 다양한 정치·경제·사회적 지표에서 나타나는 선진국과 개발도상국 간의 차이를 우리는 개발 격차(development gap)라고 한다.

물론 개발 격차는 선진국과 개발도상국 간에만 국한된 문제는 아니다. 왜냐하면 개발 격차는 선진국 간에도, 또 선진국이든 개발도상국이든 상관없이 같은 나라 안에서도 발생하기 때문이다. 예컨대 같은 나라 안이라도 도시와 농촌 간, 지역 간, 세대 간, 성별 간, 계층 간에도 개발 격차는 존재한다. 하지만 선진국들은 다양한 정책, 제도, 재정 투입 등을 통해 유연하게 그 문제에 대처할 수 있는 여건을 갖추고 대응할 수 있다. 반면 개발도상국들은 자신들이 활용할 수 있는 정책적·제도적 수단이 극히 제약된 상황에서 선진국과 개발도상국 간, 개발도상국 상호 간, 개발도상국 국내에서 발생하는 개발 격차를 극복해야 하는 복합적 과제를 안고 있다.

이처럼 선진국과 개발도상국 간, 개발도상국 상호 간, 개발도상국 국내에서 발생하는 개발 격차를 줄이고 개발도상국의 빈곤과 불평등을 해소하며 개발도상국의 사람들이 세계인권선언이 주장한 천부적 인권을 누릴 수 있도록 하기 위한 국제사회의 구체적인 노력과 행위를 우리는 국

제개발협력(International Development Cooperation), 또는 줄여서 개발협력(Development Cooperation)이라고 한다. 그런데 개발도상국들이 당면한 개발 격차, 빈곤과 불평등은 해당 개발도상국은 물론 국제사회 전반의 정치, 경제, 사회, 문화, 역사적 요인 등에 기인하므로 단기간에 해소될 수 있는 성질의 것은 아니다. 따라서 국제개발협력은 개발도상국들의 개발을 저해하는 제반 시스템을 중장기적 관점에서 개선할 수 있도록 추진되어야 한다.

(2) 국제개발협력의 측정

국제개발협력은 어떻게 측정할까? 국제개발협력은 개발도상국의 빈곤 감소, 경제·사회발전 및 복지 증진을 위한 노력과 행위인데, 그 노력과 행위를 측정하기란 매우 어려운 일이다. 그래서 국내총생산(Gross Domestic Product, GDP), 국민총소득(Gross National Income, GNI)과 같은 소득 지표를 활용하여 특정 사회가 수행한 경제활동의 총량을 측정하는 것처럼 국제개발협력도 이와 관련되어 사용한 금액으로 측정한다. 이렇게 개발도상국의 개발을 목적으로 사용되는 금액을 개발재원(development finance)이라고 한다. 개발도상국의 개발에 활용할 수 있는 개발재원으로는 크게 공적개발원조(Official Development Assistance, ODA), 기타공적자금(Other Official Flows, OOF), 민간자금의 흐름(Private Flows at market terms, PF), 민간증여(Net Grants by NGOs), 송금(remittances)으로 구분할 수 있다.

<표 1-3> 개발재원의 형태

구분	지원 방법	지원 형태	내용
공적개발원조	양자 원조	무상	증여, 기술협력, 프로젝트 원조, 식량 원조, 긴급재난구호, NGO지원
		유상	양허성 공공차관
	다자 원조	-	국제기구 분담금 및 출자금
기타공적자금	양자 원조	유상	공적 수출신용, 투자금융 등
	다자 원조	유상	국제기관 융자
민간자금 흐름	-	유상	해외직접투자, 1년 이상의 수출 신용, 국제기관 융자, 증권투자 등
민간증여	-	무상	NGO에 의한 증여
송금	-	무상	해외에 이주한 개발도상국 국민의 본국 송금

출처 : OECD와 KOICA 자료를 참고하여 저자 재구성

각각의 내용을 간략히 살펴보면 다음과 같다.

첫째, ODA란 개발도상국의 경제·사회발전을 위해서 공여국의 공공부문이 개발도상국 또는 국제개발기구에 제공하는 양허성자금을 말한다. ODA는 공여국이 수원국에게 직접 또는 공여국의 집행기관을 통해 지원하는 양자원조(bilateral aid)와 공여국이 UN 등 국제기구를 통해 수원국에게 지원하는 다자원조(multilateral aid)로 구분된다. 양자원조는 다시 공여국이 수원국에게 상환의 의무를 지우지 않고 지원하는 증여율 100%의 무상원조(grant)와 수원국이 상환의 책임을 지는 증여율 100% 미만의 유상원조인 양허성차관(concessional loan)으로 구분된다.

둘째, 기타공적자금은 공여국의 공공부문이 개발도상국에게 제공하는 자금 중 ODA에 포함되지 않는 자금으로 공적 수출신용, 투자금융 등이 해당한다. 셋째, 민간자본의 흐름은 민간부문이 시장 조건으로 개발도상국에게 제공하는 해외직접투자(Foreign Direct Investment, FDI), 1년 이상

의 수출신용, 국제기관융자, 증권투자 등을 의미한다. 넷째, 민간증여는 비정부기구(Non-Governmental Organization, NGO)가 개발도상국에게 증여하는 자금을 말한다. 민간증여는 상환 의무, 즉 갚을 의무를 부과하지 않는다는 점에서 무상원조와 같으나, 제공하는 주체가 국가가 아닌 민간부문이라는 점에서 차이가 있다. 다섯째, 해외에 이주한 개발도상국 국민의 본국 송금을 말한다.

일반적으로 국제개발협력은 선진국과 개발도상국 간에 이루어지는 행위이다. 하지만 개발도상국 상호 간에도 국제개발협력은 추진된다. 특별히 개발도상국 상호 간에 이루어지는 국제개발협력을 남남협력(South-South Cooperation)이라고 하는데, 이는 대부분의 개발도상국이 지구의 남반구에 위치하기 때문이다. 그러나 남남협력은 선진국과 개발도상국 간에 이루어지는 국제개발협력에 비해 규모가 그리 크지 않고, 이에 대한 통계도 잘 제공되지 않으므로 정확한 규모를 파악하기 쉽지 않다.

(3) 공적개발원조(ODA)

1) ODA 정의

앞서 우리는 국제개발협력에 활용되는 재원은 공적개발원조, 기타공적자금, 민간자금, 민간증여 등 네 가지 형태가 있음을 살펴봤다. 이들 모두 개발도상국의 개발과 발전을 위해 매우 유용하다. 그중에서도 ODA는 직접적으로 개발도상국의 개발을 주목적으로 한다는 점에서 특별한 의미가 있다. 왜냐하면 해외직접투자와 같은 민간자금이 기업활동, 일자리, 소득 창출과 같은 기능을 통해 개발도상국의 개발에 미치는 의미와 역할이 큰 것은 사실이나 민간자금의 움직임은 어디까지나 상업적인 시장 논리에 의해 이루어지는 것이지, 개발도상국의 개발을 주목적으로 하는 것은 아니기 때문이다. 아울러 민간자금은 기업이 이윤을 창출할 수 있는 나라나 분야에 집중되기 때문에 민간자금이 관심을 기울이지 않는 나라나 분야의 개발을 지원하기 위해서는 ODA의 역할이 중요하다. 이러한 맥락에서 일반적으로 가장 좁은 의미에서, 그리고 엄격한 의미에서의 국제개발협력은 ODA를 지칭한다.

ODA에 대한 정의는 OECD DAC에 의해 1969년 도입되었다. ODA는 개발원조(Development Aid), 국제원조(International Aid), 해외원조(Overseas Aid), 원조(Aid) 등과 같이 다양한 이름으로 혼용되어 불려 왔다. 그런데 ODA는 공여국들의 일방적인 시혜적 차원에서가 아니라 개발도상국들과의 파트너십을 통해 추진되어야 한다는 점이 강조되고 있고, 또 인류가 공동으로 당면하고 있는 기후변화, 환경 및 생태계 파괴 등과 같은 과제 해결을 위해, 그리고 평화와 안전을 통한 인류 공동의 번영을 위해서는 국가 간 연대가 더욱 필요하다는 인식이 높아지면서 개발협력이라는 용어가 보다 널리 사용되고 있다.

ODA는 개발도상국 또는 다자개발기구로 흘러들어 가는 자금 중 다음 세 가지 조건을 충족하는 자금을 말한다.

첫째, ODA는 중앙 및 지방정부, 그 집행기관 등의 공적기관이 제공하는 자금이어야 한다. 이는 ODA의 시행 주체는 원조를 제공하는 공여국 정부 또는 공여국 정부의 집행기관이어야 함을 의미한다. 따라서 개인, NGO나 민간기업이 개발도상국이나 개발도상국의 국민을 위해 지원하는 자금은 ODA로 계상하지 않는다. 다만 공여국 정부 또는 그 집행기관이 국제개발협력을 위해 개인, NGO, 민간기업에 위탁해 집행하는 자금은 ODA로 계상한다. 여기서 공여국이 ODA 자금을 어떻게 조성했는지는 중요하지 않다. 즉 공여국은 ODA 재원을 국민의 세금으로 조성할 수도 있고 민간부문으로부터 빌릴 수도 있다. 중요한 것은 공여국 정부 또는 공적부문이 자신의 책임하에 ODA 자금을 조성해 집행해야 한다는 것이다.

둘째, ODA는 주요 목적이 개발도상국의 경제발전과 복지 증진에 이바지하기 위한 것이어야 한다. 상업적 목적 또는 군사적 목적으로 제공되는 자금은 ODA에 포함되지 않는다. 다만 예외적으로 개발도상국에서 발생한 재난 등에 대해 공여국 군대가 수행하는 인도적 원조나 개발과 관련된 활동, 그리고 UN이 지정하는 특정 평화 구축 활동 등은 ODA로 인정된다. 한편 DAC는 ODA로 계상되는 개발도상국의 명단을 주기적으로 검토해 수원국 목록을 발표하는데, 여기에 포함되지 않는 나라에 제공하는 자금은 ODA에 포함되지 않는다. 또한 DAC는 ODA로 계상되는 다자개발기구의 명단을 제시하고 있다. 마찬가지로 동 명단에 포함되지 않는 다자개발기구에 대한 지원은 ODA로 계상되지 않는다.

<표 1-4> OECD DAC 수원국 목록(2022~2023년)

최빈개발도상국 (LDC)	저소득국(LIC) 1인당 GNI 1,045달러 이하(2020년)	저중소득국(LMIC) 1인당 GNI 1,046- 4,095달러(2020년)	고중소득국(UMIC) 1인당 GNI 4,096- 1만 2,695달러(2020년)
아프가니스탄	북한	알제리	알바니아
앙골라	시리아 (2국)	벨리즈	아르헨티나
방글라데시		볼리비아	아르메니아
베냉		카보베르데	아제르바이잔
부탄		카메룬	벨라루스
부르키나파소		콩고	보스니아헤르체고비나

최빈개발도상국 (LDC)	저소득국(LIC) 1인당 GNI 1,045달러 이하(2020년)	저중소득국(LMIC) 1인당 GNI 1,046- 4,095달러(2020년)	고중소득국(UMIC) 1인당 GNI 4,096- 1만 2,695달러(2020년)
부룬디		코트디부아르	보츠와나
캄보디아		이집트	브라질
중앙아프리카공화국		엘살바도르	중국
차드		에스와티니	콜롬비아
코모로		가나	코스타리카
콩고민주공화국		온두라스	쿠바
지부티		인도	도미니카
에리트레아		인도네시아	도미니카공화국
에티오피아		이란	에콰도르
감비아		케냐	적도기니
기니		키르기스스탄	피지
기니비사우		미크로네시아	가봉
아이티		몽골	조지아
키리바시		모로코	그레나다
라오스		니카라과	과테말라
레소토		나이지리아	가이아나
라이베리아		파키스탄	이라크
마다가스카르		파푸아뉴기니	자메이카
말라위		필리핀	요르단
말리		사모아	카자흐스탄
모리타니		스리랑카	코소보
모잠비크		타지키스탄	레바논
미얀마		토켈라우	리비아
네팔		튀니지	말레이시아
니제르		우크라이나	몰디브
르완다		우즈베키스탄	마셜군도
상투메 프린시페		바누아투	모리셔스
세네갈		베트남	멕시코

최빈개발도상국 (LDC)	저소득국(LIC) 1인당 GNI 1,045달러 이하(2020년)	저중소득국(LMIC) 1인당 GNI 1,046- 4,095달러(2020년)	고중소득국(UMIC) 1인당 GNI 4,096- 1만 2,695달러(2020년)
시에라리온		서안 및 가자지구	몰도바
솔로몬군도		짐바브웨 (36국)	몬테네그로
소말리아			몬세라트
남수단			나미비아
수단			나우루
탄자니아			니우에
동티모르			북마케도니아
토고			파나마
투발루			파라과이
우간다			페루
예멘			세인트헬레나
잠비아 (46국)			세인트루시아
			세인트빈센트 그레나딘
			세르비아
			남아프리카공화국
			수리남
			태국
			통가
			튀르키예
			투르크메니스탄
			베네수엘라
			왈리스 푸투나 (56국)

출처 : OECD 홈페이지(2022.5.20.검색)

셋째, ODA는 양허적 성격을 가져야 한다. '양허'라는 말은 상대방이 유리하도록 헤아려 주는 것을 의미한다. DAC는 1969년 '10%의 할인율을 적용했을 때 증여율(grant element)이 25% 이상인 자금'을 ODA라고 정의한 이래 이 개념을 2017년 데이터 측정까지 유지해 왔다. 가령 A 나라가 B 나라에 100원을 빌려주고 나중에 이를 돌려받을 때 현재가치(present value)로 75원 미만이면 ODA가 되는 것이다. 예를 들어 100원을 빌려주고 돌려받을 때 현재가치 기준으로 80원을 돌려받는 경우와 60원을 돌려받는 경우를 예로 들면 80원을 돌려받는 경우는 양허율이 20%로 ODA가 아니며, 60원을 돌려받는 경우는 양허율이 40%가 되어 ODA로 인정된다. 100원을 모두 상환 의무를 지우지 않고 제공하는 무상원조의 경우 양허율은 100%가 된다.

하지만 이러한 ODA 측정 방식은 ODA가 꼭 필요하지만 채무불이행의 위험이 높은 최빈개발도상국과 저소득국에게 제공하는 양허성차관과 채무불이행의 위험이 낮은 고중소득국에 대한 양허성차관의 개발 기여도를 동일하게 적용한다는 문제가 있다. 이는 저소득국에 더 나은 조건으로 더 많이 지원되어야 할 ODA가 고중소득국에게 더 집중되게 하고, 고중소득국과 동일한 조건의 자금을 지원받는 저소득국을 더 깊은 채무의 수렁에 빠지게 해 왔다.

이러한 문제를 개선하고자 DAC는 2014년부터 ODA를 새롭게 정의하는 논의를 진행했다. 그 결과로 DAC는 2018년 데이터 측정부터 ODA 산정을 기존의 증여율 방식에서 증여등가율(grant equivalent)[13] 방식으로 변경했다. 이에 따라 양허성 차관은 최빈개발도상국과 저소득국에 대해 할인율 9%를 적용해 증여율이 45% 이상일 때, 저중소득국에 대해 할인율 7%를 적용해 증여율이 15% 이상일 때, 고중소득국에 대해 할인율 6%를

---

13 '증여등가율'은 상환 의무 없이 증여하는 무상 ODA와 상환 의무를 부과하는 유상 ODA의 가치를 동일하게 볼 수 없다는 것이다. 이에 따라 새로운 기준의 ODA는 유상 ODA 중 증여적 성격을 가진 부분만 ODA로 인정한다.

적용해 증여율이 10% 이상일 때만 ODA로 계상된다. 이는 개발도상국으로 유입되는 양허성 차관의 ODA 성격을 더 정확하게 측정하고, 더 유리한 조건으로 최빈개발도상국과 저소득국에 더 많은 양허적 자금이 지원될 수 있도록 공여국을 장려하기 위함이다. 이 같은 ODA 재정의는 <그림 1-4>를 통해 직관적으로 이해할 수 있을 것이다.

<그림 1-4> ODA 재정의에 따른 통계 측정 방식의 변화

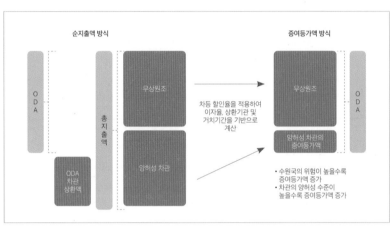

출처 : 임소진(2015b: 7)

한편 현재 DAC는 민간금융수단(Private Sector Instruments, PSI)을 활용하여 개발도상국의 민간부문 발전을 돕는 차관, 지분 투자, 보증과 같은 방식의 재원 지원에 대해서도 증여등가율을 부여하는 방안에 대해 논의를 진행 중이다. ODA에 대한 지금까지의 논의를 요약하면 <표 1-5>와 같다.

구분	종전	변경
공여 주체	공공 주체가 제공	동일
공여 목적	수원국의 경제발전 및 복지 증진	동일
공여 조건	증여율 25% 이상 (할인율 10%)	소득수준별 최소 증여율 차등 적용 최빈개발도상국, 저소득국: 45%(할인율 9%) 저중소득국: 15%(할인율 7%) 고중소득국: 10%(할인율 6%)
측정 방식	순지출액 방식 (총지출액-총상환액)	증여등가액 방식 (총지출액×증여율)

출처 : 임소진(2015a: 2)

2) ODA 지원 동기

공여국들이 ODA를 지원하는 동기와 목적은 대체로 인도주의, 정치 외교, 경제, 글로벌 공공재의 보전 등의 측면에서 고려할 수 있다.

첫째, 인도주의적 측면에서 ODA는 전 세계 인구 11명 중 1명이 겪는 절대빈곤, 재난 이재민, 삶의 기반이 흔들리게 된 난민과 실향민, 그리고 이들이 겪는 고통에 대해 도덕적 인류애를 실천하기 위해 지원된다. 절대 빈곤 및 차상위 빈곤 상태인 사람들은 대체로 안전한 물과 적절한 위생시설에 대한 접근성이 떨어지며, 영양 부족으로 생산적인 삶을 제대로 영위하는 데 어려움을 겪는다. 또 기본적인 읽기, 쓰기 및 계산 능력을 갖추고 있지 못한 경우가 많다. 이들의 결핍 상태를 해소해 주는 것은 인도주의의 실현이다. 아울러 홍수, 가뭄, 지진 등과 같은 자연재해 이재민에 대한 구호 및 재해 복구, 그리고 전쟁, 내전 등과 같은 상황으로 인해 자신들의 삶의 터전을 빼앗긴 난민들에 대한 구호 등은 모두 인도주의를 실현하기 위한 활동이다.

둘째, 정치 외교적 측면에서 ODA는 국제사회에서 공여국들의 영향력 강화를 위해 제공된다. 제2차 세계대전 이후 미국과 소련 주도의 냉전시대에 원조는 동서 진영 간 내부 결속을 다지고 제3세계 국가들을 자신들의 진영으로 끌어들이기 위한 수단으로 적극 활용되었다. 비록 같은 기간 중 소련을 위시한 동구권 국가들의 원조 통계는 확인하기 어려우나 이들 국가도 서방국들의 ODA에 상응하는 원조를 상호 간에, 또는 제3세계에 제공했다. 아울러 미국의 중동 지원과 영국, 프랑스 등 서방국들이 자신들의 피식민지였던 국가들을 대상으로 많은 원조를 제공하면서 결속과 유대 강화를 꾀하는 것은 ODA가 공여국들의 정치외교적 영향력 강화를 위해 활용되는 사례라고 할 것이다.

셋째, ODA는 공여국들의 수원국 시장 진출 또는 수원국이 보유한 자원 확보를 위한 경제적 이익 측면에서도 활용된다. 이런 유형의 원조는 수원국이 생산하는 재화와 서비스를 공여국과 수원국 간 가치사슬로 연계해 공여국과 수원국 공동의 발전과 이익을 도모하는 긍정적 형태에서부터, 원조라는 이름으로 가장했지만 공여국의 상업적 이익 추구에 지나지 않는 형태까지 다양하게 존재한다. 수원국이 생산하는 농산물의 품질개량과 관리, 저장시설 지원 등을 통해 이들 농산물이 공여국의 시장에 진출할 수 있도록 돕는 형태의 원조는 공여국과 수원국이 가치사슬을 형성해서 교역의 이익을 함께 나누는 긍정적 형태의 사례라고 할 것이다. 그러나 대규모 토목사업을 지원하면서 공사의 수주 기회를 공여국 기업에게만 한정하고, 또 그에 필요한 인력을 모두 자국 인력으로만 충당해 수원국에 미치는 낙수효과가 없거나 미미한 원조는 공여국의 상업적 이익을 좇는 바람직하지 않은 원조라고 할 것이다. 후자 형태의 원조는 수원국에서는 물론 국제사회로부터 지탄의 대상이 될 가능성이 크다.

넷째, ODA는 지구촌 사람들 모두를 위한 글로벌 공공재의 보전 및 글로벌 이슈의 예방과 대응을 위한 국제 연대를 지원한다. 세계가 하나가 된 지금 지구상에는 국경이 따로 없이 모든 나라 사람들이 함께 공동으로 대응해야 할 과제들이 나타나고 있다. 지속가능한 발전을 위한 환경보호, 지구온난화에 대한 대응, 인구 증가 억제, 핵확산 방지, 테러 방지, 불법적인 마약 단속, 전염병과 질병 통제 등이 그것이다. 예컨대 지구의 허파 역할을 하는 열대우림은 지구상에 존재하는 인류와 모든 생물의 생존을 위해 유지·보호돼야 한다. 만약 특정 국가에서 열대우림이 파괴되고 있다면 이에 대한 책임을 온전히 그 나라에만 돌릴 수 없다. 왜냐하면 열대우림이 파괴되는 근본적인 이유는 열대우림이 소재한 국가의 범위를 넘어 전 세계적으로 진행되는 인간의 경제활동 증가 및 탐욕과 밀접한 연관이 있기 때문이다. 이런 문제들은 그 원인과 결과가 국경을 초월하기에 세계적으로 대책을 마련하고 관리해야 하는데, 이때 ODA가 이를 달성하는 주요 수단이 된다.

　ODA는 지나칠 정도로 공여국의 이익을 좇기 위해 지원되는 것이 아닌 경우 인류의 평화와 공동의 번영을 위한 초석이 된다. 교통과 통신수단의 발전으로 전 세계가 하나가 된 지금 개발도상국들의 빈곤 극복과 발전은 단지 가난한 나라에만 국한되는 것이 아니라 결국 공여국을 비롯한 전 세계에 도움이 되기 때문이다. 예를 들어 개발도상국들의 정치적 안정과 사회적 통합은 전쟁, 내전, 범죄 등으로 인한 난민의 발생 가능성을 완화하는 한편 난민의 이동에 따른 주변국들의 정치·경제·사회·환경적 부담을 덜어 주는 데 도움이 된다. 마찬가지로 개발도상국들의 경제성장은 교역의 확대로 이어져 인류의 복지 증진에 도움이 될 수 있다.

(4) 국제개발협력의 다양한 주체

1) OECD DAC 공여국

국제개발협력의 주요 행위자로는 가장 먼저 ODA 공여국을 들 수 있다. ODA는 그 대부분이 OECD DAC 회원국들에 의해 제공된다. DAC는 ODA를 제공하는 OECD 회원국들의 모임인데, 국제개발협력에 관한 주요 규범과 가이드라인을 정하고 있다. 대체로 OECD는 선진국들의 모임으로 알려져 있는데 DAC 회원국이라야 진정한 의미에서 선진국이라고 할 수 있다. 2022년 3월 기준, 38개 OECD 회원국 중 DAC 회원국은 29개국과 유럽연합(EU)이다. 대한민국은 2009년에 DAC 가입이 결정되어 2010년부터 회원국이 되었다. 2021년 OECD DAC 회원국이 제공한 총 ODA 규모는 1,789억 달러였다.[14]

<표 1-6> OECD DAC 회원국들의 가입 연도

연도	가입국가	국가 수
1961년(창립년도)	벨기에, 캐나다, 프랑스, 독일, 이탈리아, 일본, 네덜란드, 포르투갈*, 영국, 미국, EU	10개국, EU
1960년대	노르웨이(1962), 덴마크(1963), 스웨덴(1965), 오스트리아(1965), 호주(1966), 스위스(1968)	6개국
1970년대	뉴질랜드(1973), 핀란드(1975)	2개국
1980년대	아일랜드(1985)	1개국
1990년대	포르투갈(1991)*, 스페인(1991), 룩셈부르크(1992), 그리스(1999)	4개국
2000년대 이후	한국(2010), 아이슬란드(2013), 체코(2013), 슬로바키아(2013), 폴란드(2013), 슬로베니아(2013), 헝가리(2016)	7개국

출처 : OECD 홈페이지(2022.5.30.검색)

*포르투갈은 1961년 DAC 설립년도에 가입했으나, 1974년 탈퇴 후 1991년 재가입했다.

2) 신흥 공여국 및 개발도상국

DAC 회원국이 아니면서 비교적 활발하게 ODA를 제공하는 국가들을 신흥 공여국(Emerging Donors)이라고 하는데, 국제개발협력에서 이들의 역할이 점점 더 커지고 있다. 이들 신흥 공여국들은 다음과 같이 구분된다.

첫째, OECD 회원국이지만 아직 DAC에 가입하지 않은 국가들로 멕시코, 튀르키예, 칠레, 에스토니아, 이스라엘 등이 이에 해당한다. 둘째, OECD 회원국은 아니나 ODA를 제공하는 국가다. 중국, 아랍에미리트, 사우디아라비아, 러시아를 비롯하여 남아프리카공화국, 대만, 라트비아, 루마니아, 리투아니아, 리히텐슈타인, 몰타, 불가리아, 브라질, 사이프러스, 인도, 인도네시아, 카타르, 콜롬비아, 쿠웨이트, 크로아티아, 태국 등이 이에 해당한다.

ODA를 지원받는 개발도상국들도 다른 한편으로는 앞에서 언급한 국가들에 비해 상대적으로 규모가 미미하기는 하지만 국제개발협력을 제공하기도 한다. 앞서 이러한 개발도상국 상호 간의 국제개발협력을 특별히 남남협력이라고 설명한 바 있다.

3) 다자개발기구

다자개발기구(Multilateral Development Institutions, MDI) 또한 국제개발협력의 주요 행위자 중 하나다. 다자개발기구는 첫째, UN과 그 산하의 다

---

14 OECD. "Official development assistance(ODA)".
출처: https://www.oecd.org/dac/financing-sustainable-development/development-finance-standards/official-development-assistance.htm(2022.5.30.검색)

양한 전문기구, 기금 및 위원회, 둘째, 국제개발 금융기관, 셋째, 여타 기구 등 크게 3가지로 분류할 수 있다.

첫째, 1945년 설립된 UN은 세계평화와 국가 간 우호 관계 발전에 기여하며, 국가들이 상호 협력해 빈곤, 굶주림, 질병, 문맹을 퇴치하고 서로의 권리와 자유를 존중하며, 이를 위한 국가 간의 활동이 조화를 이루게 하는 역할을 수행하고 있다. UN과 그 산하의 다양한 전문기구, 기금 및 위원회들은 UN 회원국들이 제공하는 분담금, 기여금 등을 바탕으로 국제개발협력에 적극 참여하고 있다.

둘째, 국제금융기구(International Financial Institutions, IFI)는 회원국들의 출자금을 바탕으로 전 세계 또는 아시아, 아프리카 등 특정 대륙에 속한 국가들을 대상으로 개발과 관련된 자금을 대여하거나 증여하는 활동 및 개발에 대한 기술적인 자문을 제공해 주는 역할을 수행한다. 대표적으로 국제통화기금(IMF), 세계은행(WB), 유럽부흥개발은행(European Bank for Reconstruction and Development, EBRD), 아시아개발은행(Asian Development Bank, ADB), 아프리카개발은행(African Development Bank, AfDB), 미주개발은행(Inter-American Development Bank, IDB) 등을 들 수 있다. 이 외에도 지역별 개발금융 지원에 주안점을 두고 있는 기관으로는 아시아인프라투자은행(Asian Infrastructure Investment Bank, AIIB), 안데스개발공사(Andean Development Corporation, ADC), 카리브개발은행(Caribbean Development Bank, CDB), 중미경제통합은행(Central American Bank for Economic Integration, CABEI) 등이 있다.

셋째, 여타 국제기구로는 동남아시아국가연합(Association of South East Asian Nations, ASEAN), 아프리카연합(African Union, AU) 등과 같이 지역 협력을 위해 설립된 기구, 지구환경기금(Global Environment Facility, GEF), 세

계백신면역연합(Global Alliance for Vaccines and Immunization, GAVI) 등과 같이 환경이나 보건 분야에 대한 개발 문제를 다루기 위한 기구 등이 있다.

4) 시민사회와 민간기업

개발 NGO, 시민사회, 민간기업, 국제민간재단 등도 국제개발협력의 주요 행위자다. 이들은 때로는 공여국 정부, 또는 국제기구가 발주하는 국제개발협력사업의 계약자로서 ODA 사업을 수행하기도 하고, 때로는 공여국 정부 또는 국제기구로부터 ODA 자금을 지원받아 국제개발협력사업을 추진하기도 한다. 또한 자체적으로 자금을 조성해 독자적인 국제개발협력사업을 추진하기도 한다. 단, 이들이 자체적으로 조성하는 자금은 ODA로 계상하지는 않는다.

세계은행에 따르면, 시민사회란 윤리·문화·정치·과학·종교적 또는 이타적인 고려를 기반으로 공공의 영역에서 회원들과 다른 사람들의 이해와 가치를 주장하는 비정부 민간기구와 비영리기구를 말한다. 따라서 시민사회는 지역사회 그룹, NGO, 노동조합, 원주민 그룹, 자선 조직, 종교 조직, 전문가 집단, 그리고 각종 재단 등을 포괄한다. 오늘날 시민사회는 개발 NGO, 민간재단을 중심으로 국제개발협력에서 주요 행위자로 기능하고 있다.

개발 NGO란 개발도상국의 개발과 빈곤 문제에 관여하는 비정부·비영리기관을 말한다. 개발 NGO들은 풀뿌리 차원의 지역 주민 자립을 위한 지역개발 활동이나 교육, 보건 등 인간의 기본적 욕구(BHN) 분야의 소규모 프로젝트 추진 등에서 강점을 보이는 경우가 많다. 또 개발 NGO는 정부 주도로 추진되는 국제개발협력사업보다 유연하고 신속하게 사업을 진행하고 적정 기술(Appropriate Technology) 분야의 사업에서 창의적으로 기획하고 추진하는 등의 장점을 가지고 있다.

이러한 개발 NGO로는 옥스팜(Oxfam), 케어인터내셔널(CARE International), 세이브더칠드런(Save the Children), 월드비전(World Vision), 굿네이버스(Good Neighbors), 국경없는의사회(Doctors without Borders) 등과 같이 세계적인 조직망을 갖추고 국제개발 이슈와 정책에 큰 영향력을 미치는 대규모 NGO부터 규모는 작지만 분야별 전문성을 지닌 NGO에 이르기까지 매우 다양하다. 다양하고 복잡한 지구촌의 개발 과제는 전문성을 갖춘 개발 NGO들의 국제개발협력에 대한 더 큰 참여와 역할을 요구하고 있다.

특별한 목적을 위해 설립된 민간재단 또한 국제개발협력에 활발하게 참여하고 있는데, 이러한 활동에 대표적인 재단으로는 록펠러 재단(Rockefeller Foundation), 빌 앤드 멜린다 게이츠 재단(Bill and Melinda Gates Foundation), 휼렛 재단(Hewlett Foundation), 패커드 재단(Packard Foundation), 포드 재단(Ford Foundation), 쉘 재단(Shell Foundation) 등이 있다. 이들 재단이 제공하는 국제개발협력은 이미 웬만한 국가의 ODA 규모에 필적하거나 그 이상에 달하고 있다.

민간기업은 성장하고 발전할수록 사회의 주요 일원으로서 사회성, 공공성, 공익성 등에 있어서 책임 있는 행동을 취할 것을 요구받는다. 이를 기업의 사회적 책임(Corporate Social Responsibility, CSR)이라고 한다. 최근에는 경영 활동이 국제화되면서 개발도상국의 교육, 빈곤, 부정, 환경에 대해 이바지하려는 기업이 늘어나고 있다. 더 나아가 일부 기업은 공유가치창출(Creating Shared Value, CSV)이라는 전략을 통해 비즈니스 경쟁력 강화와 개발도상국의 경제·사회적 상황 개선을 기업 전략으로 채택해 시행하고 있다. 민간기업은 이러한 CSR 및 CSV 활동을 독자적으로 추진하기도 하고, 공공부문과의 민관협력 파트너십(Public Private Partnership, PPP)으로 추진하기도 한다. 최근에는 민간기업들이 전통적인 재무적 관점의 경영에서 더 나아가 비재무적 관점의 환경(Environmental), 사회(Social), 지배구조(Governance)를 뜻하는 'ESG'(Environmental, Social and Corporate Governance) 경영을 해야 한다는 것이 화두로 떠오르고 있어, 민간기업이 국제개발협력에서 점점 더 큰 역할을 수행할 것으로 전망되고 있다.

(5) 국제개발협력의 올바른 방향

국제개발협력은 ODA를 받는 수원국인 개발도상국의 입장에서, 즉 수원국의 주인의식(Ownership)이 발휘되는 방향으로 제공되어야 한다. 그리고 국제개발협력이 주요 목적으로 삼는 개발도상국의 빈곤 감소와 개발이 공평하고, 포용적이며, 참여적이고, 지속가능한 방향으로 이루어져야 한다. 각각의 의미에 대해 간략히 살펴보도록 하자.

우선 국제개발협력은 개발도상국의 빈곤 퇴치와 지속가능한 경제·사회발전을 지원하기 위한 것이므로 공여국의 입장에서가 아니라 개발도상국의 입장에서 개발도상국의 필요와 개발수요를 충족시켜 주는 방향으로 추진되어야 한다. 공여국들은 국제개발협력을 시행하면서 수원국의 개발수요보다 자국의 이익을 우선시하려는 유혹에 빠질 위험이 있다. 실제로 공여국들이 국제개발협력을 추진하는 데 자국의 이익을 완전하게 배제하기란 쉽지 않은 측면이 있다. 그 이유로는 국제개발협력은 공여국 국민의 세금으로 운영되는 사업인 만큼 납세자인 공여국 국민들에게 국제개발협력의 타당성을 설득하는 데 있어 공여국의 이익이 반영되는 점을 부각할 수밖에 없기 때문이다.

납세자들은 기본적으로 자기가 낸 세금이 자신들에게 직간접적으로 도움이 되는 방향으로 활용되기를 기대한다. 그리고 자신들이 낸 세금이 자기들이 사는 국경 안에서 사용되는 것에 대해서는 상대적으로 불만이 많지 않다. 세금이 사용되는 우선순위와 효율성, 그리고 효과성에 대한 불만이 없는 것은 아니겠지만 말이다. 반면에 납세자들은 자신들이 낸 세금을 자국민이 아닌 다른 나라 사람들을 돕는 데 사용한다고 하면 지진, 홍수, 태풍 피해 등과 같은 긴급재난 상황에 대한 구호와 같은 특별한 경우가 아닌 한, 왜 다른 나라 국민들을 도와야 하는지에 대해 선뜻 동의하지 못하는 경향이 있다. 이런 점에서 가장 손쉽게 납세자들을 설득하는 방법은 국제개발협력을 통한 공여국의 이익을 부각하는 것이다.

그러나 국제개발협력을 시행하면서 수원국인 개발도상국의 입장에서가 아니라 공여국 입장에서 국제개발협력을 추진하는 것은 바람직하지 않다. 그 이유 중 하나는 공여국의 입장에서 또는 공여국의 이익을 반영해 추진되는 국제개발협력은 자칫 수원국인 개발도상국을 돕는다는 핑계로 가뜩이나 어려운 수원국의 상황을 더욱 어렵게 만들 수 있기 때문이다.

예를 들어 A라는 부유한 공여국이 B라는 가난한 수원국이 당면한 높은 영아사망률과 모성사망률을 개선해 주기 위해 모자보건사업을 추진한다고 생각해 보자. 이때 만약 B국의 현실에서는 다수의 지방 보건소의 모자보건 역량을 강화해 주는 것이 더 필요한 상황인데도, A국이 자신들의 판단으로 또는 A국 건설업체나 의료장비가 B국에 진출하는 것을 직간접적으로 지원하는 차원에서 B국의 수도에 대규모의 초현대식 모자보건 전문병원을 지어 준다고 해 보자. 이런 사업은 이를 효과적으로 운영할 만한 인력과 시스템을 갖추지 못한 B국에게 부담으로 작용하는 한편 의료와 관련된 부족한 인적·물적 자원을 동 병원으로 편중시켜 다른 병원과 보건소의 의료인력 공동화를 초래하며 본래 목적인 B국의 모자보건 상황 개선에 기여하지 못할 가능성이 크다. 게다가 B국의 재정 상황이 열악해 대규모 초현대식 병원을 유지, 보수 및 관리하기가 벅찬 상황이라면 A국이 지원한 사업은 B국을 도와준다는 핑계로 B국의 의료 환경을 왜곡시키는 한편 재정상의 부담만 가중하는 결과가 될 수 있다. 그러므로 국제개발협력을 추진할 때는 수원국의 현실과 입장을 잘 반영해야 한다.

이와 관련해 사하라사막 이남의 아프리카 국가 중에서 견실한 경제성장을 달성하고 있는 르완다의 폴 카가메(Paul Kagame) 대통령이 언급한 다음과 같은 말을 귀담아들을 필요가 있다.

"우리는 외부의 지원을 감사하게 생각합니다. 하지만 외부의 지원은 우리가 목표로 하는 것을 돕는 것이어야 합니다. 누구도 우리가 신경 쓰는 것 이상으로 우리 나라에 대해 신경을 쓰는 척해서는 안 됩니다. 그리고 누구도 우리가 우리에게 좋은 것이 무엇인지를 우리보다 더 잘 아는 척해서도 안 될 것입니다(OECD, 2011: 32)."

둘째, 국제개발협력은 수원국 국민에게 기회의 평등을 촉진하는 방향으로 이루어져야 한다. 우리는 앞에서 인간 사회에는 불평등이 생기기 마련임을 살펴봤다. 또 불평등, 특히 공평한 기회의 장이 마련되지 않아서 발생하는 불평등은 바람직하지 않다는 것도 확인했다. 그러나 발전 정도가 낮은 국가일수록 사회 구성원 간의 불평등이 더욱 심한 것은 엄연한 사실이다.

이런 나라들에서 공평한 기회를 제공하는 시스템이 작동할 수 있도

록 하여 사회 구성원들이 열심히 노력하면 어느 정도는 그 사회에서 일반
적으로 기대할 수 있는 윤택한 삶을 누릴 수 있는 기본적인 여건을 제공
해 주는 것이 중요하다. 보편적인 초등교육(또는 의무교육 기간의 공평한 실시),
기초 보건의료, 법 앞의 평등, 양성평등, 기본적인 사회보장 시스템이 갖
춰질 수 있도록 하는 것 등이 이에 해당할 것이다.

셋째, 국제개발협력은 포용적이며 참여적으로 추진되어야 한다. 앞
서 논의한 공평한 기회의 장을 마련해 준다고 할 때, 우리가 특히 유념해
야 할 것이 있다. 그것은 바로 가난하고 소외된 사람들의 현실과 이들의
욕구가 국제개발협력사업에 충실히 반영되고, 그 결과로 이들의 생활과
삶의 질이 개선될 수 있도록 포용적으로 추진해야 한다는 것이다. 아울러
국제개발협력은 참여적으로 추진될 필요가 있는데, 그렇지 못하면 자칫
왜곡된 결과를 초래할 수 있기 때문이다.

예컨대 우리가 가난한 가족농 및 소농들의 농업생산력 증대를 위해
농업용수로를 설치하는 사업을 추진한다고 가정해 보자. 이때 농업용수
로가 어디를 지나가고 어떻게 활용할 것이냐는 문제는 마을 주민들에게
초미의 관심사일 것이다. 그런데 다양한 계층의 마을 주민들과 심도 있는
검토 없이, 별로 도움을 줄 필요도 없는 지주의 농지에 더 큰 이익을 주는
방향으로 농업용수로의 위치가 결정된다면 본래 의도한 가난한 농민의
농업생산력 증대 효과는 기대하기 어려울 것이다. 따라서 국제개발협력
은 가능한 다양한 이해관계자들의 의견을 청취하고 이들의 적극적인 참
여하에 추진됨으로써 실제로 도움이 필요한 사람에게 혜택이 돌아갈 수
있도록 하는 것이 중요하다.

넷째, 국제개발협력은 지속가능한 발전이 이루어지도록 추진해야 한
다. 지속가능한 발전이란 '현재 세대의 필요를 충족하면서도 미래 세대가

자신들의 필요를 충족시킬 수 있는 능력을 저해하지 않는 발전'을 의미한다. 선진국과 후발 공업국들이 추구하고 있는 현재와 같은 과도한 자원 및 에너지 소비 지향적인 삶의 방식은 이미 지구촌 생태계와 자원이 감당할 수 없을 정도의 부담을 안겨 주고 있다.

지구의 생태계와 자원은 한번 파괴되거나 고갈되면 다시 복구하기가 매우 어렵거나 불가능한 것이 대부분이다. 그런데도 사람들은 과학과 기술의 발달이 현재 진행되는 인류의 과도한 소비 행태와 무분별한 자원 남용으로 인한 환경 및 생태계 파괴, 자원과 에너지 고갈 및 기후변화 상황을 충분히 보완해 줄 수 있을 것으로 기대하는 경향이 있다. 정말 과학 기술의 발달이 그렇게 해 줄 수만 있다면 더할 나위 없이 좋겠지만 과연 그렇게 될 수 있을지는 회의적이다. 왜냐하면 아무리 인류의 과학기술이 발전해도 지구의 생태계가 작동하는 일련의 복잡하고 다양한 자연현상을 완벽하게 이해하기란 불가능하기 때문이다. 또 설사 이해할 수 있다 하더라도 지구의 환경과 자원이 돌이킬 수 없는 지경에 이르게 되었을 때 인간이 해결할 수 있는 문제는 극히 일부에 지나지 않을 것이기 때문이다.

우리가 처한 상황이 이렇다면 우리 인간들은 지구가 제공하는 환경, 생태계, 자원, 기후 등의 범위 안에서만 생존할 수 있다는 점을 명확하게 인식하고, 자연계의 시스템이 무리 없이 순환하는 범위와 한도 내에서 경제 및 소비활동을 유지하려는 노력을 기울여야 할 것이다. 따라서 국제개발협력은 개발도상국의 발전이 환경 및 생태계 보전과 함께 진행될 수 있도록 특별히 신경을 써야 할 것이다. 현재 발생하고 있는 환경, 생태계, 자원의 고갈 등을 초래한 책임은 개발도상국이 아니라 선진국과 후발 공업국들이므로 선진국과 후발 공업국들은 더 큰 책임감으로 세심하게 지속 가능한 발전을 위한 재원과 협력을 제공해야 할 것이다.

지속가능한 발전의 중요성

지속가능한 발전은 왜 중요할까? 호주와 하와이 사이에 있는 작은 섬나라 나우루의 사례를 통해 지속가능한 발전의 중요성에 대해 생각해 보자. 다음은 칼 맥대니얼(Carl N. McDaniel)과 존 고디(John M. Gowdy)의 저서 『낙원을 팝니다: 지구의 미래를 경험한 작은 섬 나우루』에 소개된 내용이다.

2,000여 년 전에 처음으로 나우루에 정착한 이후 나우루인들은 오랜 세월에 걸쳐 자신들만의 독특한 언어를 발전시켰다. 아울러 작은 섬과 주변 환경이 제공하는 농작물과 어족 자원의 범위 안에서 자연과 공존할 수 있는 생활방식을 발전시키며 살아왔다. 그러나 1960년대 후반 이 작은 섬나라에서 고급 비료의 원료가 되는 인광석(phosphate)이 발견되면서 나우루는 세계경제에 급속도로 편입되었다. 나우루의 인광석은 앨버트로스(albatross)라는 새들이 수천 년간 싼 배설물이 세월이 지나면서 변한 것이다. 나우루는 이 인광석을 채굴해 세계시장에 내다 팔아 한때 태평양에서 가장 부유한 섬이 되었다. 높아진 소득으로 외부 세계에서 식량 등 소비 품목을 대량으로 들여올 수 있게 된 나우루인들은 더는 자연과 조화를 이루어 살지 않고도 생존할 수 있게 되었다.

이에 따라 나우루인들은 전통적으로 살아왔던 삶의 방식을 떠나 소비지향적인 서구 문화를 답습하게 되었다. 또 세계경제에 편입되기 전 조그만 섬이 제공할 수 있는 유한한 자원의 범위 안에서만 생존하기 위해 발전시켜 왔던 나우루인들만의 독특하고 전통적인 인구 증가 억제 시스템도 더는 기능하지 않게 되었다. 그 결과 이 작은 섬나라에는 인구 증가와 함께 자동차가 넘쳐 나게 되었고, 나우루인들의 식단도 생선과 과일에서 스팸, 감자 칩, 소고기 통조림, 맥주 등으로 바뀌게 되었다. 이러한 삶의 방식 변화로 인해 나우루인들은 뚱뚱해졌고, 세계에서 가장 높은 수준의 당뇨병 발병률을 기록하게 되었다.

문제는 수십 년간 나우루인들에게 부를 안겨다 줬던 인광석이 고갈되어 간다는 것이다. 그러나 그보다 더 큰 문제는 무분별한 인광석의 채굴과 서구식 대량소비 행태의 답습 때문에 섬의 생태계가 파괴되었고, 나우루인들은 섬이 개발되기 이전에 섬과 주변 환경이 제공하는 자원의 범위 안에서 살던 자신들의 지속가능했던 삶의 방식을 잃어 가고 있다는 점이다. 인광석이 고갈되고 주변 환경의 수용 한계를 벗어나는 삶의 방식에 이미 익숙해진 나우루인들의 미래는 어떻게 될 것인가?

우리는 나우루가 태평양의 작은 섬나라에 지나지 않기 때문에 이러한 변화된 삶의 방식이 지속적이지 않다고 생각하면서도, 나우루보다 훨씬 큰 나라에 사는 사람들에게는 이런 문제가 발생하지 않을 것으로 생각할 수도 있다. 그러나 광활한 우주의 관점에서 보면 지구도 한낱 우주라는 망망대해에 떠 있는 나우루와 같은 작은 섬나라이지 않을까.

전 세계가 하나의 촌락처럼 가까워진 오늘날 개발도상국이 당면한 문제점과 어려움을 그들만의 것으로 보고 그들이 스스로 알아서 해결해야 할 것으로만 치부해서는 안 된다. 왜냐하면 그들의 과제는 직간접적으로 우리와도 연결되어 있고 우리가 함께 져야 할 책임이기도 하기 때문이다. 이러한 인식을 바탕으로 국제개발협력을 추진할 때는 가능한 수원국의 현실과 입장을 잘 반영하여, 더 많은 사람들이 혜택을 받되, 특히 사회적 약자가 소외되는 일이 없도록 포용적인 관점에서, 그리고 환경과 조화를 이루며 추진될 수 있도록 해야 할 것이다.

4. 국제개발협력의 규모와 지원 동향

(1) OECD DAC 회원국

DAC 회원국들은 국제개발협력의 주요 수단인 ODA의 대부분을 제공한다. UN은 DAC 공여국들에게 최소한 국민총소득(GNI)의 0.7%를 ODA로 제공할 것을 권고한다. 그러나 2021년 기준 ODA/GNI 비율 0.7% 이상을 제공한 DAC 회원국은 스웨덴(0.92%), 노르웨이(0.93%), 룩셈부르크(0.99%), 덴마크(0.70%), 독일(0.74%) 등 5개국에 불과하다. DAC 회원국의 2021년 평균 ODA/GNI 비율은 UN의 권고 절반에도 미치지 못한 0.33%였다(OECD, 2022b).

DAC 회원국들의 ODA 규모는 <그림 1-5>에서 볼 수 있는 것처럼 1961년 DAC가 설립된 이후 지속해서 확대되어 왔다. ODA 규모 증대는 한편으로는 DAC 회원국들의 ODA 확대에 기인하며, 또 다른 한편으로는 DAC 회원국들의 수가 늘어난 데 따른 것이다. 2021년 기준 DAC 회원국의 총 ODA 규모는 1,789억 달러에 달했는데[15], 공여 규모로는 미국 423억 달러, 독일 322억 달러, 일본 176억 달러, 영국 158억 달러, 프랑스 154억 달러순이다. 한국은 28.5억 달러로 규모로는 DAC 회원국 29개국 중 중위권 수준인 15위였으나, ODA/GNI 비율 기준으로는 0.16%로 최하위권인 25위였다.

<그림 1-5> DAC 회원국의 ODA 현황(1960~2020)

* 2017년까지는 증여율 기준이며, 2018-2020년 데이터는 증여등가율 기준임.

출처 : OECD 통계를 참고하여 저자 재구성

---

15 2021년 ODA 규모는 OECD DAC에서 2022년 4월 12일 발표한 잠정치(매년 초 전전년도 확정치 통계를 발표)이며, 향후 조정이 있을 수 있음

한편 <그림 1-5>는 지난 수십 년간 DAC 회원국의 ODA 규모의 증가에도 불구하고 그보다 더 의미가 있는 ODA/GNI 비율은 1960년대 이후 지속해서 하락해 오다가 2000년 초반부터 다소 상승하는 추세를 보여 주고 있다. 2000년까지 ODA/GNI 비율의 꾸준한 감소는 대규모 원조에도 불구하고 제3세계의 발전이 더디고 독재, 부정부패 등 사회 부조리가 지속되는 데 대한 원조피로(Aid Fatigue)와 1990년대 동서의 냉전 종식으로 인해 동서 진영 간 이념대립이 사라지면서 개발도상국들을 자기편으로 끌어들이기 위한 노력의 필요성이 사라진 것 등이 작용했다고 할 수 있다. ODA/GNI 비율은 2000년 초반부터 증가세로 전환되었는데, 이는 2000년 새로운 천년을 맞이하며 UN에서 새천년선언(Millennium Declaration)이 채택되고, 이어 새천년개발목표(Millennium Development Goals, MDGs)가 수립되는 한편, 2001년 9.11 테러 사건을 계기로 빈곤과 테러의 연관성이 주목받은 것을 반영한다.

<표 1-7> 2021년 DAC 회원국의 ODA 규모(증여등가율 기준)

DAC 회원국	ODA 규모(억 달러)	ODA/GNI 비율(%)
호주	34.44	0.22
오스트리아	14.60	0.31
벨기에	25.71	0.46
캐나다	62.71	0.32
체쿠	3.62	0.13
덴마크	28.74	0.70
핀란드	14.36	0.47
프랑스	154.48	0.52
독일	322.32	0.74
그리스	2.64	0.12

DAC 회원국	ODA 규모(억 달러)	ODA/GNI 비율(%)
헝가리	4.55	0.29
아이슬란드	0.72	0.28
아일랜드	11.69	0.31
이탈리아	60.17	0.28
일본	176.19	0.34
한국	28.55	0.16
룩셈부르크	5.39	0.99
네덜란드	52.88	0.52
뉴질랜드	6.81	0.28
노르웨이	46.73	0.93
폴란드	9.52	0.15
포르투갈	4.50	0.18
슬로바키아	1.51	0.13
슬로베니아	1.15	0.19
스페인	35.42	0.25
스웨덴	59.27	0.92
스위스	39.27	0.51
영국	158.14	0.50
미국	423.11	0.18
합계	**1,789.16**	**0.33**

출처 : OECD(2022b)

(2) 신흥 공여국

신흥 공여국이 제공하는 ODA 규모는 대체로 DAC 회원국들에 미치지 못하지만 ODA/GNI 비율을 증가하려는 목표를 가지고 있는 국가들도 적지 않아, 국제개발협력에서 이들의 역할은 더욱 증가할 것으로 기대된다. 다만 신흥 공여국은 DAC에 자신들이 제공하는 ODA 통계를 보고할 의무가 없으므로 매년 이들의 정확한 ODA 규모를 확인하기는 쉽지 않다.

DAC에 ODA 통계를 보고한 신흥 공여국의 ODA 제공 규모는 <표 1-8>에서 확인할 수 있다. 한편 DAC는 통계를 제공하지 않는 주요 국가에 대해 확보가 가능한 자료를 바탕으로 이들 국가의 ODA 규모를 추정하기도 하는데, 중국과 인도 등 주요 국가의 ODA 제공 추정 규모는 <표 1-9>와 같다.

<표 1-8> 2020년 주요 신흥 공여국의 ODA 규모(ODA 통계 제공 국가, 증여등가율 기준)

신흥 공여국	ODA 규모(억 달러)	ODA/GNI 비율(%)
불가리아	0.83	0.13
리히텐슈타인	0.28	n/a
몰타	0.58	0.44
러시아(2019)	12.00	0.07
대만	4.03	0.06
태국	1.36	0.03

출처 : OECD(2021c)

<표 1-9> 2019년 주요 신흥 공여국의 ODA 규모(OECD 추정치)

신흥 공여국	ODA 규모(억 달러)	ODA/GNI 비율(%)
중국	48.21	n/a
인도	16.01	n/a
브라질	1.48	n/a
칠레	0.31	n/a
인도네시아	1.57	n/a
남아프리카공화국	1.06	n/a

출처 : OECD(2021c)

(3) 민간재단

ODA의 정의에 따라 ODA는 아니지만 민간재단이 국제개발협력을 위해 제공하는 재원도 적지 않다. DAC에 국제개발협력과 관련된 통계를 제공하는 민간재단 중 대표적인 사례를 살펴보면 <표 1-10>과 같다.

<표 1-10> 2019년 민간재단의 국제개발협력 규모

재단명	지원 규모(억 달러)	형태
Bill and Malinda Gates 재단	41.00	증여(99.1%)
Ford 재단	1.94	증여(100%)
H&M 재단	0.17	증여(100%)
Ikea 재단	1.92	증여(100%)
MasterCard 재단	2.98	증여(100%)
Rockefeller 재단	1.04	증여(100%)
Wellcome Trust	3.29	증여(100%)
Willam & Flora Hewlett 재단	1.23	증여(100%)

출처 : OECD(2021c)

5. 국제개발협력의 성과와 과제

(1) 주요 성과

국제개발협력은 제2차 세계대전으로 폐허가 된 서유럽의 복구와 부흥을 위한 미국의 대규모 유럽 복구 지원 프로그램인 마셜플랜(Marshall Plan, 1948~1951년)으로부터 본격적으로 시작되었다. 마셜플랜은 단기간에 유럽이 복구되는 데 크게 이바지했다. 마셜플랜의 성공은 국제사회로 하여금 제2차 세계대전 이후 독립하기 시작한 개발도상국들도 적절한 지원만 있으면 서구 국가들처럼 발전할 수 있을 것이라는 낙관적인 기대를 품게 했다.

이에 따라 서구 국가들은 개발도상국들에 의욕적으로 개발협력을 제공했다. 그러나 시간이 지나면서 개발도상국들은 정치, 경제, 사회, 문화, 자연, 제도, 축적된 지식과 노하우 등 모든 측면에서 서구 국가들의 상황과는 다르며, 이들 국가의 개발은 단기간에 이루어질 수 있는 성질의 것이 아니라는 점이 명백해졌다. 어찌 보면 유럽이 마셜플랜으로 단기간에 복구와 재건에 성공할 수 있었던 것은 전쟁으로 흩어졌던 인력들을 다시 모아 파괴된 기간시설을 복구하면 되는 일이었기 때문에 모든 측면에서 부족한 개발도상국들의 개발과는 차원이 다른 일이었을 수도 있다.

그렇다고 해서 국제개발협력이 성과가 없었던 것은 아니다. 우선 개발도상국 중에서 처음으로 1970~1980년대 성공적인 경제·사회발전을 달성하며 서방 국가들이 누리는 삶의 질을 구현하게 된 한국, 싱가포르, 대만, 홍콩 등 이른바 '아시아의 네 마리 용'의 사례에서 국제개발협력의 성과를 찾아볼 수 있다. 오해의 여지를 없애기 위해 이들 아시아 국가의 발전 원인은 가장 먼저 이들 국가 지도자의 리더십, 전문 기술 관료, 기업가 정신, 높은 교육열 등에서 찾아야 한다. 하지만 이와 함께 국제사회의 개발협력 또한 이들 국가의 발전에 일정 부분 이바지한 점을 간과해서는 안 된다. 이들 국가에 뒤이어 태국, 말레이시아, 인도네시아, 필리핀 등의 경제성장과 사회발전, 그리고 최근의 중국, 베트남, 인도, 르완다 같은 국가들에서 볼 수 있는 성장과 발전 사례도 마찬가지다.

1950년대와 1960년대 독립한 아프리카와 아시아 국가들이 국가로 자리매김하고 제대로 역할을 해 나가는 데도 국제개발협력은 적지 않은 역할과 기여를 했다. 특히 아프리카 신생 독립국들의 경우는 독립 초창기에 단지 이름만 국가인 경우가 많았으므로 이들 신생 국가들이 당면했던 과제는 국가의 제도 수립에서부터 인프라 구축, 그리고 이를 운용할 인력 양성까지 모든 분야에 이르는 것이었다. 국제개발협력이 없었다면 이들 국가는 존립 자체가 쉽지 않았을 것이다.

　　1991년 소련과 동구권의 몰락으로 동서 냉전이 종식된 이후 동유럽 국가들과 중앙아시아 국가들이 사회주의 경제체제에서 자본주의 경제체제로 전환해 글로벌 경제로 편입된 것도 일정 부분 국제개발협력의 성과라고 할 것이다.

　　또한 앞서 언급한 국제개발협력을 추진하면서 축적된 경험과 교훈을 통해 새천년개발목표(MDGs)와 지속가능발전목표(Sustainable Development Goals, SDGs)같이 전 세계가 공동으로 달성해야 하는 개발목표를 만들어 낸 것도 큰 성과라고 할 수 있다. 목표가 명확하면 목표가 달성돼 가고 있는지, 목표 달성에 미흡한 부분은 어디인지, 목표 달성을 위해 무엇을 더 어떻게 해야 하는지 등을 확인할 수 있기 마련이다. 국제사회가 MDGs를 공동의 개발목표로 채택하고 이의 달성을 위해 함께 정진한 결과, 인류의 삶의 질에 영향을 미치는 8개 MDGs 지표에서 상당한 개선을 이루게 되었다.[16] 물론 이러한 성과는 인구 규모가 큰 중국과 인도의 경제성장에 크게 힘입은 것이다. 또한 MDGs 성과는 각각의 개발도상국 정부가 자국 내 MDGs 달성을 위해 보다 많은 예산을 투입하고 노력한 결과라는 점을 간과해서는 안 된다. 다만 MDGs 성과에 대한 기여도가 정확히 어느 정도인지 알기는 어렵지만 국제개발협력이 MDGs 성과의 촉매제로서 기능하며 이바지했음은 부인할 수 없다.

---

16 MDGs의 목표별 주요 성과를 살펴보면 다음과 같다. (목표1) 개발도상국의 절대빈곤율: 1990년 47%→2015년 14%, (목표2) 전 세계 초등학교 학령아동의 학교 밖 비율: 2000년 1억 명→2015년 5,700만 명, (목표3) 남아시아의 초등학교 남학생 100명당 여학생 수: 1990년 74명→2015년 103명, (목표4) 5세 이하 아동 사망자 수: 1990년 1,270만 명→2015년 600만 명, (목표5) 10만 명 출생당 모성사망률: 1990년 380명→2013년 210명, (목표6) 2004~2014년 기간 중 사하라 이남 아프리카 대상 살충 모기장 보급 9억 개, (목표7) 1990년 이후 오존층파괴물질 98% 감소, (목표8) ODA 규모: 2000년 810억 달러→2014년 1,350억 달러(United Nations, 2015)

<表 1-11> 새천년개발목표(MDGs)

출처 : UN MDGs

(2) 개발협력에 대한 평가와 논란

개발도상국에 대한 개발협력이 반세기가 훌쩍 넘게 이어져 왔음에도 불구하고 개발도상국의 빈곤과 불평등이 여전히 지속되는 것을 두고 일부 ODA에 대한 극단적인 비판론자들은 ODA 무용론을 펼치기도 한다. 이들은 ODA는 개발도상국들이 외부 세계의 지원에 의존토록 함으로써 개발도상국들이 자체적으로 국내 산업을 발전시킬 기회를 빼앗고, 경제 사회 발전을 위해 필요한 자금을 ODA를 통해 손쉽게 얻을 수 있도록 해서 국내 저축과 투자를 억제한다고 주장한다. 또 개발도상국의 부패한 정부를 도우면 이들이 더욱 부패하게 하는 결과를 초래하여, 결국 개발도상국의 발전과 개발에 도움이 되지 않는다고 주장한다. 그러면서 개발도상국들이 필요로 하는 것은 ODA가 아니라 기업가 정신에 기반한 민간기업의 투자, 인재 육성, 일자리 창출 등이라고 주장한다.

하지만 전쟁 또는 내전과 같은 극단적인 상황은 아니더라도 국민의 교육 수준이 낮고, 건강과 보건 상황이 열악하며, 공공부문의 제도적 역량이 취약하고, 경제·사회 인프라가 부족한 나라에 투자해 기업을 설립하고 일자리를 창출하려는 사람은 실제로 얼마 되지 않을 것이다. 오히려 기업가 정신과 민간기업의 투자를 끌어내려면 경제·사회 인프라에 대한 투자가 선행되어야 한다. 따라서 이러한 경제·사회 인프라에 대한 투자를 지원하는 ODA에 대한 무용론은 액면 그대로 받아들이기 어렵다. 또 경제 규모가 아주 작은 나라를 제외하고는 개발도상국의 GNI에서 ODA가 차지하는 비중이 미미하다는 점을 생각하면, ODA가 개발도상국의 외부 의존도를 높이고 경제발전을 더디게 한다는 주장 또한 그다지 큰 설득력을 가지고 있다고 보기 어렵다. 마찬가지로 국제개발협력을 개발도상국이 당면한 모든 문제를 해결하는 만병통치약으로 바라보는 것 또한 경계해야 할 것이다. 따라서 국제개발협력의 성과와 효용성은 국제개발협력에 대한 극단적 옹호론자와 극단적 비판론자의 주장 사이 어디쯤 있다고 보는 것이 타당할 것이다.

개발협력의 효용성에 대한 논쟁보다 더 중요한 문제는 앞에서 살펴본 지난 70여 년 이상의 괄목할 만한 성과에도 국제개발협력이 주요 목적으로 추진해 온 지구촌의 불평등과 빈곤이 여전히 해소되지 않은 상황에서, 어떻게 하며 개박혁력을 더 효과적이고 효율적으로 활용해 인류의 평화와 지속가능한 공동 번영에 이바지하도록 할 것인가일 것이다. 이에 대해 전문가들은 크게 '더 많은 원조(more aid)'와 '더 나은 원조(better aid)'라는 두 가지 화두를 제시하는데, 이를 간략히 살펴보자.

우선 '더 많은 원조'란 국제사회가 설정한 인류 공동의 개발목표를 달성하기 위해 ODA 재원을 확충해야 한다는 것을 말한다. UN의 0.7% 권고에도 불구하고 공여국들의 ODA/GNI 비율의 평균은 2020년 기준 그 절반에도 미치지 못하고 있다. 국제사회는 공동의 개발목표로 2015년 9월 UN 지속가능발전정상회의(UN Summit on Sustainable Development)에서 '지속가능발전목표(SDGs)'를 채택했다. 사회적 측면의 개발에 주안점을 두고 2015년까지 추진되었던 MDGs에 비해 경제·사회·환경을 포괄적으로 고려하는 SDGs는 17개의 목표(goal)와 169개의 세부 목표(target)를 가지고 있는데, 목표 시점인 2030년까지 이를 달성하기 위해서는 더욱 많은 개발재원이 요구된다고 할 것이다. 국제사회는 SDGs를 달성하려면 매년 2.5조 달러 정도의 개발 재원이 추가로 필요하다고 보는데, 2019년 말 발생한 코로나19로 인해 개발 재원의 부족 문제는 더욱 커지고 있다.

<표 1-12> 지속가능발전목표(SDGs)

출처 : UN SDGs

상당수 OECD DAC 회원국들이 ODA 확대에 대한 정치적 의지를 표명하고 있고 또 자국의 ODA 규모를 늘리기 위해 노력하고 있음에도 불구하고, 모든 국가는 자국의 상황과 이해를 최우선으로 고려하므로 이들 국가의 ODA 규모 또한 자국 내 정치 및 경제 상황에 따라 영향을 받을 수밖에 없다. 따라서 이들 국가가 정치·외교적 수사를 통해 표방하는 만큼 ODA 증가가 빨리 이루어질 것으로 기대하기란 쉽지 않다. 상황이 이러하므로 ODA/GNI 비율 0.7%를 달성하고 있는 국가들이 보여 주고 있는 국제사회에서의 도덕적 책무감은 아무리 높게 평가해도 지나침이 없다고 할 것이다.

한편 국제사회의 개발목표 달성을 위해 ODA를 비롯한 개발재원의 확충이 절실한 상황에서 신흥 공여국들의 ODA가 증가하고, 시민사회와 민간기업, 민간재단 등이 제공하는 개발도상국 개발에 대한 지원이 증가하는 것은 고무적인 현상이다. 여기에 항공권 연대 기여금, 국제개발채권, 탄소세, 외환거래세, 국제복권 등과 같은 혁신적 개발재원 마련 방안이 논의되고 또 그 일부가 실제로 시행되는 점 또한 국제개발목표 달성을 위해 필요한 개발재원의 확충이라는 측면에서 고무적인 현상이다.

둘째, '더 나은 원조'란 부족한 ODA 개발재원을 보다 효율적이고 효과적으로 활용하자는 것을 의미한다. 이는 같은 규모의 원조라 하더라도 어떻게 사용하는가에 따라 결과가 달라질 수 있다는 점을 염두에 두어 더 나은 성과를 달성할 수 있도록 원조를 제공하자는 것이다. 어떤 원조가 더 나은 원조인지에 대해서는 이 장의 곳곳에서 간간이 언급되었다. 특히 '3. (5)국제개발협력의 올바른 방향'에서 제시된 ▲개발도상국의 입장에서 개발도상국의 필요와 개발수요를 충족시켜 주는 원조, ▲기회의 평등을 촉진하는 원조, ▲포용적이며 참여적으로 추진되는 원조, ▲지속가능한 발전을 돕는 원조가 기본적으로 더 나은 원조라는 점은 의심의 여지가 없다.

여기에 더해 ▲수원국이 주인의식(ownership)을 갖고 수원국 시스템을 활용하여 원조사업을 주도하도록 함으로써 수원국의 거버넌스 시스템 향상과 거버넌스 역량이 강화될 수 있도록 하는 원조, ▲수원국의 부정부패를 해소하고 투명성을 높여 경제사회 전반의 효율이 높아지도록 하는 원조, ▲수원국 경제에 낙수효과가 있는 원조, ▲일회성 프로젝트 방식이 아니라 다년도 프로그램 방식의 원조 공여 규모를 약속하여 수원국이 수립하는 중장기 발전계획에 원조 규모가 반영될 수 있도록 하는 예측 가능한 원조, ▲인권에 기반하고 이를 촉진하는 원조, ▲국제사회가 공동의 개발목표로 설정한 SDGs의 달성을 촉진하는 원조 등이 더 나은 원조일 것이다.

국제사회는 더 나은 원조를 위한 규범을 정립하고자 큰 노력을 기울여 왔다. 이러한 노력은 원조의 효과성(Aid Effectiveness)과 관련한 일련의 고위급 국제회의에서 채택된 선언들이 개발협력의 규범으로 자리 잡아 가면서 구체화하고 있다. 2003년 원조조화에 대한 로마선언(Rome Declaration on Harmonization), 2005년 원조효과성에 대한 파리선언(Paris Declaration on Aid Effectiveness), 2008년 아크라 행동계획(Accra Agenda for Action), 2011년 효과적 개발협력을 위한 부산 파트너십(Busan Partnership for Effective Development Cooperation) 등이 그것인데, 이들 선언의 주요 내용은 제2장에서 다룰 것이다.

📋 필수개념 정리

빈곤: 기본적 욕구를 충족할 수 없는 결핍 상태를 말한다. 소득 측면에서 빈곤은 절대빈곤, 차상위 빈곤, 상대적 빈곤으로 구분할 수 있다. 하지만 빈곤은 단순히 소득만의 문제는 아니므로 정치·경제·사회문화 등 다양한 측면에서 그 원인과 결과를 이해해야 한다.

국제개발협력: 국제사회의 평화, 안전, 지속가능한 발전 달성 등을 위해 주권을 가지고 있는 국가 간에 협력하는 것을 말한다. 이러한 목표를 달성하기 위한 국가 간의 협력은 모두 국제개발협력이라고 할 수 있으나, 오늘날 널리 통용되는 좁은 의미에서의 국제개발협력은 선진국과 개발도상국 간, 그리고 개발도상국 상호 간의 협력을 지칭한다.

개발재원: 국제개발협력이 지향하는 목표를 달성하는 데 필요한 자금 또는 이에 사용되는 자금을 말한다. 개발재원으로는 크게 공공영역의 자금인 공적재원과 민간영역의 자금인 민간재원으로 구분할 수 있다. 공적재원은 다시 공적개발원조(ODA), 기타공적자금(OOF)으로, 민간재원은 민간자금(PF), 민간증여(NPG)로 구분된다.

공적개발원조(ODA): 개발재원의 중요한 한 형태로 개발도상국의 경제발전과 복지 증진을 도우려고 공여국이 자국의 공적기관을 이용하여 개발도상국에게 제공하는 증여성 성격의 자금을 말한다. ODA에 대한 정의는 OECD의 DAC에 의해 1969년 도입 및 적용되었다. DAC는 2010년대 중반부터 ODA 개념의 현대화 작업을 진행하고 있는데, 이는 그간 개발협력 환경의 변화, 즉 개발협력 제공 주체의 다양화, 개발재원의 다양화, 개발협력의 목표와 이주 및 안전과 같은 다른 목표 간의 중복 영역 등을 반영하여 ODA를 더 정확하게 측정하기 위함이다.

증여율, 증여등가율: 증여율은 개발재원이 얼마나 개발도상국에게 유리하게 제공되는지를 측정하는 방법이다. DAC는 증여율이 25% 이상인 자금을 일률적으로 ODA로 정의해 왔는데, 개발도상국이 갚을 의무가 있는 유상원조의 경우 국제개발에 대한 기여도 측정에 왜곡이 발생한다고 보아 ODA 현대화 작업을 통해 증여등가율 개념을 도입했다. 이에 따라 소득수준이 높은 국가에 대해 지원하는 유상 자금은 저소득국에 대해 지원하는 경우보다 ODA로 산정되는 금액이 종전보다 적게 평가되고 계상되게 되었다.

 토론점

1. 개발은 무엇인지에 대해 고민해 보자.
2. 전통적 삶의 가치와 병존할 수 있는 개발에 대해 논의해 보자.
3. 개발협력은 왜 필요한지, 어떤 원조 방식이 바람직한지 논의해 보자.
4. 개발도상국 중에서 어떤 나라들은 개발과 빈곤 해소에 진전을 보이는 반면 어떤 나라들은 그렇지 못한 이유에 대해 논의해 보자.
5. 지속가능한 발전을 달성하기 위해서는 어떤 노력이 필요한지 논의해 보자.

읽을거리

원조와 개발

핀 타르프 엮음 | 임을출 옮김 | 한울아카데미 | 2009

원조를 역사, 원조 수단, 원조 기획, 주요 주제 및 이슈 등과 같은 다양한
관점에서 조망하는 필자들의 글을 통해 개발에서 원조가 맡는 역할과 효
과성을 종합적으로 논한다.

빈곤의 종말

제프리 D. 삭스 지음 | 김현구 옮김 | 21세기북스 | 2006

「뉴욕타임스」가 세계에서 가장 중요한 경제학자로 선정한 제프리 D. 삭
스(Jeffrey D. Sachs)가 국제사회의 빈곤을 해소하기 위해 우리 시대가 취해
야 할 행동을 말한다.

오래된 미래: 라다크로부터 배우다

헬레나 노르베리 호지 지음 | 양희승 옮김 | 중앙북스 | 2015

언어학자이자 사회운동가인 헬레나 노르베리 호지(Helena Norberg-Hodge)
가 1975년부터 인도 북부의 라다크 지역 주민들의 삶을 관찰하며 무분별
한 서구식 개발이 어떻게 수천 년간 주변 환경과 조화를 이루며 건강하고
행복하게 살아온 공동체를 파괴하고 분열시키는지를 보여 주고 있으며,
생태적으로 건강한 대안적 개발은 무엇인지를 생각하게 한다.

작은 것이 아름답다: 인간 중심의 경제를 위하여

에른스트 슈마허 지음 | 이상호 옮김 | 문예출판사 | 2002

실천적 경제학자이자 환경운동가인 에른스트 슈마허(Ernst Schumacher)가 인간과 자연이 공존하기 위해서는 성장지상주의보다는 중간 기술에 기반한 경제의 필요성을 역설한다.

총 균 쇠: 무기 병균 금속은 인류의 운명을 어떻게 바꿨는가

재레드 다이아몬드 지음 | 김진준 옮김 | 문학사상 | 2015

지리학자, 역사학자, 조류학자, 생리학자인 저자는 인간 사회에서 발전의 차이가 발생한 이유가 무엇인지, 왜 대륙별로 문명의 발달 속도에 차이가 있었는지, 왜 어떤 민족이 다른 민족에 앞서게 되었는지, 그리고 그것은 과연 민족적 우월성 때문이었는지에 대한 설득력 있는 고찰을 제시한다.

제3의 침팬지

재레드 다이아몬드 지음 | 김정흠 옮김 | 문학사상 | 2015

유인원과 단지 1.6%밖에 유전자 차이가 없는 인간이 어떻게 인간으로 진화했고, 무엇이 인간을 특징짓는지, 그리고 인류는 어디를 향해 가고 있는지에 대한 통찰을 느낄 수 있다.

낙원을 팝니다: 지구의 미래를 경험한 작은 섬 나우루

칼 맥대니얼, 존 고디 지음 | 이섬민 옮김 | 여름언덕 | 2006

나우루라는 작은 섬나라를 통해 자연생태계와 조화를 이루던 전통적인 삶의 방식과 단절된 현대사회의 대량생산과 대량소비가 왜 위험한지에 관한 실증적 사례를 제시한다.

침묵의 봄

레이첼 카슨 지음 | 김은령 옮김 | 홍욱희 감수 | 에코리브르 | 2011

인간이 근시안적인 이익을 위해 사용한 살충제가 환경에 미치는 해악과
그 해악의 종착점에 대해 진지하게 생각하게 해 준다.

국제개발협력의 역사

손혁상 KOICA 이사장

빈곤은 인간이 가치가 있다고 여기는 삶을 선택할 수 있는 기회를 박탈한다.
……빈곤은 일반적으로 규정되는 저소득의 문제가 아니라
근본적인 능력의 박탈로 봐야 한다.

아마르티아 센
(Amartya Sen, 1999: 89)

우리는 삶이 취약한 사람들, 억압받는 사람들, 자국으로부터 추방당한 사람들에게
많은 빚을 지고 있다. ……우리의 사명은 단순히 그들의 생명을 유지하기 위한 노력으로
그쳐서는 안 된다. ……우리가 나아갈 길은 2030년까지 극심한 빈곤을 퇴치하고
모두가 평화롭고 존엄한 삶을 살 수 있게 하는 것이다.

반기문
(제70회 UN 총회 연설, 2015)

1. 들어가며

인류 역사에서 빈곤은 언제나 크나큰 고통이었다. 인류 역사와 공존해 왔다고도 말할 수 있는 빈곤 문제를 해결하기 위해 국제사회는 다양한 노력을 기울여 왔다. 20세기 전반까지만 하더라도 빈곤 문제의 해결은 개인이나 개별 집단 또는 개별 국가의 몫으로 여겨졌다. 그러나 제2차 세계대전 이후 아프리카, 아시아, 남미 등지에서 많은 식민지 국가들이 독립하면서 국제사회 공동의 노력이 필요하다는 목소리가 커지기 시작했다.

자국의 정치·경제적 이익 추구부터 인류의 보편적 가치 실현 차원에서의 인도적지원 등과 같이 원조의 동기와 목적에는 다양한 시각이 있음에도 불구하고 빈곤 감소와 경제성장을 목표로 하는 공적개발원조(Official Development Assistance, ODA)는 1950년대 이래 꾸준히 증가해 왔다. 그리고 2021년 주요 공여국이 모인 경제협력개발기구(Organization for Economic

Cooperation and Development, OECD) 산하 개발원조위원회(Development Assistance Committee, DAC) 회원국들은 개발도상국들에 약 1,800억 달러 규모의 지원을 했다. 또한 국제개발협력의 노력에는 전통적인 국제개발협력의 주체인 선진 공여국, UN을 비롯한 국제기구, 시민사회단체(Civil Society Organization, CSO)뿐만 아니라, 새로운 주체로 부상한 신흥 공여국, 글로벌 기금, 민간기업, 대학 등이 참여하고 있다. 국제개발협력 이슈도 전통적인 경제적 성장에서 환경, 젠더, 주거, 이주, 기후변화, 평화와 안보 등으로 확대되었다.

국제개발협력의 역사를 제대로 파악하기 위해서는 국제개발협력의 담론부터 국제개발협력의 주체에 이르기까지 매우 넓은 범위의 이해가 필요하다. 지금부터 국제개발협력의 역사를 통해 국제사회가 빈곤 문제에 어떻게 대응해 왔는지에 대한 전개 과정과 국제개발협력 담론의 흐름을 추적해 보자.

2. 1940~1950년대: 국제개발협력의 태동

국제개발협력이 본격화된 것은 제2차 세계대전 직후다. 제2차 세계대전 이후 대부분의 식민지가 정치적으로 독립은 했으나 서구 열강의 오랜 식민지 수탈로 인해 빚어진 가난의 참극에 대해 국제사회가 공동의 책임을 져야 한다는 목소리가 높아졌으며, 미국과 소련을 중심으로 자본주의와 공산주의의 이데올로기가 대립하는 냉전체제에서 외교적 지지 확보를 위한 원조 경쟁의 양상도 있었기 때문이다.

1940년대 이전의 국제개발협력은 국제적십자사(International Red Cross and Red Crescent Movement, IRC RCM)나 교회가 중심이 된 국제구호 활동이 주류였으며, 미국이 개발을 목적으로 남미에 기술지원을 한 사례(캐럴 랭커스터, 2010: 45)처럼 자국의 이익을 위한 원조나 기술지원 등이 작은 규모로 이루어졌을 뿐이다. 대규모 국제구호 활동은 1943년 유엔구제부흥기관(UN Relief and Rehabilitation Administration, UNRRA)[1]의 전후 서유럽 난민구호 활동 정도를 꼽을 수 있다. 1946년 UNRRA의 기능을 이양받은 국제난민기구(International Refugee Organization, IRO)는 50여 개국이 넘는 개발도상국에 식량과 의약품, 그리고 농업 및 산업 제품을 전달하며 본격적인 구호 활동을 펼쳤고, 1952년에 그 기능이 유엔난민기구(UN High Commissioner for Refugees, UNHCR)에 편입되면서 해체되었다.

1945년 설립된 UN은 UN 헌장을 통해 '경제, 사회, 문화 및 인권과 관련된 국제 문제를 해결하기 위한 국제적 협력을 증진하는 역할'을 천명했다.[2] UN의 등장은 세계평화를 지키기 위한 인류의 새로운 약속이었으며, 국가 간 협력을 통한 국제개발협력이 본격적으로 이루어질 수 있는 토대를 마련하는 계기가 되었다. UN의 등장으로 긴급구호도 전문화되기 시작했다. UN은 전문적인 긴급구호를 전담하는 식량농업기구(Food and Agriculture Organization of the UN, FAO)를 만들었고, 세계보건기구(World Health Organization, WHO), 유엔아동기금(UN Children's Fund, UNICEF) 등을 잇달아 설립했다. 1950년대까지 식민지에서 막 벗어난 신생 독립국들에게 긴급구호가 이루어지면서 국제개발협력이 본격화된 것이다. 당시 국

---

1 UNRRA는 제2차 세계대전으로 인한 유럽의 피해를 복구하기 위한 목적으로 1943년 11월 9일 미국의 백악관(The White House)에 모인 연합국 44개국의 합의에 의해 설립되었다. 주요 의장국(Central Committee)은 미국, 영국, 중국, 소련 4개국이 담당했으며, 회원국에는 다수의 유럽 국가뿐만 아니라 볼리비아, 브라질, 칠레, 콜롬비아와 같은 남미와 인도, 이란과 이라크 등 중동, 에티오피아와 이집트, 남아프리카공화국 등 아프리카 국가들이 포함되어 있다. 1945년 신생이 형성되면서 독일, 이탈리아, 오스트리아에 반반샘쓰를 실시해 식량, 의약품, 의복과 같은 구호물자를 배급했고 직업훈련을 실시했다. 1946년 해체되었으나 미완결된 업무는 국제난민기구(IRO), 세계보건기구(WHO), 유엔아동기금(UNICEF) 등으로 이관되었다.

2 UN 헌장 제1장 제3조에서 UN 설립 목적으로 "경제·사회·문화적 또는 인도적 성격의 국제 문제를 해결하고 인종, 성별, 언어 또는 종교에 따른 차별 없이 모든 사람의 인권 및 기본적 자유에 대한 존중을 촉진하고 장려"한다고 나와 있다. 또한 제9장 제55조를 통해 사람의 평등권 및 자결 원칙 존중에 기초한 국가 간 평화롭고 우호적인 관계에 필요한 안정과 복지의 조건을 창조하기 위해, 보다 높은 생활수준, 완전 고용, 그리고 경제적 및 사회적 진보와 발전의 조건, 경제, 사회, 보건 및 관련 국제 문제의 해결, 그리고 문화 및 교육상의 국제협력, 인종, 성별, 언어 또는 종교에 관한 차별이 없는 모든 사람을 위한 인권 및 기본적 자유의 보편적 존중과 준수를 규정했다.

제개발협력은 인프라 구축이 대부분이었으며, 긴급구호 외에는 기술협력이 주로 이루어졌다. 그리고 제2차 세계대전 직후 1950년대까지 UN과 더불어 미국이 국제개발협력을 선도하여, 황폐해진 유럽 국가들을 재건하는 일에 앞장섰다.

대공황의 여파를 극복하기 위해 국제사회는 블록경제를 시도했는데, 이는 식민지 간 자유무역을 실시하는 반면 블록 외 국가들에 대해서는 보호관세장벽정책을 실시한 데서 시작되었다. 그러나 금본위제의 붕괴와 더불어 국제유동성의 부족, 외환 통제의 보편화 등으로 국제통화질서는 더욱 흔들리기 시작했다. 이러한 위기를 탈출하기 위해 실질적인 국제통화제도에 관한 논의가 시작되었는데, 이러한 노력은 1944년 미국 뉴햄프셔의 브레턴우즈에서 미국의 달러를 기축통화로 하는 브레턴우즈 협정(Bretton Woods Agreement)을 체결하면서 통화 안정을 위한 국제적 협력을 이룩했다. 이후 이 협정을 기반으로 1945년 국제통화기금(International Monetary Fund, IMF)과 국제부흥개발은행(International Bank for Reconstruction and Development, IBRD)[3]이 창설되었다.

기축통화(Key Currency)와 금본위제(Gold Standard)

기축통화란 국제외환시장에서 금융 거래의 중심이 되는 통화를 의미한다. 대부분 국가는 자국의 통화가 있는데, 국제적으로 교환의 매개 및 저장 기능을 발휘할 수 있어야 국제 거래에서 통용될 수 있다. 따라서 국제시장에서 모든 화폐가 쉽게 통용될 수는 없다.

---

3 국제부흥개발은행은 이후 세계은행(WB)으로도 불리며, 국제개발협회(IDA), 국제금융공사(IFC), 국제투자보증기구(MIGA), 국제투자분쟁해결센터(ICSID) 등과 통칭해 세계은행그룹이라 한다.

대표적인 기축통화는 금이다. 금은 어느 국가에서나 결제 수단으로 받아들여질 수 있으며, 특히 전쟁 등 혼란스러운 상황에서는 저장 수단으로 매우 적합하다. 금이 국제 거래의 결제 수단으로 쓰이는 것을 금본위제(Gold Standard)라고 한다. 이 제도는 19세기 영국의 급속한 경제성장으로 금을 화폐로 유통시킬 수 없게 되자 파운드화(Pound)를 정해진 금의 비율과 교환할 수 있도록 하는 데서 시작되었다. 그러나 제2차 세계대전을 거치면서 전쟁 비용으로 인해 파운드화의 가치가 하락했으며, 이후 경제 규모가 커지면서 금만으로 결제하기에는 금의 양이 부족했다. 이에 따라 영국의 파운드화는 기축통화로서의 지위를 잃게 되었다. 파운드화의 신뢰가 쇠퇴하자 미국의 달러를 기축통화로 하자는 제안이 제기되었다. 1944년 미국 뉴햄프셔의 브레턴우즈에 모인 44개국 730명의 대표는 '금 1온스당 35달러로 고정'하고 다른 주요 통화는 달러에 고정한다는 브레턴우즈 체제에 합의했다. 미국의 달러를 중심으로 하는 금환본위제도는 일정 기간 운영되다가 1971년 닉슨 당시 미국 대통령의 금·달러 태환 정지 선언에 의해 폐지되었다.

미국과 소련을 중심으로 한 자유 진영과 공산 진영 간의 냉전은 국제개발협력에 많은 영향을 끼쳤다. 미국은 진영 경쟁에서 우위를 확보하기 위해 1950년대 전후로 서유럽의 전후 복구와 신생 독립국 개발을 위해 국제개발협력을 선도하며 원조에 대규모 자금을 투입하기 시작했다.

미국은 서유럽의 전후 복구 및 경제·사회 인프라 재건을 지원하기 위해 유럽부흥계획(European Recovery Program)을 대대적으로 추진했으며, 1948년부터 1952년까지 총 130억 달러의 원조 자금을 투입했다. 이 자금 덕분에 유럽이 빠르게 복구되면서 미국의 유럽부흥계획은 '모든 경제 원조 프로그램의 어머니'라고 불리게 되었다. 유럽부흥계획은 이를 주도했던 국무장관인 조지 마셜(George Marshall)의 이름을 따 마셜플랜(Marshall Plan)으로 널리 알려졌다.

1948년 마셜플랜의 순조로운 이행을 위해 유럽경제협력기구(Organization for European Economic Cooperation, OEEC)가 설립되었다. 이 기구는 유럽의 18개 나라가 참여한 경제협력체로 주로 미국의 원조 자금을 각 나라에 적절하게 배분하고 무역자유화를 추진하는 등 유럽 경제 복구를 위해 노력했다. 1961년 유럽 경제가 정상화되면서 유럽 중심의 지역 경제 발전 체제가 아닌 선진국 전체의 경제발전 및 개발도상국에 대한 지원을 위한 경제협력개발기구(OECD)로 발전적 해체를 했다.

마셜플랜은 제2차 세계대전 이후 미국이 서유럽 16개 국가에 시행한 원조 정책이었으나 서유럽 재건과 경제성장을 지원했을 뿐만 아니라 서유럽으로 소련의 영향력이 확산되는 것을 억제하는 데도 큰 역할을 했다.

소련과 동유럽 국가들은 마셜플랜에 의한 미국의 경제적 지배력 확대에 반대해 참여를 거부했다. 소련은 공산주의 진영의 결속을 도모하고 자유주의 진영에 대항하기 위한 몰로토프플랜(Molotov Plan)을 시행했다. 1949년 미국과 서유럽을 중심으로 북대서양조약기구(North Atlantic Treaty Organization, NATO)가 결성되면서, 공산주의 진영에서도 경제 협력과 군사적 공동 방위력을 결집하기 위한 경제상호원조회의(Council for Mutual Economic Assistance, COMECON)를 조직했다. COMECON은 1950년대 중반 이후 공산주의 국가경제계획 추진을 위한 활발한 활동을 전개했으나 구소련과 동구 공산권 국가들이 잇따라 붕괴되면서 1991년 완전히 해체되었다.

1950년대에는 미국을 중심으로 신생 독립국에 관심을 갖고 원조를 하기 시작했다. 미국의 트루먼(Harry S. Truman) 대통령은 1949년 1월 두 번째 임기의 취임 연설에서 세계 인구의 절반 이상이 빈곤과 기아에 허덕이는 상황에서 과학적 진보와 공업 기술의 혜택이 저개발지역의 성장과 개발을 돕는 데 사용되어야 하며, 저개발국의 고통을 줄일 수 있는 지식과 기술을 전수하는 프로그램이 필요하다고 강조했다. 미국 의회는 1950년 국제개발법(Act of International Development)을 제정해 트루먼(Harry S.

Truman) 대통령의 포인트 포 프로그램(Point Four Program)[4]을 뒷받침하는 실질적인 조치를 취했다(주동주, 2011: 86).

전후 신생 독립국들은 장기간 식민지 지배로 인해 정치·경제·사회의 전 분야에 걸쳐 취약한 구조를 가지고 있었고, 대부분 심각한 기아와 빈곤 문제로 발전이 어려운 상태였기 때문에 원조가 절실히 필요했다. 이에 미국 외에 영국, 캐나다, 호주 등의 국가들도 식민지에서 독립한 남아시아와 동남아시아 지역 개발도상국들의 경제발전을 지원하기 위해 1951년 콜롬보계획(Colombo Plan)을 발족시켜 신생 독립국의 빈곤 문제를 해결하기 위해 노력했다.

대부분의 유럽 국가들은 식민 지배를 했던 국가들에 대해 역사적 책임감을 가지고 경제원조를 한 것으로 보인다. 그러나 아시아와 아프리카의 신생 독립국들은 서로의 긴밀한 관계를 유지하고 냉전으로부터 중립 선언을 목표로 1955년 인도네시아 반둥에서 제1차 아시아·아프리카회의(Asian-African Conference)를 개최했다. 회의에 참가한 29개국은 미얀마, 스리랑카, 인도, 인도네시아, 파키스탄을 주축으로 비동맹 그룹을 결성하고 모든 형태의 제국주의를 거부하고 자본주의와 사회주의로 양분되어 있던 국제정치 무대에서 '제3세계'라는 새로운 세력으로 성장했다. UN 헌장에 기초한 '세계 평화와 국제협력 증진에 관한 선언(반둥 10원칙)'을 발표해 인권, 주권, 영토 보전을 존중하고 인종과 국가에 따른 차별을 타파하며 군사 동맹에 불참, 상호 불가침, 평화적 방법을 통해 상호 이익과 협력을 요구했다.

---

4 개발도상국에 기술지원과 경제원조를 위해 마련된 미국의 정책으로 이를 실행하기 위한 기구로 미국 국무부의 기술협력국(Technical Cooperation Administration, TCA)이 설립되었다. 이 기구의 활동은 주로 농업, 교육, 보건 등 기술적 지원을 중심으로 이루어졌다.

3. 1960년대: 국제개발협력의 도약

1960년대는 개발원조의 규모가 크게 늘어나면서 새로운 국제개발 협력체제가 형성된 시기였다. 특히 UN이 1960년대를 '개발의 10년'으로 규정하며 유엔개발계획(UN Development Programme, UNDP), 유엔공업개발기구(UN Industrial Development Organization, UNIDO) 등 전문기구들이 탄생했고 OECD에서도 DAC가 만들어진 시기다.

(1) 역사적 전개 과정

당시 UN의 가장 큰 해결 과제는 크게 평화 공존이라는 '동서문제'와 개발이라는 '남북문제'였다. UN은 개발도상국의 경제 및 사회문제를 해결하기 위한 다양한 방안을 추진했다. 1961년 제16차 정기총회에서 1960년대를 '개발의 10년'으로 규정하고, 개발도상국들이 매년 5%의 경제성장을 달성할 수 있도록 선진국들이 국민총소득(Gross National Income, GNI)의 1%를 개발도상국의 원조에 사용하도록 권고했다. 1960년대는 UN의 전문기구들과 국제기구들이 많이 설립되고 정비된 시기다. 1961년 식량원조가 개발도상국의 경제·사회적 개발을 도모할 수 있도록 세계식량계획(World Food Programme, WFP)을 설립했다. 식량농업기구(FAO)[5]는 1960년, '기아로부터의 자유(freedom from hunger)' 캠페인을 처음 시작했으며, 이 캠페인을 통해 많은 비정부기구(Non-Governmental Organization, NGO)들과도 협력하게 되었다(Riddell, 2007: 27). 또한 1960년대 중반에는 UN 내 개발을 전담하는 전문기구들이 만들어졌다. 1965년 UN의 개발원조 계획을 전담하는 UNDP가 만들어졌고, 1967년에는 UNIDO가 설립되면서 UN은 개발에 중점을 둔 전문기구들을 중심으로 개발 활동에 집중하기 시작했다.

1960년에는 네덜란드, 독일, 미국, 벨기에, 영국, 이탈리아, 일본, 캐나다, 포르투갈, 프랑스를 주축으로 OECD DAC의 전신인 개발원조그룹(Development Assistance Group, DAG)이 설립되었다. 개발원조그룹은 총 4회에 걸친 회의를 통해 '일반원조효과(Common Aid Effect)'라는 보고서를 발표해 미국이 원조 금액의 40% 이상을 부담하고 영국과 프랑스가 3분의 1 이상을 부담한다는 결의를 발표했다(OECD, 1994: 8). DAG는 OECD가 공식적으로 출범한 1961년에 OECD의 산하기관이 되면서 그 이름을 DAC

---

5 FAO는 UN 전문기구의 하나로 모든 국가의 영양 상태 수준을 높이고 농업생산성을 향상시킬 목적으로 1945년에 설립되었다. 현재 WFP, UNDP와 함께 기술원조의 중요한 역할을 담당한다.

로 바꾸고 새로운 국제개발협력의 교각으로 발돋움하기 시작했다. DAC는 개발원조정책을 수립하고 각국의 원조 통계 등을 국제적으로 보고하는 역할을 수행하며 국제개발협력의 다양한 의제들을 논의하는 중심이 되었다.

세계은행은 설립 초기에는 주로 유럽에 차관을 제공하는 역할을 담당했으나, 1960년 후반 유럽에서 마셜플랜의 효과가 나타나기 시작하면서 개발도상국의 발전을 위한 정책적 전환을 시행한다. 1969년 '개발을 위한 파트너(Partners in Development, 이후 피어슨 보고서)'란 보고서를 발표했는데, 이 보고서를 통해 공적개발원조의 개념을 정리하고, 선진 공여국이 ODA를 국민총생산(Gross National Product, GNP)의 0.7%까지 올릴 것을 권고했다. 이 시기 세계은행은 산업 발전과 수익 증대를 위해 항구, 도로, 발전소 등 인프라 구축을 위한 사업에서 학교, 병원, 문맹 퇴치, 농업 지원 등 개발도상국의 실질적 효과를 위한 사업으로 확대하기 시작했다.

피어슨 보고서(Pearson Commission Report)

개발도상국에 대한 원조 비율에 관한 논의는 1958년 세계교회협의회(World Council of Churches, WCC)에서 합의한 1%가 시초였으나, 당시 공적원조(official flows)에 관한 산출 방식 규정이 자리 잡지 않아 1%라는 산출 기준을 정하는 데 어려움이 많았다. 1964년 네덜란드 경제학자 얀 틴베르헌(Jan Tinbergen)은 GNP 대비 ODA 비율을 0.75%로 정할 것을 제안했다. 세계은행은 ODA 비율을 GNP 대비 0.7%로 제안하는 보고서를 발행했는데, 이 보고서 작성을 주관한 전 캐나다 수상 피어슨(Pearson)의 이름을 따 '피어슨 보고서(Pearson Commission Report)'라고도 불린다. 이후 UN 총회에서 GNP 대비 0.7%로 결의되었고 1974년 스웨덴, 1976년 노르웨이, 1978년 덴마크, 1991년 핀란드, 2000년 룩셈부르크 등이 이 목표에 도달했다. 1993년부터는 개정된 국민계정체계(The System of National Accounts)에 따라 GNP가 아닌 GNI로 기준을 변경했다.

1960년대는 공여국의 양자 기구 설립이 가속화되기 시작했다. 프랑스는 1961년 개발협력 전담 정부기관(Ministry for Cooperation)을 설립해 아프리카와 개발도상국의 독립을 지원했으며, 미국의 케네디(John F. Kennedy) 대통령은 미국의 원조 예산을 크게 늘리고 대외원조법(Foreign Assistance Act)을 제정했다. 이때 미국 국제개발처(United States Agency for International Development, USAID)와 평화봉사단(Peace Corps)을 창설했다(주동주, 2011: 87). 1965년 스웨덴은 Swedish International Development Authority를 설립했고, 1995년 현재의 스웨덴 국제개발협력청(Swedish International Development Cooperation Agency, SIDA)으로 개편했다. 일본의 경우 1961년 해외경제협력기금(Overseas Economic Cooperation Fund, OECF)을 설립하고 이듬해인 1962년 기술협력 전담 기관인 해외기술협력사업단(Overseas Technical Cooperation Agency, OTCA)[6]을 설립했다. 영국은 1964년 기술협력부(Department for Technical Cooperation, DTC)와 외교부의 원조 정책 기능을 통합해 해외개발부(Department of Overseas Development, DOD)를 설립했다.[7]

산업화 시대였던 1960년대 대부분의 원조는 큰 규모의 산업 프로젝트에 초점이 맞춰져 신생 독립국들의 사회기반시설 자본으로 쓰였다. 특히 당시에는 도로, 철도 등의 인프라 프로젝트가 국제개발협력의 주요 사업이었다(Moyo, 2009: 14). 인프라 투자와 산업화를 통한 경제성장이 빈곤 문제를 해결할 수 있다는 낙관적 견해와 UN을 비롯한 국제사회의 노력

---

6 OTCA는 1974년 일본국제협력기구(Japan International Cooperation Agency, JICA)로 통합되었다.

7 영국은 1940년대부터 식민지개발복지법(Colonial Development and Welfare Act)과 해외자원법(Overseas Resources Act)을 기반으로 공여국의 경제적 이해관계를 탈피해 개발도상국의 발전을 위한 체계적인 정책을 구축하게 되었다.

에도 1960년대 신생 독립국가들은 식량 부족과 질병 등으로 여전히 고통받고 있었다. 북반구에 주로 있는 선진 공업국들과 개발도상국들이 대부분인 적도 및 남반구 국가들 사이의 소득격차와 발전의 차이도 확대되었다. 이러한 남북갈등(North-South Conflict)은 1964년 유엔무역개발회의(UN Conference on Trade and Development, UNCTAD) 창립총회에서 77그룹(Group of 77)[8] 결성으로 이어졌다.

제2차 세계대전이 끝난 후, 1960년대는 기존 식민지들이 대부분 독립하는 시기였다. 그러나 신생 독립국들은 경제적으로 매우 낙후되었고, 이들에게 시급한 문제는 정치적으로는 완전한 자주독립을 실현하고 경제·사회적으로는 선진국들처럼 발전된 국가를 건설하는 것이었다. 당시의 '발전' 혹은 '개발'이라는 단어는 '산업화'와 같은 의미로 여겨졌다 (Rapley, 2007: 2). 따라서 이 시기에는 어떻게 하면 개발도상국들의 경제적 성장을 이룰 수 있는지에 대한 논의가 활발하게 진행되었다.

77그룹

77그룹(Group of 77, 통칭 G77)은 UN 내 개발도상국들이 가장 많이 참여한 개발도상국 정부 간 조직으로, 개발도상국들의 경제성장 및 선진국 도약을 위해 만들어진 기구다. 1964년 UNCTAD에서 '77개국 공동 선언'을 발표하면서 설립되었다. 77개국이 참여했다고 해 77그룹이라는 명칭을 얻었으며, 현재는 130여 개 국가가 회원국으로 가입했다. G77에 가입한 개발도상국들은 자신들의 목소리를 대변하고 불공정한 무역을 바로잡기 위해 노력하며, 공동 경제적 투자 증진, UN 시스템 내의 주요 국제경제 이슈에 대한 개발도상국들의 공동 협상 역량 강화, 개발을 위한 남남협력(South-South Cooperation) 증진 등을 목적으로 한다.

---

8 Group of 77. 출처: https://www.g77.org/

(2) 주요 담론

1) 근대화이론

1950년대부터 1960년대 초기까지의 대표적인 개발도상국 경제발전 이론으로는 근대화이론(Modernization Theory)이 있다. 서구의 근대화 기원에 대해서는 의견이 분분하지만 대체적으로 영국의 산업혁명과 프랑스혁명을 기원으로 하는 사회 변화라고 보는 견해가 지배적이다.

이 이론은 저개발(underdeveloped), 즉 당시의 '발전하지 못한' 대다수의 개발도상국들의 상태를 빈곤, 기술적 낙후, 전통 등으로 특징짓고, 선진국으로 거듭나기 위해서는 근대화(modernization) 과정이 이루어져야 한다고 주장한다.

근대화이론은 주로 '전근대-근대화-근대'라는 3단계의 모형을 통해 설명된다. 문화적 근대화가 이루어지면 경제발전이 뒤따를 것이고, 이것이 궁극적으로는 민주주의로 이어질 것이라는 일방향적 사고를 바탕으로 하기 때문이다. 이러한 관점에서 개발도상국 발전의 문제점과 가능성을 논한 대표적인 학자로 로스토(Walter Rostow)를 꼽을 수 있다. 로스토는 1960년 '경제개발 5단계론'을 통해 후진국도 일정한 단계를 거치면 선진국이 될 수 있다고 주장했다(Rostow, 1960: 307-326).

로스토의 경제개발 5단계론에 따르면 경제개발 단계는 '전통사회-도약 준비기-도약기-성숙기-대중소비사회'로 발전하게 되며, 특히 2번째 단계인 도약 준비기가 경제성장이 가속화되기 시작하는 중요한 시기라고 설명하고 있다. 도약 준비기를 거쳐 도약기로 발돋움하기 위해서는 대규모 제조업 중심의 산업구조가 발달해야 하고, 국민소득 대비 생산 투자 비율이 10% 이상 증가해야 하며, 저축이 경제발전의 중요한 요소라고 본다. 또한 이를 지탱하고 지속하기 위한 정치·사회적 제도가 갖춰져야 한다고 설명하고 있다.

로스토(Walter Rostow)가 경제발전 단계의 유형을 강조한 반면, 거센크론(Alexander Gerschenkron)은 후발주자의 이점(late-mover advantage) 때문에 성장 유형이 선진국의 경우와 반드시 같지 않다고 주장했다. 개발도상국의 성장 유형은 로스토(Walter Rostow)가 설명한 것과 같이 성장을 위한 필수 요건이 반드시 충족되어야 하는 것도 아니며, 선진국에서 누적한 기술을 받아들일 수 있는 이점이 있어 대규모 설비에 우선 투자할 수 있다고 봤다. 이때 공업화 전략은 상대적 후진성(relative backwardness)에 따라 결정되는데, 각 국가가 가진 상대적으로 낙후된 부분에 대응하면서 경제성장의 속도를 낼 수 있다고 봤다(Gerschenkron, 1962: 353).

개발도상국 당사자들 간에도 경제성장 경로에 대한 논의가 활발히 진행되었다. 크게 두 경로로 나뉘었는데, 첫 번째는 경제개발 초기 단계에서부터 모든 산업을 균형 있게 발전시켜 나가는 것이었고, 두 번째는 경쟁력 있는 산업에 집중투자한 후 차츰 다른 분야의 발전을 꾀해야 한다는 것이었다. 보통 전자를 '균형 성장'이라 칭하며, 후자를 '불균형 성장'이라고 부른다.

균형 성장론을 제창한 대표적인 이론가로 넉시(Ragnar Nurkse)를 들 수 있다. 넉시(Ragnar Nurkse)는 개발도상국에 나타나는 빈곤의 악순환(vicious circle of poverty)을 설명하기 위해 균형 성장론을 제시했다. 빈곤의 악순환이란 개발도상국의 개인은 저소득 상태에 놓여 저축과 소비를 하지 못하며, 낮은 소비와 저축률 때문에 기업은 생산 투자를 줄이게 되는 악순환이 반복되는 것을 의미한다. 넉시(Ragnar Nurkse)는 빈곤의 악순환을 해결하기 위해서는 자본을 여러 산업에 투자해 모든 산업이 골고루 성장할 수 있도록 해야 한다고 주장했다. 반면 로단(Rosenstein Rodan)은 '저소득-저소비-저투자-저고용-저소득'으로 이어지는 빈곤의 악순환을 해결하기 위해 개발원조 같은 대규모 투입(big push)을 주요 기간산업뿐만 아니라 소비재산업에도 동시에 투자해야 시장이 확대되고 소득이 증대되어 수요로 이어질 수 있다고 했다.

한편 앨버트 허시먼(Albert O. Hirschman)은 경제적 효과가 큰 산업 부문에 대한 집중적인 투자를 통해 의도적인 불균형을 만들어야 한다는 불균형 성장론을 주장했다. 개발도상국은 기술력과 자본이 부족해 모든 산업을 동시에 발전시키기 어려우므로 전략적인 산업에 집중적으로 투자해 다른 산업의 발전을 유도하는 것이 효과적이라고 설명한다. 대부분의 개발도상국, 특히 남미 국가들은 균형 성장 경로를 택했으며, 한국을 포함한 동아시아 소수 국가는 불균형 성장 경로를 선택했다.

제2차 세계대전 후 신생 독립국의 다수는 경제적 낙후성을 극복하기 위해 노력했지만 그 성과는 미비했다. 이에 개발도상국들은 선진국들에 대응할 수 있게끔 자신들만의 연대를 만들어 나가기 시작했는데, 앞에서 논의한 G77이 대표적 예이다. G77은 1964년 UNCTAD의 창립총회에 참석한 개발도상국들의 모임으로, 집단 자조적(collective self-reliance) 개발 전략인 남남협력[9] 전략을 채택했다.

UNCTAD의 초대 사무총장을 역임한 경제학자 프레비시(Raul Prebisch)는 국제경제체제는 중심(core)과 주변(periphery)으로 불평등하게

---

[9] 선진국들로부터의 원조뿐 아니라 개발도상국 상호 간 기술협력 및 상호 교류를 통해 개발의 효과를 높이자는 것으로, 원조를 단순히 선진국으로부터 받는다는 수동적 입장에서 능동적 입장으로의 변화를 의미한다(한국국제협력단, 2013: 449-450).

구성되어 있으며, 개발도상국들은 선진국들과의 무역에서 교역 조건 악화 때문에 불이익을 보게 된다고 주장했다. 그의 논리는 이후의 종속이론(Dependency Theory), 세계체제이론(World System Theory)에 직접적인 영향을 미쳤다.

2) 종속이론과 세계체제이론

종속이론은 로스토(Walter Rostow)가 제시했던 근대화이론의 일방향적인 경제발전 논리에 대한 비판에서 시작되었다. 종속이론의 대표적인 학자 프랑크(Andre Gunder Frank)는 서구가 발전할 수 있었던 까닭은, 비서구 국가를 착취하고 더 이상 발전하지 못하게 하는 '자본주의 경제체제'를 '그들이' 구축했기 때문이라고 주장했다(Frank, 1969: 257-267). 그는 자본주의의 모순을 지적하면서 저발전의 발전(development of underdevelopment)이라는 개념을 통해 세계는 중심부와 주변부로 나뉘며, 무역이 심화될수록 경제적 잉여는 언제나 주변부에서 중심으로 옮겨 가기 때문에 결국 주변부에 있는 개발도상국들은 중심에 있는 선진국들에게 의존적으로 될 수밖에 없다고 했다. 프랑크(Andre Gunder Frank)는 개발도상국이 경제발전을 꾀할 수 있는 유일한 상황은 중심부 국가들과의 연대가 느슨해질 때뿐이라고 설명했다.

이러한 맥락에서 종속이론은 자급자족이 가능하면서 내향적인(self-sufficient, inward-oriented) 전략을 발전 대안으로 제시했다(Haynes, 2008: 26). 이는 남미 국가들이 선택했던 '균형 성장' 경제발전 모델 중 하나인 '수입대체산업화(Import Substitute Industrialization, ISI)' 전략을 뒷받침하는 논리로 볼 수 있다. ISI는 국내시장을 보호하고 정부 주도로 국내 산업을 육성하는 전략이다. 즉 외국 상품 수입에 대해서는 높은 장벽을 세우고, 수입하던 상품을 국내에서 생산되는 상품으로 대체해 초기 산업화 단계에 있는 자국 산업을 보호하고, 어느 정도 경쟁력을 갖출 수 있는 시간을 벌어 산업화를 도모하겠다는 것이다(Rapley, 2007: 35-62).

수입대체산업화

완제품(finished goods)을 수입하기 위해 기초재(primary goods)를 수출해 오던 A라는 국가가 있다고 가정해 보자. A가 더 많은 수익을 창출하기 위해서는 상대적으로 가격이 저렴한 기초재를 수출해서 비싼 완제품을 들여오는 것보다, 완제품을 자국 내에서 생산하는 것이 낫다. 따라서 완제품의 수입을 제한하기 시작한다. 그 방법으로는 수입품에 관세를 부과하거나, 혹은 쿼터(quotas), 내용 규제(content regulations), 품질관리(quality control) 등의 비관세적인 조치를 활용한다. 이러한 산업화 전략은 본래 수입하던 상품을 국내에서 생산한 상품으로 '대체'한다는 점에서 '수입대체산업화'라는 이름으로 불린다(Rapley, 2007: 30-31).

당시 남미 국가들은 풍부한 자원을 보유하고, 비교적 큰 국내시장을 가졌기 때문에 ISI 전략이 가능했다. 그러나 같은 시기, 부존자원[10]이 부족하고, 국내시장의 규모가 작은 국가들은 ISI와는 다른 전략을 취했다. 이 것은 '수출 주도형 산업화(Export Oriented Industrialization, EOI)' 혹은 '외부 지향적 개발전략(outward-looking development strategy)'으로 한국, 대만, 홍콩, 싱가포르 등 아시아의 신흥공업국이 택한 산업화 전략이다. 이들 국가는 그들이 가진 가장 풍부한 생산요소인 노동력을 집중적으로 활용할 수 있는 제조업 제품의 수출에 집중했으며, 해외 기술과 자원을 활용하는 개

---

10 경제적 목적에 이용할 수 있는 지각 안의 지질학적 자원이다.

방적 경제를 추구했다(Tarp, 2006: 34).

한편, 이매뉴얼 월러스틴(Immanuel Wallerstein)은 세계체제이론을 통해 종속이론에서 설명하는 중심부와 주변부로의 구분을 넘어, 개발도상국의 저발전을 '중심부-반주변부-주변부'라는 관계를 통해 설명한다. 이때 반주변부(semi-periphery)라는 개념은 기존에 중심부와 주변부의 관계로 설명되지 않았던 국가들까지 세계경제 흐름 속에서 파악할 수 있게 했다는 점에서 의의가 크다.

그는 자본주의가 등장하게 된 토대는 노동 분업(labor distribution)이며, 이러한 노동 분업이 국가 간에도 상이한 지위 차이로 드러난다고 설명한다. 세계체제이론은 종속이론과 마찬가지로 국가경제발전을 자본주의라는 세계사적 흐름에서 파악하는 것을 중요하다고 생각하며, 불평등한 교환(unequal exchange)이 저발전의 원인이라는 종속이론의 입장을 받아들인다. 즉 강력한 국가기구를 가진 중심부는 취약한 국가기구를 가진 주변부를 국제 교역 과정에서 수탈하며, 이때 반주변부는 중심부에 의해 수탈당하며 주변부를 수취하는 구조적 위치를 점유한다고 설명한다.

따라서 불평등한 교환이 지속되면 부가 주변부에서 중심부로 이전된다고 본다. 이러한 논의로 자본가들은 노동의 착취를 통해 더 많은 잉여가치를 거두려고 노력한다. 그리고 이러한 잉여가치는 불평등을 초래하는 원인이 된다는 마르크스(Karl Heinrich Marx)가 분석한 자본주의적 특성과 유사하다. 하지만 일각에서는 세계 자본주의 체제를 유통 구조로 파악해 자본주의적 생산 양식과의 차이점을 혼동한다는 비판을 제기하기도 한다. 또한 유통을 중심으로 중심부와 주변부를 파악해 정치·군사적 갈등을 충분히 설명하지 못한다는 비판도 있다.

4. 1970년대: 국제개발협력의 정체

(1) 역사적 전개 과정

UN은 1970년대를 '제2차 개발의 10년'으로 선언했다. 그리고 개발도상국의 연평균 6%의 경제성장과 3.5%의 1인당 소득 증가를 이룰 수 있도록 선진국들이 1970년대 중반까지 GNP의 0.7%를 ODA로 공여할 것을 촉구했다. 그러나 두 차례의 석유파동(Oil Shock) 때문에 이러한 약속은 이행되지 못했고 개발도상국의 상황은 더욱 악화되었다. 이런 결과는 공여국들이 기존 인프라 중심의 경제성장 원조 전략에서 후퇴하는 계기로 작용해, 인간의 기본적 욕구(Basic Human Needs, BHN)에 중점을 둔 개발이 이루어지기 시작했다. 가령 미국의 경우 1973년 대외원조법을 개정해 자본원조에서 기술협력에 치중하는 방향으로 움직였으며, 인간의 기본적 욕구와 최빈층으로의 원조를 강조하기 시작했다. 이런 점에서 1970년대는 공여국들이 직접적으로 빈곤에 초점을 맞춰 지원한 시기로 평가된다(Riddell, 2007: 31).

한편 1970년대 두 차례의 석유파동은 자원을 무기로 한 개발도상국들의 불만을 표출시키는 계기가 되었다. 이에 UN은 1974년 기존 선진국 중심의 국제무역과 금융 질서를 근본적으로 개편해 개발도상국의 이익을 중시하는 내용의 신국제경제질서(New International Economic Order, NIEO) 수립 결의를 선언했다.

비동맹운동(Non-Aligned Movement, NAM) 및 G77은 빈곤에 대한 선진국의 역사적 책임과 이를 개선하기 위한 공평한 세계경제 질서 및 상호협력을 강조했다. 또한 선진국과 개발도상국 간의 불평등을 완화하기 위해 개발도상국에 차별적 특혜를 요구했는데, 가령 천연자원에 대한 소유권 보장, 개발도상국 상품의 가격 보장, 무역제도 및 국제통화제도 개혁, 원조 증대 등이다.

석유파동 이후 급격해진 물가 상승을 해결하기 위해서는 신속한 지원(Quick Disbursing Assistance, QDA)이 필요했다. 이를 계기로 세계은행, IMF, OECD DAC 등과 같은 다자기구들이 다양한 원조 정책과 전략을 확대하게 되었다(Hjertholm and White, 1998: 12). 세계은행은 단기적이고 실질적인 효과가 날 수 있는 사업에 차관을 빌려주었는데, 주로 학교, 병원, 농업 등으로 사업 지원을 늘려 갔다. 이로 인해 1970년 후반에서 1980년까지 개발도상국의 채무는 연간 20%까지 증가했고 1980년대 구조조정(structural adjustment)을 야기했다(Harrigan et, al., 1995).

OECD DAC도 1974년 스웨덴을 시작으로 네덜란드, 노르웨이, 덴마크 등의 북유럽 국가들이 GNP의 0.7%를 ODA로 제공했으며, 또한 1977

년 DAC 고위급 회의에서 '경제성장을 위한 개발협력과 인간의 기본적 욕구 충족 선언'을 채택했고, 1979년에는 '원조 집행 개선을 위한 가이드라인'과 '지역과 주기적인 자금 조달에 관한 가이드라인' 등을 제시했다.

세계적인 경기 하락과 남북 간의 갈등 심화라는 양대 위기 속에서 1970년대 국제개발협력은 새로운 기회를 맞게 되었다. 환경과 여성에 대한 관심을 갖게 되면서, 개발의 의미를 폭넓게 이해하기 시작했다. 1972년 UN은 스웨덴 스톡홀름에서 '단 하나뿐인 지구'라는 슬로건으로 유엔인간환경회의(UN Conference on the Human Environment, UNCHE)를 개최했는데, 이는 환경을 주제로 한 최초의 국제적 회의였다. 이 회의에서 113개국 대표가 모여 '인간환경선언(Declaration on the Human Environment)'을 채택했고, 이 선언은 1972년 UN의 환경 전문기구인 유엔환경계획(UN Environment Programme, UNEP)이 만들어지는 데 영향을 끼쳤다.

또한 UN은 1975년 멕시코 멕시코시티에서 제1차 세계여성회의를 개최했으며, 1975년부터 1985년까지를 '여성을 위한 10년'으로 선언했다. 이듬해에는 유엔여성개발기금(UN Development Fund for Women, UNIFEM)과 유엔국제여성연구훈련원(UN International Research and Training Institute for the Advancement of Women, UN INSTRAW)을 만들었다. 이때부터 UN은 '개발에서의 여성 통합(Integration of Women in Development, WID)'을 강조하며, 모든 개발 관련 사안에 젠더 의제가 포함될 수 있도록 했다.

1979년 UN은 여성차별철폐협약(Convention on the Elimination of All Forms of Discrimination Against Women, CEDAW)을 채택해 여성의 실질적 평등권을 보장할 수 있도록 했다. 2022년 기준으로 189개국이 이 협약에 가입했으며, 4년마다 협약 이행에 따른 보고서를 제출해야 한다.

이러한 분위기 속에서 개발협력 주체 중 하나인 NGO가 새로운 가능성을 보이기 시작했다. 사실 제2차 세계대전 전후로 대부분의 구호 활동은 교회를 중심으로 이루어졌으며, 특히 당시 교회들이 아프리카에 지원한 식량 및 보건 서비스 등은 전체 지원 규모의 40~60%를 차지할 정도로 크고 활발했다. 그러나 대부분의 교회는 재정적으로 개발도상국의 학교와 병원에 대한 유지비를 지속적으로 댈 수 없었기 때문에 자금을 모으기 위한 새로운 접근을 시도했다.

1940년대 창립된 구호 전문 NGO인 옥스팜(Oxfam)과 케어(Care) 등은 1960년대 초까지 주로 작은 규모의 긴급구호를 하거나 식량과 의약품을 전달했다. 그러나 1970년대에는 전통적인 서비스 전달자 역할을 뛰어넘어 다양한 개발사업을 펼치기 시작했다. NGO는 정규 교육기관 외에서의 기술훈련과 농촌 개발 등에서 두각을 나타냈다. 이러한 움직임에 부응해 1970년대부터 선진 공여국들은 ODA를 NGO에게 직접 지원하기 시작했다(Riddell, 2007: 25-33).

(2) 주요 담론

1) 인간의 기본적 욕구 접근(BHN Approach)

그간의 발전전략들이 실패하면서 점차 기존의 국가주도 경제성장이 개개인의 빈곤 감소에 실질적인 도움이 되지 않을 수도 있다는 인식이 발생했다. 전반적인 경제력 부양보다는 지역 거주민의 기본욕구 충족을 개발전략으로 해야 한다는 질적 접근법이 새롭게 대두되었다. 이는 인간의 기본적 욕구(BHN), 즉 충분한 음식, 깨끗한 물, 주거, 위생, 건강과 보건, 기본 교육 등의 조건을 향상시키는 공통된 기본적 기반을 조성해 주는 것이다(Stewart, 2006). 이를 계기로, 그동안 경제적 측면에서의 양적 확대 및 성장에 초점을 맞추었던 개발도상국에 대한 '원조'가 '빈곤 감소'와도 연결되었고, 비로소 빈곤선(Poverty Line)[11]에 대한 인식도 형성되었다.

1970~1980년대 주요 개발경제학자 중 한 명이었던 파울 스트리텐(Paul Streeten)은 세계은행이 인간의 기본적 욕구에 초점을 맞춘 정책을 형성하는 데 영향을 미쳤다. 그는 인간의 기본적 욕구란 단순히 식량, 물, 주거, 위생, 보건·의료, 교육과 같은 물질적인 것뿐 아니라 자기 결정, 정치적 자유 및 안보와 같은 비물질적 욕구까지를 의미한다고 정의했다(한국국제협력단, 2013: 140).

이러한 맥락에서 기존의 생산적 투자를 통해 이루어졌던 개발이 빈곤 탈출에 필요한 최소한의 소비 실현에 초점을 맞추고 이루어지기 시작했다. 이 당시는 소규모 농가를 중심으로 지역 경제를 부흥시키고자 하는 농촌 지역에서의 개발 프로젝트가 실행되기 시작했다는 점이 특징이다(한국국제협력단, 2013: 52). 이러한 프로젝트는 각국 정부 및 원조기관들이 아닌 NGO라는 비국가 행위자와의 연계를 포함한다는 점에서도 주목할 만한 변화라고 할 수 있다.

UN 또한 1986년 'UN 발전권선언(UN Declaration on the Right to Development)'을 통해, 단순한 경제개발이 아닌 정치·사회·문화적 과정을 포괄하는 종합적 개념으로서의 개발을 정의했다. 여기에서의 개발 목적은 인권 실현이며, 모든 개인과 인간이 발전의 주체가 되며, 모든 사람의 적극

---

11 인간의 기본적 욕구 접근 방법은 경제적 성장이 실제로 시민들의 욕구를 충족하기 위한 특정 물자 및 서비스의 실질적인 배급에 정책적 강조를 맞춘다. 따라서 빈곤 혹은 개발을 측정하는 방법으로 생존에 필수적인 최소한의 식량, 물, 주거, 위생, 보건·의료, 교육의 절대적인 양을 제시한다. 즉 빈곤선은 생존에 필요한 최소한의 소비로 결정된다(한국국제협력단, 2013: 140-142).

적이고 자유롭고 의미 있는 참여의 중요함이 강조되었다(이성훈, 2011).

이 시기에는 주로 UN, OECD 등 주요 국제기구를 중심으로 보건, 성평등, 환경, 참여적 개발, 사회적 개발 등 빈곤의 다양한 측면을 강조하는 이슈별 회의가 진행되었다. 이러한 관심의 변화는 1990년대부터 활발하게 논의될 인간개발지수(Human Development Index, HDI), 세계은행과 IMF의 빈곤감소전략(Poverty Reduction Strategies, PRS), 지속가능한 발전 등의 어젠다 형성에 밑거름이 되었다.

2) 신자유주의와 구조조정(Structural Adjustment)

1950년대부터 1970년대까지는 근대화이론, 종속이론 등의 논리를 바탕으로 정부가 중심이 되어 국가의 산업화, 경제성장 등을 목표로 발전전략을 주도했다. 그러나 1970년대 석유파동과 이어진 외채위기 등을 계기로 기존 이론들의 실효성이 무너지고 새로운 관점에서의 개발 담론의 필요성이 제기되었다.

그 결과 1980년대부터는 국가 대신 시장 논리를 강조하는 신자유주의적 논리가 주류로 등장했다. 이 시기 국가의 역할은 축소되었고, 민간자본의 역할이 강조되었다(Haynes, 2008: 30; Chakravarti, 2005: 74).

우선 1973년과 1979년 발생한 두 차례의 석유파동은 전 세계적으로 큰 영향을 미쳤는데, 개발도상국들은 대부분 석유를 수입하는 상황이어서 특히 더 심각한 피해를 입었다. 높아진 석유 가격 때문에 산업화 과정에 차질을 빚었을 뿐 아니라, 세계적으로 장기간 경제불황과 물가상승이 동시에 나타나는 스태그플레이션이 지속되면서 주로 1차 상품을 수출하는 국가들의 수출이 감소했기 때문이다.

이러한 경제적 어려움은 그동안 자국 산업화를 위해 외채를 빌려 써

왔던 개발도상국들의 외채 상환을 어렵게 만들었다. 1982년 멕시코, 1987년 브라질이 모라토리엄(Moratorium)[12]을 선언하면서, 채무 누적 현상은 더욱 심각해졌다(주동주, 2011: 62).

반면, 같은 시기 수출 지향적 산업화 전략(Export-oriented Industrialization, EOI)을 선택했던 아시아의 4개국은 오히려 장기간에 걸친 경제성장 신화를 달성했다. 또한 국제경제 구조의 제약에도 불구하고 국제유가가 상승한 결과로 석유수출국기구(Organization of the Petroleum Exporting Countries, OPEC) 회원국들은 부국이 되면서, 아시아 신흥 공업국 4개국과 중동 국가들의 부상으로 개발도상국들 내에서 분화가 발생했다. 이로써 근대화 이론의 비판적 입장에서 등장하게 된 1960년대의 종속이론은 한계를 보이게 되었다(Haynes, 2008: 27).

세계은행과 IMF는 당시 경제적 파산의 해결책으로 신자유주의적 모델을 제시했다. 개발도상국에 자금을 지원해 주는 대신 기존 경제정책의 광범위한 변화를 요구한 것이다. 이는 바로 1990년대 이후 '워싱턴 컨센서스'라는 이름으로 국제경제 시스템 전반에 영향을 미친 국제금융기구들의 구조조정정책(Structural Adjustment Program, SAP)이다.

국제금융기구들은 구조조정을 통해 국제금융 시스템을 강화하고 경제적 세계화를 이루는 것과 동시에 그들이 요구한 구조조정을 단행한 국가들을 세계경제에 통합시키고자 했다. 즉 국가 대신 시장 논리를 활용해 경제적 효율성을 향상시키고, 개발도상국들의 성장을 촉진한 것이다(Chakravarti, 2005: 75; 이강국, 2007: 73). 이는 신자유주의(Neo-Liberalism)와 통

---

12 모라토리엄은 일반적으로 상환 의사는 있지만 정치·경제적 어려움으로 인해 외국에서 빌린 채무의 이행을 일시적으로 연기하는 것을 말한다.

화주의(Monetarism)를 바탕으로 한다.

신자유주의는 개발목표를 달성하기 위해서 국가의 역할을 축소하고, 민간자본과 기업이 국가의 간섭으로부터 자유로워져야 경제성장전략에 능력을 발휘할 수 있다고 주장한다. 통화주의는 정부의 활동은 시장의 경쟁 메커니즘을 유지하거나 시장이 제공하기 어려운 서비스 공급으로만 제한하고, 나머지는 시장의 원리에 맡겨야 경제가 성장할 수 있다는 논리다. 당시 주요 선진국에 보수주의 정권[13]이 들어서면서 이 이론은 더욱 힘을 발휘하게 되었다. 따라서 기존의 국가 주도 발전전략에 치중했던 국가들은 구조조정을 받아들이면서 국가 주도적 발전 경로를 없애거나, 그 수준을 하향하게 되었다.

하지만 구조조정의 결과는 좋지 않았다. 국제금융기구의 원조를 받기 위한 조건으로 정부 재정 축소, 민영화, 자유화 등이 강요되었지만, 이는 사회의 취약한 부분을 보호해 주지 못했고, 오히려 사회적 불평등은 심화되었다. 개발도상국 스스로가 아닌, 외부에 의해 강요된 구조조정 프로그램 개혁, 금융시장 재정비, 국가의 역할 강화, 단일 세계시장 축소에 대한 요구가 커지게 되었다(Haynes, 2008: 31).

신자유주의의 힘은 오히려 1989~1991년에 발생한 냉전의 종식과 함께 정점에 달했다. 냉전이 끝나고 동유럽 공산주의 블록이 붕괴되면서 자본주의와 자유민주주의가 공산주의보다 우월하다는 것이 입증되었기 때문이다. 결국 1980년대의 구조조정정책은 약간의 수정만을 거친 채 1990년대까지 이어지게 되었다.

---

13 영국의 마거릿 대처(Margaret Thatcher, 1979~1990년), 독일의 헬무트 콜(Helmut Kohl, 1982~1998년), 미국의 로널드 레이건(Ronald Reagan, 1981~1989년), 조지 W. 부시(George W. Bush, 1988~1992년) 등이다.

5. 1980~1990년대: 국제개발협력의 위기

(1) 역사적 전개 과정

1980년대는 개발과 빈곤 감소라는 국제개발협력의 영역이 축소되고 세계은행과 IMF가 중심이 되어 개발도상국의 구조조정을 대대적으로 이룬 시기이다. NGO의 역할이 공여국 정부의 필요에 의해 크게 증가한 시기이기도 하다. 이어지는 1990년대는 사회주의가 무너지면서 냉전이 끝나고 본격적인 세계화가 진행된 시기이다. 국제개발협력의 주요 이슈 또한 환경, 여성, 이주, 노동, 빈곤, 보건 등으로 다양해졌다.

UN은 1980년대를 '제3차 UN 개발 10년'으로 선언하고 개발도상국의 연평균 성장률 7%와 GDP 성장률 4.5%를 목표로 세워 선진국들이 GNP의 0.7%를 ODA로 제공해야 한다고 촉구했다. 하지만 선진국들의 원조 규모는 크게 변화하지 않았다. 지속적인 경기침체 가운데 물가가 급격하게 상승하면서 국제수지까지 악화돼 개발협력이 위축될 수밖에 없는 상황이었기 때문이다. 실제로 주요 선진 공여국들은 당시 원조 예산을 상당히 삭감했다(Riddell, 2007: 34).

1980년대는 남북문제를 해결하기 위한 국제적 노력이 지속적으로 이루어지던 시기였다. 선진국과 개발도상국 간의 빈부격차가 크게 심화되면서 남북문제는 신국제경제질서(NIEO)를 위협하는 것으로 인식되었기 때문이다. UN은 1981년 파리에서 제1차 UN 최빈국회의(UN Conference on Least Developed Countries)를 열어 최빈국의 개발 문제를 논의하기 시작했으며, 이후 10년마다 개최하고 있다.[14] 한편, 1980년대에는 개발도상국들의 경제발전 정도에 따라 경제와 기술을 협력하는 남남협력(South-South cooperation)의 논의가 활성화되었고 남남협력은 개발도상국 간의 새로운 협력 구도로 떠올랐다.

이러한 국제사회의 움직임에도, 석유파동과 경기침체로 개발도상국들의 채무는 점점 늘어만 갔고, 1982년 멕시코가 모라토리엄을 선언하면서 누적 채무 현상은 더욱 심각해졌다. 이때부터 세계은행과 IMF를 중심으로 다양한 구조조정 프로그램이 나왔으며, 이는 대부분의 개발도상국들의 경제정책에 반영되었다. 세계은행은 1980년 구조조정차관(Structural Adjustment Loans, SAL)을 만들었고, IMF는 1986년 구조조정신용(Structural Adjustment Facility, SAF)을 설치했다. 이러한 지원을 받는 개발도상국들은 구조조정정책을 추진하며 정부 축소와 시장 확대를 꾀하는 정책을 펼친

---

14 제5차 UN 최빈국회의(LDC5)는 2021년 개최될 예정이었으나 코로나19로 인해 연기되어 2022년 3월 미국 뉴욕에서 부분적으로 개최되었고, 2023년 3월 카타르 도하에서 후속으로 개최될 예정이다.

다. 이를 통해 미국의 자본주의식 국가 발전 경제정책인 워싱턴 컨센서스가 대외적으로 확산되었다.

그러나 대부분의 아프리카나 중남미 국가에서 구조조정정책은 성공을 거두지 못했다. 왜냐하면 그 정책을 집행할 수 있는 거버넌스(Governance)[15]가 수립되어 있지 않았기 때문이었다. 사하라 이남 아프리카 국가들의 경우가 특히 부패와 효율적 행정 체계의 부재로 경제정책을 수행하는 데 어려움이 커서 세계은행과 OECD는 이 지역에 더욱 관심을 갖기 시작했다.

1980년대의 또 다른 특징으로는 긴급구호에 대한 대중의 인식이 크게 증가한 점이다. 1980년대 들어와 크게 증가한 자연재해와 더불어 미디어의 개발로 어려움에 처한 지구촌 빈곤 지역의 소식이 세계 곳곳으로 쉽게 전달되었기 때문이다. 원조기관들도 효과가 바로 나타나는 긴급구호에 관심을 가졌다. NGO를 통해 ODA 자금의 상당 부분이 긴급구호에 사용되었다. 실제로 1980년대 초 4억 달러 규모로 이루어지던 긴급구호 자금은 1990년대 초 24억 달러로 급격히 증가했다.

이러한 배경에서 NGO를 통한 긴급구호가 많이 이루어졌고, 당시 국제 NGO의 수와 규모도 크게 증가했다. 1990년대 초까지 영국 식량 원조 자금의 75%가 NGO를 통해 사용되었으며, 스웨덴의 긴급구호 자금의 40%는 자국 NGO에 의해 집행되었다(Riddell, 2007: 37). 이러한 흐름에서 NGO들이 전문성과 기능이 강화되었고, 개발협력의 새로운 주체로 두각

---

15 거버넌스의 개념에 대한 합의는 이루어져 있지 않으나, 보통 경제·정치·행정 등 세 분야에 걸쳐 '국가'와 '사회'의 관계를 지칭하며 개발도상국의 공공 행정체계와 시장의 기능 및 제도가 작동하는 데 필요한 제도와 운영체계, 정부가 권한을 행사하는 방법, 공적 재원을 관리하는 방법, 공적인 규제를 행사하는 방법 등을 포함한다(한국국제협력단, 2013 ODI, 2006).

을 나타내기 시작했다.

1982년부터 1992년까지 NGO가 모금해 국제개발협력에 사용한 자금 규모는 23억 달러에서 60억 달러로 3배가량 증가했다(Riddell, 2007: 38). 1980년대 NGO가 국제개발협력에 큰 변화를 가져올 수 있었던 이유는 빈곤 문제를 제대로 해결하지 못하는 개발도상국 정부의 대안으로 떠올랐기 때문이다. 또한 NGO는 환경과 성평등, 사회개발 등 개발의 새로운 논의들을 제공했고, 1989년 냉전이 종식되면서 국가안보가 아닌 인권, 젠더, 환경 등과 같은 이슈에 대한 논의 공간이 넓어지면서 NGO가 영향력을 발휘할 수 있는 환경이 조성되었던 점을 들 수 있다(Lewis, 2009: 39-40).

1990년대가 되면서 개발협력의 관심은 빈곤퇴치를 비롯해 환경, 여성, 이주, 노동 등 다양한 이슈로 확대되었다. UNDP는 1990년 '인간개발보고서(Human Development Report, HDR)'를 발간하며, 인간안보(Human Security)의 중요성을 강조했다. 이는 인간 중심의 사회개발이 활발하게 논의되면서 제시된 새로운 개념으로, 안보의 궁극적인 대상은 결국 인간이며, 이는 군사 감축뿐 아니라 인권과 환경보호, 민주주의 등 전반적인 측면에서 인간의 안전이 보장되어야 함을 강조한다. UNDP는 인간개발지수(HDI)를 만들어 각국의 교육수준과 1인당 국민소득, 평균수명 등 206개 지표들을 바탕으로 빈곤과 개발의 정도를 매년 발표하고 있다.

1992년 브라질 리우데자네이루(Rio de Janeiro)에서 개최된 유엔환경개발회의(UN Conference on Environment and Development, UNCED)에서는 지속가능한 발전과 지구환경을 보전하기 위한 논의가 이루어졌다. 지구정상회담(Earth Summit)으로도 불린 이 회의에서는 '리우선언(Rio Declaration)'과 '의제21(Agenda 21)'을 채택했으며, 같은 해 192개 국가가 유엔기후변화

협약(UN Framework Convention on Climate Change, UNFCCC)을 체결하도록
했다. 이를 계기로 1997년 일본 교토에서는 '교토의정서(Kyoto Protocol)'를
채택해 온실가스 감축 목표치를 규정했다. 또한 리우회의는 1992년 생물
자원의 보호를 위한 생물다양성협약 등을 채택했다. 1990년대에는 개발
분야에서 젠더 관점이 적극적으로 수용된 시기이기도 하다. 1995년 중국
베이징에서는 189개 국가가 참여한 세계 제4차 여성회의가 열렸다. 이 회
의에서는 사회 및 정치적 결정에 여성의 평등한 참여가 보장될 수 있도록
하는 성주류화(Gender Mainstreaming)가 주요 안건으로 토의되었으며(송현
주, 2011: 39), 베이징 행동강령(Beijing Platform for Action, BPfA)을 합의했다.
또한 빈곤, 교육, 폭력, 무력분쟁, 경제, 의사결정, 환경 등 12개의 주요 관
심 분야를 정해 각 국가의 구체적 실행 목표들을 제시했다.

　　젠더 이슈는 1980년 덴마크 코펜하겐에서의 제2차 세계여성회의와
1985년 케냐 나이로비에서의 제3차 세계여성회의 등을 거치며 1980년대
부터 선진 공여국 내에서 그 중요성이 두드러졌는데, 제4차 베이징 세계
여성회의에서 본격적으로 논의되기 시작했다.

　　국제개발협력의 중요한 주체들의 대응에 대해 살펴보자. 우선 UN은
1990년대 초부터 정책 일관성(Policy Coherence)에 대한 중요성을 강조하
며, 산업화된 국가들이 개발도상국과의 무역 및 금융정책 등에서도 서로
모순되지 않고 조화를 이루어야 한다고 강조했다. 이후 정책 일관성 개념
은 OECD DAC가 동료검토(Peer Review)를 할 때 중요하게 다루어지고,
개발 담론에서도 중요 이슈로 부각되었다.

　　OECD DAC는 1990년대 개발협력의 다양한 이슈에 대한 전략들을
활발하게 발표했다. 1994년 '참여적 개발(Participatory Development)과 굿
거버넌스(Good Governance)를 위한 방향'을 발표했고, 이듬해에는 이에 대

한 가이드라인을 제시했다. 참여적 개발이란 기존 공여자 중심의 성장 위주 경제개발 사업을 지양하고 개발의 수혜자인 현지 주민을 개발 정책과 사업에 적극적으로 참여시켜 효과성을 높이는 것을 의미한다. 당시 사하라 이남 아프리카 지역에 많은 원조가 투입되었음에도 빈곤 문제가 여전하고 경제성장이 안 되는 문제를 해결하기 위해서는 굿 거버넌스가 먼저 이루어져야 한다는 생각들이 공여국들 사이에서 공감대를 얻게 되었다(Moyo, 2009: 22).

또한 DAC는 1996년 21세기 개발협력전략을 발표해 사회개발과 경제적 풍요, 그리고 환경의 지속가능성을 주요 전략으로 정하고, 수원국의 주인의식과 공여국과의 파트너십, 그리고 공여국 간 원조 일치 등을 강조했다. 이외에도 1997년 '지속가능한 발전을 위한 협력 보고서' 발표, 1998년 '개발협력에서의 성평등과 여성의 역량 강화에 관한 가이드라인(DAC Guideline on Gender Equality and Women's Empowerment in Development Cooperation)'을 제안하는 등 개발협력 분야에서 주요한 전략을 제시했다.

세계은행은 1999년 '빈곤감소전략보고서(Poverty Reduction Strategy Papers, PRSP)'를 발표하면서 수원국에 기반을 둔 개발전략을 강조하기 시작했다. 이러한 전략은 개발도상국 정부 및 공공부문의 빈곤 감소를 위한 정책의 우선순위와 연간 예산 등이 결정되는 데 영향을 미쳤다(Riddell, 2007: 46). 커다란 흐름 속에서 조망할 때, 1990년대는 세계은행과 UNDP와 같은 다자간 기구들이 원조를 이끌었던 시기였다.

다른 한편에서 볼 때 1990년대는 선진국의 원조피로(Aid Fatigue) 현상이 대두된 시기였다(Moyo, 2009: 24). 대외원조의 효과성을 측정할 수 있는 경제지표가 향상되면서 1990년대 아프리카의 평균 실수입이 1960년대와 크게 다르지 않다는 분석(캐럴 랭커스터, 2010: 73)은 그간의 원조가 소용없다는 증거가 되었다. 소련 붕괴로 인한 냉전의 종식은 대외원조의 당위성마저 사라지게 했다. 이는 경기침체와 긴축예산으로 자연스럽게 ODA의 감소로 이어졌다.

(2) 주요 담론

1) 워싱턴 컨센서스

워싱턴 컨센서스(Washington Consensus)는 1989년 미국 국제경제연구소의 존 윌리엄슨이 처음 사용한 용어로, 워싱턴을 기반으로 하는 주요 국제금융기구, IMF, 세계은행, 독립적 싱크탱크, 미국 정부 정책 커뮤니티, 투자금융사 등이 주창하는 신자유주의 담론을 일컫는다.

워싱턴 컨센서스는 개발도상국들이 발전을 이루기 위해서는 일련의 좋은 정책(good policies)과 좋은 제도(good institutions)를 채택해야 한다고 주장하며, 이를 통해 경제적 향상의 토대를 마련할 수 있다는 것을 골자로 한다. 여기서 제시하는 좋은 정책이란 안정적 거시경제정책, 자유무역 및 투자 레짐, 민영화, 국가 소유 자산의 탈규제이며, 좋은 제도는 민주주의 정부, 지식재산권을 포함한 소유권 보호, 독립된 중앙은행, 투명한 기업 거버넌스다(Haynes, 2008: 32-33).

그러나 사실 1980년대의 '구조조정정책'부터 이어져 온 장기간의 신자유주의적 경제원조에도 불구하고 개발도상국의 빈곤 문제는 여전히 해결되지 않았다. 세계은행은 그동안의 구조조정을 통해 아프리카에서 어느 정도 빈곤 문제 해결에 성공했다는 연구 결과를 내놓았지만, 여러 학자들에 의해 그 결과에 대한 신빙성을 잃었다. 실제로 잠비아의 경우

1970년부터 1993년까지 세계은행과 IMF로부터 18차례에 달하는 구조조정 대출을 받았으나, 어떠한 성공도 거두고 있지 못했다. 더욱이 세계은행은 조직 내 업무평가처(Operations Evaluation Department)에서 잠비아의 구조조정 대출의 대부분은 실패작이라고 평가했다. 그럼에도 약 23년간 지속적인 재정지원을 제공했다. 원조가 오히려 개혁을 늦추고, 정부로 하여금 나쁜 정책과 실정(poor governance)을 지속할 수 있게 도와주는 꼴이 되었던 것이다(Chakravarti, 2005: 74-77).

구제금융과 맞바꾼 말리(Mali)의 면화 사업

2005년 세계은행과 IMF는 서아프리카의 말리 정부에게 융자 및 구제금융을 제공받는 대신 에너지 회사와 주요 수출 부문인 면화 사업을 민영화해야 한다고 권고했다.

면화 부문의 자유화 조치로 말리의 면화 농민들은 세계 면화 시장에 노출돼 취약해졌다. 면화 가격이 미국과 유럽연합(EU)의 막대한 보조금의 힘이 발휘된 임의 가격으로 결정되는 바람에 결국 말리 농민들은 2005년에 전년도보다 20% 적은 대금을 받게 되었다. 2007년에는 불리한 환율, 농자재 원가 상승, 뒤늦게 내린 비 등 여러 요인이 겹쳐 참담한 결과를 빚었다. 수천 명의 농민들은 도저히 갚기 힘든 빚을 졌고, 몇몇 농민들은 아예 면화 농사를 포기했다. 2007년부터 2008년까지 생산량은 이전 수준의 절반으로 줄었다(던컨 그린, 2010: 349-350).

신자유주의를 맹신하는 정책에 대해 여러 학자들은 비판적 견해를 내놓았다. 케임브리지대학교 경제학과 교수인 경제학자 장하준은 현재의 선진국은 그들이 경제성장을 이룰 때 신자유주의적 제도와 정책을 갖추고 있지 않았으며, 오히려 그 반대였다고 주장한다. 높은 관세가 부과되었고, 국내 산업의 보호정책을 펼쳤으며, 분야별 집중적인 산업정책을 추진하고, 다른 국가의 산업기술 도용은 비일비재했다고 말한다.

민주주의 개혁 역시, 경제적 발전보다 우선순위에서 밀려난 과제였다. 그러므로 모든 시스템을 개방하고 정비하라는 이러한 요구는 개발도상국들의 경제적 성장과 발전을 가로막으려는 목적에서 '사다리를 걷어차 버리는 것'이라고 주장한다(장하준, 2020).

신자유주의적인 제도 개혁은 국가의 역할을 최소화하기를 원하지만, 실제로 그러한 정책들을 실행하기 위해서는 강한 국가의 역할이 필요하다는 점에서 모순을 가진다. 시장은 자원을 공정하게 배분하기에 적절한 기관이 아니며, 국가야말로 적절한 정책과 프로그램의 적용을 통해 사회·경제적 현실을 변화시킬 수 있는 권한을 가진 유일한 존재이기 때문이다.

기존 구조조정정책에 대한 비판이 심화되자, 1990년대 중반을 지나면서 IMF와 세계은행은 방향을 전환했다. 세계은행은 1999년 교육, 보건, 사회보장 등에 초점을 맞춘 세계은행 포괄적 개발 프레임워크(Comprehensive Development Framework, CDF)라는 개발 분석틀을 제시했다. 그리고 그 이행을 위해 빈곤감소전략(PRS)을 세웠는데, PRS는 수원국 스스로가 계획을 수립한다는 점에서 주인의식이 고려되었다고 할 수 있다.

2) 굿 거버넌스

"굿 거버넌스(Good Governance)는 빈곤 타파와 개발을 위해 아마도 가장 중요한 요인이다"라는 코피 아난(Kofi Annan) 전 UN 사무총장의 말처럼, 거버넌스와 개발의 관계는 1990년대 이후 국제개발 담론의 흐름을 이해하는 데 중요하다. 1980년대 신자유주의와 워싱턴 컨센서스에 기반을 둔 개발도상국 구조조정정책이 효과를 나타내지 못하면서, 그 원인을 개발도상국의 거버넌스에 두게 되었다. 원조효과성을 높이기 위해서는 정부의 역량이 일정 수준에 있어야 한다는 수단적 의미와 인권과 민주주의의 가치를 지향하는 굿 거버넌스는 개발의 목적, 그 자체라고 볼 수 있다(한국국제협력단, 2013: 160). 굿 거버넌스의 의미는 <표 2-1>[16]과 같이 원조 기관별로 다양하게 정의되고 있다.

<표 2-1> 굿 거버넌스에 대한 다양한 정의

기관	특징	굿 거버넌스(선정)
IMF	경제적 개념	1) 법치주의 확립 2) 공공부문의 효율성과 책임성 증대 3) 부패 척결
WB	IMF보다 포괄적	1) 정권에 대한 선택과 교체 2) 제도, 규제, 자원 관리의 효율성 3) 시민사회, 경제 분야 및 정계의 이해관계자 간의 상호 교류와 제도와 법에 대한 존중
UNDP	투명성과 참여 강조	참여적이며 투명하고 책임성 있고 효율적이며 공평하다는 특징. 법치주의를 도모하고 여론과 사회적 합의를 바탕으로 정치·사회·경제적 우선순위를 설정하며, 사회의 최고 빈곤자와 취약자의 목소리가 개발 자원의 배분에 대한 결정에 반영되도록 하는 것
DFID	가장 포괄적인 정의	1) 모든 국민에게 기회를 주는 정치제도 운용 2) 정부의 정책과 국가 운영에 대한 국민의 영향력 행사 3) 거시 경제적 안정 조성 4) 빈곤 감소에 필요한 경제성장 도모 5) 효과적인 기본 사회 서비스의 공평하고 보편적인 제공 6) 개인의 안전과 안보 보장 7) 국가 안보의 책임성 있는 운용 8) 정직하고 책임성 있는 정부
USAID	자유민주주의 국가 설립을 목표	자유민주주의 거버넌스를 지칭하며 투명성, 다원적 문화, 정책 결정의 국민 참여, 대의제, 책임성 등을 포함. 특히 입법부의 강화, 분권화, 민주적인 지방 거버넌스, 반부패, 정책 이행 향상, 평화적 시민-군사 관계 등이 중요

출처 : 한국국제협력단(2013: 161)

---

[16] 영국 국제개발부(Department for International Development, DFID)는 2020년 9월 외교부와 통합되어 현재 외교영연방개발부(Foreign, Commonwealth & Development Office, FCDO)가 영국의 개발협력 주관 부처이다.

굿 거버넌스 논의는 원조의 이행 조건이 되는 현상으로 나타나기도 한다. 보츠와나, 르완다, 탄자니아 등과 같이 굿 거버넌스 지표가 높은 국가에 원조가 집중되고, 그렇지 못한 국가에는 원조 제공을 위한 선행조건으로 굿 거버넌스가 제시됨으로써 지원이 필요한 국민들이 이중고를 겪는 현상이 나타났다. 또한 위의 정의에서 보듯이 굿 거버넌스는 단기간에 개발도상국이 성취하기 어려운 정치·경제적 개혁이 수반되어야 한다. 이 때문에 적당한 굿 거버넌스(good enough governance) 접근이 등장하기도 했다. 최근 중국이 개발도상국 원조에서 굿 거버넌스의 이행 조건을 요구하지 않고 인프라 건설을 위한 원조 규모를 급속도로 확대하면서, 중국의 원조와 경쟁 관계에 있는 서구 공여국들은 굿 거버넌스 이슈에 대해 강조의 강도를 점차 줄여 나가고 있다.

3) 빈곤의 새로운 접근

전후 추진된 개발 정책들은 모두 실패했으며, 기존 정책들을 보완해 제시된 IMF와 세계은행의 신자유주의적 구조조정정책은 사실상 거의 모든 개발도상국의 경제정책들을 표준화시켰다. 이렇게 경제성장과 소득 증가에만 집중한 개발 이론들은 실질적인 빈곤 감소나 삶의 질 개선 등을 이끌어 내지 못했다. 그렇기 때문에 1990년대에는 빈곤의 다면성을 중시하는 다양한 개발 관련 의제들이 등장했다. 이러한 관점은 빈곤이 단순히 수들이 없는 것을 넘어, 건강, 자유, 소속감, 문화적 정체성, 정치적 영향력 등 인간의 존엄성에 기반을 둔 빈곤의 복합성에 대한 접근에 기초한다.

1990년대부터는 UN 및 UN 산하 기구, OECD 등 국제기구를 중심으로 환경, 아동, 여성, 교육, 인권, 사회개발, 인간안보, 외채 탕감 등 여러 가지 주요한 의제에 대한 활발한 논의가 이루어졌다. 1990년 세계아동정상회담, 1991년 유엔경제사회이사회(Economic and Social Council, ECOSOC)를 통한 사회개발 문제 제기에 이어, 환경개발장관회의, 1992년 리우선언(유엔환경개발회의), 1993년 비엔나 세계인권회의, 1994년 카이로 인구개발회의, 1995년 코펜하겐 사회개발정상회의, 베이징 세계여성회의, 1996년 로마 세계식량정상회의 등이 개최되었고, 여기서 채택된 결의안들은 이후 국제개발협력의 중심축이 되었다.

그중에서도 특히 UNDP가 1990년 발간한 '인간개발보고서(HDR)'는 경제 중심 개발에서 인간 중심의 개발로 담론이 변화하는 계기를 제공했다는 점에서 의미가 깊다. UNDP는 국가의 부가 증가하거나 감소하는 차원을 넘어 개인이 각자의 잠재력을 발휘하고 각각의 필요에 따라 생산적이고 창조적인 삶을 영위할 수 있는 환경을 만드는 개발 패러다임을 인간개발이라고 정의 내렸다(UNDP, 1990). UNDP는 이를 위해 인간개발지수(HDI)를 고안했다. HDI는 비교 가능한 수치를 제공한다는 점에서 기존의 개발협력 패러다임을 바꿀 정도로 획기적이었으나, 다차원적이고 광범위한 인간개발의 개념을 지나치게 단순화시키고, 정치·사회적 참여 및 자유에 대한 사항을 반영하지 못한다는 점에서 비판을 받기도 했다(한국국제협력단, 2008: 164).

같은 맥락에서 OECD가 1996년 발표한 '21세기를 구상하며: 개발협력의 기여(Shaping the 21st Century: the Contribution of Development Cooperation)' 보고서 또한 인간 중심의 개발 담론으로의 경향을 확인시켰다. OECD는 이 보고서에서 그동안의 개발협력 성과를 평가하고, 21세기에 해결해야 할 과제들에 대한 새로운 전략 방향을 제시했다. 전략목표로서 경제적 복지, 사회적 개발, 지속가능한 환경이 제시되었는데, 이는 기존의 경제성장 중심이 아닌 인간 중심의 개발을 다시금 강조하는 점에서 의미가 있다. 또한 이 보고서는 2000년 UN 새천년개발목표 (Millennium Development Goals, MDGs)의 직접적인 기초가 되었다는 점에서 그 중요성을 간과할 수 없다.

이러한 인간개발 중심의 시각은 아마르티아 센(Amartya Sen)에 의해 정점을 이루게 되었다. 센(Amartya Sen)은 발전이란 '자유를 확장해 가는 과정'으로 정의하며, GNP, 기술적 진보, 사회적 근대화 등 지금까지 주목했던 요소들은 사실상 사람들이 향유하는 자유를 확장하기 위한 수단일 뿐이라고 설명했다(Amartya Sen, 1999: 3). 그에 따르면 자유 신장은 발전의 근본적인 목표임과 동시에 일차적인 수단이며, 빈곤은 단순히 경제적 문제가 아니며 원하는 삶을 살 수 있는 인간의 역량에 대한 박탈이다. 이때 역량이란 중요한 어떤 요소를 최소한의 수준까지 만족시킬 수 있는 능력으로, 역량을 소유할 자격을 획득하고 또 이를 촉진시킬 정치·경제·사회적 제도에 대한 접근성이 부여되어야 가능하다고 봤다(Amartya Sen, 1999: 87). 따라서 빈곤 문제에 접근하기 위해서는 정치·사회적 환경을 포함한 다각적인 접근법이 필요하다. 이러한 센(Amartya Sen)의 논리는 인간개발 패러다임의 개념적 근원을 제공했으며, 인간개발지수(HDI), 남녀평등지수 (Gender-Related Development Index, GDI), 여성권한척도(Gender Empowerment Measure, GEM), 인간빈곤지수(Human Poverty Index, HPI) 등 UNDP의 인간개발보고서 논의 진전에 영향을 미쳤다.

한편 위에서 지적한 바와 달리 외부 조건의 변화가 아닌 빈곤층 스스로 판단하고 참여할 수 있어야 한다는 목소리가 대두되었다. 챔버스 (Robert Chambers)는 빈곤층 스스로 무엇이 빈곤한 것인지에 대해 생각해 보고 판단할 수 있도록 해야 한다고 주장했다(Robert Chambers, 1995: 29). 그가 고안한 참여에 의한 빈곤 평가(Participatory poverty assessment)는 지역민들이 지역 발전을 위한 계획에 참여하도록 하여 자신들의 상황을 공유하고 이를 분석하는 방법이다. 초기에는 소규모 프로젝트에서만 활용되었으나, 세계은행의 2000/2001 세계개발보고서(World Development Report 2000/2001)와 IMF 빈곤감소전략보고서(PRSP)에서 참여에 의한 빈곤 평가가 활용되기 시작하면서 확대되기 시작했다. 참여적 접근법은 지역의 주민이 개발 전문가 대신 스스로 빈곤을 정의할 수 있다는 장점이 있으나 지역의 지도자에 의해 좌지우지되거나 소수의 의견은 반영되지 못한다는 한계가 지적되었다.

4) 지속가능한 발전

이 시기 또 다른 국제개발협력의 담론으로는 지속가능한 발전(Sustainable Development)이 있다. 지속가능한 발전은 1992년 브라질 리우데자네이루에서 열린 유엔환경개발회의(UNCED)의 기본원칙인 환경적으로 건전하고 지속가능한 발전(Environmentally Sound and Sustainable Development, ESSD, 줄여서 Sustainable Development라고 함)에서 등장한 패러다임이다.[17]

환경파괴 문제는 1960~1970년대부터 이미 개발도상국들의 급속한 산업화 과정 등으로 인한 심각한 우려가 있었다. 1970년대에는 유엔인간환경회의(UNCHE), 람사르 협약, 런던협약, 멸종위기에 처한 야생동·식물종의 국제거래에 관한 협약(CITES) 등을 통해 환경, 습지, 해양 폐기물, 멸종위기 동식물 보호 등 개별 환경 이슈에 관한 논의가 이루어졌다.

---

17 지속가능한 발전의 초기 개념은 환경주의자들이 주장한 개발 활동이 생태적으로 고려돼야 한다는 의미인 생태개발(ecodevelopment)이라는 용어에서 비롯되었으며(Lynton, 1996), 1972년 6월 스웨덴 스톡홀름에서 개최된 유엔인간환경회의(UNCHE)에서 바바라 워드(Barbara Ward)가 발언한 "환경적인 제약을 고려하지 않는 경제개발은 낭비적이고 지속불가능"에서 처음 시작되었다.

1972년 스웨덴 스톡홀름에서 개최된 유엔인간환경회의(UNCHE)는 환경을 주제로 한 첫 번째 국제회의로 결과 문서인 스톡홀름선언(Stockholm Declaration)을 통해 26개의 원칙을 제시했다. 1987년 세계환경개발위원회(World Commission on Environment and Development, WCED)에서 제시한 '우리 공동의 미래(Our Common Future, 일명 브룬틀란 보고서(Brundtland Report)) 보고서'를 통해서 지속가능한 발전을 다시금 강조했다. 이 보고서는 지속가능한 발전을 "다음 세대의 필요를 충족시킬 수 있는 가능성을 손상시키지 않는 범위에서 현세대의 필요를 충족시키는 개발"이라고 일컫고 있다. 이 보고서에서 정의한 지속가능한 발전의 개념이란 '필요의 개념'과 '한계의 개념'을 모두 포함하는 것으로 최소 생계를 위한 기본적인 욕구 충족의 필요성과 더불어 미래의 필요를 충족시키기 위한 환경의 능력이 한계에 다다랐음을 강조했다.

지속가능한 발전은 1992년 브라질 리우데자네이루에서 개최된 유엔환경개발회의(UNCED)와 행동 프로그램인 '의제21(Agenda 21)'의 핵심 개념으로 자리 잡았다. 이 회의에서 채택된 리우선언 제1원칙은 지속가능한 발전에 그동안 환경 이슈가 개별적으로 다루어지고 개발과는 배치되는 것으로 인식되었던 것과는 달리, 환경과 개발이 동시에 추구돼야 한다는 사고로의 전환이 이루어졌다는 점에서 의미가 깊다고 볼 수 있다.

그러나 환경론자들은 산업화와 자본주의는 자기 파괴적인 성격이 있고 현재의 환경 문제는 대부분 선진공업국의 성장에 의한 것임을 부인할 수 없다고 주장했다. 따라서 선진공업국은 현 상태의 산업 수준을 감축해야 하므로 개발도상국으로의 기술 이전이나 재정 지원을 줄여야 하는 상황이 초래될 수도 있다. 이후 지속가능한 발전은 국제개발협력에서 모든 이해관계자가 개발이라는 것을 이해하고 추구하는 데 절대적인 영향을 미치게 되었다.

2002년 남아프리카공화국 요하네스버그에서 세계지속가능발전정상회의(World Summit on Sustainable Development, WSSD)가 개최되었다. 이 자리에서 1992년 브라질 리우데자네이루에서 채택한 '의제21'이 얼마나 이행되었는지를 점검했으며, 신재생에너지, 환경보전과 함께 경제, 사회와 균형 있는 발전을 위한 지속가능한 발전에 관해서도 논의했다. 리우회의 20주년을 기념하기 위해 개최된 유엔지속가능발전회의(UN Conference on Sustainable Development, UNCSD, 일명 리우+20)에서는 도시, 물, 식량, 에너지, 일자리, 재해, 해양 등 7대 주요 과제를 담은 '우리가 원하는 미래(The Future We Want)'를 발표해 지속가능한 발전에 대한 의지를 밝히고 경제위기, 사회 불안정, 기후변화를 포함한 환경오염이 범지구적 문제임을 재확인했다.

한편 지속가능한 발전 담론은 3장에서 논의할 MDGs의 후속 글로벌 개발목표인 지속가능발전목표(Sustainable Development Goals, SDGs)가 2015년 UN 총회에서 채택되는 과정에서 '의도하지 않은' 결정적 영향을 미치게 된다. 이에 대해 다음 절에서 좀 더 자세히 살펴보기로 하자.

제2장

6. 2000년대 이후: 국제개발협력의 재도약과 새로운 도전과제의 등장

(1) 역사적 전개 과정

1) 새천년개발목표(MDGs)

새천년을 맞이하면서 코피 아난 전 UN 사무총장 주도로 2000년 9월 UN 새천년정상회의(Millennium Summit)에서 빈곤, 질병, 환경파괴와 같은 범세계적인 문제를 해결하기 위한 '새천년선언(Millennium Declaration)'을 채택하고, 이어 2001년 6월에는 2015년까지 전 세계의 극심한 빈곤을 반으로 줄인다는 구체적 목표를 담은 새천년개발목표(MDGs)를 발표한다.

MDGs는 극심한 빈곤과 기아 퇴치, 보편적 초등교육 제공, 남녀평등 및 여성 권익 향상, 아동사망률 감소, 모자보건 향상, 후천성면역결핍증(HIV/AIDS)과 말라리아 및 기타 각종 질병 퇴치, 지속가능한 환경보전, 개발을 위한 국제적 파트너십 구축 등 8개의 목표와 21개의 세부 목표를 제시한다. MDGs는 최초의 글로벌 차원의 개발목표가 UN 총회에서 정상 간 합의를 통해 채택되었다는 점에서 더 큰 의의를 갖는다. 이후 UN은 매년 각 목표들의 성과를 평가하며 향후 나아갈 방향을 논의하는 새천년개발목표 보고서를 발표했다.

UN의 8대 목표는 빈곤뿐만 아니라 환경과 성별 등의 다양한 개발 이슈를 포괄하며, 이 목표들을 달성하기 위한 범지구적 파트너십 또한 포함시켰다. 특히 범지구적 파트너십을 다룬 8번째 목표에서는 개발도상국의 빈곤 감소와 경제성장에 영향을 미치는 금융 및 무역 시스템에 관한 세부목표와 공여국이 ODA를 GNI 대비 0.7% 수준으로 제공할 것 등을 포함한다.

UN은 2000년대에 들어와 유엔글로벌컴팩트(UN Global Compact, UNGC)를 창설하면서 기업의 사회적 책임(Corporate Social Responsibility, CSR)을 지지하고 촉구하기 시작했다. 특히 인권, 노동, 환경 그리고 반부패 등 네 가지 분야의 10대 원칙[18]을 내세워 기업들이 지속가능한 발전에

---

18 유엔글로벌컴팩트 한국협회
　① 인권(Human Rights)
　　원칙 1: 기업은 국제적으로 선언된 인권 보호를 지지하고 존중해야 한다.
　　원칙 2: 기업은 인권 침해에 연루되지 않도록 적극 노력한다.
　② 노동 규칙(Labour Standards)
　　원칙 3: 기업은 결사의 자유와 단체교섭권의 실질적인 인정을 지지하고,
　　원칙 4: 모든 형태의 강제노동을 배제하며,
　　원칙 5: 아동노동을 효율적으로 철폐하고,
　　원칙 6: 고용 및 업무에서 차별을 철폐한다.
　③ 환경(Environment)
　　원칙 7: 기업은 환경 문제에 대한 예방적 접근을 지지하고,
　　원칙 8: 환경적 책임을 증진하는 조치를 수행하며,
　　원칙 9: 환경친화적 기술의 개발과 확산을 촉진한다.
　④ 반부패(Anti-Corruption)
　　원칙 10: 기업은 부당 취득 및 뇌물 등을 포함하는 모든 형태의 부패에 반대한다.

참여하고, 국제사회 윤리와 국제시장 환경을 개선하도록 지원했다.

2) 개발재원

2000년대 초에는 개발재원에 관한 글로벌 논의도 본격적으로 시작되었다. 2002년 개발재원 확보 방안을 논의하기 위해 멕시코 몬테레이에서 유엔개발재원회의(UN International Conference on Financing for Development)를 개최해 12억 명의 빈곤 인구를 반으로 줄이자는 몬테레이합의(Monterrey Consensus)를 채택했다.

이 합의에는 선진국들이 GNP의 0.7%를 ODA로 지출하는 것과 개발도상국의 국내 자금 동원, 민간 투자와 무역 촉진, 채무 탕감 등 개발재원 확보에 관한 내용이 포함되었다. 이러한 방식의 개발재원 동원을 통해 MDGs와 사회적 조건 개선, 환경보호 등의 국제개발목표를 달성하도록 다양한 금융 메커니즘의 고려와 민간부문 참여의 필요성을 강조했다. 이러한 흐름 가운데 민관협력이 주요하게 대두되면서 기업과 민간재단 등이 개발협력의 주체로 주목받기 시작했고, 이는 국제개발에서 민간의 역할과 기능이 중요해지고 있음을 보여 준다.

이어 2008년 카타르 도하에서 몬테레이합의 이행 점검을 위한 후속 회의가 개최되었다. 이 회의에서는 국내 개발재원 확충을 위한 방안으로 개발도상국 조세제도 개선 및 효율적 운영을 강조했으며 민간의 직접 투자를 늘리기 위한 개발도상국의 투자 환경 조성 지원을 요청했다. 또한 개발에서 무역의 중요성을 강조해 무관세 쿼터 시장 접근 확대 등 특별한 조치가 필요하다고 했다. 그리고 무역을 위한 원조(Aid for Trade)가 필수 역할을 할 것으로 보고 이 분야에 원조 규모의 확대뿐만 아니라 효과성을 높이기 위한 노력이 강화돼야 한다고 주장했다. 또 일부 개발도상국에 대해서는 금융·경제 위기의 여파로 취약한 부채 문제를 조속히 해결해야 한다고 목소리를 모았다.

2015년에 에티오피아 아디스아바바에서 열린 제3차 개발재원총회에서는 몬테레이합의와 도하선언의 이행에 대한 상황을 점검하고, 지속가능발전목표(SDGs)의 달성을 위한 재원 마련 방안에 대하여 논의했다. 아디스아바바 회의에서도 조세 등을 통한 국내 개발자금의 확보와 기업의 직접투자나 혼합금융(Blended Financing) 등과 같이 ODA와 같은 공적개발자금의 영역을 넘어서는 기업과 자본시장의 개발협력 참여가 중점적으로 논의되었다.[19]

3) 원조효과성 규범

1990년대 '원조피로(Aid Fatigue)' 현상이 공여국 내부에서 나타남에 따라 2000년대 들어서 OECD DAC를 중심으로 지난 50년 동안 이루어진 국제원조와 개발협력이 효과적으로 이행되었는지 평가하는 데 초점을 맞추기 시작했다. 2003년 로마에서 제1차 원조효과성 고위급 포럼(High Level Forum on Aid Effectiveness, HLF-1)이 개최되었는데 이 회의에 참석한 공여국 대표단들은 MDGs 달성을 위한 협력을 약속하면서 원조조화에 관한 로마선언(Rome Declaration on Harmonisation)에 합의했다. 로마선언은 수원국의 정책 우선순위에 따른 개발 지원, 개발도상국 현장에 보다 큰 재량권 이양, 수원국이 자기의 발전 경로를 선택하는 데 도움이 되는 좋은 사례 발굴과 공유를 강조했다.

---

19 혼합금융과 같은 새로운 개발 재원 동원 방법과 현황에 관해서는 '제3장 국제개발협력과 지속가능발전목표(SDGs)'에서 좀 더 자세히 살펴볼 수 있다.

2005년 3월 프랑스 파리 제2차 원조효과성 고위급 포럼(HLF-2)에서 원조효과성 제고를 위한 파리선언(Paris Declaration on Aid Effectiveness)을 채택했다. 이 선언을 통해 수원국의 주인의식, 수원국의 개발전략과 공여국의 원조 일치, 공여국 간 원조 조화, 성과 지향적 관리, 상호책임성 강화 등 원조효과성 5대 핵심 원칙과 2010년까지의 실행계획표와 12가지 성과지표가 제시되었다.

이후 2008년 가나 아크라에서 열린 제3차 원조효과성 고위급 포럼(HLF-3)에서는 아크라 행동계획(Accra Agenda for Action, AAA)이 채택돼 파리선언의 이행을 점검하고, 앞으로 보완해 나가야 할 부분에 대한 구체적인 이행 방안이 발표되었다. 아크라 행동계획은 32개 조항으로 구성되어 있으며, 수원국의 주인의식 강화를 위한 방안과 수원국 내 다양한 이해관계자의 참여 확대, 효과적이고 포괄적인 파트너십 구축을 위한 방안, 개발성과를 위한 원조 투명성 및 책임 강화, 공여 조건(conditionality) 완화 등을 강조했다. 특히 아크라 행동계획 조항 20은 NGO, 종교단체, 노동조합, 여성단체 등을 시민사회단체(CSO)로 총칭해 독립적인 개발 주체(independent development actors)로 인정한다. 이 조항은 개발협력에서 CSO의 중요성을 강조하는 것으로, CSO의 입장에서 원조효과성을 달성하는 방안과 개발 기여도를 최대화할 수 있는 환경을 조성하라고 제시한다(OECD, 2010: 18-19).

핵심 원칙 1 : 수원국의 주인의식	성과지표 1	수원국의 실질적인 개발전략 마련
핵심 원칙 2 : 수원국의 개발전략과 공여국의 원조 일치	성과지표 2	신뢰할 수 있는 국가 시스템
	성과지표 3	수원국 우선순위에 부합하는 원조
	성과지표 4	원조의 상호 조정을 통한 역량 강화
	성과지표 5	수원국 공공재정 관리 시스템 및 정부 조달 시스템 활용
	성과지표 6	중복 시행 구조 감축을 통한 역량 강화
	성과지표 7	원조의 예측 가능성 증대
	성과지표 8	원조의 비구속화
핵심 원칙 3 : 공여국 간 원조 조화	성과지표 9	공통의 계획 및 절차 활용
	성과지표 10	분석 작업 공유 장려
핵심 원칙 4 : 원조 성과 관리	성과지표 11	결과 지향적 체계
핵심 원칙 5 : 상호적 책임	성과지표 12	상호적 책임 강화

출처 : 한국국제협력단(2008: 131-132)

국제사회의 원조효과성 논의는 2011년 제4차 원조효과성 고위급 포럼(HLF-4)인 부산세계개발원조총회(이하 부산총회)에서 변곡점을 맞게 된다. 원조효과성 논의가 원조가 개발도상국의 근본적인 발전에 어떻게 기여할 것인가에 관한 문제보다 OEDC DAC 중심의 원조 관리에 초점을 두고 있다는 비판이 제기되었다. 또한 중국, 인도, 브라질 등 신흥 공여국의 부상, 민간기업의 개발협력 참여 확대 등의 환경변화 속에서 파리 원조효과성 원칙을 심화 또는 확대할 것인지, 대안적 원조 규범을 형성해야 할 것인지가 부산총회의 핵심 어젠다가 되었다.

4) 효과적 개발협력을 위한 글로벌파트너십(GPEDC)

2011년 마지막으로 개최된 제4차 원조효과성 고위급 포럼(HLF-4)은 부산 세계개발원조총회(이하 부산총회)라는 이름으로 열렸다. 부산총회에는 전통적 공여국, 신흥 공여국, 수원국 등 전 세계 160여 개국에서 참여했으며, 힐러리 클린턴(Hillary Rodham Clinton) 미국 국무장관을 비롯해 국제기구와 시민사회, 그리고 민간기업 등에서 약 3,000명의 다양한 개발협력 주체들이 참석했다. OECD DAC와 UNDP가 주최한 부산총회에는 OECD DAC의 경계를 넘어 다양한 주체들이 참여한 만큼 회의에서 논의된 주제들도 매우 폭넓었다. 원조(aid)는 개발이라는 목표를 달성하기 위해 필요한 무수한 요소 중 하나이므로 제한적 의미의 원조에서 더욱 포괄적 개념인 개발로 논의의 초점을 옮겨 가야 한다는 주장이 등장하게 되었다(KoFID, 2011: 2). 이러한 흐름을 반영하듯, 부산총회에서는 원조효과성의 원칙을 넘어 빈곤 감소에 실질적 영향을 줄 수 있는 '개발효과성(development effectiveness)'으로 패러다임의 전환 가능성이 필요하다는 점이 제시되었다(손혁상, 2011: 81).

부산총회에서는 원조효과성 제고라는 주제를 넘어 다양한 개발 주체들의 포괄적인 파트너십과 지속가능한 성장, 민간부문과의 협력 등이 강조되었으며, 투명하고 책무성 있는 협력과 민주적 주인의식, 분쟁국과 취약 국가에 대한 새로운 프레임워크 등도 함께 논의되면서 포괄적 개발 이슈를 다루는 회의가 되었다. 원조효과성 논의가 개발의 결과보다는 절차와 기술적 측면이 강조된다는 문제에 동의한 결과였다. 특히 '원조를 넘어서(beyond aid)'라는 기치 아래 민관협력이 강조되면서 환경 등의 지구적 현안과 빈곤을 해결하기 위한 민간 재원 도입과 다양한 개발주체들 간의 포괄적 협력 구도의 필요성이 대두되었다.

그중 파리 원조효과성 원칙에 대해 유럽공동체(EC)를 중심으로 한 전통 공여국들은 원조효과성을 중심으로 한 파리선언을 심화하려는 입장이었으나, 중국과 러시아, 인도, 남아프리카공화국 등 신흥 공여국들은 전통적인 공여국들의 규범인 파리선언이 전통적 원조공여 관계가 아닌 남남협력을 실행해 온 자신들에게는 적용될 수 없다는 입장이었다. 특히 신흥 공여국들이 개발협력의 새로운 주체로 등장하면서 이들은 선진 공여국들이 지금까지 지켜 온 개발목표들을 공유는 하지만 '공통이지만 차등 있는 약속(Common but Differential Commitment, CBDC)'을 통해 차별화된 개발협력을 이행할 것을 합의했다. 부산총회에서 개발도상국들은 파리 원조효과성 원칙 중 개발도상국 오너십(Country Ownership)의 구체적 실현에 최대 관심을 가졌으며, 시민사회는 인권기반접근(Human Rights Based Approach, HRBA)이 향후 개발협력 패러다임의 기본원칙에 포함돼야 한다고 주장했다(손혁상, 2011: 80-81).

부산총회 결과문서를 기반으로 2012년에 '효과적 개발협력을 위한 글로벌 파트너십(Global Partnership for Effective Development Cooperation, GPEDC)' 플랫폼을 출범시켰다. 현재 역동성이 약화된 GPEDC에 대한 다양한 평가가 있지만, GPEDC 출범은 개발협력의 역사에서 글로벌 개발협력레짐의 출범 가능성에 대한 의미를 가지고 있다. 이전 국제개발협력 레짐은 크게 서구 전통 공여국 중심의 OECD DAC와 개발협력포럼(Development Cooperation Forum, DCF)으로 나누어져 있었다면, 신흥 공여국과 민간기업 등의 NGO가 참여하는 보다 포용적인 개발협력 레짐 탄생의 가능성을 가지고 있었다. 중국과 인도 등과 같은 신흥 공여국과, 수원국이지만 동시에 원조를 하고 있는 태국, 인도네시아, 튀르키에 등과 같은 개발도상국 공여국도 원조 규범과 절차, 기준 수립에 참여하는 글로벌 플랫폼의 역할이 기대되었다. 또한 UN DCF가 보다 많은 회원국이 참여하는 글로벌 포럼이지만 규범 창출과 집행의 채널로서는 한계가 있는 상황에서 기후변화, 감염병, 난민 문제와 같은 초국가적인 이슈에 대응할 수 있는 개발협력 레짐 출범의 필요성에는 국제적인 공감대가 있었다.

부산총회 합의사항을 이행하기 위한 GPEDC는 결과 중심 개발, 국가주인의식, 포용적 파트너십, 투명성 및 상호책무성의 4대 원칙과, 10개의 모니터링 지표를 채택했다. 결과 중심의 원칙하에 국가 결과 중심 프레임워크 강화와 개발 파트너의 국가 주도 결과 프레임워크 활용이라는 두 개의 지표를 설정했고, 국가주인의식 원칙은 개발협력의 원칙 가능성, 국가 공공재정 관리 시스템의 품질과 개발 파트너의 국가 시스템 활용, 비구속성 원조의 지표로 구성되었다. 포용적 파트너십 원칙은 시민사회단체의 개발 참여 극대화와 양질의 정부-기업 간 대화 프레임워크 지표를 두었고, 투명성 및 상호책무성 원칙은 개발협력에 관한 투명한 정보 공개, 의회의 정밀 검토에 따른 정부의 개발협력 예산 포함, 포괄적 검토에 의한 개발협력 주체자들 간의 상호책무성 강화 및 양성평등과 여성 권익신장을 위한 공공 배분을 추적할 수 있는 투명한 시스템 구축의 지표가 설정되었다(윤유리, 2019: 6). 2013년부터 총 3차례의 글로벌 모니터링이 완료되었으나, 초기 모니터링 결과에 대해 중국, 인도, 브라질 등이 남남협력에 대한 지표 적합성에 문제를 제기하면서, GPEDC 참여 철회의 이유가 되기도 했다. GPEDC 모니터링에 참여한 국가는 2013년 46개국에서 2018년 86개국으로 확대되었으며, 현재 GPEDC 모니터링 지표 개선 작업이 진행 중이다.

<표 2-3> GPEDC 4대 원칙 및 10대 지표

원칙	지표	
결과중심	1a	개발파트너의 국가주도 결과 프레임워크 활용
	1b	국가 결과중심 프레임워크 강화
국가주인의식	5a, b	개발협력의 예측가능성
	9a	국가 공공재정관리시스템의 품질
	9b	개발파트너의 국가시스템 활용
	10	비구속성 원조
포괄적 파트너십	2	시민사회단체의 개발 참여 극대화
	3	양질의 정부-기업 간 대화 프레임워크
투명성 및 상호책무성	4	개발협력에 관한 투명한 정보 공개
	6	의회의 정밀검토에 따른 정부의 개발협력 예산 포함
	7	포괄적 검토에 의한 개발협력 주체자들 간의 상호책무성 강화
	8	양성평등과 여성권익 신장을 위한 공공배분을 추적할 수 있는 투명한 시스템

출처 : 윤유리(2019)

GPEDC에는 전통 공여국, 신흥 공여국, 수원국, 시민사회, 민간기업, 의회 등 다양한 개발 주체가 파트너로 참여했고, 그중 부산총회 결과문서를 승인한 국가 및 기관은 자발적 이행 의무가 있다. 포괄적 파트너십 정신에 의거해서 3인의 공동의장은 공여국, 수원국, 시민사회단체 대표로 구성되며, OECD-UNDP 공동지원팀이 GPEDC 사무국 역할을 담당한다. 주요 회의로는 18~24개월 주기로 개최되는 장관급회의(High-Level Meeting, HLM), 운영위원회, 고위실무진회의(Senior-Level Meeting, SLM)가 있다. 제1차 장관급회의는 2014년 멕시코에서 개최되었는데, MDGs를 대체하는 새로운 2015년 이후 어젠다에 효과적인 개발협력이 포함되어야 한다는 공동선언문(Communiqué)을 발표했다. 그러나 중국과 인도 등이 참가하지 않음으로써 전통적 공여국 중심의 개발협력 레짐을 넘어설 것을 지향하는 GPEDC의 정치적 모멘텀이 약화되었다. 2016년에는 케냐 나이로비에서 2차 장관급회의가 개최되었는데 SDGs 달성을 위해 모든 개발 주체가 각각의 보완적 기여를 할 수 있는 경로를 밝힌 결과문서를 채택했다. 2019년에는 장관급회의 간 연결 역할을 담당하는 고위실무진회의가 뉴욕에서 처음 열렸는데, 이 회의에서 2030어젠다 달성을 위해 효과성의 결정적인 역할을 천명했다.

원조효과성 주제를 넘어 개발 이슈 전반에 관한 글로벌 개발협력 레짐의 성격을 지향하는 GPEDC는 OECD DAC와 UN DCF 등과 함께 현재 개발협력 레짐의 한 축을 담당하고 있다. 비록 남남협력에 관한 지표 적용성 문제와 '공통이지만 차등 있는 약속(CBDC)'에 관한 견해 차이로 중국 등 몇몇 주요 신흥 공여국이 참여하고 있지 않지만, SDGs의 포괄적 목표 달성을 위한 글로벌 차원의 다자적 개발협력 레짐의 필요성을 인정한다면, 향후 모든 개발주체가 참여해 GPEDC의 정치적 모멘텀을 살려가는 노력이 필요하다.

5) 개발협력포럼(DCF)

2005년 9월 UN은 제60차 UN 총회의 세계정상회의(World Summit High-level Plenary Meeting)에서 경제사회이사회(ECOSOC)가 2년마다 개발협력포럼(Development Cooperation Forum, DCF)을 열어 국제개발협력의 다양한 주체들이 논의할 수 있는 장을 마련할 것을 합의했다.

UN DCF는 정책과 금융, 전략 등을 포함한 국제개발협력의 최근 추세를 검토하고, 다양한 개발 파트너들의 활동이 일관성을 가질 수 있도록 하기 위해 제안되었다. 2007년 미국 뉴욕에서 선진국과 개발도상국의 정책입안자, CSO, 의회, 민간기관 등 다양한 이해관계자들이 참여한 가운데 처음으로 개발협력포럼이 개최되었다.

국제개발협력의 일관성과 효과성, 그리고 경향들을 검토할 수 있는 국제적 대화 통로로 자리매김하기 시작한 DCF는 2010년과 2018년까지 매 2년마다 개최되면서, 원조의 질, 책무성, 정책 일관성, 지속가능한 발전, 남남협력, 성평등, 민간기관과의 협력, 원조 체계의 발전 등과 함께 2015년 이후에는 SDGs 달성을 위한 협력방안 등도 논의되었다. 당초 2020년 예정된 제7차 DCF는 코로나19로 인해 연기되었다가 2021년 5월 개최된 바 있다.

6) 지속가능발전목표(SDGs)

2001년부터 2015년까지 15년간의 MDGs 추진 기간이 마무리되자, UN은 2015년 9월 25일 제70차 UN 총회에서 MDGs의 후속으로 SDGs를 채택했다.[20] MDGs 형성 이전 빈곤 퇴치에 대한 논의는 광범위하며 거시적 담론 수준에서 진행되었으나, MDGs 이후 구체적이고 뚜렷한 목표와 세분화된 지표를 제시했다는 점에서 효율적인 수단으로 단기간 내 빈곤 감소에 도달하는 주목할 만한 성과를 거두었다고 평가된다. 특히 내용적으로 경제적 요소에 국한된 목표뿐만 아니라 사회발전과 인간개발 측면을 모두 고려하고 있으며, 동시에 측정 가능한 지표를 제시해 계량적 평가가 가능하게 했다.

그러나 MDGs는 선진국의 정치적 입장이 지나치게 반영돼 있으며

---

20 SDGs에 대한 보다 자세한 논의는 '제3장 국제개발협력과 지속가능발전목표(SDGs)'에서 다룬다.

목표 도달을 위한 물질 또는 힘의 재분배와 같은 경제적 불평등에 대한 문제를 직접적으로 다루지는 않았다. 또한 불평등, 인권, 평화, 환경, 기후변화, 테러 등 새롭게 떠오르고 있는 글로벌 이슈를 포함하지 않으며 개별 국가마다 가지고 있는 정치·경제·사회·문화적 맥락을 고려하지 않고 공통된 목표만을 적용한 점이 가장 큰 한계로 인식된다(손혁상, 2014: 243-244).

이러한 성과와 한계를 바탕으로 2015년 9월 25일 SDGs가 채택되면서 빈곤 감축을 위한 국제사회의 노력은 새로운 국면을 맞이하게 되었다. 개발도상국의 발전을 목표로 했던 MDGs를 넘어 전 세계가 '지속가능한 경제성장-사회발전-환경보존'이라는 3대 축의 균형적인 발전을 추구한다는 점에서 인류 모두의 비전이자 목표가 제시되었다. 최종 합의에 이르기까지 UN 내외에서 시민사회, 학계, 민간단체, 전문가 집단 등 다양한 이해관계자들의 의견이 반영돼 제70차 UN 총회에서 17개 목표와 169개 세부 목표로 최종 합의되었다.

(2) 주요 담론: MDGs와 SDGs[21]

1) MDGs 배경

1990년대 탈냉전 이후 아동, 인권, 한경, 젠더 등 비안보 분야의 국제

---

[21] 이 부분은 서울대학교 국제문제연구소가 2020년 편집한 「[세계정치 33] 규범의 국제정치」에 저자가 기고한 「국제개발 규범의 형성과 확산과정에 관한 연구: 새천년개발목표(MDGs) 사례를 중심으로」의 일부를 수정·보완했다.

적 논의가 활발해지면서 국제개발 분야에서도 글로벌 차원의 규범 형성 움직임이 나타났다. 그중에 MDGs는 '원조효과성 제고를 위한 파리선언'과 2015년 9월 채택된 SDGs와 함께 국제개발협력 분야에서 가장 대표적인 규범으로 볼 수 있다.

새천년을 맞이하는 20세기 후반에도 전 세계적인 개발도상국 빈곤 문제는 첨예화하고 국가 간, 그리고 국가 내 양극화 현상은 이전보다 더욱 심화되었다. 이러한 상황에서 UN을 중심으로 국제사회에서는 빈곤퇴치에 대한 논의가 다각적으로 이루어졌는데, 특히 OECD DAC는 원조의 효율성을 높이기 위한 방안을 모색하던 중 1996년 '21세기를 구상하며: 개발협력의 기여(Shaping the 21st Century: The Contribution of Development Co-operation)'라는 전략문서를 발표했다. 동 문서를 통해 개발의 세 가지 측면인 경제복지, 사회개발, 환경적 지속가능성과 회생을 지향하는 '국제 개발목표(International Development Goals, IDGs)'를 발표했다. OECD DAC 는 첫 번째 목표로 경제복지 측면에서 개발도상국의 절대빈곤을 2015 년까지 절반으로 줄이는 목표를 설정하였으며, 이 외에 보편적 초등교육, 교육에서의 양성평등, 영유아와 산모사망률 감소, 보건 서비스 개선의 내용을 담은 사회개발 측면의 목표와 환경보호의 내용을 담은 목표까지 총 7개 목표를 제시했다. IDGs의 등장 이후, OECD DAC 회원국을 중심으로 개발정책에서 빈곤 문제를 중점적으로 다루기 시작하였고, 이후 IDGs 7개의 목표는 새롭게 등장하는 MDGs의 8대 목표에 모두 포함되며 MDGs의 등장에 직접적인 영향을 미치게 된다.

2) MDGs 개요 및 의의

2000년 UN은 세계평화, 공동번영, 공정한 사회를 기조로 한 새천년정상회의(Millennium Summit)를 개최하고 새천년선언(Millennium Declaration)을 채택한다. 이후 이에 대한 이행 목표를 수립하기 위해 새천년선언과 1996년 OECD 고위급 회의에서 제시되었던 IDGs를 새로운 목표로 통합하는 데 합의했으며, 이를 통해 2000년대 가장 영향력 있는 개발협력의 프레임워크로서 기능하였던 MDGs가 2001년 등장한다. 이와 같이 MDGs는 UN이 단독으로 제시한 목표가 아니라 1990년대에 국제회의에서 논의되었던 어젠다와 목표를 기준으로 재구성한 UN 189개국의 약속이며, 이례적으로 빠른 합의를 이룬 데에는 이러한 점이 배경이 되었다. 빈곤퇴치를 핵심기조로 하는 MDGs는 2015년까지 달성해야 할 8대 목표(goal), 21개의 세부목표(target) 그리고 이 목표를 측정하기 위한 60개의 지표(indicator)로 구성되어 있는데, 8개의 목표는 21개의 세부 목표와 60개의 지표를 통해 달성하는 과정을 지속적으로 모니터링할 것으로 결의되었다. 따라서 2000년대 국제사회는 MDGs 달성을 위해 ODA 규모의 증대를 GNI 대비 0.7%까지 확대할 것을 촉구했고, 다른 한편으로는 원조효과성 제고를 강조했다.

이에 MDGs 달성을 위한 노력의 일환으로 공여국에서는 ODA의 규모가 증가했고, 저소득국에서는 빈곤퇴치가 개발정책의 우선순위로 자리 잡았다. 이처럼 MDGs는 공동의 목표를 국제기구와 전 세계 대부분의 국가가 함께 공유하고 목표 달성을 위한 행위자의 역할을 분명히 했다는 점에서 기존의 국제적 선언, 국제 목표, 개발 패러다임 등과는 차이를 보인다. 또한 MDGs는 구체적인 달성 시한과 정량적으로 측정 가능한 목표를 제시했는데, 이는 지속적인 모니터링이 가능하였을 뿐 아니라 국가 또는 목표 간의 비교도 가능하게 했다. 이같이 MDGs는 20세기 인류 사회의 가장 큰 문제로 대두되었던 빈곤 논의를 구체화했고, 빈곤퇴치를 위해 경제성장 중심 개발 패러다임에서 탈피하여 보건, 양성평등, 질병 등 사회개발, 특히 인간개발에 초점을 둔 결과 중심의 새로운 패러다임을 구성했다는 데 큰 의의를 지닌다.

<표 2-4> MDGs 목표별 세부목표

목표 1. 극심한 빈곤과 기아 탈출
1. 1990~2015년간 1일 소득 1.25달러 미만 인구 비율 반감
2. 완전하고 생산적인 고용 및 여성과 청년층을 포함한 모두에게 일다운 일자리 제공
3. 1990~2015년간 기아 인구 비율 반감
목표 2. 보편적 초등교육 제공
4. 2015년까지 전 세계 모든 아동에게 초등교육의 기회 제공
목표 3. 성평등과 여성 자력화 촉진
5. 교육에서 성별 간 차이 초·중등 교육 2005년까지, 모든 교육 2015년까지 제거
목표 4. 아동사망 감소
6. 1990~2015년간 5세 미만 아동사망률 2/3 감소
목표 5. 산모건강 증진
7. 1990~2015년간 산모사망률 3/4 감소
8. 2015년까지 출산보건에 대한 보편적 접근 확대
목표 6. HIV/AIDS, 말라리아와 다른 질병 퇴치
9. 2015년까지 HIV/AIDS 확산 저지 및 감소
10. 2010년까지 필요한 사람들에게 후천성 면역결핍증(HIV/AIDS) 치료의 보편적 보급
11. 2015년까지 말라리아 및 기타 주요 질병 발생 저지 및 감소
목표 7. 지속가능한 환경 보장
12. 지속가능개발 원칙을 국가정책으로 통합 및 환경자원 손실 복원
13. 2010년까지 생물다양성 감소 억제 및 감소율의 현저한 저하
14. 2015년까지 안전한 식수 및 기초적 위생 환경에 대한 접근성이 부족한 인구 비율 반감
15. 2020년까지 최소 1억 명의 빈민가 거주자 생활 여건 현저한 향상
목표 8. 개발을 위한 국제적 협력관계 구축
16. 개방적이고 공정하며 예측 가능하고 차별 없는 무역 및 금융 체계 발전

17. 저개발국의 특수한 문제 해결
18. 내륙국 및 소규모 도서지역 개발도상국의 특수한 문제 해결
19. 장기적으로 지속가능한 외채 수준 유지를 위한 개발도상국 외채 문제의 포괄적 해결
20. 민간 제약회사와 협력, 필수의약품의 개발도상국 제공
21. 민간 부문과 협력하여 정보통신 등의 신기술 혜택 확산

출처 : 임소진(2012a: 56-58)

3) MDGs 성과 및 한계

목표 연도인 2015년을 기준으로 MDGs 달성 결과를 살펴보면, 우선 핵심기조였던 빈곤퇴치는 성공적으로 달성되었다고 평가받는다. 2015년 UN MDGs 최종 보고서에 따르면 절대빈곤(1.25달러 이하로 생활하는 인구)의 비율이 1990년 36%에서 2015년 12%로 감소했고, 개발도상국의 전체 빈곤 비율은 1990년 47%에서 2015년 14%로 큰 폭의 감소를 보일 것으로 예측했다. 그 외에 보편적 초등교육 달성, 성평등과 여성지위 향상, 질병 퇴치 등의 목표에서도 실질적인 진전을 보였다. 하지만 그 이외의 목표에서는 미약한 진전을 보이며 계획했던 것만큼의 성과를 거두지 못했다. MDGs 최종 보고서는 MDGs의 달성 정도를 개발된 지역(developed regions)과 개발도상지역(developing regions)으로 구분하여 성취 정도를 제시하였는데, 동아시아는 16개의 세부 목표 중 12개를 달성한 반면 사하라이남 아프리카와 오세아니아 지역에서는 대부분의 목표가 달성되지 못한 것으로 나타났다. 결과적으로 MDGs는 목표 달성에 있어 목표별, 지역별로 불균형하게 달성되었음을 의미한다.

MDGs가 기대만큼 달성되지 못한 이유는 다양한 차원에서 분석이 가능하다. 우선 MDGs 형성 단계에서 다양한 행위자가 참여했지만 이들은 대부분 국제기구, 주요 공여국 등으로 한정되어 있고 수원국, 신흥 공여국, NGO, 학계 등의 논의 참여는 미진했다. 이는 자연스럽게 실행 단계에서도 반복되었는데 특히 MDGs 목표가 주 대상인 개발도상국별 여건과 상황을 충분히 고려하지 않고, 글로벌하게 동일한 목표를 제시한 'one size fits all'의 방식으로 설정된 점은 목표의 적용성 확대에 어려움을 제공했다. 그리고 경제개발의 중요성이 간과된 점, 기후변화, 인권, 평화, 안보, 불평등 등 인간 삶에 직접적으로 영향을 미칠 수 있는 목표가 제시되지 않은 점 등도 국제개발 목표로서의 MDGs의 문제점으로 지적된다. 또한 MDGs 달성의 어려움은 목표 달성에 필요한 개발재원 확보 방안 및 이행 방법에 대한 논의가 충분히 이루어지지 않고 사후적으로 몬테레이회의 등 개발재원회의에서 논의가 이루어진 점과 기후변화와 글로벌 금융위기 같은 외부적인 환경에도 영향을 많이 받았다. 기후변화는 자연재해 등을 증가시켜 극빈층에 피해를 줌으로써 개발도상국의 지속가능한 발전을 저해하였고, 2008년 발생한 글로벌 금융위기는 ODA 규모의 축소에 직접적인 영향을 미쳤다. 이러한 내외부적 요인과 더불어 MDGs의 성공적인 달성이 어려웠던 가장 큰 이유 중의 하나는 인간개발과 사회개발에 집중하면서 경제적 요소, 사회·제도적 요소, 환경적 요소 등이 통합적이고 다각적으로 고려되지 않은 점이다.

비록 달성되지 못한 중요한 개발목표가 남아 있었지만 그럼에도 불구하고 2000년대 초반부터 15년 동안 MDGs 달성을 위한 범세계적인 노력으로 10억 명에 달하는 사람들이 극심한 빈곤에서 벗어났고, 예방 가능한 질병 발생률이 감소하는 등 수많은 사람들의 삶이 개선되었다. 또한 MDGs는 정량적인 목표를 제시하고 UN 회원국의 만장일치 합의로 정치적 정당성을 확보한 점 등을 바탕으로 국제개발협력 분야에서의 최상위 규범으로 성공적으로 자리 잡았다. 빈곤 문제에 대한 다각적인 논의

가 UN 회의 등 국제회의의 중심 주제로 등장한 점, OECD DAC 회원국
등 양자 원조기관의 원조 패턴이 기존의 지정학적 중심에서 빈곤 중심 어
젠다로 변화했다는 점 또한 MDGs가 국제개발협력 분야에서 국제규범
으로 자리 잡았음을 보여 주는 증거이다(손혁상, 2014; 조이슬·김희강, 2016; 조
한슬 외, 2017: 10-14; Hulme, 2009: 3-21; Government of the United Kingdom, 2015;
Hulme, 2017).

4) MDGs에서 SDGs로 변화

기존 MDGs가 지니고 있는 한계와 문제를 극복해야 한다는 과제
를 안고 있었던 국제사회는 MDGs의 종료 연도인 2015년이 다가옴에 따
라 2010년부터 2015년까지 약 5년간 MDGs의 후속 의제인 Post-2015
에 대한 국제적인 논의를 지속했는데, 이는 크게 UN 고위급 패널 논의와
Rio+20(또는 UN 지속가능발전정상회의)의 두 갈래로 나누어 볼 수 있다. 두 논
의를 기초로 Post-2015 어젠다는 SDGs로 합의가 이루어졌다. 코피 아난
전 UN 사무총장의 지시로 소수의 전문가가 초안을 만든 MDGs와는 달
리, SDGs는 글로벌 차원에서 국가, 지역, 주제별 의견 수렴 과정을 거쳤
고, 500만 명 이상이 참여한, 온라인 설문조사(UN My World survey)를 통
해 SDGs에 포함될 목표에 관한 의견을 수렴함으로써 절차적 정당성을
확보했다. 또한 지속가능발전목표 공개작업반(Open Working Group of the
General Assembly on Sustainable Development Goals)이 1년여에 걸친 회의 끝
에 17개의 목표와 169개의 세부 목표로 구성된 SDGs 제안서에 합의했고,
이를 UN 총회에 제출했다. 이후 UN 총회는 이 제안서를 수용하고 2015
년 9월 UN 총회에서 MDGs를 대체할 Post-2015 개발 어젠다로 '세상의
변혁: 2030 지속가능발전 의제(Transforming Our World: The 2030 Agenda for

Sustainable Development)'를 채택했다. SDGs는 '단 한 사람도 소외되지 않는 것(Leave no one behind)'이라는 슬로건 아래 인간, 지구, 번영, 평화, 파트너십이라는 5개 영역에서 포괄적인 목표를 제시했는데, 2015년부터 2030년까지의 개발협력 방향을 제시하고 17개의 목표와 보다 구체적인 이행 목표를 제시한다.

　　SDGs의 가장 두드러진 특징은 MDGs에서 간과되었던 분야와 다루어지지 않았던 이슈를 포괄하는 목표를 제시하고, 지속가능성의 세 가지 측면인 경제·사회·환경 분야의 통합을 시도함으로써 지속가능한 개발의 중요성에 대한 국제사회의 인식을 드러냈다는 것이다. 예를 들어 경제발전에 대한 중요성을 간과했다는 비판을 수용하여 양질의 일자리와 경제성장(목표 8)에 대한 목표를 제시하였고, 지속적이고 포용적이며 지속가능한 경제성장을 강조했다. 또한 환경 이슈를 핵심 영역으로 인식하여 기후변화 대응(목표 13), 해양생태계 보존(목표 14), 육상생태계 보호(목표 15)와 같은 환경과 관련된 구체적인 목표를 제시했다. 또한 MDGs에서는 다루지 않았던 대표적인 사회개발 이슈인 불평등 문제가 목표 10에서 불평등 감소의 목표로 제시되었다(강선주, 2015: 95-99; 권상철·박경환, 2017; 임소진, 2012: 9-11; 조한슬 외, 2017: 15-19; OECD DAC, 1996; UN, 2015: 4-13).

<표 2-5> OECD 국제개발목표와 새천년개발목표, 지속가능발전목표 비교

OECD 21세기 개발협력전략 국제개발목표(IDGs)	새천년개발목표(MDGs)	지속가능발전목표(SDGs)
1. 절대빈곤율 1/2 감소	1. 극심한 빈곤과 기아 탈출	1. 빈곤종식
2. 모든 국가에서 보편적 초등 교육 의무화	2. 보편적 초등교육 제공	2. 기아종식

OECD 21세기 개발협력전략 국제개발목표(IDGs)	새천년개발목표(MDGs)	지속가능발전목표(SDGs)
3. 초중등교육의 성차별 근절을 통한 양성평등 및 여성 권한 강화	3. 성평등과 여성 자력화 촉진	3. 건강과 웰빙
4. 5세 미만 영유아 사망률 2/3 감소	4. 아동사망 감소	4. 양질의 교육
5. 산모 사망률 3/4 감소	5. 산모건강 증진	5. 성평등
6. 모든 개인의 기초 의료 제도 및 모자보건 서비스 이용이 가능하도록 개선	6. HIV/AIDS, 말라리아와 다른 질병 퇴치	6. 깨끗한 물과 위생
7. 2015년까지 환경 손실을 역전시키도록 모든 국가는 2015년까지 지속가능개발의 국가전략 수립, 이행	7. 지속가능한 환경 보장	7. 지속가능한 에너지
	8. 개발을 위한 국제적 협력관계 구축	8. 양질의 일자리와 경제 성장
		9. 혁신과 인프라 구축
		10. 불평등 완화
		11. 지속가능한 도시 및 거주지 조성
		12. 책임 있는 소비와 생산
		13. 기후행동
		14. 해양 생태계 보호
		15. 육상 생태계 보호
		16. 평화, 정의 및 제도 구축
		17. 목표 달성을 위한 파트너십

출처 : ODA Korea, 권상철·박경환(2017: 66)

7. 총평과 전망

2001년부터 2015년까지 MDGs 시대가 막을 내리고 2016년 SDGs 가 시작되었지만 국제사회의 빈곤퇴치를 위한 노력이 왜 목표한 성과를 이루어 내지 못했느냐는 반문들이 제기되고 있으며 동시에 이에 대한 여러 과제와 대안들 또한 나오고 있다.

특히 2011년 제4차 원조효과성 고위급 포럼(부산총회)에서는 향후 전개될 원조체계(Aid Architecture)가 중요한 과제로 떠올랐다. '효과적인 개발협력을 위한 부산 파트너십(Busan Partnership for Effective Development Cooperation)'을 주제로 열린 총회에서는 앞으로 전개될 국제개발협력 체계(architecture)의 변화에 대해서 중요하게 논의가 이루어졌으며, 지금까지 OECD DAC 중심으로 논의되었던 개발협력의 지평이 개발협력포럼(DCF)까지 확대되도록 제안되었다. 이는 개발협력의 글로벌 논의가

OECD DAC 공여국 간의 배타적 전유물이 아니라는 점을 분명하게 시사한다(손혁상, 2011: 83). 실제로 과거에는 국제개발협력에 관한 국제규범과 기준이 OECD DAC의 원조효과성 고위급 포럼(HLF)을 중심으로 이루어져 왔지만, 이는 부산에서의 제4차 원조효과성 고위급 포럼을 마지막으로 막을 내렸다. 그리고 국제사회는 제4차 원조효과성 고위급 포럼에서 DAC와 함께 앞으로 UN DCF와 지역 기구들을 포함시켜 다양한 주체들이 참여하는 새로운 글로벌 파트너십을 형성할 것을 합의했다. 그리고 각 국가가 합의한 사항들은 우선순위에 따라 이행 정도를 모니터링하기로 했으며, 이에 대한 구체적인 지표와 상호책임성을 강화하는 프레임워크 또한 2012년 6월 정해졌다.

현재는 외부 지원만이 개발도상국의 빈곤에 대한 해답이라는 관점에서 벗어나 광범위한 의미의 '효과적인 개발'에 초점이 맞춰져 있다. 효과적인 개발은 개발도상국이 각자의 필요와 발전 단계에 맞도록 책임감 있게 제도 개혁을 주도하고, 이를 국제사회가 지원해 지속가능한 성장이 이루어질 수 있도록 하는 것이다(강선주, 2012: 6-7).

특히 제4차 원조효과성 고위급 포럼에 빌 앤드 멜린다 게이츠 재단과 유수의 기업들이 참여하면서 국제개발협력의 민간영역 주체들이 중요하다는 점이 부각되었다. 민관협력(PPP)은 개발 재원 확대와 새로운 개발성과 증진의 방안으로 등장하면서 개발도상국의 경제성장을 통한 빈곤감소를 위해 필수적인 협력으로 부각되었다.

또한 중국 등의 신흥 공여국들이 국제개발협력의 중요한 주체로 등장하면서 이전까지 OECD DAC 중심으로 논의되었던 원조효과성 등의 개발협력 규범들이 차별적으로 이행될 것으로 보인다. 중국을 비롯해 러시아, 인도, 브라질, 남아프리카공화국으로 구성된 브릭스(BRICS) 외에도 중소득국으로 발전하는 개발도상국들도 수원국이자 동시에 공여국의 지위를 공유하는 독특한 새로운 신흥 공여국으로 등장하고 있다. 튀르키예의 TICA와 브라질의 ABC 설립을 시작으로 멕시코, 태국, 페루 등이 원조 공여 기관을 설립하여 남남협력 등을 실행하고 있으며, 2010년 이후에는 아제르바이잔, 이집트, 카자흐스탄 등도 자체 원조기관을 설립했다. 이러한 새로운 신흥 공여국들이 OECD DAC를 중심으로 한 전통적인 원조 규범 체계와 중국과 같은 자국 중심의 일방적인 원조 행태의 사이에서 어떠한 입장을 취할 것인가는 글로벌 개발협력 레짐의 미래를 바라보는 데 매우 중요한 변수가 될 것으로 보인다.

코로나19와 같은 국제 보건 위기, 기후위기로 인한 대규모 재해 재난, 우크라이나 전쟁과 같은 인도적 위기, 시리아 내전 등으로 인한 대규모 난민 발생과 같은 최근 글로벌 환경은 국제개발협력의 확대를 요구하고 있다. 그러나 코로나19 대응을 위해 국제사회는 코로나19 백신에 대한 全 지구적 접근(Covid 19 Vaccines Global Access, COVAX)을 통해 개도국 백신 지원에 협력했지만 여전히 자국 중심의 양자적 접근이 주를 이루고 있다. 또한 기후변화 대응을 위해서는 기존 개발원조 자금의 변용 없이 막대한 새로운 재원 동원이 필요한데 이러한 국제사회의 합의 또한 난관이 예상된다. 팬데믹의 종식과 SDGs의 달성을 위해서는 인간·사회개발, 경제개발, 환경과 더불어 평화 구축, 효과적 제도 수립, 인권 주류화 등의 과제가 우리 앞에 놓여 있다. 이러한 과제들을 해결하기 위해서는 공여국, 수원국, 국제기구를 비롯하여 시민사회, 기업 등 국제사회의 다양한 개발 주체들이 파트너십을 통해 효과적인 개발을 이행할 수 있도록 노력해야 한다. 빈곤 문제와 같이 산재한 지구적 과제들은 개발 주체 간 긴밀한 협력을 통해 모두가 노력할 때 해결할 수 있을 것이다.

 **필수개념 정리**

근대화이론: 경제가 성장하면 민주주의를 이룰 수 있다는 믿음으로 경제 구조가 근대화를 이루면 정치·사회·문화 등 모든 분야가 봉건사회에서 자본주의사회로 이행한다는 관점이다. 근대화 이론은 서구가 전통사회에서 근대사회로 이행할 수 있었던 이론적 틀을 제공하는 것과 동시에 이들을 개발도상국에 적용시키면 좀 더 진보적이고 문명화된 단계로 발전될 수 있다고 본다.

종속이론: 근대화이론이 제기한 서구 중심의 단선적 발전 개념을 비판하면서 등장했다. 종속이론가들은 세계는 중심부와 주변부로 나뉘며, 무역이 심화될수록 경제적 잉여는 언제나 주변부에서 중심으로 가기 때문에 결국 주변부에 있는 개발도상국들은 중심에 있는 선진국들에게 의존적일 수밖에 없는 구조를 갖게 된다고 설명했다. 이러한 관점은 외부적 요인을 지나치게 강조해 내부적 모순을 간과하는 한계가 있다. 또한 주변부를 수동적 존재로 봐 내부적 발전 동력을 활용한 발전전략을 제시하지 못한다는 비판도 받고 있다.

인간의 기본적 욕구 접근(BHN Approach): 인간에게 꼭 필요한 기본적 욕구에 초점을 맞추는 개발 이론을 뜻한다. 1970년대까지는 경제성장을 통한 소득 증대를 위한 정책이 주를 이루었으나 경제성장에도 불구하고 여전히 해결되지 않는 문제들에 대한 해결을 촉구하면서 인간의 삶의 수준을 향상시켜야 한다는 인간 중심적인 인식에 의해 등장했다. 이에 따라 보건, 위생, 영양개선 사업 등에 중점을 두게 되었다.

워싱턴 컨센서스: 1989년 미국 국제경제연구소의 존 윌리엄슨(John Williamson)이 중남미 경제위기를 극복하기 위해 제시한 건전재정 보장, 공공지출 축소, 세제 개혁, 금융자유화, 경쟁 환율, 무역자유화 등을 골자로 한 미국의 대외 확산전략을 의미한다. 이후 미국을 중심으로 국제통화기금과 세계은행 등이 경제위기를 겪는 개발도상국에 요구하는 경제정책을 의미하며, 미국식 신자유주의정책을 확산시키는 이데올로기로 자리매김했다.

구조조정 프로그램(SAPs): 경제 악화 원인을 과도한 정부 개입으로 보는 시장경제체계에 근거한 경제 개혁정책을 구조조정 프로그램이라고 한다. 수출을 늘리고 수입을 억제해 채무 상환이 가능하도록 하기 위해 자국의 통화 가치 하락, 정부와 공공기관의 일자리 축소 및 임금 삭감, 공기업의 민영화를 통한 해외투자 유치 등의 정책을 추구했다. 그러나 이 정책은 빈곤층과 사회적 약자를 배려하지 않은 정책이라는 비판을 받기도 했다.

굿 거버넌스: 선정, 좋은 거버넌스, 바람직한 거버넌스 등 다양한 의미로 사용되고 있으며, '법치주의 확립과 부패 척결'(IMF 정의)이라는 정부 역할에 한정된 의미에서 '모든 국민에게 기회를 부여하는 정치제도'(DFID 정의)처럼 광범위한 의미로 사용된다. 이처럼 굿 거버넌스 개념이 개발협력 사업에서 다양하게 활용될 수 있으나 수원국 정부가 투명하고 효율적인 제도와 정책을 추진할 수 있을 때 개발원조가 보다 효과적으로 분배될 수 있다는 관점으로 활용되었다.

인간개발지수: 경제지표가 설명하지 못한 생활수준을 파악하기 위해 UNDP가 만든 지표로 교육수준(성인문맹률과 학교등록률), 1인당 실질국민소득(구매력을 기준으로 계산한 GDP), 기대수명, 세 가지 지표를 합산해 0~1 사이의 숫자로 나타내는 지수를 의미한다. UNDP는 1990년부터 인간개발보고서를 통해 발표하고 있다. 2010년부터는 불평등 조정 인간개발지수(Inequality-adjusted Human Development Index, IHDI)를 함께 발표한다.

새천년개발목표(MDGs): 2015년까지 국제사회가 달성할 8개 주요 목표, 21개의 세부 목표, 48개의 달성 지표를 새천년개발목표(Millennium Development Goals, MDGs)라고 한다. MDGs의 8개 목표는 극심한 빈곤과 기아 탈출, 보편적 초등교육 제공, 성평등과 여성 자력화 촉진, 아동사망 감소, 산모건강 증진, HIV/AIDS, 말라리아와 다른 질병 퇴치, 지속가능한 환경 보장, 개발을 위한 국제적 협력관계 구축이다. MDGs는 UN 개발 분야 정상회의 및 IMF, 세계은행, OECD 등이 제시한 각종 목표들을 조정해 통합한 결과물로 2000년 이후의 국제사회가 공동으로 추구할 구체적인 목표를 제시함으로써 MDGs를 중심으로 개발 활동이 집중될 수 있는 기반을 마련했다.

원조효과성: 원조 전달의 효율성을 일컫는 말로 원조의 배분이 얼마나 적소적기에 이루어졌는지를 의미한다. 원조효과성은 양보다는 질적 측면을 강조하는데 수원국의 빈곤을 최소화하고 삶의 질을 개선하는 것, 특히 MDGs를 달성하는 데 목적이 있다. 1990년대 이후부터 세계 경제의 불황이 지속되면서 원조 규모는 꾸준히 감소했고, 감소 추세는 특히 MDGs 달성에 커다란 장애가 될 것이라는 우려로 이어졌다. 이에 따라 OECD

DAC 회원국을 중심으로 원조 규모를 확대하고 MDGs 달성을 집중해 원조효과성을 제고하자는 논의가 시작되었다.

지속가능한 발전: 이 용어가 본격적으로 알려지게 된 것은 1987년 세계환경개발위원회(World Commission on Environment and Development, WCED)에서 제출한 우리 공동의 미래(브룬틀란 보고서)에서 제기한 "미래 세대가 자신들의 필요를 충족하기 위한 능력에 손상을 주지 않으면서 현세대의 필요를 충족시키는 개발"이라는 정의다. 지속가능한 발전은 이후 1992년 브라질 리우데자네이루에서 열린 유엔환경개발회의(UN Conference on Environment and Development, UNCED, 일명 리우회의)의 기본원칙인 환경적으로 건전하고 지속가능한 발전(Environmentally Sound and Sustainable Development, ESSD)을 통해 정착되었으며, 10년 뒤인 2002년에 남아프리카공화국 요하네스버그에서 열린 두 번째 정상회의(리우+10)와 2012년 브라질 리우데자네이루에서 다시 개최된 정상회의(리우+20)를 통해 실천적 규범으로 자리 잡았다.

지속가능발전목표(SDGs): 2015년 9월 27일 제70차 UN 총회는 2016년부터 시행될 지속가능발전목표(Sustainable Development Goals, SDGs) 17개 의제와 169개 세부 목표에 합의했다. MDGs가 8개의 목표에 자원을 집중했다면, SDGs는 17개 의제별 169개의 목표를 제시하고 있어 이행 범위가 좀 더 세분화되었다고 볼 수 있다. MDGs가 개발도상국의 빈곤에 집중했다면 SDGs는 세계 모든 국가의 생활과 환경으로의 전환을 추구하고 있다. 그러나 이와 같이 세분화된 목표에 도달하기 위해서는 공공재원과 원조뿐만 아니라 기업과 민간의 참여, 세금 개혁, 부패 근절 등 재원 마련을 위한 공동의 노력이 수반되어야 한다.

 토론점

1. 국제사회의 빈곤 해소를 위한 노력에 대해 긍정적인 면과 부정적인 면을 논의해 보자.
2. UN의 새천년개발목표(MDGs)의 성과와 한계를 알아보고, 지속가능발전목표(SDGs)를 달성하기 위해 어떠한 노력이 필요한지에 대해 논의해 보자.
3. 국제개발협력의 역사와 담론의 변화 속에서 한국의 바람직한 개발협력 정책 방향을 논의해 보자.

 읽을거리

원조의 덫

글렌 허버드, 윌리엄 더건 지음 | 조혜연 옮김 | 박헌준 감수 | 비즈니스맵 | 2010

미국에서 경영과 금융 두 분야의 손꼽히는 학자 글렌 허버드(Glenn Hubbard) 박사와 윌리엄 더건(William Duggan) 박사가 분석한 선진국의 원조 활동 실패 원인과 빈곤국 민간사업 부문을 활성화할 수 있도록 구호 활동에 사용되는 원조금을 민간기업에게 지원해야 한다는 주장을 담고 있다.

빈곤에서 권력으로

던컨 그린 지음 | 주성수 옮김 | 이매진 | 2010

원조 관련 정책 분석가로 활동해 온 영국 옥스팜의 수석연구원 던컨 그린 (Duncan Green) 박사가 빈곤에 대한 이론과 현장에서의 성공 및 실패 사례를 검토하고, 이론과 현실의 차이를 설명한다.

사다리 걷어차기

장하준 지음 | 김희정 옮김 | 부키 | 2020

케임브리지대학교 경제학부 교수인 장하준 박사가 선진국들이 오늘날의 부를 쌓을 수 있었던 과정과 더불어 위선적 실태와 새로운 세계경제 질서 모색의 필요성을 언급한다.

왜 세계는 가난한 나라를 돕는가

캐럴 랭커스터 지음 | 유지훈 옮김 | 시공사 | 2010

모타라국제학센터 회장인 캐럴 랭커스터(Carol Lancaster) 교수가 미국, 일본, 프랑스 등 주요 공여국의 원조정책과 정치 및 외교의 상관관계를 분석했다.

빈곤의 역사

브로니슬라프 게레멕 지음 | 이성재 옮김 | 길 | 2011

폴란드 외무장관, 유럽의회 의원으로 활동했던 브로니슬라프 게레멕 (Bronislaw Geremek) 교수가 산업화가 전 지구적으로 진행되는 시점에서 빈민에 대한 사람들의 의식과, 어떤 태도, 조치, 정책을 취해야 하는지에 대해 다루었다.

굶주리는 세계

프란시스 무어 라페 지음 | 허남혁 옮김 | 창비 | 2003

최근 식량위기와 관련해 식량에 대해 잘못 알고 있는 상식에 대해 설명하고 반박한다. 굶주림은 생존과 직결된 인권 문제로 풀어 가면서 해결책과 대안을 제시한다.

자유로서의 발전

아마르티아 센 지음 | 김원기 옮김 | 갈라파고스 | 2013

저자가 말하는 자유와 발전, 목표 수단, 자유와 정의의 기초, 민주주의의 중요성 등 개인의 자유 확장이 진정한 발전의 목표임을 밝힌다. 개인의 자유를 역설하기 위해 다양한 실증적 자료와 분석이 돋보인다.

세계의 절반 구하기

윌리엄 R. 이스털리 지음 | 황규득 옮김 | 미지북스 | 2011

뉴욕대학교 경제학과 윌리엄 R. 이스털리(William R. Easterly) 교수가 서구의 원조가 가난한 나라를 더 가난하게 만드는 이유를 밝히고 개발협력의 올바른 방향을 제시한다. 저자는 탐색가들을 도와 개인과 기업의 역동성에 기초한 자생적 발전을 이루어야 한다고 주장한다.

제3장

국제개발협력과 지속가능발전목표 (SDGs)

임소진 영국 센트럴랭커셔대학교 교수

1. 들어가며

2000년을 맞이해 UN은 '새천년선언(Millennium Declaration)'을 발표했다. 새천년선언은 인권에 기반을 둔 국제사회의 새로운 미래에 대한 다짐을 담고 있으며, 이를 계기로 UN은 전 세계 공동의 개발목표를 수립하여 이행하기로 결정했다. UN의 이러한 계획을 바탕으로 다음 해인 2001년 세계은행(World Bank, WB), 국제통화기금(International Monetary Fund, IMF), 경제협력개발기구(Organization for Economic Cooperation and Development, OECD), UN, 그리고 주요 선진 공여국들은 세계은행 연차총회에서 '새천년개발목표(Millenium Development Goals, MDGs)'를 수립하고, 같은 해 9월 UN 총회에서 회원국들이 MDGs 달성 노력에 참여할 것을 촉구했다. 2000년대 국제개발협력의 중심을 이루었던 MDGs는 국제개발협력 역사상 최초의 글로벌 공동 목표로서 2015년까지 달성하도록 합의되었다.

이후 MDGs 달성 기한인 2015년 UN 총회에서는 MDGs를 계승하는 새로운 글로벌 목표인 'Post-2015 지속가능발전목표(Sustainable Development Goals, SDGs)'가 채택되고, 이로써 SDGs는 MDGs를 이어 2030년까지 국제개발협력의 또 다른 15년을 이끌어 갈 이정표가 되었다. 3장에서는 2장에 이어 MDGs와 SDGs를 소개하고, 향후 과제에 대해 논의하고자 한다.

2. 새천년개발목표(MDGs)에서 지속가능발전목표(SDGs)로의 변화

(1) MDGs 돌아보기

1) MDGs 개요 및 성과

2장에서 설명되었듯이 MDGs는 단순히 새로운 천년을 맞이하는 것을 기념하여 수립된 목표가 아니라, 국제개발협력의 역사적 배경을 반영하여 개발된 글로벌 목표이다. 총 8개 목표와 21개의 세부 목표로 이루어진 MDGs 이행 현황을 주기적으로 살펴보기 위해 UN은 모든 개발도상국에 사무소를 가지고 있는 유엔개발계획(UN Development Programme, UNDP)을 통해 해마다 'UN MDGs 보고서'를 발표했다. 2015년 발표된 UN MDGs 보고서에 따르면 약 10억 명에 달하는 인구가 절대빈곤 상태를 벗어났다. 여아의 초등학교 입학률도 크게 증가했고, 개발협력을 위한 새로운 혁신적 파트너십이 구축되었으며, 전 세계 공동의 가치에 대한 인식이 증가하는 등 MDGs의 개발에 대한 효과는 긍정적으로 평가된다(UN, 2015b).

<그림 3-1> MDGs 달성 결과

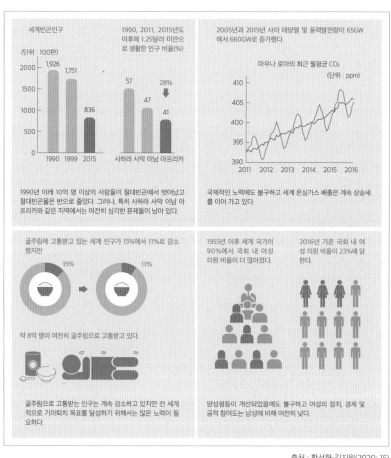

출처 : 황선형·김지원(2020: 15)

그러나 이러한 성과는 대륙별로 큰 편차를 보였으며, 지방과 도시 간 소득수준도 큰 차이를 보인다. 세부 목표의 경우 절대빈곤 감소, 교육과정에서의 남녀 비율 균형, 질병 감소, 식수 접근성 향상 등의 목표만이 달성되었고, 거의 목표치에 근접한 성과를 보인 세부 목표들도 있으나 아직 많은 세부 목표는 달성되지 못했다(UN, 2015b). 따라서 MDGs 수립 이후 개발도상국 개발의 측면에서는 많은 발전이 있었음에도 불구하고 국제사회의 MDGs 목표 달성 자체는 절반의 성공이라는 아쉬움을 남겼다.

2) MDGs 의의 및 한계

비록 목표 달성에는 실패했다고 하나 MDGs는 국제개발협력 역사에서 큰 의미를 가진다. 우선 MDGs는 '결과 중심'의 문화가 개발협력 전반에 자리 잡을 수 있게 했다. 또한 결과 중심 패러다임은 목표치 달성을 위해 원조사업 이행 이전에 현재 상황과 수준을 객관적으로 파악하기 위한 기초조사(baseline survey)를 시행하고, 이행 과정에서 시행착오를 줄이고 더 나은 결과를 가져오기 위한 모니터링(monitoring)을 시행하는 문화를 정착시켰다. 마지막으로 MDGs의 결과 중심 패러다임은 사업 완료 후 성과 평가를 통해 교훈을 도출하고 후속 사업에 반영하는 과정의 변화를 가져오기도 했다. 그러나 무엇보다도 MDGs의 의의는 MDGs가 개발도상국 정부의 국가 발전목표 수립을 위한 기준점이 되었으며, 공여국은 개발도상국 정부의 MDGs 중심의 중점 목표를 존중하여 개발사업을 계획하고, 공동의 노력을 위한 파트너십을 기반으로 원조 규모를 증가시키고자 했다는 긍정적 효과를 가져온 것에 있다(임소진, 2012).

MDGs는 경제성장 중심의 패러다임에서 사회개발과 인간중심 패러다임으로의 변화를 불러일으켰다. 그러나 이는 동시에 공여국의 대(對)개발도상국 지원 과정에서 경제개발을 위해 필요한 필수 요소들을 등한시하게 되는 역효과를 가져오기도 했다. 또한 MDGs는 불평등에 대한 고려가 미흡하여 각 개발도상국이 당면한 정치·경제적 상황이 다름에도 모든 개발도상국이 같은 목표치를 달성해야 하는 부담을 지게 했다는 한계가 있었다. 나아가 MDGs의 성과 점검이 개발도상국에서의 발전 상황을 기반으로 이루어지다 보니 자연히 MDGs는 개발도상국에게 주어진 과제로 여겨져 공여국에게는 책무가 없는 것처럼 인식되었다. 이는 또한 일부 선진 공여국 위주로 개발된 MDGs 수립 과정에 대한 한계와도 연관이 있다. 다시 말하면 MDGs는 개발도상국의 이행을 전제로 하나 MDGs 수립 과정에서 개발도상국의 입장이 반영되지 못했다는 것이다.

앞에서 MDGs의 의의 중 하나는 목표치를 제시한 것이라고 평가했다. 그러나 이는 동시에 정량적인 목표치를 지향하다 보니 개발의 질적 부분을 간과하게 되었다는 단점이 있었다. 예를 들어 초등학교 입학률을 증가시키겠다는 정량적 목표치를 기반으로 MDGs는 입학률 증가 자체에는 큰 기여를 했으나, 교육의 내용 등에 대한 정성적(qualitative) 평가는 이루어지지 않았다(임소진, 2012). MDGs의 한계를 개선하기 위한 노력은 'Post-2015 개발목표' 수립 과정에 반영되었으며, 이에 대한 내용은 다음 절에서 자세히 다루고자 한다.

(2) SDGs 수립 과정

MDGs에서의 교훈을 바탕으로 MDGs의 후속 목표를 선정하고자 국제사회는 UN의 주도하에 목표 수립을 위해 박차를 가했다. UN의 주도로 이루어진 SDGs 수립은 아래 <그림 3-2>와 같은 절차를 거쳤다. 본 장에서는 이 중 UN 작업반, UN 고위급 패널, UN의 세계시민 100만 명 의견 수렴, UN 공개 작업반 과정을 좀 더 자세히 알아보고자 한다.

<그림 3-2> SDGs 수립 과정

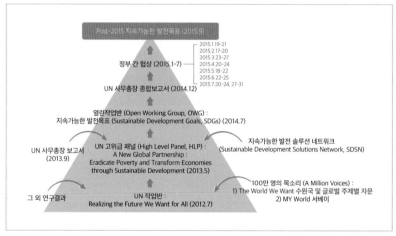

출처 : 임소진(2015b: 18)

1) UN 작업반

2010년 UN 총회에 모인 각국 정상들은 2015년 이후의 글로벌 개발 의제를 구상해야 할 시점이라는 데에 동의했다. 이에 따라 반기문 전 UN 사무총장은 2012년 'UN 작업반(UN System Task Team)'을 구성하여 그동안의 MDGs 달성 정도를 평가하고, 그 과정에서 배우게 된 교훈점을 도출하여 MDGs의 한계와 개선이 필요한 사항을 분석하도록 했다. 이를 통해 UN은 2015년 이후의 새로운 글로벌 목표(Post-2015 개발목표)의 기반을 마련하고자 했다.

UN 작업반에서는 앞에서 언급된 MDGs의 한계점을 반영하여 개발도상국뿐 아니라 선진국도 이행해야 하는 목표를 제시하고, 개발도상국 내 불평등을 겪는 계층이나 장애인 등과 같은 소외계층을 모두 포함하는 미래 목표를 수립하겠다는 의지를 보여 줬다. 또한 MDGs가 사회개발을 중심으로 개발되었다는 한계를 극복하기 위해 Post-2015 개발목표는 경제, 사회, 환경, 그리고 평화와 안보의 4대 핵심 요소를 바탕으로 이루어져야 한다는 프레임워크를 제시했다. 이러한 4대 핵심 요소는 인권, 평등, 지속가능성이라는 3대 가치가 반영되어 구성되었다(UN System Task Team, 2012). MDGs를 계승하는 새로운 글로벌 개발목표를 위한 근본을 이루는 프레임워크는 <그림 3-3>과 같다.

<그림 3-3> Post-2015 UN 개발목표를 위한 통합 프레임워크

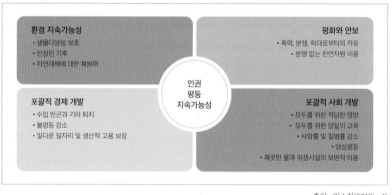

출처 : 임소진(2013b: 4)

2) UN 고위급 패널

Post 2015 개발의제에 관한 UN 고위급 패널(UN High Level Panel of Eminent Persons on the Post-2015 Development Agenda, 이하 UN 고위급 패널)은

반기문 전 UN 사무총장이 2012년 UN 작업반 분석과 별도로 같은 해 인종, 성별, 출신 지역, 출신 배경 등을 고려하여 전 세계적으로 총 27명의 개인을 임명하여 구성한 패널이다. UN 고위급 패널은 UN 작업반의 3대 보고서를 기반으로 심도 있는 논의를 진행했다. UN 고위급 패널은 UN 작업반의 첫 번째 보고서에 제시되었던 4대 핵심 요소인 사회, 경제, 환경, 평화와 안보를 중심으로 논의를 진행했고, 그 결과 총 12개 목표와 54개 세부 목표로 이루어진 예시적 목표안을 제시했다.

UN 고위급 패널이 제시한 12대 예시적 목표 및 54개 세부 목표는 <표 3-1>과 같다. 해당 표에서처럼 UN 고위급 패널의 54개 세부 목표 목표치는 x, y, z의 형식으로 확정되지 않은 채로 제시되었다. 이는 MDGs 목표치가 서로 다른 개발도상국의 개발 수준과 환경을 고려하지 않고 모든 개발도상국이 같은 목표를 달성하게 했다는 한계점을 반영하여, 개발도상국이 처한 상황과 정치, 경제, 사회적 개발 수준을 반영하여 각 개발도상국뿐 아니라 공여국이 달성 가능한 현실적인 목표치를 설정하라는 의미에서 목표치를 x, y, z와 같이 제시한 것이다.

<표 3-1> UN 고위급 패널의 예시적 목표안

글로벌 목표(Goals)	국가별 세부 목표(Targets)
1. 빈곤 퇴치 (End Poverty)	1a. 1일 소득 1.25달러 미만 인구 근절과 2015년 기준 국가빈곤선 미만 생활자 비율 x% 감소 1, 2
	1b. 토지, 재산 및 그 외 재산에 대한 보장된 권리에 대한 여성과 남성, 커뮤니티, 사업의 비율 x% 증가 2, 3
	1c. 사회보장 시스템에 대한 취약층 및 빈곤층 x% 보호 2, 3
	1d. 회복 가능성 구축과 자연재해에 의한 사망률 x% 감소 2

글로벌 목표(Goals)	국가별 세부 목표(Targets)
2. 소녀 및 여성 역량 강화와 양성평등 달성 (Empower Girls and Women and Achieve Gender Equality)	2a. 소녀와 여성에 대한 모든 종류의 폭력 방지 및 근절 1, 2, 3
	2b. 미성년 결혼 근절 1, 2
	2c. 재산 소유 및 상속, 계약서 서명, 사업 등록 및 은행계좌 개설에 대한 여성의 동등한 권리 보장 1, 2
	2d. 정치적·사회적·공적 생활에 있어서 여성에 대한 차별 제거 1, 2, 3
3. 양질의 교육 및 평생교육 제공 (Provide Quality Education and Lifelong Learning)	3a. 유아교육 시작 및 완료가 가능한 아동 비율 x% 증가 2
	3b. 모든 아동이 어떠한 상황에도 읽고, 쓰고, 계산할 수 있는 최소의 교육 수준에 준하는 능력을 갖출 수 있도록 초등교육을 완료하도록 보장 1, 2
	3c. 모든 아동이 어떠한 상황에도 중등교육의 초급 단계를 시작할 수 있도록 보장하고, 청소년의 인정되고 측정 가능한 학습성과 비율 x% 증가 1, 2
	3d. 직장에서 필요로 하는 기술 능력 및 직업기술을 갖춘 청년층 및 성인 남녀의 비율 x% 증가 2, 3
4. 건강한 삶 (Ensure Healthy Lives)	4a. 예방 가능한 영아 및 5세 미만 아동사망률 근절 1, 2
	4b. 아동, 청소년, 위험 환경 노출 성인, 고령층의 모든 예방접종 비율 x% 증가 1, 2
	4c. 산모 사망 비율 10만 명당 x명으로 감소 1, 2
	4d. 보편적 성보건 및 모자보건 권리 보장 1, 2
	4e. 후천성면역결핍증(HIV/AIDS), 결핵, 말라리아, 소외 열대질환, 주요 비전염성질환 등의 질병으로 인한 부담 감소 2
5. 식량 안보 및 영양 개선 (Ensure Food Security and Good Nutrition)	5a. 모든 인구의 기아 퇴치와 충분하고, 안전하며, 수용 가능하고, 영양가 있는 식량권 보호 1, 2
	5b. 모든 5세 미만 아동의 성장 저해 요소(stunting) x%, 신장 대비 저체중(wasting) y%, 빈혈 z% 감소 1, 2
	5c. 소작농 수익률의 지속가능한 증가와 농지 관개(irrigation) 이용을 중심으로 한 농업생산성 y% 증가 3
	5d. 지속가능한 농업, 해양, 담수어업 관행의 수용과 지속가능한 수준으로의 지정 어류 비축 재구축 1
	5e. 수확 후 손실 및 음식물쓰레기 x% 감소 3

글로벌 목표(Goals)	국가별 세부 목표(Targets)
6. 물 및 위생에 대한 보편적 접근성 달성 (Achieve Universal Access to Water and Sanitation)	6a. 가정, 학교, 보건센터, 난민캠프에서의 안전한 식수에 대한 보편적 접근성 제공 1, 2
	6b. 노상 배변(open defecation) 근절과 학교 및 직장에서의 위생에 대한 보편적 접근성 보장, 그리고 가정에서의 위생에 대한 접근성 x% 증가 1, 2
	6c. 공급에 맞는 담수 회수 제공과 농업 관련 물 효율성 x%, 산업 관련 물 효율성 y%, 도시지역 물 효율성 z% 증가
	6d. 모든 지방 및 산업 폐수 재활용 또는 방출 전 사전처리 1, 3
7. 지속가능한 에너지 보장 (Secure Sustainable Energy)	7a. 글로벌 에너지 믹스에 대한 재생가능에너지 비율 두 배 증가
	7b. 현대 에너지 서비스의 보편적 이용 보장 1, 2
	7c. 건물, 산업, 농업, 교통 에너지 효율성 향상 글로벌 비율 두 배 증가
	7d. 낭비성 소비를 촉진시키는 비효율적 유가보조금 단계적 폐지 1, 3
8. 일자리 창출, 지속가능한 생계, 공평한 성장 (Create Jobs, Sustainable livelihood, and Equitable Growth)	8a. 일자리다운 일자리 및 생계 수 x 증가 2
	8b. 교육, 취업, 훈련 대상에서 제외된 청년 비율 x% 감소 2
	8c. 교통 및 ICT와 같은 금융 서비스 및 인프라에 대한 보편적 접근성 제공에 의한 생산적 역량 강화 1, 2, 3
	8d. 가능한 기업환경 조성 및 기업가 촉진을 통한 새로운 상품으로부터의 부가가치 y와 새로운 시작 x 증가 2, 3
9. 천연자원 자산의 지속가능한 관리 (Manage Natural Resource Assets Sustainably)	9a. 모든 정부 및 주요 기업의 경제·사회·환경적 회계장부 공개 1
	9b. 정부 조달의 지속가능성 고려 x% 증가 3
	9c. 생태계, 종(species), 유전적 다양성에 대한 보호 장치 (safeguard) 마련
	9d. 삼림 파괴 x% 감소와 재식림(reforestation) y% 증가
10. 굿 거버넌스와 효과적 제도 보장 (Ensure Good Governance and Effective Institutions)	10a. 출생신고와 같은 자유롭고 보편적인 법적 신분 제공 1, 2
	10b. 언론, 집회, 평화로운 시위의 자유와 독립적 매체 및 정보에 대한 접근성 보장 1, 3
	10c. 모든 단계에서의 정치적 과정의 대중적 참여와 시민 참여 증가 2, 3
	10d. 정보에 대한 대중 권리와 정부 데이터 이용 보증(guarantee) 1
	10e. 뇌물수수 및 부패 감소와 공무원의 책무 보장 3

글로벌 목표(Goals)	국가별 세부 목표(Targets)
11. 안정적이고 평화로운 사회 보장 (Ensure Stable and Peaceful Societies)	11a. 외인사(violent death)의 10만 명당 x명으로 감소와 모든 종류의 아동 학대 근절 1, 2, 3
	11b. 법적 기관(justice institutions)의 접근성, 독립성, 행정력 (well-resourced) 보장과 정당한 절차를 위한 권리 존중 1, 2, 3
	11c. 조직적 범죄 등을 포함한 분쟁을 야기하는 외부 스트레스 요인 제거 3
	11d. 안보를 위한 군대, 경찰, 사법부의 역량, 전문성, 책무성 강화 3
12. 글로벌 차원의 가능한 환경 조성 및 장기적 재원 촉진 (Create a Global Enabling Environment and Catalyse Long-Term Finance)	12a. 투명하고 공정하며 개발에 우호적인 무역 시스템 지원 3
	12b. 글로벌 금융 시스템의 안정성을 보장하고 장기적으로 안정적인 개인 외국인 투자를 장려하는 개혁 이행 3
	12c. 국제적으로 합의된 바에 따라, 글로벌 평균 기온 증가를 산업화 이전 단계 이상인 2℃ 이하로 유지
	12d. 공여국의 개발도상국에 대한 ODA 지원 GNP 대비 0.7% 목표화, 최빈 개발도상국에 대한 ODA 지원 GNP 0.15%에서 0.20%로 목표화, 그리고 그 외 국가들의 보완적 재정 지원이 자발적 목표화
	12e. 불법 자금 흐름(illicit flows) 및 탈세 감소와 은닉자산(stolen-asset) 회복 x3 달러 증가 3
	12f. 과학, 기술, 혁신, 개발 데이터에 대한 협력 및 접근성 촉진 3

1 : 0% 목표를 포함한 글로벌 최저기준 적용(Candidates for global minimum standards, including 'zero' goals)
2 : 향후 구분이 필요한 지표(Indicators to be disaggregated)
3 : 적합한 지표화를 위해 목표치에 대한 추가적인 기술적 분석 작업 필요(Targets require further technical work to find appropriate indicators)

출처 : 임소진(2013a: 10-13)

3) UN의 세계시민 100만 명 의견 수렴

한편 UN은 MDGs 수립이 일부 공여국을 중심으로 이루어졌다는 한계를 극복하기 위해 Post-2015 개발목표 수립 과정에서는 다양한 이해관계자와 수원국의 의견 수렴이 가능하도록 많은 노력을 기울였다. 그 일환으로 UNDP 국가팀이 총 88개의 개발도상국 정부가 원하는 향후 글로벌 개발목표에 대한 논의 결과를 정리한 보고서(National Consultation)를 작성했고, ① 교육, ② 불평등, ③ 보건, ④ 거버넌스, ⑤ 분쟁과 취약, ⑥ 성장과 고용, ⑦ 환경 지속성, ⑧ 기아, 영양 및 식량 안보, ⑨ 인구 역학(population dynamics), ⑩ 에너지, ⑪ 물의 총 11개 주제에 대해 공식 웹사이트(http://www.worldwewant2015.org)를 운영하여 전 세계 약 100만 명의 의견을 수렴했다. 이러한 UN의 온라인을 통한 전 세계 개인의 의견을 수렴하는 과정을 UN은 '100만 명의 목소리(A Million Voices)'라고 부르기도 한다. 취합된 의견은 2013년 9월에 열린 UN 총회에서 발표된 UN 사무총장 보고서에 반영되었다(UN, 2013a).

4) UN 공개 작업반

앞에서 살펴본 UN 작업반, UN 고위급 패널, 그리고 UN 100만 명의 목소리 수렴 과정은 UN이 Post-2015 개발목표 수립을 위해 단계적으로 진행한 공식 절차이다. 이와 동시에 한편에서는 1992년 브라질 리우데자네이루에서 처음 열렸던 UN의 환경개발회의가 세 번째로 2012년에 '리우+20' 이름으로 열리면서, 개발협력 역사상 최초로 개발도상국이 구상한 국제개발목표안이 제시되었다. 콜롬비아 정부가 제시한 이 안은 '리우+20 지속가능발전목표(Sustainable Development Goals, 이후 Rio+20 SDGs)'를 담고 있는 예비 초안(zero draft)으로 불리며 개발도상국이 처한 환경 문제를 반영하여 공여국 정부도 함께 노력해야 하는 과제를 제시한다.

그러나 이 예비 초안은 세부 목표나 목표치, 달성 기한 등에 대한 자세한 계획 없이 단순한 과제명을 나열한 정도의 수준으로 작성되어, UN은 이후 2013년에 총 30명으로 구성된 UN 공개 작업반(Open Working Group)을 구성하여 콜롬비아 정부의 예비 초안을 발전시켜 나가기로 결정했다. 이렇게 구성된 UN 공개 작업반은 8회의 회의를 거쳐 2014년 총 17개의 목표와 169개의 세부 목표로 이루어진 Rio+20 SDGs를 제시했다(UN, 2014).

공개 작업반 회의의 중반까지만 해도 Rio+20 SDGs 논의는 UN Post-2015 개발목표 수립 과정과 별개의 과정으로 진행되어, 당시 SDGs 는 현재 불리는 Post-2015 시대의 SDGs와 구별되는 개념이었다. 그러나 공개 작업반의 회의 내용이 UN 고위급 패널 회의에서 다루어졌던 논의의 연장선상에서 이루어지면서 국제사회는 공개 작업반의 SDGs 논의를 Post-2015 개발목표 수립 과정의 일환으로 반영하기 시작했다. 그 결과 시차적으로 가장 마지막에 이루어진 이 공개 작업반은 자연스럽게 그 이전 작업들의 논의 결과를 총체적으로 반영하게 되어, 공개 작업반의 17개 목표와 169개 세부 목표는 2015년 9월 UN 총회에서 Post-2015 개발목표인 SDGs로 최종적으로 채택되었다.

제3장

3. 지속가능발전목표 (SDGs)의 이해

(1) SDGs 개요

2015년 9월 채택된 SDGs는 '2030 지속가능발전의제(Transforming Our World: the 2030 Agenda for Sustainable Development)'라고 명명된 결과 문서에 수록되었다. 2030 지속가능발전의제는 UN이 지향하는 5대 가치(5Ps)인 ① 사람(People), ② 지구환경(Planet), ③ 경제발전(Prosperity), ④ 평화(Peace), ⑤ 파트너십(Partnership)과 SDGs를 이행하기 위한 수단(Means of Implementation, MOI)인 개발재원 논의를 함께 포함한다. 특히 SDGs를 국제적 차원에서 모두를 바라보는 관점이 아니라 소외계층과 취약계층을 포함한 개개인 차원에서의(leave no one behind) 공동 개발목표라는 것을 강조한다(UN, 2015b). SDGs 17개 목표에 대한 상세한 내용은 다음 <그림 3-4>와 같다.

<그림 3-4> SDGs 17개 목표별 정의

 지속가능발전목표 SDGs
Sustainable Development Goals

목표 1 모든 곳에서 모든 형태의 빈곤 종식

SDGs의 첫 번째 목표는 모든 곳에서 모든 빈곤을 끝내는 것으로 이 목표에는 절대빈곤의 퇴치와 모든 사람을 위한 사회보장제도를 확립하는 내용을 포함한다.

목표 2 기아 종식, 식량 안보 달성, 영양상태 개선, 지속가능한 농업 강화

두 번째 목표는 기아를 종식하는 것으로 이를 달성하기 위해서는 빈곤층과 영유아 등 취약계층에게 충분한 영양을 공급하며, 지속 가능한 식량생산 시스템을 통하여 식량안보를 달성한다.

목표 3 모든 연령층의 건강한 삶 보장 및 웰빙 증진

세 번째 목표는 건강에 관련된 목표이다. 예방 가능한 질병으로 사망하는 어린이의 수를 줄이는 것을 포함하여, 필수적인 보건서비스를 모두에게 공급하는 것, 그리고 보편적인 의료보장시스템을 만드는 내용을 포함한다.

목표 4 모두를 위한 포용적이고 공평한 양질의 교육 보장과 평생학습 기회 증진

네 번째 목표는 양질의 교육에 관련된 목표이다. 남녀 및 장애인, 선주민 등 모든 사람들이 보편적인 교육을 받고 대학, 기술 훈련, 직업 훈련 등 자신에게 필요한 교육을 받을 수 있도록 하는 것이 목표이다.

목표 5 성평등 달성 그리고 모든 여성과 여아의 권한 강화

다섯 번째 목표는 인류의 절반인 여성에 관한 목표이다. 이는 여성에 대한 차별을 철폐하고, 정치, 경제, 공공 등 모든 부문에서 여성의 동등한 참여를 보장하는 것이다. 또한 조혼, 강제 결혼, 인신매매 등 여성에 대한 폭력과 나쁜 관행을 근절하는 것도 포함한다.

목표 6 모두를 위한 물과 위생의 이용가능성과 지속 가능한 관리 보장

여섯 번째 목표는 깨끗한 물과 위생에 관련된 목표이다. 모든 사람들이 안전한 식수와 위생시설을 보장받는 것을 포함하여, 수질 오염 감소, 수자원 관리 등의 세부 목표가 포함되어 있다.

목표 7 모든 사람에게 적정한 가격의 신뢰할 수 있고, 지속 가능한 현대적인
　　　에너지의 접근 보장

일곱 번째 목표는 모두를 위한 지속 가능한 에너지를 공급하는 것이다. 이 지속가능성을 위해, 적당한 가격으로 신뢰할 수 있는 현대적인 에너지를 보편적으로 보급해야 한다.

목표 8 모두를 위한 지속적이고 포용적이며 지속 가능한 경제성장 및 완전하고 생산적인 고용과 양질의 일자리 증진

여덟 번째 목표는 일자리와 경제성장이다. 모든 사람들에게 양질의 일자리를 제공하기 위해서는 소규모 창업 지원, 노동자 권리 보호, 지속 가능한 관광 등의 세부 목표를 달성해야 한다.

 목표 9 회복력 있는 사회기반시설 구축, 포용적이고 지속 가능한 산업화 촉진 및 혁신 장려

아홉 번째 목표는 사회기반시설과 산업화에 관련된 내용이다. 이는 안전한 사회기반시설 구축, 환경 친화적 공정을 적용한 산업의 확대, 과학기술연구 강화 및 투자 등을 통해 달성할 수 있다.

 목표 10 국내 및 국가 간 불평등 감소

열 번째 목표는 국가 내, 국가 간 불평등을 줄인다는 목표이다. 이를 위해서는 모든 사람에 대한 차별을 철폐하고 기회를 평등하게 제공하며, 결과의 불평등을 완화해야 한다. 또한 국제사회에서도 개발도상국의 영향력이 확대될 수 있도록 배려해야 할 것이다.

 목표 11 포용적이고 안전하며 회복력 있고 지속 가능한 도시와 거주지 조성

열한 번째 목표는 지속 가능한 도시와 공동체를 구축하는 것이다. 이 목표에는 충분하고 적당한 가격의 주택공급, 취약계층에게 편리한 대중교통의 확산, 세계 문화와 자연 유산에 대한 보존 등의 세부 목표가 포함되어 있다.

 목표 12 지속 가능한 소비와 생산 양식의 보장

열두 번째 목표는 지속 가능한 소비와 생산을 달성한다는 목표이다. 여기에는 선진국이 우선적으로 지속 가능 생산과 소비가 가능하도록 음식쓰레기를 절반으로 줄이고 폐기물 발생을 대폭 줄여야 한다는 내용이 포함된다.

 목표 13 기후변화와 그 영향에 대처하기 위한 긴급 행동

열세 번째 목표는 기후변화에 대응하자는 목표이다. 이를 위해서는 기후변화로 인한 자연재해, 특히 개발도상국에서 자연재해의 피해를 입은 후 복원할 수 있는 능력을 강화하여야 한다.

 목표 14 지속가능발전을 위한 대양, 바다, 해양자원의 보전 및 지속가능한 이용

열네 번째 목표는 해양생태계 보존이다. 해양오염을 막고, 지나치게 많은 양의 어류 수확을 근절하며, 지속 가능한 어업 및 양식업 등이 가능하도록 하는 목표이다.

 목표 15 육상 생태계 보호, 복원 및 지속가능한 활용 증진, 지속 가능한 산림 관리, 사막화 방지, 토지 황폐화 중단 및 복구, 생물다양성 손실의 중단

열다섯 번째 목표는 육상 생태계 보호를 위한 목표이다. 이 목표에는 산림, 습지, 산악지역 등 모든 육상 생태계를 보호하고 생물 다양성을 보호하며, 사막화를 방지해야 하는 내용이 포함된다.

목표 16 지속가능발전을 위한 평화롭고 포용적인 사회 증진, 모두에게 정의에 대한 접근 제공 및 모든 수준에서 효과적이고 책임 있으며 포용적인 제도의 구축

열여섯 번째 목표는 정의, 평화, 효과적인 제도를 구축한다는 목표이다. 부정부패가 없으며, 폭력과 차별이 사라진 사회, 그리고 깨끗하고 투명한 정부를 구축하기 위한 내용이 담겨 있다.

목표 17 이행수단 강화 및 지속가능발전을 위한 글로벌 파트너십 활성화

마지막 열일곱 번째 목표는 지구촌 협력을 위한 것이다. SDGs의 달성을 위한 재원마련, 선진국과 개발도상국의 기술협력, 평등한 무역, 시민사회를 포함한 다양한 파트너십과 데이터를 통한 모니터링의 중요성을 강조하고 있다.

출처 : 문도운 외(2016: 16-18)

앞에서 언급된 것과 같이 SDGs는 MDGs에 비해 더 넓은 범주의 개발목표를 포함한다. 또한 SDGs 17개 목표들을 각각 독립적으로 이행해야 하는 것이 아니라, 각 목표의 상호관계와 목표치를 달성했을 때 어떤 형태의 발전을 이룰 수 있는지에 대한 이해가 선행되어야 한다. 예를 들어 지속가능발전을 위해 빈곤퇴치는 필수불가결한 부분으로 SDGs의 첫 목표로 제시되었다. 그러나 빈곤퇴치 또는 종식은 빈곤층이 지구상에서 사라진다는 단순한 개념이 아니라, 지속가능하고 포괄적인 경제성장과 함께 모두에게 공정한 기회가 제공되고 기본소득의 보장이 뒷받침되어야 한다. 이렇듯 한 목표의 달성에 대해 다른 목표들과의 관계와 그 효과에 대한 이해가 필요하다. 이와 관련하여 UN은 하나의 정형된 틀을 제시하기보다는 다양한 시도와 해석을 바탕으로 다각적인 노력이 수반될 수 있도록 장려하고 있다. 그 한 과정으로, SDGs 목표 간 구성을 경제, 사회, 환경, 평화라는 큰 틀 안에서 해석해 볼 수 있다. 이는 지속가능한 경제발전을 이루기 위해서는 특히 목표 8, 9, 12가 중요하며, 지속가능한 환경발전을 위해서는 목표 7, 14, 15가 반드시 달성되어야 하고, 지속가능한 사회발전을 이루기 위해서는 목표 3, 5, 10, 16이 그 중심에 있어야 한다고 보는 관점에서 비롯된다(Shawki, 2016). 다음 <그림 3-5>는 SDGs 17개 목표 간 상호 연관성을 보여 주는 한 예이다.

<그림 3-5> SDGs 목표 간 상호 연관성

출처 : UN SDGs 공식 웹사이트

이와 비교해 SDGs를 통해 인류 발전에 진정한 변화를 가져오기 위해서는 발전의 양상을 <표 3-2>에서 보여 주는 총 6개 이행 분야로 구분하여 접근할 필요가 있다고 해석하는 경우도 있다(Sachs et, al., 2019). 이 경우 <표

3-2>와 같이 각 이행 분야의 해당 주제를 보고 단순히 그와 관련된 SDGs 목표만이 각 이행 분야에 해당한다고 생각할 수 있는데, 실제 그 내용을 상세히 살펴보면 그보다 더 많은 SDGs 목표가 연계되어 있다는 것을 알 수 있다. 예를 들어 <표 3-2> 6대 이행 분야 1을 살펴보면, 이 이행 분야는 비단 교육(목표 4), 젠더(목표 5), 불평등(목표 10)에만 해당되는 것이 아니라 그 외 다수의 목표가 연계되어 있다는 것을 알 수 있다. 즉 교육, 젠더, 불평등의 문제를 해소하기 위해서는 이 세 분야 이외에 다른 분야에서 이 분야들과 관련된 발전이 이루어져야 비로소 이 세 분야에서 필요한 발전을 달성할 수 있다는 것이다. 이러한 내용을 포함한 SDGs의 의의에 대해 다음에서 좀 더 자세히 살펴보고자 한다.

<표 3-2> SDGs 목표 간 연계의 예시

6대 이행 분야	1	2	3	4	5	6	7	8	9	10	11	12	13	14	15	16	17
1. 교육, 젠더, 불평등	■		■	■	■	■	■	■	■	■		■	■	■	■	■	■
2. 건강, 웰빙, 인구 변동	■	■	■	■	■	■	■	■	■	■	■	■	■	■	■	■	■
3. 에너지 탈탄소화와 지속가능한 산업	■	■	■	■	■	■	■	■	■	■	■	■	■	■	■	■	■
4. 지속가능한 식량, 토지, 물, 해양	■	■	■	■		■	■	■		■	■	■	■	■		■	■
5. 지속가능한 도시와 커뮤니티	■	■	■	■	■	■	■	■	■	■	■	■	■	■	■	■	■
6. 지속가능 발전을 위한 디지털 혁명	■	■	■	■		■		■	■	■	■	■	■		■	■	■

출처 : Sachs et, al.(2019)을 참고하여 저자 재구성

(2) SDGs 의의

앞에서 언급한 바와 같이 SDGs는 UN 공개 작업반에서 제시했던 17개 목표와 169개 세부 목표를 그대로 반영하여 확정되었다. 이러한 SDGs는 크게 네 가지 측면에서 중요한 의미를 가진다.

우선 SDGs는 MDGs에 비해 더 넓은 범주의 개발목표를 포함한다. MDGs에서 경제개발은 목표 1만이, 환경지속성은 목표 7만이 해당하였고, 목표 2에서 6까지는 모두 사회개발에 해당하는 목표들이었다. 그러나 SDGs는 사회개발(목표 3, 4, 5)뿐 아니라 경제개발(목표 1, 7, 8, 9, 11)과 환경지속성(목표 6, 12, 13, 14, 15), 그리고 평화와 안보(목표 16)까지도 아우르는 목표로 개발되었다. 또한 기아 문제를 빈곤 문제와 별도로 다루어 식량안보와 연계하고(목표 2), 불평등 완화 과제(목표 10)를 별도로 다루는 등 최근 국제사회가 당면한 다양한 과제를 모두 포함하고자 했다. MDGs가 마지막 목표 8에서 MDGs 이행을 위한 공여국 간 파트너십을 강조하면서 국민총소득(Gross National Income, GNI) 대비 ODA 증가를 다루었다면, SDGs는 마지막 목표 17에서 ODA뿐 아니라 다양한 개발재원의 필요성을 포함한다.

두 번째로 SDGs는 개발도상국뿐 아니라 기후변화와 청년 일자리 창출, 국가 내 빈곤층 해소, 도시화에 따른 다양한 과제 등 선진국에게 해당하는 목표도 제시하고 있다는 것이 또 하나의 의의라 할 수 있다. 이는 MDGs 달성 과제가 개발도상국에게만 부담을 주었다는 한계를 반영하여 SDGs는 선진국도 참여해야 하는 진정한 의미의 글로벌 목표로 수립된 것이다.

세 번째로 SDGs는 앞에서 살펴본 바와 같이 사회개발뿐 아니라 경제개발의 중요성을 동등하게 반영했고, 특히 최근 기후변화와 관련하여 환경 분야에 대한 목표를 확실하게 제시했다는 데에 의의가 있다.

　　네 번째로 SDGs는 목표달성을 위한 이행 과정에 다양한 이해관계자가 참여해야 한다는 데에서 그 의의를 찾아볼 수 있다. SDGs 목표가 비록 개발도상국과 선진국의 이행 과제로 구성되어 있기는 하나, 2030 지속가능개발의제는 SDGs가 시민사회와 민간기업, 자선재단 등 다양한 이해관계자가 참여해야 하는 글로벌 과제라는 점을 확실히 하고 있다(외교부, 2015). 아래의 <표 3-3>은 MDGs에서 SDGs로의 변화를 비교한 결과이다.

<표 3-3> MDGs와 SDGs 비교

구분	MDGs	SDGs
내용	인간개발 및 사회개발 중심	경제, 사회, 환경, 평화와 안보를 모두 포괄
수립 과정	공여국 중심의 글로벌 과제 개발	개발도상국, 공여국 및 시민사회 등 모든 이해관계자의 의견을 반영하여 글로벌 과제 개발
이행 대상	개발도상국의 해결 과제로 인식	UN 회원국 모두가 이행해야 할 과제로 개발
이행 주체	개발도상국	개발도상국, 공여국, 시민사회, 민간기업, 자선재단 등
모니터링	UNDP 수원국 사무소 중심의 이행 모니터링	모든 UN 회원국의 자발적 이행 경과 보고
목표 및 세부 목표	8개 목표와 21개 세부 목표	17개 목표와 169개 세부 목표
재원	ODA 재원 중심	ODA 이외의 개발 재원 모두 포함

출처 : 저자 작성

(3) SDGs 목표[1]

SDGs의 각 목표들은 목표별 이행해야 할 세부 목표로 구성된다. 세부 목표는 모든 UN 회원국에 해당하는 세부 목표와 공여국에게 요구되는 세부 목표, 개발도상국에게만 별도로 요구되는 세부 목표가 구분되어 제시된다. 또한 목표에 따라서 달성 기한이 2020년, 2025년, 2030년 등으로 달리 설정되었다. 각 목표별 세부 목표에 대해 다음과 같이 주요 내용을 중심으로 상세히 살펴보고자 한다.[2]

■목표 1 : 모든 곳에서 모든 형태의 빈곤 종식

지속가능발전목표의 전신인 MDGs의 이행으로 1990년대 약 35%를 차지했던 절대빈곤 인구수가 2015년까지 약 10% 정도로 감소되었다. 따라서 국제사회는 SDGs 수립 당시 2030년까지 전 세계 절대빈곤이 모두 종식될 수 있다고 보았다. 이에 따라 국제사회는 SDGs의 제1 목표로 절대빈곤의 종식을 제시했다. 절대빈곤이란 1일 평균 국제빈곤선보다 낮은 소득수준으로 생활하는 인구를 의미하며, 국제빈곤선이란 소비 또는 소득수준에 의거하여 이러한 절대빈곤을 측정하는 기준이 되고 있다. 개인의 생활에 필요한 기본 니즈(needs)를 충족하는 데 반드시 필요한 최저선 이하 수준의 소득 또는 소비를 하고 있는 개인을 절대빈곤층으로 분류하는데,

---

1 본 절에서 제시된 각 목표별 설명은 UN SDGs 공식 문서(UN, 2015b)와 각 세부 목표에 대한 상세 설명을 제공하고 있는 SDGs 지표 핸드북(UNSD, 2022)을 바탕으로 작성되었다.

2 SDGs 세부 목표에 대해서는 국제개발협력시민사회포럼(Korea Civil Society Forum on International Development Cooperation, KOFID)과 한국국제협력단(KOICA)에서 공동 발간한 『알기 쉬운 지속가능발전목표』(2016)에서 확인할 수 있다.

앞에서 언급했던 것과 같이 MDGs 수립 시에는 그 기준이 1일 소득 1달러였으나, 국제 경제성장 및 물가상승률을 반영하여 이 기준은 2011년부터 1일 소득 기준 1.25달러로 증가되었다. 이 기준은 2015년 10월을 기준으로 상향 조정되어, 현재 절대빈곤 종식은 모든 인구가 1일 소득 1.9달러 이상[3]으로 생활하게 되는 것을 의미한다.

국제사회는 이 목표의 달성을 위해 2030년까지 국가별로 정의하는 빈곤층에 해당하는 전 세계 여성, 남성, 아동 비율을 절반으로 감소시키는 것이 필요하다고 보고 있다. 국제사회는 빈곤 종식을 위해 사회보장제도의 이행을 강조하는데, SDGs에서 의미하는 사회보장제도란 빈곤 감소와 방지를 위해 개발된 국가정책 및 프로그램을 의미한다. 이는 아동 및 가족 수당, 산모 보호, 실업 지원, 산업재해 수당과 같은 국가 제도를 의미한다. 따라서 목표 1을 달성하기 위한 세부 목표 중 하나로 UN 회원국은 2030년까지 국가별로 적절한 사회적 보호 체계를, 특히 빈곤 및 취약층에게 충분한 도움을 줄 수 있는 수준으로 이행해야 한다.

또한 국제사회는 모든 국가에서 2030년까지 빈곤 및 취약층을 포함한 모든 인구의 경제 자원 및 기본 서비스, 천연자원, 신기술, 재정 서비스 등을 이용할 수 있는 동등한 권리를 보장하는 것이 빈곤 종식에 기여할 수 있다고 보고 있다. 더불어 기후변화에 취약한 빈곤층의 회복력 구축과 관련된 세부 목표를 제시함으로써 이를 통해 절대빈곤 종식에 기여하고자 한다. 이와 관련해 인구 10만 명당 자연재해로 인한 사망자 수의 감소, 국내총생산(Gross Domestic Product, GDP) 기준 자연재해로 인한 경제적 손실

---

3 SDG 1의 세부 목표 1.1에서는 빈곤 기준을 1.25달러로 설정했으나, 해당 목표의 지표는 변경된 절대빈곤 기준을 준용, 1.9달러로 설정하여 세부 목표 달성 정도를 측정하고 있다.

감소, 자연재해 위험 감소를 위한 센다이 프레임워크(Sendai Framework)에 준하는 국가 자연재해 위험 감소 전략을 수립하고 이행한 국가 수의 증가 여부가 SDG 목표 1을 달성하기 위해 요구되는 사항들이다. 그 외에도 개발협력을 통한 재원 동원이 필요하며, 이를 통해 특히 최빈개발도상국을 포함한 개발도상국에서의 빈곤퇴치를 위한 사업들을 이행하도록 독려한다. 또한 국가, 지역, 국제적 차원에서의 정책 체제에 빈곤 감소적이며 성인지적인 개발전략을 포함할 것을 강조한다.

■ 목표 2 : 기아 종식, 식량 안보 달성, 영양상태 개선, 지속가능한 농업 강화

MDGs의 이행과 함께 기아에 시달리는 인구가 감소하면서 국제사회는 목표 1과 같이 2030년까지 기아 종식 목표를 달성할 수 있다고 보았다. 우선 국제사회는 2030년까지 기아를 종식하기 위해 충분한 식량 소비가 어려운 인구 비율의 감소 정도를 측정한다. 특히 빈곤 및 취약층과 영아에 대한 영양가 있는 식단의 중요성을 강조한다. 국제사회는 2030년까지 모든 종류의 영양실조를 종식하고, 5세 이하 영유아의 성장에 대한 국제 목표는 2025년까지 달성하도록 하여 기아 종식 및 식량안보 확보가 가능하도록 권고한다. 또한 세부 목표 중 농업 생산성 향상을 제시하고, 지속가능한 식량 생산 제도 구축을 제시하여 식량안보를 확보할 수 있도록 장려한다. 더불어 동식물의 유전자 자원을 증가시켜 식량의 중장기적 보존을 도모하며 멸종위기에 있는 지역 품종을 보호하는 등의 노력을 통해 식량안보에 기여할 수 있도록 했다. 이 목표를 이행함에 있어 국제사회는 협력을 통해 확대된 투자 예산으로 개발도상국, 특히 최빈개발도상국 내 지방 인프라, 농업 연구, 기술개발 등과 같은 부분에서의 발전을 도모하며, 국제시장에서 일부 국가에 불리한 무역 제재를 방지하고, 식료품 시장의 원활한

기능을 담보할 수 있도록 해야 한다. 특히 종자의 유전적 다양성을 유지하도록 세부 목표를 제시하고 2020년까지 달성하도록 했다.

■ **목표 3 : 모든 연령층의 건강한 삶 보장 및 웰빙 증진**

　　본 목표의 이행 과정은 산모 사망률을 10만 명당 70명 미만으로 감소, 5세 이하 사망률 1,000명당 25명 이하로 감소, 에이즈와 결핵, 말라리아와 같은 전염병의 종식, 심혈관계 질병, 암, 당뇨, 만성호흡기병 등으로 인한 조기 사망률 3분의 1 수준으로 감소, 자살률 감소, 음주 감소를 포함한 약물 오남용 방지 강화, 안전한 피임을 포함한 성 건강 및 모자건강 증진, 전 세계 모든 인구의 필수 약품 및 백신에 대한 접근성 향상, 재정적으로 부담 없는 의료보험제도 제공, 유해화학물질 및 공기오염 등으로 인한 질병과 사망률 감소와 같은 세부 목표의 이행을 통해 전 세계 인구의 건강한 삶이 보장되고 복리가 증진될 수 있도록 하는 등의 내용을 포함한다. 특히 교통 사고율은 2020년까지 2016년 상황의 절반 수준으로 감소하도록 했다.

■ **목표 4 : 모두를 위한 포용적이고 공평한 양질의 교육 보장과 평생 학습 기회 증진**

　　국제사회는 이 목표를 달성하는 데 있어 우선 모든 아동을 위한 양질의 무상 초중등교육을 보장하기 위해 모든 초중등 졸업 대상 학생들의 읽기와 수학 능력에 있어 최저 수준 이상이 성과를 달성할 수 있도록 권고하고 있다. 또한 모든 아동이 초등교육에 대비할 수 있게 취학 전 양질의 학습 기회가 제공되도록 한다. 기술 및 직업교육 또는 대학교육의 경우, 모든 인구에게 재정적으로 부담이 되지 않는 수준의 양질의 고등교육에 대한 공평한 접근이 보장되어야 한다. 또한 정규교육뿐 아니라 평생학습의 차원에서 청년층 및 성인을 위한 정보기술 분야의 교육 기회 증가와 교육에 있어 남녀 차별, 취약자, 장애인, 토착민 및 취약한 상황에 처한 아동 등에 대한 차별의 철폐를 세부 목표 중 하나로 제시하고 있다. 그 외에도 국제사회는 UN 회원국이 모든 청년층과 상당수의 성인 인구가 남녀를 불문하고 숫자를 세고 읽고 쓸 수 있도록 하는 노력을 기울일 것을 권고하고 있다. 목표 4에 해당하는 세부 목표 중 대부분은 2030년까지 달성해야 하는 반면, 2020년까지 달성해야 하는 세부 목표가 있으며, 이를 위해 원조 공여국들은 개발도상국, 특히 군소도서개발도상국 및 최빈개발도상국, 아프리카 국가들에서의 고등교육 확대를 위한 장학금을 제공해야 한다.

■목표 5 : 성평등 달성 그리고 모든 여성과 여아의 권한 강화

목표 5의 달성을 위해 국제사회는 여성과 소녀에 대한 모든 종류의 차별을 모든 곳에서 종식하고, 성적 착취 등을 포함한 모든 종류의 여성 및 소녀에 대한 폭력을 제거할 것을 권고하고 있다. 국제사회는 성차별적 요소를 제거하기 위한 법적 제도와 평등에 대한 지속적인 모니터링 시행 여부 등을 세부 목표의 이행 기준으로 제시한다. 15세 이상의 소녀 및 여성의 배우자에 의한 폭력 감소 역시 이러한 기준의 하나로 포함된다. SDGs는 목표 5번의 세부 목표 중 아동과의 결혼, 조혼 및 강제 결혼과 여성 할례를 금지할 것을 별도로 명확하게 강조한다. 이를 위해 20~24세 여성 중 15세 이전에 결혼했거나 조혼을 한 비율과 15~49세 여성 중 여성 할례를 진행한 비율을 확인하도록 한다. 남녀 간 가사 분담 역시 여성 권익신장 및 양성평등을 위한 하나의 세부 목표로 제시되었으며, 성 건강 및 모자 보건권이 다시 한번 강조되었다. 본 목표 내 성 건강 및 모자 보건권 확보를 위한 기준은 15~49세 소녀 및 여성의 성관계에 대한 올바른 정보를 바탕으로 한 선택권과 피임권 등이 포함된다. 또한 여성의 사회 진출과 관련하여 관리급에서의 여성 비율 증가 등을 양성평등 및 여성 권익신장을 위해 달성해야 할 세부 목표로 보고 있다.

■목표 6 : 모두를 위한 물과 위생의 이용가능성과 지속 가능한 관리 보장

이 목표의 이행을 위해서 국제사회는 전 세계 모두가 안전한 식수 및 위생에 대한 공평한 이용이 가능하게 하고, 특히 소녀와 여성 및 취약층에 대한 고려를 강조한다. 또한 양질의 물 사용 증가를 위해 수질오염을 감소시키고 수자원 관리를 강화하며 물과 관련된 생태계 보호와 같은 세부 목표를 제시한다. 특히, UN 회원국은 산, 숲, 습지, 강, 암반수, 호수와 같은 물과 관련된 생태계의 복원 및 보호를 2020년까지 완료해야 한다.

■목표 7 : 모든 사람에게 적정한 가격의 신뢰할 수 있고, 지속 가능한 현대적인 에너지의 접근 보장

목표 7의 달성을 위한 세부 목표 관리는 다른 목표들에 비해 비교적 간단명료하다. 주요 내용은 신재생 에너지 이용, 재생 가능한 에너지 제공, 에너지 효율의 향상이며, 국제 협력을 통해 청정에너지 연구 및 기술개발을 촉진하고, 2030년까지 최빈개발도상국을 포함한 개발도상국에 신재생 에너지 및 지속가능한 에너지 서비스를 제공할 수 있도록 해야 한다.

■목표 8 : 모두를 위한 지속적이고 포용적이며 지속 가능한 경제성장 및 완전하고 생산적인 고용과 양질의 일자리 증진

경제성장 및 양질의 일자리 증진을 위해 UN 회원국, 특히 최빈개발도상국은 GDP 7%의 국가 성장률을 지속해야 하고, 더 높은 수준의 경제

생산성을 달성해야 한다. 이를 위해 공여국들은 관련된 원조 지원을 제공하게 된다. 또한 양질의 일자리 생성과 같은 생산적인 활동을 지원하는 국가정책을 촉진하고 각 국가들은 소비-생산의 자원 효율성을 향상하기 위해 노력해야 한다. 또한 국가들은 젊은 세대와 장애인을 포함한 모든 성인이 동등한 가치의 임금을 받고 생산적 고용이 이루어질 수 있도록 정책을 마련해야 한다. 이러한 과정에서 2020년까지 UN 회원국은 취업에 어려움을 겪거나 취업이 어려워 교육제도 내에 머무르고 있는 청년층의 비율을 감소시켜야 하며, 청년 고용을 위한 국제적 전략을 개발 및 시행하고 국제노동기구가 주도하는 글로벌 일자리 협정의 이행을 완료해야 한다. 그 외에도 국가들은 강제노동, 현대노예제도, 인신매매의 중단을 위한 즉각적이고 효과적인 제도를 도입해야 한다. 특히 모든 종류의 아동노동은 2025년까지 금지해야 한다. 나아가 노동권과 안전한 일자리 제공이 가능한 환경을 촉진하며, 이주노동자 중 특히 여성 이주노동자를 위한 노동권이 보호되어야 한다. 그 외에도 2030년까지 국가들은 국가제도 역량을 강화하는 등의 노력을 통해 목표 8을 달성하여야 한다.

■목표 9 : 회복력 있는 사회기반시설 구축, 포용적이고 지속 가능한
　　　산업화 촉진 및 혁신 장려

목표 9의 이행을 위해 요구되는 내용은 양질의 지속가능하고 회복력 있는 인프라 개발, 포용적이고 지속가능한 산업화, 특히 개발도상국 내 소규모 기업의 투자 서비스 이용 가능성 확대, 친환경 기술 적용 확대, 산업부문의 기술적 역량 확대 및 연구 확산 등을 포함한다. 또한 군소도서개발도상국 및 최빈개발도상국, 그리고 아프리카 지역을 포함한 개발도상국가들에 대한 공여국의 기술지원을 통해 이들 국가가 지속가능하고 회복력

있는 인프라 개발을 촉진하고 기술발전, 연구 및 혁신이 가능하도록 해야한다. 무엇보다도 최빈개발도상국에서는 2020년까지 모든 인구가 인터넷을 사용하고 정보통신기술에 접근할 수 있도록 독려하고 있다.

■ **목표 10 : 국내 및 국가 간 불평등 감소**

국제사회는 국가별 하위 40% 인구의 임금 수준을 국가 평균 이상으로 증가 및 유지, 연령과 성별, 장애 여부, 인종, 민족, 출신, 종교, 경제 또는 그 외 다른 사회적 지위 등과 관계없이 모든 인구의 사회, 경제, 정치적 통합 추진, 차별적 제도 및 정책을 폐지하여 모든 인구에게 공평한 기회를 제공하고 평등권을 촉진시킬 수 있는 정책 추진과 같은 세부 목표들의 이행을 통해 국가 내 및 국가 간 불평등을 완화하고자 한다. 목표 10의 이행을 위해 이민자들을 위한 소액 송금액 수수료의 수준을 3% 미만으로 감소, 5% 이상의 수수료는 폐지시키는 것과 같은 매우 구체적인 세부 목표가 제시되었다.

■ **목표 11 : 포용적이고 안전하며 회복력 있고 지속 가능한 도시와 거주지 조성**

본 목표는 2030년까지 안전하고 국민소득수준에 적합한 주거지 제공, 모두를 위한 안전하고 저렴하며 이용 가능하고 지속가능한 교통 시스템 제공, 포용적이고 지속가능한 도시화와 세계 문화유산과 자연유산에 대한 보호 강화와 같은 이행 내용을 포함한다. 이 중 2020년까지 완료해야 하는 세부 목표로 재해 위험 경감을 위한 센다이 프레임워크에 해당하는 정책 및 계획을 통합적으로 적용한 도시와 거주지의 괄목할 만한 증가를 제시하고 있다.

■목표 12 : 지속 가능한 소비와 생산 양식의 보장

국제사회는 목표 12가 지속가능한 소비 생산양식 보장을 위한 목표인 만큼 모든 정부가 '지속가능한 소비 생산양식에 대한 10년 프레임워크 프로그램'을 이행할 것을 촉구하고 있다. 이를 위해 국제사회는 자연 재원의 효율적이고 지속가능한 관리가 이루어져야 하고, 소매 및 소비자 단계에서의 식품 낭비를 감소시키며, 쓰레기 방지-감소-재활용-재사용의 행동양식을 통한 쓰레기 생성의 현저한 감소를 도모하고자 한다. 이 과정에서 개발도상국에서의 지속가능한 소비와 생산양식을 보장하기 위해서는 기술적인 역량 강화가 이루어져야 한다. 또한 2020년까지 모든 국가에서 화학약품뿐 아니라 모든 폐기물의 전체 라이프사이클 동안 친환경적인 관리가 이루어지도록 한다.

■목표 13 : 기후변화와 그 영향에 대처하기 위한 긴급 행동

기후변화는 SDGs의 별도 목표로 강조하지 않더라도 지구촌 전체의 문제이며, SDGs의 근간을 이루는 이슈이나 국제사회는 그럼에도 불구하고 기후변화의 중요성을 강조하기 위해 13번 목표로 이를 제시했다. UN은 이를 통해 각 국가가 정책, 전략, 계획에 기후변화에 대한 조치를 포함할 것, 모든 국가에서 기후 관련 위험과 자연재해를 극복하고 적응할 수 있는 역량을 강화할 것을 강조한다. 특히 유엔기후변화협약(UN Framework Convention on Climate Change, UNFCCC)에 서명한 선진국들은 2020년까지 개발도상국의 기후변화 완화와 녹색기후기금의 원활한 업무를 위해 필요한 재원 중 1,000억 달러를 동원한다는 목표를 수행해야 한다.

■ **목표 14 : 지속가능발전을 위한 대양, 바다, 해양자원의 보전 및**
　　지속가능한 이용

　　기후변화만큼 모든 인류에게 중요한 당면과제의 하나가 지구 단면의 3분의 2를 차지하는 대양, 바다, 해양에 대한 문제이다. 따라서 UN은 SDGs 목표 14를 통해 이 부분을 강조하고 있다. 이 목표 내 대부분의 세부 목표들은 다른 목표의 세부 목표들과 다소 상이하게 대부분의 이행 완료가 2030년이 아닌 2020년으로 제시되고 있다. 다른 목표들 중에도 일부 2020년 또는 2025년까지 이행을 완료해야 하는 세부 목표들이 있었으나, 본 목표의 세부 목표는 10개 중 4개의 세부 목표를 2020년까지, 1개의 세부 목표는 2025년까지 이행해야 하며, 4개의 세부 목표는 이행 완료 시점이 별도로 제시되지 않은 상황이다. 오직 하나의 세부 목표만이 2030년까지 이행하는 것으로 제시되었다. 예를 들어 해양 및 해안 생태계 보호 및 지속가능한 관리의 지속과 국가 및 국제법을 통해 연안 및 해양의 최소 10%를 보존하도록 하는 방안은 2020년까지 완료하도록 하고 있다. 그 외에도 2020년까지 달성해야 할 세부 목표로는 수확을 효과적으로 단속하고 어류 남획, 불법 어업 등을 철폐시켜야 하며, 생산 과잉 또는 어류 남획으로 이어지는 수산보조금을 금지해야 하는 내용을 포함한다. 참여 회원국은 2030년까지 군소도서개발도상국과 최빈개발도상국들의 관광업 및 수산업을 포함한 해양자원 사용이 경제적 이득의 증가로 이어질 수 있도록 해야 한다. 그 외 특별한 시기적 목표는 없이 이행해야 하는 세부 목표의 예로는 해양 산성화 최소화 및 해양 산성화로 인한 영향 확인하기 등이 있다.

■목표 15 : 육상 생태계 보호, 복원 및 지속가능한 활용 증진, 지속 가능한 산림 관리, 사막화 방지, 토지 황폐화 중단 및 복구, 생물다양성 손실의 중단

해양과 비교하여 육상에서의 자연보호도 별도의 목표로 제시되었는데, 육상생태계 보호 및 산림의 지속가능성, 사막화 방지 및 생물다양성 보존을 이루기 위해 생물다양성과 생태계의 지속가능한 사용 및 보존, 산림 관리 등을 위한 높은 수준의 재정 재원 확대와 이를 위한 재정 동원과 함께, 밀렵을 위한 불법침입 및 보호종에 대한 밀거래 등에 대한 즉각적인 조치와 같은 내용을 이행하는 것이 요구된다. 이 중 특히 2020년까지 완료해야 하는 세부 목표로는 민물 생태계의 지속가능한 사용 및 보호, 보존에 대한 조치를 확보하고, 모든 종류의 삼림에 대한 지속가능한 관리법 이행, 그리고 멸종위기종 보호가 포함된다.

■목표 16 : 지속가능발전을 위한 평화롭고 포용적인 사회 증진, 모두에게 정의에 대한 접근 제공 및 모든 수준에서 효과적이고 책임 있으며 포용적인 제도의 구축

목표 16은 모든 종류의 폭력을 감소시키고, 아동에 대한 착취, 인신매매, 고문 등을 종식하며, 모두를 위한 정의가 실현될 수 있도록 국가 및 국제법을 촉진하는 등의 내용을 포함한다. UN은 국제사회가 부패를 감소시키고 투명하고 책무성이 강화된 제도를 개발하고, 글로벌 거버넌스 제도 내 개발도상국의 참여를 확대 및 강화하도록 요구하고 있다. 출생신고를 포함하여 2030년까지 모든 국민의 법적 신분등록을 완료하는 것도 본 목표를 달성하기 위한 세부 목표의 하나로 개발되었다.

■ **목표 17 : 이행수단 강화 및 지속가능발전을 위한 글로벌 파트너십 활성화**

목표 17은 특히 SDGs의 전반적인 성공적 이행을 위해 필요한 국제협력에 대한 내용으로 크게 재정, 기술, 역량 구축, 무역, 제도적 문제의 5대 영역으로 구분되어 있다. 이 중 제도적 문제는 정책과 제도의 일관성, 다자 이해관계자 파트너십, 데이터-모니터링-책무성에 대한 3대 요소로 또다시 나누어진다. 재정 부문은 개발도상국에서의 세금 동원 역량 강화, 개발도상국에 대한 선진 공여국의 ODA 제공 확대(GNI 대비 ODA 비율 0.7% 달성), 개발도상국의 부채 지속가능성 지원과 같은 내용을 다룬다. 기술 부문은 전통적 형태의 국제협력뿐 아니라 남남 및 삼각협력의 강화, 개발도상국을 위한 친환경적 기술의 개발, 전수, 전파, 보급과 같은 내용을 담고 있다. 모든 개발도상국이 SDGs를 이행할 수 있는 역량 구축을 위해 각 개발도상국이 국가발전계획을 이행하는 데 효과적이고 목표 지향적인 국제사회의 지원이 이루어져야 한다는 점이 강조되고 있다. 무역에 대해서는 2020년까지 개발도상국, 특히 최빈개발도상국의 입장을 반영한 수출 증가와 이들 국가들에 대해 무관세 적용이 이루어지도록 한다. 제도적 문제 중 정책과 제도의 일관성을 위해 국제사회는 지속가능한 발전을 위한 정책 일관성 강화와 같은 세부 목표를, 다자 이해관계자 파트너십에 대해서는 지속가능한 발전을 위한 글로벌 파트너십 강화와 같은 세부 목표를, 데이터-모니터링-책무성에 대한 부분은 2020년까지 개발도상국의 데이터 수집 역량 강화에 대한 공여국의 대(對)개발도상국 지원과 2030년까지 이들 국가에서의 통계 역량 강화를 지원할 것을 세부 목표로 제시하고 있다.

4. 지속가능발전목표(SDGs) 이행 성과

(1) 성과 측정 방법

1) SDGs 성과 측정의 형태

SDGs 성과 측정은 크게 ① UN에서 해마다 발간하는 SDGs 보고서 (The Sustainable Development Goals Report, SDGR), ② 각 국제기구별로 발간하는 SDGs 관련 보고서, ③ 각 국가별로 자발적으로 제출하는 자발적 국가 보고서(Voluntary National Review, VNR), 그리고 ④ 그 외 시민사회단체(Civil Society Organization, CSO) 또는 비정부기구(Non-Governmental Organization, NGO), 그리고 개별 연구자들의 연구보고서 또는 정책보고서의 네 가지 형태를 통해 확인할 수 있다. 이 중 ① SDGR과 ③ VNR은 17개 목표별 이행 성과를 모두 다루는 반면, ② 국제기구별 보고서와 ④ 그 외 개별 보고서는 대부분 목표별, 분야별, 지역별로 구분하는 등 SDGs 이행에 대한 성과를 좀 더 자세히 분석한 결과를 제공한다.

우선 SDGR은 지속가능발전을 위한 유엔고위급 정치 포럼(UN High Level Political Forum)의 주도로 국제적 차원에서 SDGs의 이행을 점검하는 수단이라고 할 수 있다. 유엔고위급 정치 포럼은 2012년에 수립되어 2013년부터 기존의 지속가능위원회(Commission on Sustainable Development)를 대체하여 연간 회의로 지속되고 있다. 이 포럼은 SDGs 이행 검토를 위한 핵심 역할을 담당한다. 이를 바탕으로 SDGR에서는 UN의 SDGs 연간 목표별 이행 성과점검 결과를 찾아볼 수 있다. UN은 각 목표에 해당하는 세부 목표별로 1개 이상의 측정 지표를 부여하고, 이에 해당하는 데이터를 수집 및 분석하여 해당 SDGs 목표의 이행 성과를 판단하게 된다. 이 데이터들은 ① 국가가 정기적으로 국제기구에 제출하는 데이터 중 관련 세부 목표에 대한 정보(정보군 I), ② 국가들이 비정기적으로 국제기구에 제출하는 데이터 중 관련 세부 목표에 대한 정보(정보군 II), ③ 기존 정보 수집 체계가 없어 UN에서 별도로 수집해야 하는 정보(정보군 III)로 구분한다. 이들 중 정보군 I과 II는 세계은행, IMF, OECD 등과 UNDP, 세계보건기구(World Health Organization, WHO), 유엔교육과학문화기구(UN Educational, Scientific and Cultural Organization, UNESCO), 식량농업기구(Food and Agriculture Organization of the UN, FAO), 세계식량계획(World Food Programme, WFP) 등 다양한 UN 산하 또는 UN 전문 국제기구가 공개하는 기존 데이터를 활용하게 된다. SDGR의 작성을 위해 동원된 이러한 데이터는 UN 통계국에서 총괄 관리한다(UNSD, 2022). 2022년 4월을 기준으로 국제사회는 아직까지 전체 세부 목표 중 SDG 목표 11의 마지막 세부 목표에 해당하는 개발도상국의 도시화와 주민들의 거주 문제와 관련된 재정 및 기술지원에 대한 성과 측정 지표는 제시하지 못하고 있다.

둘째, 국제기구별 보고서의 한 예로 아시아·태평양 지역의 경우를 살펴보면, 유엔아시아태평양경제사회위원회(UN Economic and Social Commission for Asia and the Pacific, UNESCAP)는 국제노동기구(International Labour Organization, ILO), UNICEF, UNESCO, UNDP 등의 협력을 바탕으로 아시아·태평양 지역의 전반적인 SDGs 성과 보고서를 해마다 발간해 오고 있으며(UNESCAP, 2021), UNDP는 호주 및 뉴질랜드 정부와 함께 태평양 지역 국가들의 SDGs 달성 과정에서 필요한 재정 및 이행을 위한 당면과제를 집중적으로 분석한 보고서를 국제사회와 공유한 바 있다(UNDP, 2017). 중남미 지역의 예를 살펴보면, 위와 같은 국제기구의 지역별 보고서 외에도 유엔라틴아메리카카리브경제위원회(UN Economic Commission for Latin America and the Caribbean, UNECLAC)를 중심으로 중남미 지역만의 SDGs 지식 관리 플랫폼을 구성하여 다양한 분석 보고서 외에도 별도 상세 통계자료를 함께 제시하고 있다.[4]

셋째, VNR은 SDG 지표 전문가 그룹(Inter-agency and Expert Group on SDG Indicators, IAEG-SDGs)에 의해 개발된 '글로벌 지표 프레임워크'를 바탕으로 UN 회원국이 자국의 국가발전계획과 SDGs를 연계하여 17개 목표별 이행 성과 및 도전과제 등에 대한 내용을 작성, 유엔고위급 정치 포럼에 제출하는 자발적 보고서이다. SDGs의 이행이 시작된 2016년부터 2022년까지 UN 회원국이 제출한 VNR을 살펴보면, 콜롬비아가 총 3차례로 가장 많은 VNR을 제출했고(2016년, 2018년, 2021년), 한국의 경우 2016년 한 차례, 북한의 경우 2021년 한 차례 제출했다. VNR을 한 번도 제출하지 않은 국가

---

4 ECLAC. "2030 Agenda in Latin America and the Caribbean".
　출처: https://agenda2030lac.org/(2022.4.23.검색)

들도 있는데, 이들 국가에는 미국도 포함된다. 개발도상국, 특히 최빈개발
도상국과 군소도서개발도상국 같은 국가들의 VNR을 통해 공통적으로 알
수 있는 현상은 이들 국가의 SDGs 이행 점검을 위한 데이터 수집 및 통계
분석을 위한 국가 역량과 이를 위한 재정이 현안 과제로 지속적으로 언급
되고 있다는 점이다.

마지막으로 그 외 SDGs 이행 성과 측정에 대한 자료들을 들 수 있는
데, 그중 두드러지는 것은 연간 발간되는 '지속가능발전보고서'이다. 2012
년 UN 사무총장에 의해 발족된 독립된 협회인 '지속가능발전 솔루션네트
워크(Sustainable Development Solution Network, SDSN)'는 독일의 가장 큰 재단
중 한 곳인 베텔스만 재단(Bertelsmann Stiftung)과 함께 제프리 삭스(Jeffrey
Sachs)와 같은 전문가들을 구성하여 SDGs 이행 성과를 목표별뿐 아니라
지역별, 국가 소득별 등으로 분석하여 연간 SDGs 인덱스 보고서 형태로
출판하고 있다.

2) SDGs 성과 측정을 위한 데이터 혁명

2008년 가나 아크라에서 열린 제3차 OECD 개발원조위원회(Development
Assistance Committee, DAC) 원조효과성 고위급 포럼에서 원조 투명성에 대
한 논의가 이루어진 후 국제사회는 국제원조투명성기구(International Aid
Transparency Initiative, IATI)를 설립하여 국제사회의 데이터 혁명을 촉구했
다. 이후 반기문 전 UN 사무총장은 데이터 혁명을 넘어서 책무성 혁명을
통해 SDGs의 달성이 가능하다고 언급한 바 있다. 제2차 원조효과성 고위
급 포럼의 지표, 즉 파리선언의 12개 지표 중 가장 마지막 지표는 '상호책무
성' 지표였다. MDGs 이행이 효과적으로 이루어지기 위해 시작된 원조효
과성 고위급 포럼은 SDGs 시대에는 부산파트너십을 후속하는 형태로 그

정신이 이어지고 있다. 이는 SDGs의 효과적 이행을 담보하기 위한 국제사회 별도의 노력이라고 할 수 있다. 이 과정에서 상호 책무성은 지속적으로 강조되고 있으며, 그 시작으로 투명한 데이터 수집과 정확한 통계를 통해 SDGs의 이행 성과 및 달성 여부를 측정하는 것이 포함된다고 할 수 있다.

원조효과성 및 이후 개발효과성 논의에서 의미하는 상호책무성을 간단히 이해하자면, ODA를 제공하는 공여국은 ODA 재원의 출처인 국민 세금을 사용하는 데 대한 책무가 있으며, 수원국 정부에 대해서도 재원을 효율적으로 제공하여 개발도상국 발전에 효과적으로 활용될 수 있도록 하는 책무가 있다. 수원국 정부의 입장에서는 재원을 받아 사용하는 데 있어서 공여국 정부에 대한 책무가 있으며, 재원의 최종 혜택을 받게 되는 수원국 국민에 대해 재원을 올바르게 사용할 책무가 생긴다. 이와 같이 공여국과 수원국은 상호 간의 책무를 가지고 있다. 이러한 책무성은 주로 국가 간 정책 협의와 원조사업 시작 전 사전조사 등을 통한 상호에 대한 책임이 생기면서 시작된다. 원조사업의 경우, 사업의 진행과 완료 상황에서 관련된 정확한 정보가 투명하게 공유되고, 중간 점검과 성과 평가 및 이해관계자 상호 간 검토 과정이 이루어지면서 책무성이 강화될 수 있다. 정부 재원의 사용에 대해 시민사회 등이 감시의 기능을 하는 것도 책무성을 강화하는 하나의 예가 될 수 있다.

원조 집행 과정에서 책무성이 가장 잘 갖추어졌다고 할 수 있는 상태는, 원조사업이 제대로 이행되지 않았을 경우 공여국이 수원국 정부에게 제공했던 재원을 회수하거나 향후 일정 기간 재원을 제공하지 않는 등의 일종의 처벌 행위를 할 수 있는 경우이다. 그러나 공여국과 수원국 모두 독립적인 주권국가로서 한 국가가 다른 국가를 상대로 처벌을 하는 것은 쉬운 일이 아니기 때문에, 국가 간 관계를 기초로 하는 ODA 사업의 경우 완전한 책무성의 이행은 실제 상황에서는 거의 불가능하다고 할 수 있다. 따라서 실현 가능한 책무성 강화는 정확한 정보를 투명하게 확보하는 과정에서 찾아볼 수 있다. 이렇게 확보된 정보를 바탕으로 검토 및 평가가 가능하고, 그 결과가 환원되어 향후 문제점 개선 및 모범 사례 활용이 가능하게 된다. 이러한 과정에서 궁극적으로 우리는 책무성을 제고하여 원조사업의 효과를 확대할 수 있다(Kim and Lim, 2017). 이러한 이유로 아크라 고위급 포럼에서 원조 집행 과정의 투명성이 화두로 떠오르게 된 것이다.

투명한 SDGs 달성을 위해서는 정확한 정보의 확보가 필요하다. 그러나 앞에서 언급된 바와 같이, 많은 개발도상국에서는 국가 통계 기능조차 갖추어 있지 않은 경우가 많아 개발도상국으로 유입되는 원조 정보뿐 아니라 SDGs 달성을 위해 투입된 정보에 대한 투명성을 확보하는 것은 결코 쉬운 일이 아니다. 이러한 이유로 SDGs 개발을 위해 구성되었던 UN 작업반은 데이터와 통계에 대한 과제 분석을 별도로 이행했고, UN 고위급 패널은 결과 문서에서 데이터 혁명을 강조하기도 했다.

2008년 이전까지의 국제사회에서 공식적으로 집계하던 ODA 정보는 OECD DAC의 통계 시스템이 유일하다고 할 수 있다. OECD DAC의 ODA 통계는 과거 원조 집행에 대한 정량적(quantitative) 정보를 기록하고 있으며, 간단한 미래 예산에 대해서 공개하도록 하고 있다. 2022년 현재, 1,000개 이상의 기관이 IATI로 원조 정보를 제공하고 있다. 그러나 수원국 입장에서는 공여국이 향후 어떠한 종류의 원조사업을 지원해 줄 수 있으며, 예산은 어느 정도인지 등 자세한 미래 정보와 함께, 과거 정보에 대해서도 단순한 재원 흐름을 보여 주는 정량적 정보뿐 아니라 어떠한 사업을 누가 어디서 어떻게 했는지에 대한 정성적(qualitative) 정보도 필요하다는 요구가 있었다. 이는 비단 수원국뿐 아니라 공여국 입장에서도 타 기관이 어떠한 원조사업을 이행하고, 향후 어떠한 사업을 어디서 어느 규모로 계획하고 있는지를 파악하여 중복되는 사업을 진행하지 않도록 활용하는 등의 이유로 필요한 정보라 할 수 있다.

따라서 IATI는 이러한 사항을 반영하여 OECD DAC의 ODA 통계를 포함하고, 동시에 과거, 현재, 미래 정보에 대한 정량적 원조 정보와 정성적 원조 정보를 모두 공개할 수 있는 시스템을 개발했다. 이에 따라 공여국과 수원국, 국제기구, NGO 등 개발원조에 관여하는 국가 및 기관이 IATI의 회원으로 가입하여 정보를 공개하고 있다. 대한민국의 경우 2015년 UN 총회의 개발정상회의 기조연설을 통해 IATI 가입 계획을 발표했고, 이에 따라 한국은 2016년부터 IATI 회원국으로 가입하여 OECD DAC의 ODA 통계보다 더 많은 종류의 원조 정보를 공개하고 있다.

한편 ODA의 현대화 논의와 함께 부상하게 된 개발금융기관(Development Finance Institutions, DFI)의 원조 정보 제공 여부가 원조 투명성 제고와 관련된 관심사로 등장했다. 민간 재원을 동원하는 역할을 하는 DFI는 투자자인 민간기업의 투자 정보를 가지고 있으며, 이는 대부분의 유럽 국가에서는 법적으로 공개가 불가능한 정보의 종류에 포함된다. 나아가 DFI 외에도 유럽투자은행(European Investment Bank, EIB)과 같은 국제금융기구(International Financial Institutions, IFI)의 민간기업 관련 정보는 해당 기업의 동의를 구하지 않고 기관 차원에서 임의로 정보를 공개할 수 없는 것이 현실이다. DFI에 대한 내용은 본 장의 마지막 부분에서 찾아볼 수 있다.

SDGs 데이터 혁명, 그리고 나아가 강조되고 있는 책무성 혁명이라는 패러다임을 통해 국제사회는 특히 개발도상국에서의 통계 역량에 대한 지원을 강조하고 있다. 민간기업의 빅데이터 툴을 이용하여 SDGs 이행에 대한 통계 측정 방법을 개발하고 적용하는 등 다양한 노력이 지역 및 국가 차원에서 이루어지고 있다. 그럼에도 불구하고 2022년 현재까지 SDGs VNR을 통해 각 국가의 정확한 SDGs 성과 측정을 위해 실시되는 IATI를 포함한 데이터-모니터링에 대한 역량 부족이 지속적으로 제기되고 있는 것이 현실이다.

(2) 성과 분석

SDGs의 이행 성과는 코로나19 이전인 2016년~2019년까지의 성과와 코로나19 발생 이후인 2020년~현재까지의 성과를 구분하여 이해할 필요가 있다. 이는 2019년 말부터 시작된 코로나19로 인해 대부분 공여국의 원조 중점 분야가 SDGs 중심에서 코로나19와 관련된 보건체제와 코로나19로 인해 취약해진 경제체제로 전환되었기 때문이다. 또한 모든 UN 회원국의 그동안의 SDGs 이행 성과가 코로나19로 인해 오히려 2015년 이전의 상황으로 돌아가는 경우도 발생했다. 본 절에서 다루는 SDGs의 이행 성과는 각 연도별 변화에 대한 지속적이고 균등한 비교분석을 위해 SDGR(UN, 2018, 2019, 2020b, 2021)과 SDG 인덱스 보고서(Sachs et, al., 2018, 2019, 2020, 2021)를 중심으로 작성되었다. SDGs 이행 성과를 위한 데이터 보고와 분석, 그리고 보고서 발간 사이의 시간 차이로 인해 2019년 보고서에 포함된 데이터는 코로나19의 영향을 받기 전과 코로나19의 영향을 받기 시작한 데이터를 포함하고 있으며, 2020년 보고서부터는 코로나19의 영향을 받은 SDGs 이행 성과 평가를 포함한다.

1) 2016년~2019년간 SDGs 이행 성과

코로나19의 영향을 받기 이전, 즉 2019년 중반까지의 SDGs 이행 성과를 살펴보면, 일부 목표의 이행은 좋은 성과를 보이는 반면에 기후변화, 불평등, 데이터 및 통계 역량에 대한 목표의 이행 수준은 심각한 상황이라고 평가되고 있었다. 다음의 목표별 이행 성과에서 나타나는 것과 같이 2016년에서 2019년 중반까지의 SDGs 이행 성과는 다소 실망적인 결과를 보여 주었다고 할 수 있다. 이미 2018년까지의 이행 성과를 기준으로 그 양상을 예측해 본 결과 그 어느 국가도 2030년까지 SDGs 17개 목표를 모두 달성할 수는 없다는 결론이었다. 이는 SDGs 이행 성과가 반드시 부정적이라는 의미보다는, 일부 긍정적인 발전의 모습을 보였다 하더라도 그 속도 면에서 2030년까지 목표치를 달성하는 데는 한계가 있다는 의미이다.

목표 1의 경우, 2018년까지 이행되고 있는 속도로는 2030년까지 전 세계 빈곤 종식은 어려울 것으로 평가되었다. 목표 2 역시 성과를 보인다기보다는 오히려 퇴행하는 모습을 보였는데, 예를 들어 2015년 영양결핍 인구수는 약 7억 8,400만 명이었고, 이 인구는 2017년에 오히려 8억 2,100만 명으로 증가했다. 목표 3은 다소 긍정적인 변화를 보여 줬는데, 예를 들어 2000년 980만 명이었던 5세 이하 영유아 사망 수는 2017년 540만 명으로 감소했다. 목표 4인 교육의 경우 모든 세부 목표에서 그다지 좋은 성과를 보이지 않고 있었으나, 목표 5인 양성평등의 경우 일부 세부 목표에서 성과를 보였다. 물과 위생에 대한 목표 6의 이행은 세부 목표별로 성과를 보여 주는 경우도 있었고, 다소 느린 이행이 이루어지는 세부 목표도 있었다. 이와 비교하여 목표 7인 에너지에 대한 국제사회의 노력은 비교적 긍정적인 변화를 보여 주고 있었다. 경제성장과 관련한 목표 8의 세부 목표들 중 최빈개발도상국의 GDP는 2010년에서 2017년 사이 연간 평균

4.8%의 성장률을 보여 주었으나, 이는 7%라는 SDGs 목표치에는 못 미치는 수준이었다. 목표 9의 경우도 다른 목표들과 크게 다른 모습을 보이지는 않았는데, 예를 들어 최빈개발도상국의 산업화를 위한 이행 정도는 다소 느린 것으로 나타났다.

불평등과 관련한 목표 10의 경우, 불평등이 일부 완화되는 모습을 보이기는 했으나 2030년까지 목표치 달성을 위해서는 더 많은 노력이 요구된다는 평가이다. 불평등 관련 세부 목표의 일부에서는 비교적 긍정적 성과를 보이는 경우도 있었으나, 그럼에도 불구하고 UN은 국가 간 및 국가 내 불평등의 해소를 시급한 당면과제라고 분석했다. 목표 11의 도시화와 거주 문제에 대한 부분은 다소 긍정적인 변화의 모습을 보였다. 목표 12의 이행을 통해 본 국제사회의 소비와 생산 양식은 2018년까지 큰 변화가 없는 것으로 평가되었다. 2018년까지 SDGs 이행 성과를 바탕으로 향후 가장 시급하게 해결해야 하는 과제 중 하나로 기후변화가 언급되었다. 그 이유는 목표 13에서 제시된 세부 목표 이행 성과를 측정한 결과 지속적으로 증가하는 온실가스로 인해 기후변화의 문제가 예상보다 더 빠른 속도로 악화되고 있기 때문이었다. 그 외 목표 14, 15, 16, 17 모두 실망스러운 이행 성과를 보여 주었다.

이렇듯 코로나19 이전 2016~2019년 중반까지 약 3~4년의 기간 동안 SDGs 이행 성과 모니터링 결과가 미진한 수준에 머무른 이유 중 하나는 각 국가의 고위급 정치인들의 SDGs에 대한 관심이 미미했고, 이로 인해 주요 국가정책의 의사결정 과정에 SDGs가 포함되지 않고 있었기 때문이라고 전문가들은 분석하고 있다. 나아가 비록 국가 주요 문서에서 SDGs를 이행하겠다고 언급한 경우라도, 실질적으로 국가 예산에서 SDGs와 직접적으로 연계하는 경우는 많지 않았다.

지역별로 SDGs 이행 성과를 비교해 보았을 때, 전반적인 성과에서는 지역별로 비슷한 양상을 보여 주는 반면(<그림 3-6>), 목표별로는 다소 차이가 있는 것으로 나타났다. 예를 들어 목표 1의 경우 대부분 지역에서 완만한 수준의 이행 정도를 보여 주는 가운데, 동남아시아와 오세아니아 지역, 그리고 중남미 지역에서 2019년을 기준으로 심각한 후퇴 현상을 보이는 것을 알 수 있었다(Sachs et, al., 2021).

<그림 3-6> 지역별 SDGs 이행 양상(2010~2020)

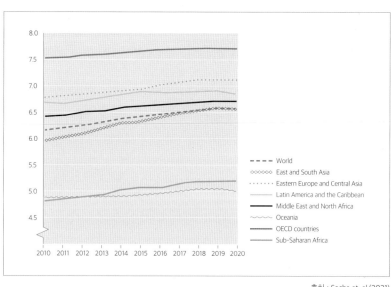

출처 : Sachs et, al.(2021)

2) 코로나19와 지속가능발전목표 이행 성과

국제사회는 2020년 평가에서 처음으로 코로나19의 SDGs에 대한 영향을 분석했다. <표 3-4>는 가장 최근 보고된 2021년을 기점으로 코로나19의 SDGs에 대한 영향을 보여 준다.

<표 3-4> 코로나19 전후 SDGs 달성 현황 및 변화(2021년 보고서 기준)

SDGs 목표	코로나19 이전	코로나19 이후
1. 빈곤종식	빈곤이 감소되는 추세이나 2030년까지 빈곤 종식은 불가능	수십 년의 기간 중 처음으로 세계 빈곤 증가
2. 기아종식	식량 불안정 현상, 코로나19 이전에도 이미 이 현상이 증가하는 추세였음	국제 식량 보급 체계에 악영향
3. 건강과 웰빙	건강과 관련한 다양한 분야에서 성과가 있었으나, 더 높은 수준의 성과 요구	보건 체계 붕괴로 지난 수십 년간의 성과 역현상 및 기대수명 감소
4. 양질의 교육	포용적이고 평등한 질적 교육 발전이 너무 느린 속도로 진행됨	지난 20년간의 교육 분야 내 성과 모두 과거 상태로 악화
5. 성평등	많은 성과가 있었으나, 여전히 완전한 양성평등은 미달성	젠더 불균형은 여전히 미해결 과제로 남아 있으며, 여성에 대한 가정폭력 증가
6. 깨끗한 물과 위생	일부 성과에도 불구하고 수십억 인구의 물과 위생 서비스에 대한 접근은 여전히 제한적	식수 및 깨끗한 물에 대한 접근은 여전히 제한적
7. 지속가능한 에너지	지속가능한 에너지를 위한 노력 증대 필요	전 세계 인구 3분의 1이 위험하고 비효율적인 요리 장치 사용
8. 양질의 일자리와 경제 성장	글로벌 경제성장의 속도 둔화	2억 5,500만 명 일자리 상실 (풀타임)
9. 혁신과 인프라 구축	제조업 성장의 쇠퇴	글로벌 제조 생산 급락
10. 불평등 완화	일부 국가 내 소득 불균형 감소	수입 불균형에 대한 성과 역현상 초래
11. 지속가능한 도시 및 거주지 조성	2018년 도시 슬럼 인구 24% 증가	빈민가 거주 상황 악화
12. 책임 있는 소비와 생산	국제사회의 지속가능하지 못한 천연자원 사용	글로벌 물질 발자국 (material footprint) 70% 증가
13. 기후행동	기후 위기 탈피를 위해 필요한 노력 회피	환경 위기 변화 없이 지속
14. 해양 생태계 보호	해양 산성화의 지속으로 인해 해양 환경 및 생태계 악화	해양 지속성 위협 심각

SDGs 목표	코로나19 이전	코로나19 이후
15. 육상 생태계 보호	생물다양성 손실 중단을 위한 2020년 목표 미달성	국제자연보호연맹에 기재된 생물 종류 중 4분의 1 이상이 멸종 위기
16. 평화, 정의 및 제도 구축	무력 분쟁으로 인해 하루 100여 명의 민간인 사망	아동 노동 착취 악화
17. 목표 달성을 위한 파트너십	ODA 규모에서 2018년과 2019년간 변동 없음	ODA 지원 규모는 증가했으나, 여전히 0.7% ODA/GNI 목표치는 미달성

출처 : 정상희·임소진(2022) 및 UN(2021: 8-24)을 참고하여 저자 재구성

    <표 3-4>와 같이 2021년 평가 결과에 따르면 ODA 규모의 증가를 제외한 모든 목표에 대한 성과는 매우 부정적인 것을 알 수 있다. 각 목표별로 좀 더 자세히 살펴보면, 국제사회는 코로나19로 인해 그동안의 성과를 뒤로하고 한 세대만에 처음으로 극빈층의 증가 현상을 겪게 되었다(목표 1). 그뿐 아니라 코로나19는 기아 인구수의 증가라는 악영향을 가져왔고(목표 2), 평균수명을 단축하고 전 세계 90% 국가에서 필수 의료 서비스의 혼란을 양상하는 등 그동안 MDGs를 거쳐 SDGs까지 이어 온 보건의료 분야의 발전을 역전시키는 결과를 초래했으며(목표 3), 지난 20년간 교육 분야에서의 성과를 무용지물로 만들었다(목표 4). 코로나19는 가정폭력의 증가와 여성의 가사분담 부담을 증가시켰고(목표 5), 식수에 대한 접근권의 약화와 같은 현상과 함께 129개 국가가 2030년까지 물과 위생에 대한 SDGs 목표 달성은 불가능할 것으로 보고되었다(목표 6).

    에너지 효율 증가를 위한 더 많은 노력이 요구되는 한편(목표 7), 코로나19로 인해 실직 상태인 인구에 대한 일자리 창출을 포함한 경제성장을 위한 다양한 방안이 요구되는 상황이다(목표 8). 다만, 코로나19로 인해 예측되었던 최악의 경제 상황은 일부 회복되고 있는 것으로 분석되었다. 국

제 제조업 시장은 6.8% 하락세를 보였으며(목표 9), 코로나19와 함께 발생한 경제위기는 임금 불평등 향상과 같은 현상을 낳으며 그동안의 불평등 해소를 위한 성과를 뒤집는 결과를 가져왔다(목표 10). 도시 빈민층의 어려운 처지 역시 부정적인 결과를 피해 갈 수 없었다(목표 11).

그러나 코로나19가 모든 목표에 부정적인 영향을 준 것만은 아닌 것으로 나타났다. 코로나19를 겪으며 국제사회는 지속가능하며 회복 가능한 경제와 미래 사회에 대한 고민을 하게 되었다. 예를 들어 코로나19는 생산에 있어 제품의 지속가능성과 재원의 효율성 향상을 위한 방안을 마련할 실질적인 대안을 찾아갈 수 있는 기회를 가져왔다(목표 12). 그러나 향후 얼마나 이러한 대안들을 빠르게 현실화시키느냐에 따라 발전으로 이어질지가 확실시될 것이다.

기후변화 및 해양오염과 관련해서는 2020년 잠시 긍정적인 신호가 보이기도 했다. 코로나19로 기존의 많은 생산 활동이 작동을 멈추고 봉쇄정책으로 인해 해양오염이 다소 수그러들었으나, 코로나19 사태가 완화되면서 2021년 다시 기후변화와 해양오염이 이전과 같이 심각한 상황으로 되돌아갔다(목표 13, 14). 많은 종이 여전히 멸종의 위기에서 벗어나지 못하고 있으며(목표 15), 코로나19로 인해 아동노동과 착취 현상이 심화되고 저소득국에서의 뇌물수수 빈도는 고소득국에서보다 5배 이상으로 심각해진 것으로 분석되었다(목표 16). 다만, 2020년도 ODA는 공여국 GNI의 0.32% 수준인 1,610억 달러 규모로 역대 최고치를 보인 것으로 나타났다(목표 17). 이는 코로나19로 인해 공여국의 대개발도상국 원조의 긴급 확대와 영국과 같은 공여국이 ODA 예산의 많은 부분을 코로나19 백신 개발에 투입했기 때문이다(정상희·임소진, 2022).

5. 지속가능발전목표(SDGs) 달성을 위한 향후 과제

본문에서 언급되었듯이 자발적 국가보고서(VNR)를 통해 개발도상국이 공통적으로 강조하고 있는 개발도상국의 데이터 수집과 통계 역량에 대한 별도의 지원이 필요하다. SDGs 시대의 책무성 혁명을 통한 데이터 수집과 통계 역량은 비단 SDGs 이행을 위한 과정을 넘어서 투명하고 책무를 가지는 정부를 만들기 위해 필수적인 요소이다. 따라서 이에 대한 국제사회의 관심이 더욱 촉구된다. 그러나 무엇보다도 SDGs 달성을 위해서는 더 많은 개발재원의 동원과 다각화가 필요하다.

SDGs는 최근 국제사회의 당면과제인 기후변화 등을 포함할 뿐 아니라, 청년 일자리 창출, 국가 내 빈곤층 해소, 도시화에 따른 다양한 과제와 함께 개발도상국과 선진국 모두에게 해당하는 목표를 제시하고 있다는 것이 중요한 의의라 할 수 있다. 사회개발뿐 아니라 경제개발의 중요성을 동등하게 반영했고, 특히 최근 기후변화와 관련하여 환경 분야에 대한 목표 및 평화와 안보에 대한 목표들을 확실하게 제시했다. 그러나 이렇듯 SDGs 가 다양한 글로벌 과제를 다루고 있다는 점은 주목할 만하지만, 이는 동시에 너무 많은 과제를 제시한다는 점에서 국제사회에 큰 부담이 되는 것도 사실이다. 그 한 예로 MDGs의 21개 세부 목표도 달성하지 못한 상황에서 SDGs의 169개 세부 목표를 달성한다는 것은 불가능하다는 우려의 목소리가 이미 SDGs 이행 전부터 제기되고 있었다. 이러한 상황에서 예기치 않은 코로나19가 발생하면서 국제사회는 이제 SDGs 달성을 위한 더 많은 재정을 동원해야 한다는 매우 부담스러운 과제를 해결해야 한다. 즉 더 많은 재정 동원이라는 과제는 비단 코로나19로 인해 최근에 대두된 사안이 아니라 SDGs라는 거대한 글로벌 목표를 달성하기 위해 필요한 막대한 재원의 규모로 인해 이미 SDGs를 수립하는 과정에서부터 논의되었던 과제이며, 코로나19로 인해 개발재원 동원이라는 현안이 더욱 중요해진 것이다.

(1) 개발재원 확대 및 다각화 논의 배경

개발재원이란 '개발금융 및 공적 재원과 민간 재원을 모두 포함한 개발을 위한 재원'을 의미한다(임소진, 2015b). 2010년대 초까지 개발재원이라고 하면 대부분 ODA를 포함한 개발원조와 같은 공적 재원을 의미했다. 1990년대에 들어 개발도상국 발전에 필요한 재원으로 ODA 이외의 재원이 논의되기 시작하면서(OECD, 1996), 개발도상국 정부의 조세 수입과 해외직접투자(Foreign Direct Investment, FDI), 소액 송금(remittances) 등도 개발재원으로서 개발도상국의 발전에 기여하는 중요한 재원이라는 점이 부각되기도 했다(UN, 2003). 하지만 2010년대 초반까지 MDGs의 8개 목표를 중심으로 한 ODA가 여전히 개발재원의 가장 큰 부분을 구성한다고 인식되었다.

그러나 SDGs 시대에 요구되는 개발재원의 종류는 더 이상 공적 재원에 머무르는 것이 아니라 다양한 민간 재원으로 다각화되고 있는 추세이다. 이와 함께, MDGs보다 훨씬 넓은 범주의 목표로 이루어진 SDGs를 달성하기 위해서는 막대한 재원이 필요하다는 분석 결과에 따라 개발재원 확대와 수단의 다각화가 더욱 강조되었다(World Bank, 2015). 다음 절에서는 이러한 개발재원 확대 및 다각화에 대한 국제사회의 논의 흐름을 정리한다.

(2) 개발재원 확대를 위한 국제사회의 논의 동향

국제사회가 개발재원 논의를 본격적으로 시작한 것은 앞에서도 소개했던 OECD DAC의 21세기 개발협력전략에서 찾아볼 수 있다. OECD DAC 회원국은 21세기 개발협력전략을 수립하면서 공적 재원 이외의 재원이 개발을 위해 적절하게 이용되어야 할 필요가 있다고 분석했다. 이 보고서는 민간 재원은 비교적 위험이 낮은 일부 개발도상국에만 편중되어 유입되고 있으므로, 민간 투자가 더 많은 개발도상국에 유입되어 보다 많은 개발도상국에서 금융시장이 형성되고 일자리 창출이 이루어지는 등의 개발이 가능할 수 있도록 민간 재원 조성이 가능한 개발도상국 내 제도 수립 등의 환경 마련과 역량 개발이 필요하다는 점을 논의한 바 있다(OECD, 1996). 이후 2001년 MDGs가 수립되면서 MDGs 달성을 위해 필요한 재원을 마련하고 이를 효율적으로 사용하기 위한 국제회의인 개발재원총회 (International Conference on Financing for Development)가 열리기 시작했다.

MDGs 수립 이후 Post-2015 SDGs가 채택될 때까지 국제사회는 총 3회의 개발재원총회를 진행했다. 국제사회는 첫 두 차례 총회에서는 MDGs 수립 이후 MDGs 달성을 위한 재원 논의를 중점적으로 다루었고, 세 번째 총회에서는 SDGs 수립을 앞두고 향후 미래 목표 달성을 위해 필요한 재원에 대해 논의했다.

1) 제1차 개발재원총회: 몬테레이 합의

제1차 개발재원총회는 MDGs 수립 다음 해인 2002년 멕시코 몬테레이에서 열렸다. 이 회의에서는 개발재원을 ① 개발도상국 조세를 중심으로 한 국내 개발재원, ② FDI 및 민간 재원을 의미하는 국제 개발재원, ③ 개발과 연계된 국제 무역재원, ④ ODA, ⑤ 국제금융 시스템 관련 재원, ⑥ 개발도상국 내 외채 경감의 총 6개로 구분하여 분석했다. 몬테레이 총회의 논의 내용은 회의가 열렸던 지명을 따라 '몬테레이 합의문(Monterrey Consensus)'이라는 결과 문서에 담겼다(UN, 2003).

여기서 국내 개발재원이란 개발도상국 내에서 동원되는 조세를 통한 재원을 의미한다. 개발도상국에서의 국민 납세율은 매우 낮은 실정이다. 그러나 ODA와 같은 외부 재원 흐름에만 의존하여 정부 예산을 운영하기에는 제약이 따른다. 따라서 개발도상국 내 이윤을 창출하는 기업에 대한 징세가 가능한 제도를 마련하는 등, 국내 조세 동원(domestic resources mobilization) 확대를 위한 방안 마련이 필요하다는 것이다. 외채 경감의 경우, 몬테레이 재원총회에서는 개발도상국 내 민간 투자를 높이기 위해 필요

---

5 국내에서는 '유상원조(무상원조(grant)와 비교되는 개념)'로 알려져 있으나, 국제사회에서는 '양허성차관'이라는 표현을 선호한다. 양허성차관은 민간 금융 대출보다 낮은 이자율과 장기간 대출(보통 10~30년)이라는 좋은 조건으로 위험률이 높고 상환 가능성이 불확실한 개발도상국 정부에 제공하는 공여국 정부의 차관을 의미한다.

한 공여국의 지속적인 양허성차관(concessional loans)[5]의 필요성을 강조하는 한편, 차관이 너무 과도하게 제공되어 개발도상국 정부의 채무 부담이 높아지거나 상환 능력을 잃게 되는 경우를 미연에 방지해야 한다는 내용을 주로 다루었다.

개발도상국은 금융시장이 형성되지 않아 국제 기준에 부합하는 신용등급 측정이 어렵고, 불안정한 정치·경제·사회적 상황으로 인해 민간 투자사와 기업들은 개발도상국의 시장 진출에 부정적이다. 따라서 공여국 정부가 일정 부분 위험을 부담하여 민간 재원이 개발도상국에 투자할 수 있도록 유도하는 과정이 발생하는데, 이때 너무 과도한 공여국 정부의 양허성차관 지원은 향후 공여국 정부뿐 아니라 수원국 정부의 지나친 채무 부담으로 이어질 수 있다.

2) 제2차 개발재원총회: 도하선언

제2차 개발재원총회는 제1차 총회 이후 6년 뒤인 2008년 카타르 도하에서 열렸다. 제2차 총회에서 국제사회는 몬테레이 합의사항 이행에 대한 중간 점검의 시간을 가졌고, 몬테레이에서는 다루어지지 않았던 기후변화와 식량위기 같은 새로운 글로벌 과제와 국제금융위기에 대한 대응 방안을 논의했다. 나아가 이 회의에서 국제사회는 시민사회와 민간기업이 개발재원 조성 노력에 참여할 것을 촉구했다. 제2차 개발재원총회의 결과 문서는 '도하선언(Doha Declaration)'이라고 명명되었다(UN, 2008).

3) 제3차 개발재원총회: 아디스아바바 행동계획

두 차례의 개발재원총회가 MDGs 수립 이후 별도로 MDGs 달성에 필요한 재원 논의 차원에서 마련되었다면, 2015년 에티오피아 아디스아바바에서 열린 제3차 개발재원총회는 SDGs 수립 이전에 SDGs 이행 방안과 연계하여 개최되었다는 특징이 있다. 이는 MDGs의 한계 중 하나인 목표 수립 과정에서 이행 및 필요한 재원에 대한 고려가 이루어지지 않았다는 점에 대한 국제사회의 대응이라 할 수 있다. 따라서 당초 국제사회는 이 총회의 결과 문서인 '아디스아바바 행동계획(Addis Ababa Action Agenda, AAAA)'을 '2030 지속가능발전의제'의 첨부로 그대로 반영하고, 이를 SDGs MOI의 원칙으로 활용하고자 했다.

그러나 아디스아바바 개발재원총회의 논의는 선진국과 개발도상국 간 입장 차이로 인해 절반의 합의로 마무리되면서 아디스아바바 행동계획은 2030 지속가능발전의제에 모두 포함되지 못하고 일부를 참고한다는 문구를 사용하는 방식으로 반영되었다. 나아가 MDGs 수립 당시 목표 달성을 위한 이행 방법에 대한 계획이 수립되지 못했다는 점을 감안하여, 제3차 개발재원총회에서는 SDGs 이행 수단인 재원뿐 아니라 이행 방법에 대해서도 함께 논의하고자 했다. 그러나 이 역시 명확한 이행 방안이 제시되지 못한 미완성의 결과를 낳았다는 아쉬움을 남기고 있다.

앞에서 아디스아바바 개발재원총회에서 선진국과 개발도상국은 분명한 입장 차이를 보였다고 했는데, 이에 대한 여러 가지 이유 중 가장 두드러지는 두 가지 현상은 공여국의 ODA 증가에 대한 미온적 입장과 수원국의 국제 조세제도 변화 촉구의 움직임에서 찾아볼 수 있다. 전자는 공적 재원과 민간 재원이 함께 제공되는 형태의 혼합금융(blended finance)에 대한 공여국의 관심 증대와 연계되어 있다. 국민 세금으로 이루어진 ODA의 양적 증가는 공여국 국내 재정의 어려움으로 인해 한계에 이르렀기 때문에, 공여국은 제한된 공적 재원으로 개발도상국 민간 투자에 대한 위험을 일부 부담하는 형태로 민간 재원이 공적 재원과 함께 개발도상국 지원사업에 활용될 수 있도록 하는 혼합금융을 확대하고자 했다. 즉 공여국 정부는 상대적으로 적은 규모의 공적 재원으로 더 많은 규모의 민간 재원을 조성할 수 있는 레버리지(leverage) 효과를 기대하는 것이다. 그러나 이에 대해 스웨덴과 같은 전통적 인도주의에 기반을 둔 공여국은 ODA는 여전히 주요한 개발재원이라는 것을 강조하면서 민간 재원은 ODA를 보완하는 재원으로 사용되어야 한다고 주장하기도 했다.

한편 후자의 경우, 주요 선진국이 주도하는 세계은행과 IMF의 차관이 개발도상국에게 큰 부담을 주고 있어, 개발도상국 정부는 재원에 대한 국제관계에 더 많이 개입할 수 있는 UN 차원의 조세위원회를 강화하여 현재의 선진국 위주의 국제개발금융체제에 개발도상국 영향력이 더 높아질 수 있도록 변화를 시도했다. 그러나 이는 주요 선진국의 반대에 부딪혀 미완의 과제로 남겨지게 되었다. 그 외에도 기후변화에 대한 책임 부분에 있어서 개발도상국은 기후변화는 선진국과 개발도상국 공동의 책임이나, 선진국이 더 많은 책임을 져야 한다는 입장을 보였다. 이는 '공동의 그러나 차별화된 책임(Common But Differentiated Responsibilities, CBDR)'이라고 표현되며, 개발도상국은 아디스아바바 행동계획 문서에 CBDR을 강조할 것을 주장했다. 그러나 선진국은 이를 수용하지 않아 아디스아바바 개발재원총회 결과문서는 CBDR을 단 한 번만 언급하는 수준으로 작성되었다. 나아가 개발도상국 간에도 의견 차이를 보였는데, 상대적으로 소외되는 최빈개발도상국과 군소도서개발도상국과 같은 경우는 개발도상국 내 자체 조세 동원이 어려워 공여국의 대규모 지원이 절대적으로 필요함에도 충분한 지원이 이루어지지 않는 실정을 강조했다(UN, 2015a).

이와 같은 국제사회의 개발재원 논의 동향은 다음에서 설명하고 있는 OECD의 ODA 현대화 논의와 직접적으로 연관을 가지고 있다. ODA 현대화 논의는 개발재원 지평의 변화를 반영하여 이루어지고 있으며, 그 주요 내용은 ODA 이외의 재원이 개발재원으로서 역할이 증가하게 되면서 이들 재원에 대한 정확한 측정을 통하여 개발도상국 유입 재원에 대한 투명성과 책무성을 강화하고, 정부기관이 민간 재원을 유인하기 위해 사용되는 금융 수단을 ODA로 인정하여 개발도상국 내 재원 마련에 대한 공여국의 노력을 인정하려는 논의로 구성된다. 그러나 그 외에도 국제사회는 ODA와 민간 재원 외에도 다양한 혁신적 재원을 통한 개발재원 수단의 다각화를 위한 노력을 기울이고 있다.

(3) ODA 현대화

2015년을 전후로 국제사회는 글로벌 개발목표의 재구성뿐 아니라 ODA를 포함한 개발재원 측면에서도 큰 변화를 가져왔다. 이러한 변화는 'ODA 현대화(ODA modernization)'라 불리고 있으며, 이는 최근 변화하는 국제개발협력 환경을 ODA와 그 외 개발재원의 흐름에 반영하고자 하는 OECD DAC의 노력의 일환이라고 할 수 있다. 2014년 시작된 ODA 현대화는 크게 ① ODA 재정의(ODA redefinition)와 ② 지속가능발전을 위한 총공적지원(Total Official Support for Sustainable Development, TOSSD)[6]에 대한 것이며, 그중 TOSSD 논의는 다시 ① TOSSD 범주 확정과 ② 민간금융수단

---

6 TOSSD는 국문으로 지속가능발전 혹은 지속가능개발을 위한 총공적지원, 총공적개발지원 등으로 다양하게 번역되고 있다.

(Private Sector Instruments, PSI)의 ODA로의 인정 범위를 정의하는 것으로 구분된다. ODA 재정의에 대해서는 이미 1장에서 다루었기 때문에 본 장에서는 TOSSD에 대해 알아보았다.

1) 지속가능발전을 위한 총공적지원(TOSSD)

ODA 현대화 작업 중 2014년이 ODA를 재정의하는 한 해였다면 2015년은 TOSSD를 확정하는 한 해라 할 수 있다. 앞에서 언급했듯이, 개발도상국으로 유입되는 개발재원 중 ODA보다 더 많은 다양한 재원들이 개발도상국 발전에 기여하고 있다. 따라서 OECD DAC는 이러한 ODA 외 재원의 투명성을 확보하고, 이를 제공하는 기관들의 책임과 의무, 즉 책무성을 확고히 하기 위해 TOSSD의 개념을 도입하여 개발에 기여하는 총공적지원의 범주를 정하고 그 흐름을 객관적으로 측정하고자 했다. TOSSD의 범주는 ODA 이외에 평화 및 안보 활동을 위한 공공 지원, 기후변화와 관련된 공적 재원인 기후 금융, 여타 글로벌 공공재에 대한 ODA 이외의 공적 재원, 그리고 개발을 위해 소요되는 행정비용 등을 모두 포괄한다.

이러한 TOSSD 개념을 도입하고 측정하려는 움직임은 비단 ODA 이외 개발재원의 정확한 측정을 위한 것뿐만이 아니라, ODA를 넘어서는 개발재원 전반에 대한 측정을 통해 다양한 형태의 재원의 가치를 인정한다는 의미가 있기도 하다(OECD, 2015b). ODA 현대화의 두 번째 부분인 TOSSD는 위와 같은 범주 확정에 대한 부분과 다음에서 설명하는 PSI 부분으로 이루어졌으며, 이는 2015년 한 해 동안 논의가 이루어지고 2016년 2월에 완료되었다. ODA와 TOSSD에 대한 비교는 <표 3-5>와 같다.

<표 3-5> ODA와 TOSSD 비교

	ODA	TOSSD
지원 주체	• OECD DAC 회원국(선진 공여국)	• 선진 공여국, 개발도상국, 민간부문 등
지원 범위	• 개발도상국의 경제·사회 개발 • 평화와 안보, 환경의 지속가능성 등의 범분야 이슈(Cross-cutting issues) 일부 포함	• 개발도상국의 경제·사회 개발 뿐만 아니라 평화와 안보, 환경의 지속가능성 등 범분야 이슈 모두를 포괄
지원 동기	• 개발도상국의 경제개발 및 복지 증진	• 개발도상국의 경제개발 및 복지 증진 • 문화, 무역, 상업 교류 확대 등 개발도상국과 공여국의 호혜적 이익(Mutual Benefit) 창출
재원의 성격	• 양허성 자금	• 구분 없음
측정방식	• 증여등가액 산정	• 액면가

출처 : 김민지(2019: 51)

2) 개발금융기관(DFI)과 민간금융수단(PSI)

UN의 개발재원 논의와 OECD DAC의 ODA 현대화 논의의 공통적인 부분은 바로 '민간 재원'의 필요성을 강조하고 있다는 것이다. SDGs 달성을 위해 이전보다 훨씬 많은 개발재원이 필요하고, 이는 ODA만으로는 충당될 수 없기 때문에 민간 재원의 개발에 대한 역할이 그 어느 때보다도 강조되고 있는 것이다. 따라서 제3차 UN 개발재원총회 논의에서는 전통적형태의 ODA는 금융시장에서 민간기업 및 금융기관이 개발도상국 기업 등에 투자할 수 있도록 유인하는 촉매제 역할도 해야 한다는 것이 강조되었다. 또한 OECD DAC 회원국은 이를 TOSSD 논의에 반영하여 공여국 정부가 민간 재원을 개발도상국 시장으로 유인하기 위해 활용하는 금융 수단인

PSI의 '증여'에 해당하는 양허적 부분을 ODA로 인정함으로써 공여국의 재원 확대 노력을 보상하고자 했다.

PSI의 양허적 부분을 ODA로 계상하는 ODA 현대화 논의 과정에서 두드러진 것은 앞에서 간단히 언급한 DFI에 대한 관심이었다. DFI는 공여국 정부가 수원국 정부로 ODA를 제공하는 역할을 하고 있는 원조기관과 구별하여, 공여국 정부가 공적개발재원뿐 아니라 PSI를 통해 민간 재원을 동원하여 개발도상국 민간부문을 지원하는 역할을 하는 기관을 의미한다. 여기서 ODA란 공여국 정부의 원조기관에 의해 개발도상국 정부로 제공되는 공적 재원이라고 할 때, PSI는 공여국 정부의 DFI에 의해 개발도상국 기업을 포함한 민간부문에 제공되는 공적 재원이 민간 재원을 동원하는 데 활용되는 금융 수단을 의미한다. 따라서 ODA 재정의 작업에서는 원조기관의 양허적 차관 증여등가액을 논의했다면, TOSSD 논의에서는 공적지원의 범주뿐 아니라 공적 재원을 이용하여 추가적 재원을 동원하는 데 활용되는 PSI와 이를 주로 제공하고 있는 DFI의 활동에 대한 논의가 활발하게 이루어졌다.

개발도상국에서 민간기업이 활성화되는 것은 고용 창출 효과가 있고, 이는 각 가정의 빈곤 감소와 국가의 경제성장이라는 궁극적인 결과를 기대할 수 있게 한다. 이에 따라서 개발도상국 민간기업이 생성되고 성장할 수 있도록 외부 투자가 필요한데, 대부분의 개발도상국에서는 금융시장이 형성되지 않아 투자에 대한 위험도와 신용도, 그리고 투자자의 예상 이익에 대한 측정조차 불가능한 상황이다.

따라서 공적 재원으로 공여국 정부가 위험의 일부를 부담하게 되면 민간 투자자에 대한 위험이 일정 부분 해소되어 개발도상국 내 민간 투자를 증가시킬 수 있다. 이러한 차원에서 OECD DAC는 공여국 정부의 개발도상국 내 민간 투자를 유인할 때 사용되는 PSI로 제공되는 공적 재원의 일부를 ODA로 인정하려고 한 것이다.

(4) 코로나19와 개발재원 논의

앞에서도 살펴본 바와 같이, 코로나19로 인해 그동안의 글로벌 목표 달성을 통한 개발 성과는 대부분의 지표에서 역현상을 경험하고 있으며, 비록 ODA 재원이 증가했다 하더라도 2030년까지로 제한된 기간 중에 SDGs를 달성하려면 그동안의 노력의 몇 배에 달하는 재원이 투자되어야 할 것으로 보인다. 또한 증가한 ODA가 상당 부분 코로나19 감염 치료 및 예방을 위한 보건 체제 및 백신 개발에 사용되었다는 점을 감안할 때(정상희·임소진, 2022), 절대적 ODA 규모의 증가를 결코 SDGs 달성을 위한 재원 투입 증가라고 할 수는 없는 것이 현실이다. 나아가 공여국 역시 코로나19로 인한 경제 악화 현상을 겪고 있으며, 또한 2022년 2월 시작된 러시아-우크라이나 전쟁으로 인한 에너지 수급의 어려움으로 인한 연료비 증가와 그로 인한 국내경제 악화라는 도미노 현상 등으로 향후 ODA의 지속적인 증가를 기대하기는 현실적으로 쉽지 않은 상황이다.

러시아-우크라이나 사태가 시작되기 훨씬 전인 2020년에 이미 OECD는 코로나19와 관련하여 공여국이 ODA 증가에 대한 어려움을 시사한 바 있다. 따라서 OECD는 향후 개발재원의 충분한 수급을 위해서 각 국가별로 세금 동원 증가를 위한 제도를 마련할 것을 촉구하고 있다. 또한 개발도상국에서 더욱 중요한 소액 송금수수료를 감소시키고 불법 재원 흐름을 방지하는 등의 노력이 필요하다는 것을 언급했다. 나아가 SDGs 달성을 위해 개발재원을 넘어선 국제무역을 통한 재원 흐름의 중요성을 강조하기도 했다(OECD, 2020). 이러한 OECD의 관점은 비단 OECD에만 국한된 내용이 아니라 UN 역시 이러한 내용에 공감하고 OECD가 강조한 내용들과 비슷한 맥락에서 SDGs 달성을 위한 재원 마련 노력에 대해 논의하기도 했다(UN, 2020a).

6. 총평과 전망

지금까지 살펴본 바와 같이 SDGs 달성을 위한 난관이 지속되고 있으나, 그렇다고 하여 국제사회가 SDGs 달성을 위한 노력을 등한시했다는 것은 아니다. 국제사회에서는 지속적으로 SDGs 달성을 독려하고 성과를 모니터링하고 있으며, 국가 차원에서도 SDGs를 국가적으로 또 범세계적으로 달성해야 하는 목표로 설정해 이행을 위해 노력하고 있다. 한국의 경우 K-SDGs를 개발하여 정부 차원에서 국내 SDGs 이행을 위한 목표를 수립했고, 국제개발협력위원회를 통해 SDGs 이행을 지원할 수 있도록 전략 및 정책적으로 국제사회의 노력을 지원하고 있다. 또한 개발도상국 정부들은 SDGs를 이행할 수 있도록 국가발전계획상 해당 목표와의 연계성을 강화하고 있다. CSO의 경우 SDGs 이행을 위해 시민들을 대상으로 한 인지 제고 활동부터 SDGs 각 목표별 달성을 위한 지원활동까지 폭넓은 활동을 적극적으로 펼치고 있다. 더불어 기업들은 기업의 비재무적 요소인 환경, 사회, 지배구조(Environmental, Social and Corporate Governance, ESG)를 통해 환경을 해치지 않는 지속가능한 경영을 실천하고자 노력하는 등, 기업 차원에서 가능한 SDGs 달성을 지원하기 위해 노력하고 있다.

한편 2030년까지 SDGs를 달성하기 위해 가장 시급한 과제는 재정 확보라고 할 수 있다. 그러나 이러한 대규모 재원 조성은 특히 최근의 국제적인 경제위기에 따른 주요 공여국의 재정적 한계를 고려했을 때 더욱 어려워 보인다. 따라서 국제사회는 그 어느 때보다도 개발재원을 효율적으로 사용하여 효과를 극대화할 수 있는 방안을 마련해야 할 것이며, SDGs 달성을 위한 각 주체의 노력과 협력이 더욱 중요할 것이다. 이러한 노력을 통해 코로나19로 인해 산재된 어려움을 극복해 2030년 SDGs 달성이라는 결과를 기대할 수 있을 것이다.

 **필수개념 정리**

새천년개발목표(MDGs): 2001년 수립되어 2015년까지 달성 기한을 제시한 국제사회 최초, 공동의 글로벌 개발목표이다.

지속가능발전목표(SDGs): 2016년부터 2030년까지 국제사회가 이행해야 하는 MDGs를 후속하는 글로벌 개발목표이다.

원조 투명성: 책무성 제고를 위한 기초적 단계에서 확보되어야 할 요소로, 파리선언의 상호책무성 원칙을 바탕으로 아크라 행동계획에서 그 중요성이 강조되기 시작, 최근에는 SDGs 달성을 위한 이행 성과 측정에서도 중요한 요소로 부각되고 있다.

국제원조투명성기구(IATI): 원조 투명성의 중요성이 강조되기 시작한 아크라 행동계획을 바탕으로 설립된 기구로, 국제사회의 정량적 정보와 과거 정보뿐 아니라 정성적 정보와 미래 정보를 공개하도록 권고하고 있다.

개발재원: 공적 재원과 민간 재원을 모두 포함한 개발을 위한 재원이다.

개발재원총회: 글로벌 개발목표 달성에 필요한 재원을 마련하고 이를 효율적으로 사용하기 위해 시작된 UN의 국제회의이다.

몬테레이 합의문: 2002년 개최된 제1차 개발재원총회 결과 문서로 MDGs 달성을 위한 최초의 재원 논의이다.

도하선언: 2008년 개최된 제2차 개발재원총회 결과 문서로 몬테레이 합의 이행 성과를 다루고 있다.

아디스아바바 행동계획(AAAA): 2015년 개최된 제3차 개발재원총회 결과 문서로 SDGs 달성을 위해 필요한 재원 마련 방안을 제시한다.

ODA 현대화: OECD DAC 회원국에 의해 2014년에 진행된 ODA 재정의와 2015년에 추진된 지속가능발전을 위한 총공적지원 개념 도입 및 민간금융수단(PSI)의 ODA 인정 범위 확정 과정을 의미한다.

ODA 재정의: 그동안 '증여율 25% 이상'이라고 정의된 양허성차관의 '양허성' 인정 범위를 수원국 소득 그룹별로 측정된 '최소증여율' 이상으로 변경하고, 측정 방법도 순지출 방식(총지출액-총상환액)을 증여등가액 방식(총지출액×증여율)으로 변경한 것을 의미한다.

지속가능발전을 위한 총공적지원(TOSSD): ODA 이외의 평화·안보 활동을 위한 공공지원, 기후 금융, 여타 글로벌 공공재에 대한 ODA 이외의 공적 재원과 개발을 위해 소요되는 행정비용 등을 포괄하는 개발재원을 의미한다.

민간금융수단(PSI) : 공여국 정부에 의해 개발도상국 기업을 포함한 민간 부문과 일부 공공기관에 제공되는 공적 재원이 민간 재원을 동원하는 데 활용되는 금융 수단이다.

개발금융기관(DFI): 공여국 정부가 공적개발재원뿐 아니라 PSI를 통해 민간 재원을 동원, 개발도상국 민간부문을 지원하는 역할을 하는 기관이다.

 토론점

1. MDGs의 의의 및 한계점은 무엇인가?

2. MDGs와 SDGs의 차이점은 무엇인가?

3. SDGs의 의의와 향후 과제는 무엇인가?

4. 17개로 이루어진 SDGs 구성의 특징은 무엇인가?

5. SDGs 이행 성과는 어떠한 방식으로 측정되는가?

6. 코로나19 이전과 이후의 SDGs 이행 성과에 대해 비교하시오.

7. 최근 국제사회의 개발재원 논의의 변화와 그 이유를 설명하시오.

8. 제1차에서 제3차까지의 개발재원총회 각각의 특징과 의미는 무엇인가?

9. ODA 현대화란 무엇인가?

10. ODA 현대화가 국제개발협력의 역사에서 의미하는 바가 무엇인지 논 의하시오.

11. 국제사회가 2030년까지 SDGs를 달성하기 위한 해결 과제는 무엇이 며, 그 이유는 무엇인가?

읽을거리

- 권율 외, 2015. "Post-2015 개발 아젠다의 주요 특징과 이행과제" 『KIEP 오늘의 세계경제』. 대외경제정책연구원.
- 김지현, 2014. "Post-2015 개발의제 동향연구 1: SDGs 초안 분석" 『개발과 이슈』. 한국국제협력단.
- 김지현, 2015. "Post-2015 개발의제 동향연구 2: Post-2015 의제에 관한 UN사무총장종합보고서 분석" 『개발과 이슈』. 한국국제협력단.
- 김지현 외, 2015. "지속가능개발목표(SDGs) 수립 현황과 대응 방안". 한국국제협력단.
- 임소진, 2012. "국제사회의 Post-2015 개발 프레임워크 수립 동향 및 한국 ODA의 기여 방안" 『KOICA 개발정책 포커스』. 한국국제협력단.
- 임소진, 2013. "Post-2015 개발 프레임워크와 UN고위급패널보고서" 『개발협력정책과 이슈』. 한국국제협력단.
- 임소진, 2013. "모두를 위한 품위 있는 삶: Post-2015 개발의제를 위한 UN사무총장보고서" 『개발과 이슈』. 한국국제협력단.
- 임소진, 2015. "21세기 국제개발협력 패러다임의 변화: 2030 지속가능한 개발 의제와 개발목표(SDGs)". 한국수출입은행.
- 임소진, 2013. "공여기관의 시각에서 본 분야별 Post-2015 개발목표". 한국국제협력단.
- 정지원·송지혜, 2014. "Post-2015 개발의제: 논의동향 및 시사점" 『KIEP 지역경제 포커스』. 대외경제정책연구원.
- 박수영·박예린, 2014. "국제개발협력에서 원조투명성 의의 분석: IATI와 원조투명성지수를 중심으로" 『개발과 이슈』. 한국국제협력단.

- 정상희·임소진, 2022.『국제협력과 개발: 코로나19 이후 중남미 국제개발협력의 새로운 이슈와 전망』. 한울출판사.
- 박수영·오수현, 2015. "제3차 개발재원총회와 아디스아바바 행동계획의 함의 분석"『개발과 이슈』. 한국국제협력단.
- 양동철, 2015. "Post-2015 개발재원 논의가 한국 개발금융에 주는 시사점". 한국수출입은행.
- 임소진, 2015. "국제사회의 개발재원 지형의 변화와 한국 개발협력에 대한 시사점"『한국의 개발협력』. 한국수출입은행. 2015(1): 3-31.
- 임소진, 2015. "제3차 개발재원총회 논의 결과와 한국 개발협력에 대한 시사점"『한국의 개발협력』. 한국수출입은행. 2015(3): 3-18.
- 정지원 외, 2014. "Post-2015 개발재원 확대 논의와 한국의 대응방안". 대외경제정책연구원.
- 고안나, 2015. "개발금융기관(DFI) 활동의 ODA 계상에 대한 논의 동향과 시사점"『한국의 개발협력』. 한국수출입은행. 2015(2): 47-66.
- 구윤정, 2015. "OECD DAC의 ODA 재정의와 시사점". 한국수출입은행.
- 박수영·조한슬, 2015. "Post-2015 체제의 ODA 정의 현대화와 총공적개발지원 분석 연구". 한국국제협력단.
- 양혜영, 2015. "국제사회의 ODA 재정의와 한국의 ODA 재원배분에 대한 시사점"『한국의 개발협력』. 한국수출입은행. 2015(2): 3-20.
- 임소진, 2015. "ODA 현대화와 민간재원 I: 민간금융수단(PSI)과 개발금융기관(DFI)". 한국수출입은행.
- 임소진, 2015. "ODA 현대화와 민간재원 II: 민간금융수단(PSI)의 ODA 통계보고". 한국수출입은행.

국제개발협력의 다양한 주체

곽재성 경희대학교 교수

1. 들어가며

　본 장 '국제개발협력의 다양한 주체'에서는 개발협력의 글로벌 생태계를 이루는 여러 조직의 역사와 비전, 그리고 대표 프로그램 등에 대해 알아본다. 양자 및 다자 공여 주체로부터 시작하여, 시민사회나 개발 컨설팅 등의 민간 주체는 물론, 협력국 조직 등에 이르기까지 다양한 주체의 작동방식을 이해하는 작업은 개발협력 지형의 변화를 읽을 수 있는 가장 좋은 방법이며 거시적인 안목에서 국제개발협력의 과거, 현재, 미래를 이해하기 위한 지름길이다.

2. 양자 공여국

국제개발협력의 주체는 양자 공여국, 다자기구, 수원국 등의 공공부문은 물론 시민사회와 민간재단, 기업 등의 민간부문에 이르기까지 다양하다. 양자 공여국은 공여 주체인 경제협력개발기구(Organization for Economic Cooperation and Development, OECD) 산하 개발원조위원회 (Development Assistance Committee, DAC) 회원국과 신흥 공여국으로 구분할 수 있다. 전통적으로 공여국은 OECD DAC 회원국들을 가리켰으나 최근 신흥 공여국들이 부상으로 말미암아 공여국은 물론 원조 방식과 형태까지도 다변화되고 있다. 이들은 때로는 협력하고 때로는 경쟁하지만 하나의 목적인 개발도상국의 빈곤퇴치와 경제발전을 위해 노력하고 있다. 각각의 이해관계자들이 어떤 형태로 개발협력의 주체로 참여하는지, 그 특징과 현황을 살펴보도록 하자.

(1) OECD DAC 회원국

　자국의 예산으로 다른 나라에 원조를 제공하는 국가를 공여국이라
고 한다. 이들의 원조행위는 국가 대 국가의 협력이라는 의미에서 '양자
간 협력'이라고 부른다. 대표적인 양자 원조 공여 주체인 29개 OECD
DAC 회원국(2022년 기준)[1]들은 개발도상국의 경제·사회발전과 빈곤퇴치라
는 목적을 위해 유·무상, 그리고 기술협력 등의 형태로 개발원조를 제공
한다. 공여국들은 지정학적 특성, 식민주의 등 역사, 자국의 경제·사회발
전 경험, 대외정책 목표, 글로벌 공공재의 필요성 등 국내외적 여건을 고
려해 개발협력 정책을 수립하고 추진한다. 동시에 이를 효율적으로 실시
하고자 원조 전담 기관을 운영하는 등 시행 체계를 구축하고 있다.

　2020년 기준 DAC 회원국 전체 공적개발원조(Official Development
Assistance, ODA) 규모는 1,612억 달러다. 국민총소득(Gross National Income,
GNI) 대비 ODA 비율은 평균 0.32%이며, UN이 제시한 ODA 목표치인
0.7%를 넘어서는 회원국은 스웨덴, 노르웨이, 룩셈부르크, 덴마크, 독일,
영국 정도에 불과하다. 반면 절대 원조액을 기준으로 하는 경우 ODA 지
원 규모 상위 5개국은 미국(354억 달러), 독일(284억 달러), 영국(185억 달러), 일
본(162억 달러), 프랑스(141억 달러)순이다(OECD, 2021b).

　OECD DAC 실적 보고에 따르면, DAC 회원국이 제공하는 ODA
가 2020년 역대 최대 규모를 달성했다. 이는 코로나19 팬데믹 지원을 위
한 ODA 확대가 영향을 미친 것으로 보인다. 반면 2015년부터 GNI 대비

---

1 2022년 기준 OECD DAC의 회원은 30개의 공여 주체이나, 주권국가가 아닌 유럽연합(EU)이 포함되어 있어 OECD
　DAC의 양자 공여국은 총 29개 국가이다. OECD DAC 회원국은 1장 48~50페이지 참조

ODA를 0.7%로 법제화한 영국의 경우 브렉시트와 코로나19의 이중고를 겪은 2021년엔 한시적으로 0.5%로 낮춘 바 있다(OECD, 2021a).

OECD DAC의 회원국 가입 현황은 〈표 1-6〉을 참고하도록 하자.

1) 미국

미국은 전형적인 식민주의 국가는 아니지만 제2차 세계대전 이후 국제 정치의 흐름을 주도하면서 오늘날까지도 최대 공여국의 자리를 지키고 있다. 국제개발협력이 본격적으로 제도화된 시기는 1961년이다. 당시 존 F. 케네디(John F. Kennedy) 대통령은 대외원조법을 제정하고 개발원조를 담당하는 정부기관으로 미국 국제개발처(United States Agency for International Development, USAID)를 설립했다. 미국은 냉전시대부터 국가의 외교정책 목표에 충실하게 대외원조정책을 추진해 왔다.

특히 2001년 9.11테러사건을 계기로 국가안보 논리를 더욱 강하게 내세웠는데, ODA 정책 수립에 외교(Diplomacy), 국방(Defense), 개발(Development)을 통합적으로 고려하는 '3D 원칙'을 도입했다. 이와 같은 기조는 2006년 콘돌리자 라이스(Condoleezza Rice) 국무장관이 새로운 정책 방향으로 전환 외교(transformational diplomacy)를 강조하며 대외원조가 외교, 국방과 더불어 미국의 외교안보정책의 주요 수단임을 천명한 이후 더욱 뚜렷해졌다.

미국의 대외원조를 국제적 조류에 맞추어 변화시킨 이니셔티브는 버락 오바마 행정부에서 시작되었다. 2010년 힐러리 클린턴(Hillary Rodham Clinton) 국무장관 주도로 발간된 '4개년 외교·개발 검토보고서(Quadrennial Diplomacy and Development Review, QDDR)'는 미국 최초의 국제개발협력 분야 중기 전략문서로, 스마트 파워 확보 일환으로 개발협력 외교를 새롭게 전개하겠다는 의지를 담았다고 평가받았다. 여기서 스마트 파워란 군사력과 경제제재를 내세운 하드 파워 외교에 정치·외교·문화적 접근 등의 소프트 파워 외교를 다양하게 결합하겠다는 뜻이다.

이 보고서는 미국의 국가 이익과 가치를 구현하고 분쟁, 재난, 빈곤 등 21세기 인류 공동의 도전과제 대응에 "외교관과 개발 분야 전문가를 전면에 내세워야 한다"고 주장한다. 결국 민관이 협력해야 함을 강조하는 것이다. 한편으로는 군사력에 기초해 힘의 외교를 추구했던 부시 행정부의 노선과 결별하고 다른 한편으로 국제개발협력이 민간 중심의 외교로 개발의 축이 변화하고 있음을 강조한 것이다.

2015년에 개정된 제2차 QDDR은 기존 QDDR을 계승하고 발전시켜 외교관과 개발 전문가의 역량에 기반한 효율성과 개발효과성 제고를 강조함과 동시에, "미국 국민의 힘"이라는 표현을 통해 개발협력 주체로서 민간의 중요성을 다시 한번 강조했다. QDDR의 실질적인 기여는 국무부 산하 USAID에 다시금 힘을 실어 세계 최고의 개발원조기관으로 키운다는 미국 개발협력의 청사진을 제시한 것과 프로그램형 지원을 본격적으로 시작했다는 점을 들 수 있다. 특히 농업 지원 프로그램 '피드 더 퓨처(Feed the Future)'와 보건 지원 프로그램 '글로벌 헬스 이니셔티브(Global Health Initiative)'는 QDDR에 직접 명시된 대표 사례라고 할 수 있다.

미국의 개발협력에는 일종의 공식이 자리하고 있다. 민주당은 대외원조를 통한 지속가능발전목표(Sustainable Development Goals, SDGs) 달성으로 상징되는 협력국의 빈곤퇴치와 경제·사회개발에 적극적인 반면, 공화당은 원조를 수단으로 대외정책 목표를 달성하는 데 더 큰 관심이 있다는 것이다. QDDR을 만들었던 민주당 오바마 행정부는 2010년의 글로벌 개발에 대한 대통령 정책(Presidential Policy Directive on Global Development,

PPD)에 기초하여 경제발전과 민주적 거버넌스 확립이라는 거시적 목표 하에 미국의 대외원조 프로그래밍을 시작했고, 글로벌 보건, 글로벌 기후변화, 글로벌 식량안보 등의 세부 방향성을 잡았다. 다양한 이니셔티브는 각각의 목표하에 부처 간 혹은 글로벌 공여 주체 간 연계를 도모하여 규모 있는 개발협력을 추진하는 방향으로 진행되었다. 협력국의 역량 강화 혁신과 연구개발 투자, 통합적 정부 전략 추진, 성과 중심, 글로벌 파트너십, 섹터 간 통합 접근 등 국제개발 사업에서 강조하고 있는 다양한 요소를 담은 공동의 전략을 강화한 점도 주목할 만하다. 예를 들어 Feed the Future 농업개발-식량안보 증진 프로그램은 2009년에 오바마(Barack Obama)가 35억 달러를 투자하여 3년 예정으로 시작했지만, 두 번의 정권교체 이후에도 여전히 미국의 핵심 농업-영양 분야 섹터 프로그램으로 남아 있다(Lawson, 2017).

반면 공화당의 사례는 트럼프(Donald Trump) 전 대통령의 대외원조 정책에서 읽을 수 있다. 트럼프(Donald Trump)는 노골적으로 대외원조에 적대적이었다. 의회의 반대에 막혀 실현되지는 못했지만 트럼프(Donald Trump)는 20% 내외의 대규모 원조예산 삭감을 거의 매년 시도한 바 있다. "인도 지원 예산을 90억 달러에서 60억 달러로 삭감해도 여전히 미국은 동 분야 최대 공여 주체"라는 인식하에 대외정책의 복잡성과 인도 지원의 긴급성/필요성을 이해하지 못했던 트럼프(Donald Trump)하에서 USAID와 같은 부처는 3년 내내 조직개편의 위협에 시달려야 했고 정치적 민감성이 덜한 사업에 집중할 수밖에 없었다. 물론 2020년부터 전개된 코로나19 상황이 대개발도상국 팬데믹 지원의 중요성을 부각시켜 USAID의 역할과 생존에 큰 역할을 했다고도 볼 수 있다.

미국은 세계 최대 공여국인 반면 대외원조가 가장 분절화된 국가 중

하나다. USAID, 새천년도전공사(Millennium Challenge Corporation, MCC), 국제개발금융공사(International Development Finance Corporation, USIDFC), 국무부, 국방부, 농업부 등의 25개 기관과 부처가 각자의 정책 방향과 비교우위에 따라 ODA를 관리하고 집행한다. 이를테면 국방부는 인도적 지원 및 특정 재건사업을 담당하고, 농업부는 주로 미국의 농업정책과 연계된 개발협력사업과 잉여 식량 지원 업무 등을 수행한다. 그러나 프로그램을 운영하는 데는 여러 부처와 USAID가 협력하여 분절화에 따른 업무 중복 같은 부작용을 최소화하기 위해 노력하고 있다. 특히 개별 부처가 설정한 고유의 ODA 목표를 위해 각자 노력하면서, 동시에 Feed the Future와 같은 범부처 프로그래밍을 통해 여러 부처의 협력과 연계의 틀을 유기적으로 만들어 가는 노력이 돋보인다.

2) 영국

전형적인 식민 종주국인 영국은 역사적 배경을 공유하는 영연방국가들과 개발협력을 중심으로 각별한 유대관계를 지속해 왔다. 1930년대까지는 '식민지 개발법(Colonial Development Act)'을 통해 식민지 국가들의 경제성장을 견인하여 영국의 수출 시장 확대에 주력했고, 1935년 이후 카리브 식민지인 트리니다드 토바고, 바베이도스, 자메이카 등에서 반란이 발생하자, '식민지 개발과 복지법(Colonial Development and Welfare Act 1940)'을 제정하고 식민지 복지를 위해 매년 500만 파운드를 지원하기 시작했다. 기본 목표는 식민지의 정치적 안정이었지만 사회개발 원조의 시원이라고 볼 수 있다. 1958년에는 대외원조 지원 대상국을 비식민지 국가들로 확대했고, 현금 지원과 더불어 기술협력도 시작했다.

1997년 집권한 노동당 토니 블레어 정부는 기존의 해외개발행

정처(Overseas Development Administration)를 국제개발부(Department for International Development, DFID)로 격상시켜 영국의 개발협력 정책 및 시행 관련 업무를 전담하게 했다. DFID의 행정·재정적 독립성 덕분에 경제적 이해관계 또는 외교정책이 ODA에 미치는 영향을 최소화하며, 협력국의 경제·사회개발을 목표로 한 대외원조의 전문성과 일관성을 확보했다는 평을 받았다.

영국 ODA는 2020년에 발생한 코로나19로 인해 큰 변화를 겪게 되는데, 23년 역사의 DFID가 외교부(Foreign and Commonwealth Office, FCO)에 합병되어 외교영연방개발부(Foreign, Commonwealth & Development Office, FCDO)가 출범했다. 아직 합병의 성과를 논하기엔 시기상조이지만, "DFID의 대규모 예산을 외교부가 흡수하여 자신의 조직문화를 대외원조에 이식함(The Guardian, 2021)", "개발도상국에 덜 지원하기 위한 명분 쌓기(Economist, 2020)" 등 합병으로 인해 세계적인 원조 전문기관이 사라진 상실감이 제법 크다.

영국은 무상원조 및 비구속성 사업을 개발협력의 원칙으로 삼는다. 그리고 이러한 기조를 매우 강력하게 유지한 덕분에 G7 국가로는 유일하게 OECD DAC가 권고한 GNI 대비 ODA 비율인 0.7%를 달성한 바 있다(Mark Anderson, 2015). 동시에 타 공여국의 정책에 모범이 될 만한 다양한 혁신적 이니셔티브를 시도한 바 있다.

우선 개발도상국이 민간자본시장 활성화를 위해 1948년 영연방개발공사(Commonwealth Development Corporation, CDC)를 출범시켜 오늘날 대표적인 개발금융기관(Development Finance Institutions, DFI)으로 발전시켰다. 또한 2011년에는 영국이 자금을 공여하는 국제기구들의 효율성과 그 활동이 영국의 개발목표에 기여하는지를 평가하는 '다자간 원조 리뷰

(Multilateral Aid Review, MAR)'를 발간한 바 있다. 같은 해 '원조영향평가독립위원회(Independent Commission for Aid Impact, ICAI)'를 설치하여 개발협력 영향평가에 대한 독립기구로서 공평하고 객관적인 평가를 진행하는 틀을 세운 바 있다. 각종 프로젝트 및 프로그램에 대한 성과 관리와 평가에 영국은 대규모 투자를 아끼지 않았다. 예를 들어 DFID는 2012년부터 5년간 1,150만 파운드를 가나의 농촌개발사업에 지원했는데 이 중 300만 파운드를 성과 관리에 투자했다.

영국의 원조는 전통적으로 구(舊) 영연방 국가에 집중되어 있었다. 그러나 2002년 제정된 국제개발법을 법적 기반으로 하여 최빈국에 대한 적극적인 대외원조를 추구하고 있다. SDGs 시대에는 개발수요가 점점 커지고 있는 사하라 이남 지역의 차드, 말리 등 사헬(Sahel) 국가 지원도 서두르고 있다. 이는 MDGs 및 SDGs와도 궤를 같이한다고 할 수 있다. 동시에 스마트 원조로의 전환을 도모하고 있는데 영국 국제개발정책의 핵심 원칙인 '경제개발을 통한 빈곤퇴치'를 적극적으로 반영한 새로운 이니셔티브라 할 수 있다. 수원국이 성장하면서 신흥국과의 새로운 협력관계 구축을 위해 개발협력정책의 방향을 전환할 필요성이 생겼기 때문이다. 스마트 원조의 핵심 구상은 아동교육 확대, 질병 퇴치, 인도적 지원 등의 전통적 원조를 넘어 양질의 일자리를 창출하는 지속가능하고 포괄적인 성장을 가능케 하는 것이다.

식민주의의 연장으로 출발한 영국의 개발협력은 21세기의 국제적 담론에 발맞추어 개발도상국의 발전을 주된 목표로 설정하는 데 성공했고, 최빈국 지원, 개발효과성 확보, 민간부문 활성화 등 개발협력의 시대정신을 반영하고 직접 실행한 글로벌 리더십을 유감없이 발휘했다. 그러나 브렉시트와 팬데믹 시대를 거치는 동안 큰 위기를 겪고 있는 개발협력의 글로벌 리더십이 FCDO 시대에 지속될 수 있을지 잘 지켜봐야 할 것이다.

3) 독일

제2차 세계대전을 일으킨 장본인이자 패전국이었던 독일은 일탈의 역사를 뒤로하고 국제사회의 일원으로 복귀하는 과정에서 ODA를 적극 활용한 나라다. 1986년 '개발정책의 기본원칙'에서 빈곤 감소를 통한 세계평화에 기여 의지를 천명한 이래로 개발도상국의 자율적 노력에 바탕을 둔 경제·사회적 발전을 지원하고 있다. 2001년에는 '빈곤 감소를 위한 행동 프로그램 2015(PA 2015)'를 발표해 2015년까지 절대빈곤에 놓인 인구를 절반으로 감소시키기 위한 독일의 구체적인 기여 방안을 제시했다. 비록 통합된 법적 체계를 갖춘 것은 아니었지만 시대적 상황을 반영하는 전략 문서를 발간함으로써 원조정책의 혁신성과 일관성을 유지하고 있다.

제도적으로는 1961년부터 부처 위상을 갖는 독립 원조기관인 연방경제협력개발부(Bundesministerium für wirtschaftliche Zusammenarbeit und Entwicklung, BMZ)를 설립해 행정적 독립성을 강화해 왔다. 현재 BMZ는 원조정책의 기획·입안·결정 등을 총괄하며, 산하에 양허성차관과 개발금융 등의 금융을 전담하는 독일재건은행(Kreditanstalt für Wiederaufbau, KfW)과 기술협력을 전담하는 독일국제협력기구(Gesellschaft für Internationale Zusammenarbeit, GIZ)를 두고 있다. GIZ는 2011년 1월 기술협력 및 인적 자원 교육을 담당하던 독일기술공사(Gesellschaft für Technische Zusammenarbeit, GTZ), 독일개발서비스(Deutscher Entwicklungsdienst, DED), 국제인력개발(Internationale Weiterbildung und Entwicklung, InWEnt)의 세 기관이 통합 출범한 기관이다. BMZ는 대외정책을 주관하는 외교부(Auswärtiges Amt, AA)와도 긴밀히 협력한다.

흔히 독일의 GIZ는 미국의 USAID나 한국의 KOICA와 같은 원조 시행 기관으로 알려져 있지만 직접 사업을 수행하기도 한다. 즉 발주처 인 KOICA의 ODA 시행(execution) 기능과 수행자인 사업관리기관(Project Management Consulting, PMC)의 수행(implementation) 기능을 동시에 하는 기관이라고 볼 수 있다. GIZ가 전 세계에서 직접 고용하고 있는 인력이 1 만 7,300명에 달한다는 통계가 시사하듯, GIZ는 기본적으로 기술협력 (Technical Cooperation, TC)을 전담하는 수행 조직이며 일종의 국영 컨설팅 기업이다(Troilo, 2011). GIZ의 주 고객은 BMZ이며, 타국 원조기관 및 국제 기구 등의 사업을 수주하여 수행한다. 또한, GIZ는 ODA 시행 기관으로 서 BMZ의 예산으로 기술협력 사업을 전문 수행 조직(주로 개발 컨설팅)에 발주하는 역할도 담당한다. 독일 ODA가 늘어나자 이와 같은 시행·관리 기능은 점점 확대되어 운용 예산의 55%(2020년)를 민간 위탁 또는 공모하 고 나머지는 자체 수행한다(Leene, 2021).

전통적으로 독일은 빠른 산업화를 이룩한 경험과 오늘날까지 제조 업 중심으로 경제를 운영하는 기술 강국답게 ODA도 개발도상국의 산업 경쟁력 제고 및 기술인력 양성에 특화하는 경향이 있다. BMZ는 기술개발 을 통해 고용 역량을 높여 소외계층의 빈곤퇴치를 해결한다는 목표로 연 간 1억 6,000만 유로(2015년)를 기술교육 분야에 지원하며 이 분야 최대 공여 주체로서의 위상을 유지하고 있다(BMZ, 2017: 15).

이를 위해 2005년부터 노동시장 친화형 기술·직업 교육훈련이라는 개념을 도입했다. 핵심은 기존의 장비와 고급 기술 중심의 엘리트 직업 교육에서 탈피하여 비공식 부문 노동자 및 소상공인의 눈높이에 맞는 각 종 프로그램을 창의적으로 설계하자는 것이다. 이를 위해 핵심기술 역량 에 더하여 창업을 위한 스타트업 교육이나 마이크로 크레딧을 통한 자금

지원 등도 병행하고 있다. 자국의 기술 경쟁력을 반영한 독일의 기술교육 ODA는 저소득층의 역량 개발을 도모하고 소득 증대를 이룩함과 동시에 그들을 시민사회의 건전한 일원으로 편입시킨다는 목표하에 다양한 지원 수단을 병행하여 시장에 대한 적응력 제고를 도모하는 방식으로 진행되고 있다(BMZ, 2015).

독일 ODA의 또 다른 특징은 세계적인 경쟁력을 갖추고 있는 자국 기업들과의 글로벌 파트너십이다. BMZ는 독일 민간 파트너십 프로그램도 주관하며 시민사회 및 민간기업과의 파트너십 사업 등도 지원한다. 대표적으로는 기업의 혁신적인 비즈니스 아이템을 지원하여 개발도상국의 발전에 기여하는 목적인 develoPPP 프로그램을 들 수 있는데, GIZ의 무상재원으로 사업당 200만 유로, 50% 지원을 상한으로 한 민관협력 기본 모델(develoPPP Classic)과 더불어 KfW와 자회사인 독일투자공사(Deutsche Investitions und Entwicklungsgesellschaft, DEG)의 유상 및 투자 재원까지 동원이 가능한 벤처형 모델(develoPPP Venture)도 운영하고 있다(developpp.de).

2016년 총 240억 달러의 ODA를 공여한 독일은 미국에 이어 두 번째 양자 공여국으로 부상했고 GNI 대비 ODA 비율도 0.7%를 넘었다. 주된 ODA 증가요인은 2015년부터 늘어난 난민에 대한 지원 예산이 확대되면서 국내 지출분이 ODA로 계상되었기 때문이다.[2] 당시 메르켈(Angela Merkel) 수상은 "Wir schaffen(관리 가능하다)"이라면서 시리아 등으로부터 유럽에 밀려오는 난민의 3부의 2를 적극적으로 수용했고, 2016~2019년 간 89억 달러의 ODA를 추가 증액했다(OECD, 2017). 비록 난민 수용이라

---

2 OECD DAC의 기준에 따르면 국내에서 집행되는 난민 지원의 경우 첫해에는 ODA 예산으로 계상이 가능하다.

는 한시적 요인이 작동하긴 했지만 독일은 영국을 제치고 제2의 공여국으로 부상했고, 독일 역사상 최초로 ODA/GNI 비율이 0.7%를 돌파한 덕에 개발협력의 중요성을 더욱 자각하는 계기가 되었다. 질적인 측면에서도 독일의 개발협력은 그동안 기술 분야 이외에 뚜렷한 색깔을 찾기 어려웠는데, 인도적 지원의 급속한 증가로 새로운 전환점을 맞게 되었다.

독일의 개발협력은 2020년에 수립된 BMZ 2030 개혁전략을 통해 개발 효과성 제고를 강조하는 등 질적 전환을 도모하고 있다. 이를 위해 기존 85개의 협력국 수를 60개로 축소 조정하고, 보건과 초등교육 분야는 다자기구를 통해 지원하여 효율성을 높이고, 동시에 인권과 취약성 및 반부패 거버넌스 확립 등 포용적 접근을 강조한다. 특히 취약성에 대한 단순 대응에 그치지 않고, 난민이 발생하고 취약성이 심화되는 근본 원인을 협력국 내에서 찾고 해결하는 데 집중할 예정이다. 아울러 시민사회와 기업과의 민관협력 프로그램도 꾸준히 확대할 계획이다.

4) 일본

일본은 전쟁 후 경제적 기반을 다시 구축하기 시작하면서 본격적으로 개발원조를 전개했다. 식민지 통치 혹은 참전 경험이 있는 다른 나라들과 마찬가지로 피식민국 혹은 전쟁 피해국에 대한 지원으로 원조를 시작했다. 1954년부터 1963년까지는 제2차 세계대전 중 일본이 점령했던 국가들에 대한 배상금 지급 목적의 ODA를 제공했다.

1954년 미얀마와 '일본·버마 평화조약 및 배상·경제협력 협정', 1956년 필리핀, 1958년 인도네시아와 각각 배상에 관한 협정을 체결했다. 또한 캄보디아, 라오스, 말레이시아, 싱가포르에 대해서도 무상원조를 제공했다. 이러한 방식으로 약 20년 동안 동아시아에 총 10억 달러가 넘는 원조 자금을 지원했다(박홍영, 2011). 전쟁 후의 배상 형태로 시작된 일본의 대외원조는 1964년부터 1976년까지 이어진 일본의 고도성장으로 그 규모가 점점 확대되어 2014년에는 98억 달러 수준에 도달했다. 이는 미국, 영국, 독일에 이어 4번째로 큰 규모였다(최지은, 2015).

일본은 원조 효율성과 효과성 제고를 위해 ODA 전략과 정책 및 집행의 일원화를 위한 체제 개편 작업을 완료했다. 2008년 총리실 주도로 단행된 조직개편안에 따라 해외경제협력회의가 정책 결정에 관한 주요 사항을 심의하는 중추 역할을 담당하고 있으며, 외무성의 ODA 기획·입안 기능을 담당하는 국제협력국(International Cooperation Bureau)이 양자 및 다자 원조를 통합 관리한다.

개발원조 시행 기구의 경우 과거 기술협력과 무상원조를 담당했던 일본국제협력기구(Japan International Cooperation Agency, JICA)와 유상원조인 엔 차관을 담당하는 일본국제협력은행(Japan Bank of International Cooperation, JBIC)으로 이원화되어 있었으나 2008년 10월부터 무상원조, 기술협력은 물론 유상원조까지 전부 신일본국제협력기구(New Japan International Cooperation Agency, New JICA)에서 총괄 실행한다.

일본의 원조 체계는 정책 결정기구와 집행기구가 분리된 구조다. 그러나 정책 결정 시 관련 부처의 협의와 조정이 지속적으로 필요하며, 유상 자금협력의 재무와 회계 관련 사항들은 외무장관과 재무장관이 공동으로 관리하기 때문에 정책과 집행이 완전히 분리되었다고 한 수는 없다. 일본의 원조정책은 기본적으로 자국의 수출 증진과 국익 추구를 반영한 것이어서 비판을 받아 온 것도 사실이나 국제사회의 권고에 따라 비구속화 노력을 꾸준히 진행해, 2010년 이후 OECD에 보고된 비구속화율은 100%를 기록하고 있다.

일본 정부는 2015년 초 새로운 ODA 헌장을 개정하여 '개발협력대강(開發協力大綱, Development Cooperation Charter: For peace, prosperity and a better future for everyone)'을 발표했다. 전반적으로 국제개발협력 분야의 세계적 흐름을 반영하며 윈윈(win-win)을 지향한다고 하나 결정적으로 두 가지 쟁점이 있다.

첫째, "ODA를 통해 국익 확보에 공헌한다"는 표현을 DAC 회원국 최초로 삽입했다. ODA 법이나 헌장상 국익 추구를 명시적으로 규정한 공여국은 드문데, 개발협력을 비구속화하면서 자국 ODA에 대한 일본 기업의 수주가 부진했기 때문으로 해석된다.

둘째, 원조 명목의 군사적 지원이 가능하게 되었다. 2003년 개정된 ODA 대강은 "군사적 용도와 국제분쟁 조장 용도로는 ODA를 사용하지 않는다"고 명시하여, 군의 관여가 있는 지원은 전면 배제한 바 있다. 그러나 2015년의 대강은 군사 및 국제 분쟁을 조장하는 지원은 제외하되, 재해구조 등의 비군사적 분야에 한해서는 군의 관여가 있더라도 원조할 수 있도록 해 논쟁의 대상인 해외 파병 여지를 넓힌다는 우려를 낳았다(연합뉴스, 2015).

아베 신조의 장기 집권기(2012~2020년)에 일본의 개발협력정책에 큰 변화는 없었지만 주목할 만한 이니셔티브는 2017년에 보편적 의료보장(Universal Health Care, UHC) 분야에 29억 달러의 지원을 결정한 것이다. 물론 G-7, G-20 등 글로벌 거버넌스 체제의 합의에 동참한 것이지만, 일본의 보편적 의료보험 체계의 경험을 협력국과 나누고자 하는 아베의 의지가 투영되었다는 해석도 흥미롭다. 기후변화나 긴급구호, 코로나19 지원 등에서도 일본은 지속적으로 대규모의 지원을 하고 있다.

ODA 총액 기준으로 1990년대 일본은 세계 최대의 공여국이었으나,

MDGs·SDGs 시대를 맞이하여 대외원조를 빠르게 확대한 독일이나 영국의 수준에는 못 미친다. 그렇다고 해도 160억 달러(2020년 기준)의 대규모 지원을 시행하는 5대 주요 공여국으로서의 위상에는 변함이 없다. 다만 바꾸기 어렵고 변화가 느린 일본 정책 기조의 경직성을 그대로 따라가는 흐름이라, 4차 산업혁명 시대에 요구되는 정책의 민첩성 또는 혁신성은 엿보기 어렵다. ODA의 지원을 민간기업의 해외 진출에 연계시키는 국익 추구 전략도 자국 기업의 글로벌 진출이 상대적으로 둔화되고 있어 그 의미가 퇴색되고 있다. 그래서 예나 지금이나 일본 원조의 주류적 경향은 ▲높은 유상원조 비율, ▲경제 인프라 지원, ▲아시아 협력국에 한한 집중으로 요약할 수 있다(정효민, 2019).

5) 스웨덴

대외원조에 있어 스웨덴은 기본적으로 인도주의적 이념을 고수하는 대표적인 북유럽 국가다. 식민 경험이 없음에도 오랜 대외원조의 역사를 지닌 국가이기도 하다. 정부와 국민이 공통으로 빈곤을 전 지구적 책임으로 인식하기 때문인 것으로 보인다. 스웨덴은 인권신장과 빈곤퇴치를 대외원조의 최우선 목표로 두고, 가난한 사람이 스스로 자기 삶의 질을 높일 수 있는 환경을 조성하고자 노력해 왔다. 이와 같은 확고한 가치와 철학은 오랜 기간 국내적으로 축적된 사회민주주의 전통과 복지 모델에 기반을 두고 있다. 18세기부터 토지개혁을 꾸준히 시행했고, 일찍이 안착한 협동조합 모형 등을 통해 소농·소상공인의 권리 보호를 위해 다차원적으로 노력했으며, 민주주의 발전, 환경보호, 노사갈등 해결, 성평등 및 소수자 보호 등에 대한 사회적 협약을 꾸준히 추진한 것이다. 이와 같은 국내적 경험을 투영한 개발원조는 주로 사하라 이남의 최빈국에 집중되어 있으며, 교육 및 사회서비스 비중이 높고 제도개혁에 적극적이다. 원조의 방식도 원조기관에 의한 하향식 프로그램보다는 기업, 시민사회, 국제기구 등과의 입체적 파트너십을 강조한다.

2020년에 GNI 대비 1.14%(총 63억 달러)를 기록하여 경제 규모 대비 가장 많은 원조를 시행하는 국가인 스웨덴의 대외원조는 총액 기준으로도 6대 공여국이다. 일부 민간 금융지원을 제외한 대부분은 무상원조(98%)이며, 이 중에서 양자 원조(56%, 35억 달러)가 다자 원조(44%, 28억 달러)를 상회하지만 스웨덴은 다자 원조 비율을 늘려 왔다. OECD DAC 평균인 29%를 상회하며, 2013년 대비 12%포인트가 증가한 비율이다(OECD, 2021b).

스웨덴 외교부는 양자 및 다자 개발협력정책을 모두 책임지고 있다. 여기에는 UN 기관, 세계은행, 지역개발은행과 EU를 통한 원조도 포함한다. 특히 외교부 산하의 스웨덴 국제개발협력청(Swedish International Development Cooperation Agency, SIDA)은 양자간 개발협력사업 집행을 전담하고 있다(한국국제협력단, 2013).

스웨덴은 DAC 회원국 중 처음으로 개발정책을 하나의 통합된 정책으로 추진한 국가다. 2003년 스웨덴 의회는 대외원조와 관련한 정책 수행에 있어 일관성을 지닌 통합된 개발정책을 추구한다는 내용의 '범지구적 개발을 위한 정책'을 채택했다. 이에 따라 '공평하고 지속가능한 지구적 발전(equitable and sustainable global development)'을 범정부적 차원의 국제개발 목표로 명시하고 국제개발협력 정책이 외교, 안보 및 국제경제, 환경정책과의 일관성을 도모해야 한다고 강조한다. 국제개발협력의 주요 정책 요소로 ▲인권 존중 ▲민주주의 및 굿 거버넌스 ▲성평등 ▲지속가능한 자원 활용과 환경보호 ▲경제발전 ▲사회발전 및 안보 ▲분쟁 관리 및 인간 안보 ▲글로벌 공공재와 도전 과제를 제시했다. 이와 동시에 권리 중심 접근법, 빈곤층 중심 접근법을 전 분야에 걸친 정책 결정과 사업실행에 적용하는 접근법으로 채택했다(곽재성 외, 2018).

6) 호주

호주는 아시아태평양경제협력체(Asia Pacific Economic Cooperation, APEC)와 아세안지역안보포럼(ASEAN Regional Forum, ARF)을 구축하는 과정에서 주도적인 역할을 맡는 등 대외정책에서 아시아·태평양 지역의 리더십을 강조하는 국가이다. 이러한 성향은 대외원조에도 반영된다. 많은 OECD DAC 공여국들이 아프리카 및 최빈국 지원을 강조하고 있는 데반해 호주는 인도-태평양 지역에 대한 원조를 우선시한다. 호주의 인접지역 원조는 전체 ODA 예산의 90%가 집중되어 있는데, 주로 무역을 위한 원조(Aid for Trade), 양성평등, 보건, 안보 분야를 집중 지원하고 있으며, 군소도서국 지원, 재난위험 경감, 장애인 지원, 성평등, 평화 안보 분야의 국제 논의도 주도하고 있다(OECD, 2018).

호주의 개발원조는 2006년 발표한 '대외원조백서'에 법적 기반을 둔다. 그러나 재정적 어려움으로 인해 호주 정부는 2013년 이후 ODA 규모를 동결했고, GNI의 0.5%를 지원하겠다던 공약을 포기하기에 이르렀다. 20년간 운영한 원조기관인 호주 국제개발청(Australian Agency for International Development, AusAID)두 외교부에 흡수·통합시키는 조치를 취했다. 새로운 전략 수립이 불가피해지자 호주는 '국익과 인도-태평양 지역의 안보와 안정에 기초한 국익 중심의 ODA 전략'을 중심으로 새로운 개발원조의 프레임워크(framework)를 세웠다. 글로벌 담론을 수용하면서 주변 지역 ODA에 집중하는 현실적인 전략을 수립했고, ODA를 통한 민

간재원 동원, 아시아 신흥국과의 경제협력 파트너십 구축, 평화와 거버
넌스 구축 등도 강조한다. 아울러 OECD 동료검토(Peer Review) 시 호주
ODA의 젠더 주류화를 매우 높게 평가했는데, 그 배경으로는 개발협력
전략, 성과 목표 설정, 재원 투입, 정책적 의지 등이 적절하게 뒷받침되었
다고 보았다(OECD, 2018).

그럼에도 불구하고 주변 지역으로 협력국을 한정, 축소하면서 국익
중심의 개발협력이 강조되는 부분, AusAID가 외교부에 흡수·통합된 이
후 제기된 효율성과 원조효과성 퇴보 이슈, 빈곤 감소를 위한 명시적 전
략과 목표가 부재하고 ODA 규모 확대를 위한 목표 또한 부재한 점 등은
앞으로 호주 개발협력이 풀어야 할 과제이다.

<표 4-1> ODA 공여 주체별 특성 및 정책 경향

국가	특징	주요 원조기관	최근 동향
미국	세계 최대 공여국 원조 분절화	국무부(DoS), 미국 국제개발처(USAID)	QDDR 발간(USAID 강화, 프로그램형 지원)
영국	구 식민지 위주에서 탈피 무상, 비구속성 원조	외교영연방개발부 (FCDO)	기관 합병, 팬데믹, 브렉시트 등 글로벌 리더십에 대한 비판 제기
독일	개발협력기관의 행정적 독립성	연방경제협력개발부 (BMZ)	난민 수용 및 지원 예산 확대 등으로 인도적 지원의 급속한 증가
일본	식민 보상, 전쟁 배상 역사, 국익 중심, 유무상 통합	신일본국제협력기구 (New JICA)	2015년 개발협력대강에 ODA 목적으로 국익 추구 명시
스웨덴	인도주의적 이념 강조	스웨덴 국제개발협력청 (SIDA)	높은 다자간 원조 비율
호주	아시아·태평양 지역에 집중	외교부(DFAT)	기관 합병, 원조효과성 퇴보 이슈 및 ODA 확대 목표 미설정에 대한 비판 제기

출처 : 저자 작성

(2) 신흥 공여국

전통적으로 공적개발원조의 주요 역할을 수행해 온 주체는 선진 공여국이다. 그러나 오늘날에는 신흥 공여국의 역할이 주목받고 있다. 신흥 공여국은 ① OECD 회원국이지만 아직 DAC 회원이 아닌 나라, ② EU의 신규 회원이지만 OECD 회원은 아닌 나라, ③ 중동과 OPEC 회원국, ④ 비OECD 회원국, 그리고 ②와 ③의 그룹에 속하지 않는 국가, 이렇게 네 그룹으로 나눌 수 있다(한국국제협력단, 2013).

이스라엘, 멕시코, 칠레, 튀르키예 등은 OECD 회원국이지만 DAC 회원이 아닌 ①에 속한다. 이들 국가들은 이미 개발원조에서 큰 역할을 하고 있으며, 미래의 DAC 회원국이기도 하다. 앞으로도 주변국을 중심으로 삼각협력(Triangulation)이나 발전 경험 공유 프로그램 등을 중심으로 ODA를 계속 확대할 것으로 예상된다. EU의 신규 회원이면서 OECD 회원은 아닌 ②에는 루마니아, 불가리아, 크로아티아, 사이프러스 등이 해당된다. 이들 역시 EU의 정책 노선에 따라 ODA 확대에 기여할 것으로 예상된다.

③의 경우 빠른 경제성장과 풍부한 오일 머니를 기반으로 대외원조를 확대해 왔다. 아랍에미리트(UAE)가 대표 사례로 2013년 이집트에 대한 대규모 지원에 힘입어 UAE의 원조는 사상 최고인 GNI 대비 1.25%를 기록했다(OECD, 2014a). 2014년 UAE는 OECD DAC의 참여국(Participant) 지위를 획득했다. 2022년 기준 OECD DAC의 참여국은 UAE 외에도 아제르바이잔, 불가리아, 루마니아, 쿠웨이트, 카타르, 사우디아라비아 등이다.

거대 신흥국이 대거 포진된 ④가 가장 주목받고 있다. 중국, 인도, 남아프리카공화국, 브라질, 인도네시아 같은 대국의 경우 지역 헤게모니 국가로 주변국을 집중적으로 지원한다. 일대일로를 표방하고 있는 중국의 경우 아프리카를 비롯한 개발도상국에 대한 인프라 사업을 광범위하게 지원하고 있다.

이들 신흥 공여국들은 양자 원조에 그치지 않고 다자개발은행 (Multilateral Development Bank, MDB) 설립을 통해 새로운 국제금융 질서를 구축하려 하고 있다. 그러나 이와 같은 활발한 움직임들이 몇 가지 쟁점을 낳고 있는 실정이며, 자연스럽게 국제개발협력의 주요 이슈로 부상하고 있다.

1) 원조 규범과 공여 방식

신흥 공여국의 등장으로 원조 총액이 늘어나면서 수원국 입장에서는 개발재원을 선택할 수 있는 폭이 넓어지는 긍정적 효과가 발생했다. 그러나 여러 가지 문제점도 지적되었다. 특히 DAC 비회원국들의 원조는 경제적 이득을 취할 목적으로, 조건을 달고 이루어지는 경우가 많아 원조효과성 및 투명성이 떨어지며 장기적 비전이 없다는 비판이 있다. 이에 기존의 선진국들이 형성해 온 원조의 틀에 DAC 비회원국들의 참여를 끌어들일 수 있는지가 새로운 과제로 떠오르게 되었다.

대표적으로 인프라 구축 및 자원 확보를 핵심 목표로 하는 중국의 ODA를 들 수 있다. 2018년 기준 중국의 순 ODA 규모는 64억 달러로 알려졌다(기자재 차관 제외). 이는 스웨덴과 유사한 규모이다. OECD DAC 회원국이 아니며, ODA 계상 방식과 지원 형태가 상이한 중국의 ODA를 통계적으로 비교하긴 쉽지 않지만, 대외 지원 시 수출신용, 기타공적자금 (Other Official Flows, OOF)이 포함된 패키지 형태를 합산한 전체 대외 지원 규모는 2011년부터 미국을 추월한 것으로 관측된다. 지역별로는 아프리카 51.8%, 아시아 30.5% 등으로 집중돼 있으며 분야별로는 경제 인프라 분야가 44.8%로 가장 높았다(조항일, 2020). 중국 ODA의 주목할 만한 변화는 2018년 4월, 차관급을 청장으로 하는 중국 국제개발협력청(China International Development Cooperation Agency, CIDCA)이 설립된 것이다. 프로젝트의 평가 강화, 중국 ODA의 각종 원조 통계 관리, 글로벌 파트너십 참여 등이 주요 업무인 CIDCA는 글로벌 개발협력 담론에 발맞추어 중국 ODA의 투명성과 선진화에 기여할 수 있는 원조기관으로의 발전이 기대된다. 물론 중국에는 30개가 넘는 기관이 개발협력 업무를 이미 수행하고 있어서, 기존 공여 주체인 상무부, 외교부, 인민은행과 비교하여 정부가 CIDCA에 어떤 권위와 위상을 부여할지는 명확하지 않다. CIDCA는 코로나19 상황에서 구호물자 원조 등을 담당하는 등 핵심 원조기관으로서의 역할을 맡은 바 있다(CIDCA, 2022).

중국의 대외원조 주요 지원 분야는 농업, 공업, 경제 인프라, 공공시설 건설, 교육, 보건의료 등이다. 지금까지 선진 공여국들이 합의해 온 원조 규범이나 공여 방식과는 다른 원조 모델을 활용해 왔다. 때문에 국제사회는 신흥 공여국으로서의 중국의 역할에 대한 기대감을 가지는 동시에 우려를 표한다. 실제로 중국의 패키지형 개발협력[3] 방식과 자국의 이익을 최우선으로 한 수출 및 자원 확보형 ODA는 국제사회의 비판을 받았다.

그럼에도 지난 30년간 중국의 대외원조는 괄목할 만한 성장을 보였고, OECD DAC 회원국은 아니지만 나름의 개발협력 리더십을 확보했다

---

3 패키지형 개발협력은 장기적 지속성과 개발효과성 제고를 목적으로 특정 지역, 국가의 한 분야에 대해 유무상을 포함한 다양한 원조 방식, 나아가 민간의 참여까지 유도하여 집중 지원하는 방식이다.

고 볼 수 있다. 앞으로 국제사회의 규범과 유기적으로 협력할 수 있을 것인지, 혹은 일대일로와 같은 자체적인 글로벌 협력 생태계를 유지하려 할지 관심 있게 지켜볼 일이다.

2) 남남 기술협력을 통한 발전 경험 전수와 연대의식 확보

남남 기술협력(이하 남남협력)이란 개발도상국 상호 간에 이루어지는 국제협력이다. 개발도상국 상호 간의 생생한 발전 경험을 공유한다는 측면에서 기술협력의 새로운 협력 프레임으로 부상하고 있다. 주로 정부 또는 공공기관이 직접 지식 전수의 매개체가 된다. 가장 활발한 남남협력을 보이는 국가로는 브라질, 칠레 등의 중남미 국가를 들 수 있다. 이 지역은 지리·역사·문화·언어적 공통점을 바탕으로 개발 경험과 사례를 주변국으로 확산시킨 경험이 있으며 국가 간 동료의식도 강하다. 게다가 대부분의 국가에 민주적 정치체제와 원활한 공공 행정체계가 구축되어 있어 국가 간 지식공유 역시 상대적으로 수월하다. 또한 남아공을 비롯한 아프리카의 남남협력, 인도를 중심으로 한 서남아권의 남남협력도 활발히 진행되고 있다.

남남협력의 연장선에서 삼각협력 개념도 많은 주목을 받고 있다. 기본적으로 삼각협력은 남남협력의 틀에서 공여국이 참여하여 기존의 남남협력을 촉진하는 형태이기 때문이다. UN의 남남협력 주관 조직인 유엔남남협력기구(UN Office for South-South Cooperation, UNOSSC)에 따르면 삼각협력은 정책 노하우 전수나 원조를 추진하는 개발도상국이 부족한 자본과 기술을 보완하기 위해 "전통적 공여국과 국제기구가 2개국 또는 그 이상의 개발도상국들과 그들의 지식과 자원을 교환하는 데 공헌하기 위하여 자금, 연수, 관리 및 기술적 시스템과 기타 지원 형태로 남남 이니셔티브를 촉진하는 협력 형태"를 의미한다(UNOSSC, 2022). 예를 들면 메콩강 유역의 불법 어업 방지에 대한 정책 노하우를 태국 정부가 캄보디아 정부와 나누는 것이 남남협력이라면, 본 사업에 KOICA의 지원이 더해져서 사업 규모가 확대되고 동시에 한국의 경험도 전수될 수 있다면 삼각협력이 되는 것이다. 전통적 개발협력이 남북협력, 개발도상국 간 협력이 남남협력인 반면, 전형적인 삼각협력은 '북-남-남' 형태의 협력체제라고 할 수 있다. 최근에는 정부 대 정부 간 사업만이 아니라, 기업과 NGO 등 다양한 민간 참여자도 포괄하는 방향으로 그 개념이 확대되고 있다.

3) 상호연대를 통한 새로운 국제금융 질서 구축

그동안 개발도상국들은 서로 연대해 새로운 국제금융 질서를 구축하려는 시도를 전개해 왔다. 대표 사례로 중국의 주도로 2016년 1월 설립한 아시아인프라투자은행(Asia Infrastructure Investment Bank, AIIB), 2015년 7월 브라질, 러시아, 인도, 중국, 남아프리카공화국의 5개 브릭스(BRICS) 신흥국들이 주도한 브릭스 신개발은행(New Development Bank BRICS, NDB) 설립을 들 수 있다.

NDB는 MDB와 마찬가지로 아시아와 아프리카 등 개발도상국의 인프라 투자에 적극적으로 참여한다는 계획을 갖고 있지만 그 구조는 AIIB와 다르다. AIIB는 30%의 지분을 가지고 있는 중국의 주도로 출범했고 일본과 미국을 제외한 유럽, 호주, 대한민국 등 다수의 OECD 국가도 참여한다. 이에 반해 NDB는 BRICS 5개국이 각각 100억 달러씩 총 500억 달러를 출자해, 선진국을 배제한 채 신흥국 중심으로 출범했다. NDB는 UN 회원국이라면 어느 국가나 가입이 가능하며, 2021년에는 방글라데시, 이집트, UAE, 우루과이 등 4개국이 신규 회원으로 승인되었고 외연 확장에 시동을 걸었다. 향후 신규 회원국이 늘어 가더라도 BRICS 5개국이 55% 이상의 지분을 계속 유지하며 운영 주도권을 행사할 계획이다.

과거 신흥국들이 치앙마이이니셔티브 다자간기금(Chiang Mai Initiative Multilateralization, CMIM) 등 자체적으로 금융 안전망을 만든 적은 있었으나 국제통화기금(International Monetary Fund, IMF)이나 세계은행(World Bank, WB) 등에 대적할 만한 기관을 설립한 것은 처음이다. 신흥국들은 자신들이 이루어 온 급속한 경제성장의 성과에 비해 IMF 등 주요 국제금융기구에서의 역할은 답보 상태에 머물러 있다며 강한 불만을 제기해 왔다. 특히 2015년 초 미국 의회가 신흥국의 지분을 확대하자는 IMF 개혁안에 대해 공개적으로 반대 의사를 밝혀 논란이 커진 바 있다. 개발도상국들의 늘어 가는 개발 수요에 부응하기 위해서 국제금융기구의 규모를 키워야 하는데, 증자를 위한 재정 여력이 마땅치 않지만 기득권을 유지하고 싶은 미국과 유럽 입장에서는 중국을 위시한 신흥국의 재원으로 IMF와 세계은행의 자본 규모를 키우는 개혁안을 수용하기 어렵다는 것이 브레턴우즈(Bretton Woods) 체제의 태생적 딜레마다. 이에 신흥국들은 나름의 국제금융 시스템을 구축하는 시도로 대응하고 있다. AIIB와 NDB 등의 출범도 같은 맥락에서 이해할 수 있다. 비록 이와 같은 국제정치경제의 역학 관계에서 탄생한 금융기구들이지만, 인프라 및 인도적 지원 수요가 급격히 늘고 있는 시점에서 개발재원이 확대되고 있다는 것은 환영할 만한 일이다.

이상에서 살펴본 바와 같이 국제사회에서 신흥국들의 영향력이 상대적이고 절대적으로 증대되면서 과거 OECD DAC 회원국 위주로 전개되었던 국제개발협력 체제에 변화의 바람이 불고 있다. 개발협력의 이해관계자가 다양해지면서 그 어느 때보다 이들의 이익을 조화롭게 조정하기 위한 노력이 필요해졌다. 개발협력의 현장에서 기존 DAC 공여국과 신흥 공여국이 대화와 조정의 메커니즘에 함께 참여할 수 있는 틀을 새롭게 짜는 한편 다양한 민간 재원들과도 어떻게 협력할 수 있을지 고민해야겠다.

3. 다자개발기구

다자개발기구는 1940년대에 UN, IMF, 세계은행 등이 설립되면서 활발히 부상했다. 오늘날에는 전문적인 영역에서 다양한 지원 수단을 통해 전 지구적 문제 해결과 개발도상국들의 발전을 위해 힘을 쏟고 있다. 다자개발기구는 크게 UN 본부 및 산하기구, 국제금융기구, OECD, 기타 지역기구로 구분할 수 있다.

(1) UN 본부 및 산하기구

제2차 세계대전이 끝나 갈 무렵 연합국들 사이에 전후 국제평화와 안전 유지를 위한 새로운 형태의 국제기구 설립의 필요성이 대두되었다.

그 결과 1942년 1월, 26개국 대표들이 미국의 수도 워싱턴에서 '연합국 선언'에 서명하면서 UN이 태동했다. 연합국 선언은 대서양 헌장에 구체화된 목적과 원칙에 따른 공동행동의 의지를 재확인하며 국제연합 창설을 위한 연합국 공동의 노력을 천명했고, 루스벨트(Franklin Roosevelt) 대통령이 제안한 'UN'이라는 용어가 최초로 공식 사용되었다.

1945년 정식으로 설립된 UN은 UN 헌장을 통해 경제, 사회, 문화 및 인권과 관련된 국제 문제를 해결하기 위한 국제협력 촉진자 역할을 자임했다. 또한 지역 내 경제·사회적 개발을 목표 중 하나로 설정해 유엔경제사회이사회(Economic and Social Council, ECOSOC) 산하에 지역별 경제위원회를 발족시켰다.

또한 UN은 식량농업기구(Food and Agriculture Organization of the UN, FAO), 세계보건기구(World Health Organization, WHO), 유엔아동기금(UN Children's Fund, UNICEF) 등 다양한 전문기구들을 출범시켜 다자간 협력을 통한 국제개발협력의 토대를 마련했다. 그리고 1965년 마침내 UN의 모든 개발원조 활동을 총괄 조정하는 중앙기구로 유엔개발계획(UN Development Programme, UNDP)을 설립했다(최춘흠 외, 2008).

UN은 국제평화와 안전 보장, 국가 간 우호 관계 발전, 경제·사회문화·인도적 문제 해결 및 인권과 기본적 자유의 증진을 위한 국제적 협력을 도모하는 기관이다. UN은 모든 회원국의 주권 평등, 헌장 의무 준수, 국제분쟁의 평화적 해결, 국제관계에서 무력 사용 및 위협 금지, UN의 조치에 대한 지원과 예방, 또는 강제 조치 대상국에 대한 지원 금지, 국내 문제 불간섭 등의 원칙을 갖고 활동한다.

대한민국은 건국 이후부터 UN의 정식 회원국이 되고자 노력했지만, 남북 대치 상황으로 쉽게 뜻을 이루지 못했다. 1991년에 이르러 구소련이

<그림 4-1> UN 조직도

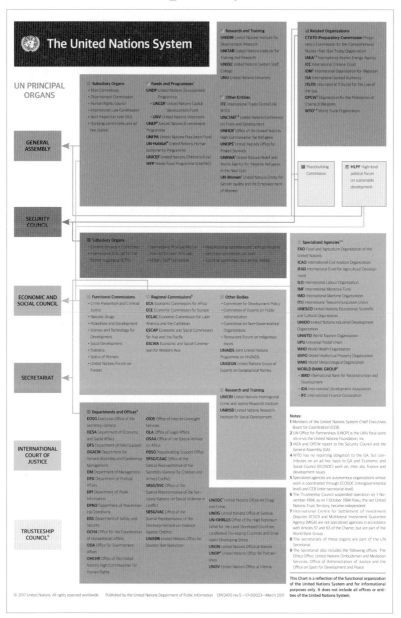

출처 : UN. Department of Public Information(2017)

해체되고 동구권이 몰락하는 등, 국제정세가 급변하는 틈을 타서 북한과의 동시 가입을 실현했다. 이후 우리나라는 반기문 전 UN 사무총장을 비롯한 핵심 리더십을 속속 배출하며, 빠르게 UN의 핵심 회원국으로 부상했다.

이에 걸맞게 한국의 UN 정규 예산 및 평화유지활동(Peacekeeping Operations, PKO) 예산 순위는 모두 9위를 기록하고 있다. 우리의 분담률은 2019~2021년 2.267%에서 2022~2024년 2.574%로 13.5% 상승했으며, 이는 1991년 UN 가입 당시의 0.69%에서 30년 만에 273% 증가한 것이다. 지속적인 경제발전으로 GNI가 상승함에 따라 우리 분담률도 상승하고 있다. UN 정규 예산 분담률은 각국 GNI가 세계 소득에서 차지하는 비중을 기초로 하되, 외채, 실제 지불 능력 등을 추가 고려하여 산정한다(외교부, 2021a).

UN 정규 예산은 2년 단위로 작성하며, 총회의 승인을 받아 책정(2020년부터 3년간 시범적으로 1년 단위 작성)한다. 정규 예산의 주 원천은 회원국들이 납부하는 분담금으로, 각국의 분담률은 18개국으로 구성된 분담금위원회의 권고를 거쳐 3년마다 UN 총회에서 산정하는데, 각국의 GNI, 외채, 저소득 요소 등의 여러 경제지표를 기준으로 한다. 우리나라는 2000년 이후로 줄곧 UN 핵심 분담국(분담률이 1% 이상인 18개국)이다.

스웨덴 출신의 다그 함마르셸드(Dag Hammarskjöld) 제2대 UN 사무총장은 "UN은 인류를 천국으로 인도하기 위해서가 아니라, 지옥에서 구하기 위해 만들어진 것"이라고 말한 적이 있다. UN은 두 차례의 세계대전 이후 기본적인 안보와 평화를 보전하려는 목적으로 만들어졌으며 설립 이후 줄곧 개발과 인권 신장에도 앞장서 왔다. 또한 OECD와 더불어 국제개발협력 분야에서 MDGs, SDGs 등의 글로벌 담론을 주도함과 동시에 지역적·기능적 전문성을 바탕으로 개발협력을 추진하고 있다.

1) UN의 개발협력 기능

UN에서 개발협력을 담당하는 기구는 ECOSOC로, 지속가능한 발전과 관련된 14개 전문기구, 10개 위원회, 5개 지역위원회를 총괄한다. UN의 개발 계획은 총회의 결의로 채택되는 개발협력 기본전략인 4개년 종합정책계획(Quadrennial Comprehensive Policy Review, QCPR)을 따르며, ECOSOC는 이를 이행하고 각 기구의 역할을 조정하는 역할을 담당한다. 한편 유엔개발그룹(UN Development Group, UNDG)은 UN 산하 각 기구의 활동을 효율적이고 효과적으로 조정하기 위해 1997년 설립된 바 있다. 지금은 유엔지속가능개발그룹(UN Sustainable Development Group, UNSDG)으로 확대 운영 중이며, UN 사무차장이 의장을, UNDP 총재가 부의장을 겸하며, 개발코디기구(Development Coordination Office, DCO)를 사무국으로 두고 있다. 현재 UNSDG에는 유엔경제사회국(UN Department of Economic and Social Affairs, DESA), 유엔정무평화구축국(UN Department of Political Affairs, DPPA), UNDP 등 37개의 기구가 회원으로 소속되어 있다.

2) UN 지역기구

UN ECOSOC의 직속 5개 지역경제위원회는 경제사회 개발 이슈에 대한 경제·사회개발을 위해 각 지역에서 중심 및 조정 역할을 수행하고 있다. 5대 지역별 경제위원회는 유럽경제위원회(ECE, 1947년), 아시아·태평양경제사회위원회(ESCAP, 1947년), 중남미·카리브경제위원회(ECLAC, 1948년), 아프리카경제위원회(ECA, 1958년), 서아시아경제사회위원회(ESCWA, 1973년)이며, 모두 유사한 목적으로 운영된다. 즉 ▲경제발전을 위한 회원국 간 연대와 협력, ▲지역경제 싱크탱크(Think Tank)로서 다양한 연구 및 출판 활동, ▲지역에 대한 권위 있는 통계 정보 작성, ▲특정 사안에 대한 자문 및 역량 강화 등이다.

그럼에도 불구하고 각 지역과 기구의 특징에 따라 비교우위를 갖고 발전하는 경향이 있다. 예를 들면 ECE의 경우 에너지 효율, 재생가능 에너지, 또는 저탄소 발전과 관련한 국가전략 개발 등에 힘을 쏟고 있으며, 사회·국제적 불평등의 기원을 규명한 종속이론을 탄생시킨 ECLAC는 경제사회 및 외국인 투자 분야와 관련한 연구 기능이 뛰어나다. ESCAP은 다양한 재원을 동원하여 기술협력 사업을 직접 실행하고 있다. 특히 유엔장애인권리협약(UN CRPD) 채택 및 이행을 지원하기 위해 '아·태장애인 10년' 사업을 진행해 왔고, 우리나라는 '제3차 아·태장애인 10년 (2013-2022)' 사업 인천전략기금을 설치·운영하여 아태 지역 장애 인권 증진을 위한 다양한 사업을 전개한 바 있다.

3) 유엔개발계획(UNDP)

UNDP는 세계 최대의 다자간 기술협력 공여 기관이자 UN의 개발 활동을 조정하는 중앙기구다. UNDP는 유엔특별기금(UN Special Fund, UNSF)과 유엔확대기술원조계획(UN Expanded Programme of Technical Assistance, UNEPTA)을 통합해 설립되었으며, 1970년 제25차 UN 총회 결의에 의거해 조직 및 활동 내용이 정식 규정되었다(외교부, 2014).

UNDP의 목표는 UN 정신에 따라 170여 개발도상국의 경제·정치적 자립과 경제·사회 발전을 이룩하는 것이다. 이를 위해 개발도상국의 국가 개발목표에 부합하는 원조를 체계적, 지속적으로 제공하고 있다. UNDP의 4대 핵심 지원 분야는 ① 빈곤과 불평등, ② 거버넌스, 평화구축, 위기와 복원력, ③ 자연, 기후 및 에너지, ④ 성평등과 여성 임파워먼트 등이다 (UNDP, 2015).

UNDP는 MDGs에 이어 SDGs 달성을 위해 노력하고 있다. 이를 위해 주요 관심 분야에서 수원국의 능력을 배양시키기 위한 기술협력을 제공하고, 국가 차원의 개발 활동을 조정·지원하고 있다. 그뿐만 아니라 매년 인간개발지수(Human Development Index, HDI)를 산정해 발표하는데, 국가별 인간개발과 관련한 주요 분야의 성취도를 나타내는 사회·경제 종합지수로 수명과 건강, 지식 습득 기회, 생활수준의 세 가지 차원을 평가하여 산정한다(UNDP, 2015). HDI는 종래의 소득, 무역 등 경제지표 일변도에서 탈피해 인간 중심적인 개발 개념을 정착시켰다는 평을 받고 있다.

UNDP는 특정 회원국 없이 모든 국가에게 개방되어 있다. 단, 집행이사국에 선출되려면 UN, UN 전문기구 및 국제원자력기구(International Atomic Energy Agency, IAEA)의 회원국이어야 한다. UNDP는 2022년 기준 약 170개 국가 및 영토에서 사무소를 운영하고 있으며, 그중 약 120개국에 상주 대표를 배치하고 있다. UNDP의 사업은 국가, 지역, 세계 사업으로 구분할 수 있다. UN 회원국 및 다자기구가 출연하는 자발적 기금으로 운영되며, 2020년 기준 UNDP 최대 공여국은 독일, 일본, 미국의 순이다 (UNDP, 2022).

UNDP는 지난 40여 년간 1억 달러 이상의 자금을 대한민국에 지원했다. 그리고 산업, 과학, 기술, 농업, 사회개발 등 20개 영역에 걸쳐 275개 프로그램을 진행해 왔다. 특히 대한민국의 경제성장, 정책 입안과 주요 산업의 발전에 있어 핵심적인 역할을 수행한 연구기관들의 건립을 후원했다. UNDP 한국사무소는 2009년 대한민국이 OECD DAC에 가입함에 따라 국가사무소 업무를 종료했다. 이후 2011년 UNDP 서울정책센터

(Seoul Policy Center)를 다시 열어 대한민국과 다양한 국제 현안에서 협력하는 한편, 대한민국의 개발 경험을 수원국과 공유하는 지식 플랫폼으로서 역할을 수행하고 있다.

(2) 국제금융기구(IFI)

국제금융기구(International Financial Institutions, IFI)는 18세기부터 국제금융체제를 지배해 왔던 영국 파운드화 중심의 금본위제가 제1차 세계대전과 대공황을 거쳐 종말을 고하면서 새로운 국제금융 체제와 국제무역체제에 대한 논의를 시작했다. 그리고 제2차 세계대전이 끝날 무렵인 1944년 7월 22일, 미국 뉴햄프셔주 브레턴우즈에서 UN의 금융·재정회의를 통해 브레턴우즈 체제가 출범했다. 본 체제의 3대 기본정신인 국제금융 및 재정 안정, 유럽 재건, 무역 자유화를 구현하기 위해 국제통화기금(IMF), 국제부흥개발은행(International Bank for Reconstruction and Development, IBRD)을 설립했고, 무역과 관세에 관한 일반협정체제(General Agreement on Tariffs and Trade, GATT)를 수립했다. IBRD는 세계은행 그룹(World Bank Group, WBG)으로 확대·개편되었고, GATT는 우루과이라운드[4]를 계기로 1995년 세계무역기구(World Trade Organization, WTO)를 출범시켰다.

---

4 GATT에 참여한 국가들이 모여 새로운 무역 협정을 의논하는 과정을 '라운드'라 한다. 우루과이라운드는 1986년 9월 우루과이의 푼타델에스테에서 125개국이 모인 가운데 협상을 시작했는데, GATT 조약을 대체하기 위한 세계무역기구의 창설, 향후 20년간 관세 및 수출 보조금 감소, 향후 20년간의 수입 제한 및 수입 상한의 감소, 특허, 상표, 저작권(무역 관련 지적재산권에 관한 협정) 협정 등을 중심으로 논의했다.

그중 국제개발협력과 관련된 기구는 IMF와 MDB다. 후자는 세계은 행과 이후 출범하는 지역개발은행(Regional Development Bank, RDB)으로 구 분된다. IMF와 MDB는 크게 두 가지 차이점이 있다. 첫째, IMF는 특정 국가가 경제위기 상황에서 유동성(달러) 부족 현상으로 곤란을 겪을 때 긴 급 금융 지원을 제공하는 기구다. 반면 MDB는 주로 개발도상국의 경제 개발과 빈곤퇴치를 목적으로 프로젝트 형태로 차관을 공여하는 기구다. 둘째, IMF는 회원국이 출연한 기금을 직접 운영하지만 MDB는 회원국이 출자한 자본금은 손대지 않고, 이를 기초로 국제자본시장에서 채권을 발 행해 재원을 조달한다.

국제금융기구로부터 지원을 받기 위해서는 일정 조건을 만족시켜야 하는데, 재정 긴축과 민영화 등 자국의 정책 수단을 통한 구조조정을 시 행해야 하는 경우가 대부분이다.

MDB의 경우 전 세계의 협력국을 대상으로 한 세계은행 그룹이 대 표적이며, 각 지역별 RDB로는 아시아개발은행(Asian Development Bank, ADB), 미주개발은행(Inter-American Development Bank, IDB), 아프리카개발 은행(African Development Bank, AfDB), 유럽부흥개발은행(European Bank for Recontruction and Development, EBRD) 등이 있다.

1) 국제통화기금(IMF)

2022년 기준 IMF 회원국은 190개국이며 본부는 미국 워싱턴에 있 다. IMF는 총회, 이사회, 사무국과 20개국 재무장관위원회, 잠정위원회, 개발위원회 등으로 구성된다. 최고 의결기관은 총회이며, 각국이 임명한 대표 1인과 대리 1인이 각 회원국을 대표한다.

IMF의 재원은 각 회원국이 국제무역 규모, 국민총소득액, 국제준비금 보유량 등에 따라 출자한 기금이다. IMF는 초기 자본금 100억 달러로 출범했으나 여러 차례의 증자를 통해 2022년에는 기금 규모가 4,770억 특별인출권(SDR)[5]에 이른다. 가맹국들은 일정 할당액에 따라 25%를 금으로, 75%를 자국 통화로 납입하도록 되어 있다. 그러나 1978년 4월 신협정에 따라 금 납입은 SDR 납입으로 대체되었다. IMF가 인정하는 경우에 한해 다른 회원국 통화 또는 자국 통화로 납입할 수도 있다. 각 가맹국의 할당액은 필요시 IMF의 자금을 인출할 수 있는 한도를 정하는 기준이 된다.

회원국들은 일시적인 국제수지 불균형이 있을 경우 필요한 외환을 IMF로부터 자국 통화로 구입할 수 있다. IMF가 직접 불균형 조정을 지원하기도 한다. 국제 거래 규모가 확대되고 금융위기가 잇달아 발생함에 따라 국제수지 안정을 위해 쓰일 유동성 수요가 늘어났다. 이에 1969년 10월 IMF 연례회의에서 국제 유동성 공급을 영구적으로 확대하는 SDR 창설을 승인했다. SDR의 도입으로 금이나 회원국 통화의 추가 출자 없이도 사실상 회원국들의 할당액이 증가하는 효과가 나타났다(IMF, 2022; 네이버 지식백과, 2022).

2) 세계은행그룹(WBG)

세계은행그룹은 국제부흥개발은행(IBRD)과 국제개발협회(International Development Association, IDA), 국제금융공사(International Finance Corporation, IFC), 국제투자보증기구(Multilateral Investment Guarantee Agency, MIGA), 국

---

5 특별인출권(Special Drawing Rights, SDR)은 IMF가 1969년 브레턴우즈 체제의 고정 환율제를 보완하기 위해 도입한 가상 통화로서, 물리적 화폐가 아니기 때문에 국제 자금 결제에서는 SDR이 아닌 주요국의 화폐로 바꿔 사용된다. SDR의 가치는 IMF 회원국 중 일부 주요 회원국의 화폐를 골라 가중 평균해서 구한다.

제투자분쟁해결센터(International Centre for Settlement of Investment Disputes, ICSID)의 5개 기구로 구성된다. 세계은행의 원조 격인 IBRD는 1944년의 브레턴우즈협정(Bretton Woods Agreement)으로 설립이 결정되었고, 1946년 6월 25일에 공식적으로 설립되었다. 이후 각 기구는 별도의 협정에 의해 설립된 별개의 법인체이나 세계은행 그룹의 일원으로 상호 밀접한 관계를 유지하고 있다. 특히 IBRD, IDA 및 IFC는 총회 위원, 상임이사 및 총재가 같다.

대한민국의 IBRD 가입은 1954년 9월 제9차 IMF IBRD 합동 연차 총회에서 IMF 가입과 함께 결정되었다. 1955년 8월 26일 배정된 출자자본금 1,250만 SDR의 20%인 250만 SDR을 납부함으로써 IBRD의 58번째 가입국이 되었다. 1960년대에 들어 경제개발계획 추진을 위한 대규모 개발 자금 조달을 위해 1961년 IDA에 가입했다. IFC 가입은 1964년 3월, MIGA 가입은 1988년 7월에 성사되었다.

① 국제부흥개발은행(IBRD)

IBRD는 개발도상국의 경제·사회 개발을 촉진하기 위한 장기 개발 자금을 지원하는 기구로 총회, 이사회, 총재 및 사무국으로 구성된다. 좁은 의미의 세계은행(WB)은 곧 IBRD를 의미한다. 최고 의사결정기관은 총회이며, 2022년 기준 189개 회원국을 두고 있다. 각 회원국은 대표위원과 대리위원 총 2명에 의해 대표된다.[6] 그러나 신규 가맹국의 승인, 수권 자본의 증액과 이익 분배 등을 제외한 모든 실질 권한은 이사회에 위임되어

---

6 IBRD의 회원국은 반드시 IMF의 가맹국이어야 한다.

있다. 이사회는 6대 주주인 미국(의결권 16.12%), 일본(7.47%), 중국(4.82%), 독일(4.37%), 프랑스(3.92%), 영국(3.92%)이 각각 1명씩 선임한 임명직 이사와 기타 회원국에 의해 선출된 19명의 선출직 이사를 포함하는 총 25명의 이사로 구성된다. 총재는 이사회에서 선출하며, 이사회가 결정하는 바에 따라 사무국을 지도하고 일상 업무를 집행한다.

IBRD의 주요 업무는 대출과 보증이며, 경제 부흥과 개발에 필요한 장기융자를 주로 제공해 단기자금을 공급하는 IMF의 업무와 대조된다. 원칙적으로 대출 대상은 가맹국의 부흥 및 개발 계획 수행과 관련된 항목에 한한다. 대출자가 정부가 아닌 경우에는 정부, 중앙은행, 또는 이에 준하는 공공기관의 보증이 필요하다. 발족 당시 IBRD의 수권자본은 100억 달러였으나, 수차례에 걸친 증자로 오늘날 IBRD의 총 자본금은 2,799억 달러로 확대되었다.

IBRD의 대출금 재원은 IBRD 채권 발행 등에 의한 차입, 각국의 주식 응모권 중 실제 납입된 자금, IBRD 대출 채권의 매각, 기대출금의 상환액, 순이익금 등으로 구성되며 주로 차입에 의존한다. 세계은행의 연간 채권 발행액은 400억 달러에서 500억 달러에 달하며, 지난 50년간 최고 신용등급 AAA를 유지한 덕분에 차입 금융비용이 낮다. 이는 세계은행을 비롯한 MDB의 가장 큰 자산으로 낮은 이자와 양호한 조건으로 개발도상국에 차관을 공여할 수 있는 기본 바탕이 된다.

IBRD의 연간 차관 승인액은 2021년 기준 305억 달러인데, 1인당 국민소득 1,205달러 이상의 국가들에게만 지원을 시행한다. 그 이하의 최빈국은 IDA를 통해 지원한다. 현재 IBRD의 최대 수원국은 페루, 인도, 중국, 인도네시아, 우크라이나, 이라크, 이집트, 폴란드, 콜롬비아, 카자흐스탄 등의 중소득국이다(World Bank, 2022a). IBRD도 엄연한 금융기관이므로 예대차익을 통해 매년 이익을 발생시켜 흑자 경영을 지속하고 있다. 그러나 IBRD는 회원국에 대해 이익을 배당하지는 않고, 순이익의 일부를 IDA 자금 원천으로 이용한다.

② 국제개발협회(IDA)

IBRD의 자매기관인 IDA는 최빈국에 보다 유리한 조건으로 융자를 제공하기 위해 1960년 설립되었다. 무이자 또는 초저리 융자를 통해 저소득 국가의 경제개발을 지원한다. 2021년 기준 아프리카 40개국을 포함한 전 세계 74개 최빈국에 대한 최대 공여 주체 중 하나이며, 2022년 기준으로 1인당 GNI 1,205달러 이하인 국가를 지원 대상으로 한다. IDA는 별도의 조직이나 사무실이 없으며 IBRD 조직에서 IDA 업무도 함께 시행한다. IDA의 회원가입 절차, 조직 및 운영은 IBRD와 유사하며 IBRD 회원만이 가입할 수 있다. IDA의 연간 차관 승인액은 2019~2021년 동안 매년 294억 달러로, IBRD 지원 규모를 웃돈다.

③ 국제금융공사(IFC)

IFC는 개발도상국 민간기업의 지속적인 발전을 지원할 목적으로 1956년 7월 설립되었으며, 회원국은 2021년 기준 185개국이다. IBRD가 주로 정부를 상대로 장기 개발 자금을 지원하는 것에 비해 IFC는 개발도상국 민간부문에 자금을 지원하며, 정부의 보증 없이도 투자나 융자가 가능하다. IFC는 민간기업에 재정을 지원하거나 직접투자를 통해 민간부문을 활성화시켜 개발도상국의 일자리 창출 및 경제성장을 도모한다. IBRD와 IFC는 상호 독립적인 기관이나 IBRD의 총재가 IFC의 CEO를 겸하며 상임이사도 IBRD의 상임이사가 겸임한다. IBRD와 마찬가지로 최고 결정기관은 총회지만 대부분의 권한을 실질적인 의사결정기구인 이사회에 위임하고 있다.

④ 국제투자보증기구(MIGA)

투자보증보험 프로그램을 제공하는 MIGA는 몰수, 권리 박탈, 계약 위반, 전쟁 및 내란 등 비상업적 요인으로 인한 외국인 투자자의 손실을 보장해 개발도상국에 대한 투자 유인을 강화할 목적으로 1988년 설립되었다. 2022년 기준으로 182개 회원국이 있다. 총회는 가맹국이 임명한 위원과 대리위원으로 구성되어 있으며, 가입 승인 등 중요 사항을 제외한 대부분 권한을 이사회에 위임하고 있다. 이사회는 미국, 독일, 일본, 영국, 프랑스, 중국이 선임한 지명이사와 기타 회원국들이 선출한 이사로 구성된다.

⑤ 국제투자분쟁해결센터(ICSID)

ICSID는 국가 사이의 투자와 관련된 분쟁 문제를 해결·조정하는 역할을 하도록 1966년 10월 14일 설립되었다. IBRD 가맹국만 가입할 수 있으며, 민간기업에 대한 투자와 융자를 제공하되 해당 기업의 재무 상태 등을 감안해 사안별로 투자와 융자 조건을 결정한다. ICSID는 최고 의사결정기구인 운영이사회와 일반 업무를 담당하는 사무국으로 구성되며, 실제로 분쟁이 발생할 경우 사무국 소속의 조정위원단과 중재위원단이 분쟁 해결을 담당한다.

(3) 경제협력개발기구(OECD)

1) OECD 개요

OECD는 상호 정책 조정 및 협력을 통해 회원국의 경제·사회발전을 모색하고 나아가 지구촌의 경제 문제에 공동으로 대처하기 위한 정부 간 기구다. 1948년 마셜플랜을 집행하는 유럽경제협력기구(Organization for European Economic Cooperation, OEEC)로 출범해 1961년 OECD로 개편되었다.

OECD의 설립 목적은 협약 제1조에 나와 있듯이, 회원국의 경제성장과 금융 안정을 촉진하고, 세계경제 발전 및 개발도상국의 건전한 경제성장에 기여하며, 다자주의와 무차별주의에 입각한 세계무역의 확대를 도모하는 것이다. 이를 위해 개방 시장경제, 다원적 민주주의, 인권 존중이라는 3대 가치를 공유하는 국가들에게만 문호를 개방하는 등 가치관의 동질성을 강조한다(외교부, 2014). OECD의 업무는 주로 자료와 데이터 수집, 분석, 논의, 결정, 시행, 동료검토 및 다자간 감시 절차로 이루어진다. 국가들이 합의한 사항들은 법률적 효력을 갖는 정책이나 조약 등으로 구체화될 수 있다.

OECD는 창설 이후 WTO, IMF, 세계은행, G7·G8 등과 상호 보완적으로 활동하며, 시장경제의 발전 및 국제경제의 안정과 무역 확대에 기여해 왔다. 특히 1980년대 이후 선진 경제의 구조개혁과 다자간 무역자유화를 지원했고, 나아가 1990년대 이후는 비회원국의 빈곤퇴치와 경제발전을 위한 정책 대화를 활발히 전개함으로써 그 영향력을 세계적으로 확대했다.

OECD는 IMF나 세계은행 같은 금융기구가 아님에도 불구하고 국제경제에서 큰 영향력을 행사하고 있는데, 다음과 같은 요인들에 기인한다.

첫째, 유럽, 북미, 아시아·태평양 지역 등 국제경제 3대 지역의 주요 주체들이 비교적 골고루 참여하고 있는 모임으로, 특히 G7을 위시한 모든 선진국이 참여하고 있기에 범세계적인 문제들을 주도적으로 논의할 수 있다. 둘째, 개방된 시장경제, 다원적 민주주의, 인권 존중이라는 3대 가치관에 기반을 두고 있어 논리적 우위와 도덕적 설득력을 지닌다. 셋째, 시장경제와 민주주의에 관한 회원국들의 풍부한 정책 경험과 사무국의 과학적 분석 능력이 결합해 매우 전문적인 산출물을 생산한다. 오늘날 OECD의 통계, 보고서, 각종 동료검토 등은 가장 권위 있는 1차적 자료로 인정받고 있다. 넷째, OECD 회원국들이 경제·사회 및 과학 등 여러 부문에서 가장 선진적 위치에 있는 만큼, 새로이 대두되는 문제들을 조기에 파악해 연구하는 개척자 역할을 수행할 수 있다. 마지막으로 각종 비회원국(개발도상국)에 대한 협력사업을 통해 대외적 영향력과 주도력을 확보하고 있다(외교부, 2014).

OECD의 조직은 이사회, 위원회, 사무국 세 축으로 구성된다. 이사회는 각국의 상주대표로 구성되는 최고 의사결정기구로 합의제를 원칙으로 한다. 위원회는 기능에 따른 실행기구 역할을 하며, 사무국은 주로 분석과 제안 관련 업무를 한다.

2) OECD 개발원조위원회(DAC)

OECD의 다양한 위원회 중 DAC는 국제개발협력 전문 조직으로 회원국 ODA 정책의 상호 조정 업무를 수행한다. OECD DAC는 1960년 OEEC DAG(Development Assistance Group)로 출범해 이듬해인 1961년 지금의 명칭으로 개편되었다. 2022년 기준으로 29개 회원국에 EU 집행위원회를 더해 총 30개 회원을 두고 있다. 대한민국은 2009년 말 DAC에 가입해 2010년부터 회원국으로서의 활동을 개시함으로써 명실공히 원조 수원국에서 공여국으로 거듭나는 전기를 마련했다.

OECD DAC는 대외원조정책의 수립과 이행을 위한 종합적인 정책 대화를 통해 회원국의 ODA 정책을 조정하고, 이를 통해 빈곤을 퇴치하며 경제 개발을 촉진한다. 이를 위해 2~3년 주기의 고위급 회의(High Level Meetings), 원조기관장 중심의 시니어 회의(Senior Level Meetings), 위원회 회의(Committee Meetings) 등을 개최한다. DAC의 핵심 3대 기능으로 ODA 모니터링, 개발협력 표준화, 동료검토(Peer Review) 실시가 있다.

그중에서 회원국들 간의 상호 검토를 통해 정책·제도 개선을 도모하는 동료검토는 OECD DAC의 핵심 기능으로 매년 4~5개 회원국을 선정해 실시한다. 검토 대상은 개발협력 기조, 정책, 전략, 정책 일관성, ODA 규모, 원조효과성, 조직과 관리, 인도적 지원 등을 포괄한다. 동료검토 결과는 법적 구속력이 없기에 DAC가 제재 수단을 행사하는 것은 아니지만 회원국 간의 상호학습 및 상호압력은 원조정책의 개선을 유도하는 효과를 가진다. 또한 동료검토 권고사항의 이행 현황을 중간 단계(동료검토 수검 2~3년 후)에서 확인하는 과정으로 동료검토 중간점검(Mid-Term Review)을 시행한다.

DAC는 각 분야 전문가를 중심으로 구성된 6개 산하 조직인 ▲개발재원 통계작업반(Working Party on Development Finance Statistics, WP-STAT), ▲개발 평가 네트워크(Network on Development Evaluation, EVALNET), ▲성평등 네트워크(Network on Gender Equality, GENDERNET), ▲환경과 개발협력 네트워크(Network on Environment and Development Co-operation, ENVIRONET), ▲거버넌스 네트워크(Network on Governance, GovNet), ▲분쟁 및 취약성 국제네트워크(International Network on Conflict and Fragility,

INCAF)를 운영하고 있다.

3) 한국과 OECD

한국의 OECD 가입은 냉전 붕괴 이후 국제관계가 이념적 대립에서 경제적 이해관계 중심으로 변화하고, 안보·경제·외교의 질적 변화가 뚜렷해지는 가운데 이루어졌다. 한국은 선진국의 경제·사회 정책 경험을 습득하고 새로운 국제경제 및 무역정책 논의에 조기 대응해 궁극적으로 국민들의 삶의 질을 향상시키고자 1995년 3월 29일 OECD에 가입 신청서를 제출했다.

그리고 1996년 10월 25일 가입 협정문에 서명하고 11월 26일 국회의 비준을 거쳐 1996년 12월 12일 OECD의 29번째 회원국이 되었다(국가기록원). 1989년 1월 OECD 사무총장이 아시아 신흥 공업국 중 가장 유력한 신규 회원국 후보로 한국을 지목한 이래 7년 만의 일이었다. 나아가 한국은 2009년 11월 OECD DAC 가입 심사 특별회의에서 DAC 회원국들의 전원 합의로 24번째 DAC 회원국으로 가입해, 2010년 1월 1일부터 정식 DAC 회원국으로 활동 중이다.

한국은 2012년과 2017년 OECD DAC의 동료검토를 받았고, DAC 회원국에 대한 동료검토를 위해 전문가를 파견하는 등 DAC의 업무에 적극 협력하고 있다. 2017년 한국 ODA에 대한 동료검토 내용을 살펴보면 ① ODA 시스템 개선, ② 평가 및 성과 관리 강화, ③ GNI 대비 ODA 비율(ODA/GNI) 목표달성 및 비구속화 노력 지속, ④ 현지 정책 대화 심화, ⑤ 사업기획 다변화, ⑥ 인도적 지원전략 개정, ⑦ 취약성 대응 역량 강화, ⑧ ODA 사업절차 간소화 및 현장 권한 강화, ⑨ 개발 효과성 제고, ⑩ 개발협력 역량(인력) 강화, ⑪ 2030 지속가능발전 관련 정책 일관성 제고, ⑫ 시민사회 파트너십 강화 등에 대해 한국의 노력을 긍정적으로 평가받았다.

2021년에 진행된 한국에 대한 동료검토 중간 점검에서 OECD는 2017년 동료검토의 12개 권고사항 중 11개 사항[7]에 대해 조치를 취했다는 점을 긍정적으로 평가하면서, ODA 관련 정책 및 제도 개혁 조치들이 실질적인 성과를 보이고 있다고 했다. 특히 ▲국제개발협력기본법 전면 개정(2020년) 및 제3차 국제개발협력 종합기본계획(2021~2025년) 수립 등 개발협력체계 전반에 걸친 조정 기능 강화, ▲DAC 부의장국 역할 수행, ▲'효과적 개발협력을 위한 글로벌 파트너십' 등에서의 한국의 선도적 역할을 높이 평가했다(외교부, 2021b).

(4) 다양한 지역기구

지역 기반의 개발기구는 유럽연합집행위원회(European Commission, EC)와 같은 공여 주체, 아프리카연합(African Union, AU)이나 동남아시아국가연합(Association of South East Asian Nations, ASEAN)과 같은 협력국 중심 지역 협력 기구, 지역 공공재를 관리하는 특수 목적의 메콩강위원회(Mekong River Commission, MRC) 등이 있다. 다양한 지역기구의 대표 사례로서 공여 주체인 EC와 지역 공공재의 개발 조정기구인 MRC에 관해 조금 더 알아보고자 한다.

---

7 OECD DAC는 중간 검토 회의 시 12개 권고사항 중 미진한 부분인 '정책 일관성 제고'(개발도상국에 미치는 한국의 정책이 보다 일관적으로 추진되기 위한 ODA 정책과 비(非)ODA 정책 간 정부 차원의 조정)와 관련하여 한국뿐만 아니라 대부분의 OECD DAC 회원국이 더 많은 노력을 해야 할 분야라고 설명함(외교부, 2021b)

1) 유럽연합집행위원회(EC)

EU의 개발협력체제는 개별 회원국과 EU 차원의 지원이 공존한다는 이중적인 특성을 가진다. EU는 회원국이 주권 국가로서 행하는 개별 지원과, EC가 독립기관으로서 자체적으로 행하는 사업들, 특히 개별 회원국이 담당하기 어려운 종합적이고 중장기적 계획의 수립·이행·평가 등을 포괄적으로 관리한다. 이와 같은 활동의 법적 근거는 2009년 발효된 리스본조약에서 최초로 마련되었다. 이 조약은 EU 및 회원국의 정책이 상호 보완적일 것, 국제적 표준에 맞추어 집행할 것, 최고 의사결정기구인 유럽의회 및 이사회의 정책 결정에 입각할 것 등을 규정한다. 특히 리스본조약은 EU의 대외정책에 대한 효율성, 통합성, 가시성 확보를 중시했고, 특히 개발도상국과의 관계 설정에 매우 중요한 디딤돌이 되어 EU의 개발협력 활성화에 결정적으로 기여했다는 평가를 받는다(Van Seters et, al., 2013).

EU는 유럽대외관계청(European External Action Service, EEAS)과 EC 국제협력총국(Directorate General for International Partnership, DG-INTPA)을 중심으로 개발협력 정책을 수립하고 실무 사항을 집행한다.[8] EEAS가 주로 원조 재원의 국가별 분배, 국가별 협력전략 수립, 국가별 프로그램 작성을 맡는 정책 업무를 담당하는 반면 DG-INTPA는 EEAS와 공동으로 EU 개발협력 및 대외원조정책의 수립에 참여하며, 수원국 내의 EU 대표부(EU Delegation)를 통해 개발협력 프로그램을 집행하는 원조기관 역할을 한다. 사업의 집행은 KOICA 해외사무소와 유사하게 현장의 EU 대표부가 담당

---

8 DG-INTPA는 과거 EuropeAID라는 브랜드를 사용했으나 이제는 사용하지 않는다.

한다. 즉 DG-INTPA가 주로 조정, 통제, 기술적 지원, 작업 개선 등의 행정 관련 업무를 담당한다면 각 EU 대표부는 프로젝트 발굴, 심사, 계약, 예산 집행 등의 업무를 수행한다.

2020년을 기준으로 EC 차원의 대(對)개발도상국 개발협력 지원은 약 194억 달러로, 영국 ODA와 유사한 규모이다. EU 집행부는 전체 예산의 10%를 개발협력에 사용하는 것을 원칙으로 한다. 지원 대상국은 아시아, 아프리카, 중남미와 카리브해의 도서 등에 고루 분포되어 있다.

개별 공여 주체로서 EC가 실시하는 ODA의 특징과 유용성을 다음 세 가지로 정리할 수 있다. 첫째, 지역기구 간 협력 사항에 대한 지원으로, EU와 아프리카연합(AU) 간 파트너십에 대한 지원이 대표적이다. 2022년 2월 6차 EU-AU 회담에서 양 기구는 아프리카에 대한 백신 공급, 경제 활성화, 녹색경제 추진, 평화와 안보, 이주 문제 등 폭넓은 주제를 중심으로 협의했고, 이를 실행에 옮기기 위한 1,680억 달러 상당의 지원 패키지를 발표한 바 있다.

둘째, 지역 및 글로벌 공공재에 대한 집중 지원이 가능하다. 공동의 이해와 관심 사항인 역내 이주 문제, 기후변화 이슈 등에 지원을 늘려 가고 있다. 특히 대규모 금융 지원을 위해 원팀(Team Europe) 슬로건으로 유럽투자은행(European Investment Bank, EIB), 유럽부흥개발은행(EBRD) 등 다자 금융기구와의 협조 융자와 공동 지원을 강화하고 있다. 셋째, 개별 회원국의 ODA가 미치기 어려운 국가나 지역을 지원하기 위한 플랫폼을 제공한다. 독재나 이데올로기적 편향성, 각종 제재 등에 직면하여 개별 국가의 지원이 어려운 민감한 국가는(예를 들어 쿠바나 니카라과 등) EC를 통해 지원할 수 있다.

2) 메콩강위원회(MRC)

메콩강은 중국 윈난성, 미얀마, 라오스, 태국, 캄보디아, 베트남을 거쳐 남중국해로 흐르며, 약 4,200여 km에 달하는 국제 공유 하천이다. 1957년 하천을 공유하는 중·하류 유역 4개국은 메콩강 하류 유역의 수자원 개발 및 보존을 위해 유엔아시아태평양경제사회위원회(UN Economic and Social Commission for Asia and the Pacific, UNESCAP)의 전신인 유엔아시아극동경제위원회(Economic Commission for Asia and the Far East, ECAFE)의 지원으로 '메콩강위원회(Mekong River Commission, MRC)'라는 지역 국제기구를 설립했다. 회원국은 메콩강을 공유하는 라오스, 태국, 캄보디아, 베트남이며, 미얀마와 중국이 대화상대국(Dialogue Partner)으로 참여하고 있다 (KSP, 2021).

MRC는 매 4년마다 MRC 정상회의를 개최하여 지금까지의 협력 활동 평가와 더불어 정책 어젠다를 정하며, 실무적으로는 장관위원회(Council of Ministers)를 최고 의사결정 기구로 하여 정책기획 및 실행에 관한 의사결정은 물론 이해관계에 대한 조정까지 담당한다. 공동위원회(Joint Committee)는 전문 분야별 기획, 예산, 실행 등을 관리하며 장관위원회를 보좌한다. 그리고 기술적 행정적 실행업무를 담당하는 사무국(MRC Secretariat)으로 구성되어 있다. 물론 회원국별로 MRC 국가위원회를 해당 부처에 두고 있다. 본부와 사무국은 라오스의 수도 비엔티안에, 메콩강 홍수관리 및 예방 센터는 캄보디아의 프놈펜에 있다(MRC, 2022).

메콩강 유역 국가들은 주요 천연자원(천연가스, 원유, 고무, 목재, 석탄, 우라늄 등)을 풍부하게 보유하고 있고, 인구가 많고 젊은 역동적 사회구조를 보이며, 1990년대부터 시장개방을 통해 대규모 투자를 유치하는 등 빠른 경제성장을 보이고 있다. 그만큼 지역 공공재로서 하천을 공유하는 여러 국가 간 다양한 이익을 중재하고 정보를 나누며, 필요한 경우 공동 관리할 필요가 있는 것이다.

이를 위해 다양한 공여 주체가 MRC와 협력하고 있는데, 특히 ADB는 1992년 메콩강 유역 지역개발 프로그램 이니셔티브(Greater Mekong Subregion Program Initiative, GMS)를 시작하여 메콩강 전역을 연결하는 경제회랑(Economic Corridor) 건설을 시행 중에 있으며, 2016년 중국은 일대일로의 주요 축으로서 란창-메콩협력메커니즘을 설립하여 메콩강 전역의 도로, 댐, 철도 건설 등 인프라 개발을 추진 중에 있다.

대한민국 외교부는 한-메콩 협력을 강화하고, 메콩 5개국의 지속가능한 개발을 통한 개발 격차 완화 및 연계성 증진에 기여하고자 2012년에 한-메콩협력기금(Mekong-Republic of Korea Cooperation fund, MKCF)을 신설하여 2013~2021까지 총 1,442만 달러를 공여했으며, ▲문화·관광, ▲인적자원 개발, ▲농촌 개발, ▲인프라, ▲ICT, ▲환경, ▲비전통 안보 등의 7대 우선 협력 분야를 중심으로 공모를 거쳐 대상 사업을 지원하고 있다.

제4장

4. 수원국

　개발협력의 가장 중요한 주체는 수원국이다. 과거와 달리 수원국은 경제개발계획의 수립과 이행을 통해 오너십을 행사하며, 재원 동원에도 동참하기 시작했다. 사업 단위에서는 프로젝트 형성과 개발, 수행, 그리고 평가 모니터링 등에서 공여 주체와 협력하며 원조 일치를 구현하고 있다. 특히 개발협력의 수행자는 수원국과의 사업협력체제를 잘 이해하는 가운데 효과적인 파트너십을 형성하는 것이 사업을 성공적으로 추진하기 위한 열쇠임을 명심해야 한다.

(1) 수원국의 국내 재원

지속가능한 경제성장을 달성하기 위해서는 수원국 국내 재원을 충분히 확보함으로써 원조 의존성을 낮추고 국가의 역량을 증대시켜야 한다. 그러나 민간부문의 발전이 더딘 수원국 특성상 국내 재원은 주로 정부 재정에 의존할 수밖에 없다. 그 원천은 세금이 될 것이다. 조세부담률은 정부의 조세 수입을 GDP로 나눈 비율로, 세계은행은 15% 이상이 되어야 경제성장과 빈곤퇴치가 가능하다고 보고 있다. OECD 회원국 평균은 2019년 기준 33.8%에 달한다. 그러나 취약국의 조세부담률은 2016년 기준 10.4%에 불과하며, 중진국의 덫(Middle Income Trap)을 우려하는 인도네시아의 경우 11.9%(2019)이다(Kagan, 2021). 주요 원인으로 비재생 천연자원에 대한 과도한 의존, 조세 기반 증대의 어려움, 다국적기업에 대한 면세 혜택, 기술 및 제도적 기반 부족으로 인한 탈세 및 자본도피 등을 들 수 있다. 현실이 이러한데도 취약국에 대한 ODA 중 조세 체계 구축에 투입되는 비율은 0.7%에 불과하기에 추가 지원 확충이 절실하다.

개발도상국의 조세 기반 확충을 위해서는 첫째, 소득 또는 재산세 같은 직접세 기반을 확대해야 한다. 추정 조세 등을 활용한 세율의 간편화를 도모하고 관세 체계를 강화하는 방법도 있다. 둘째, 천연자원으로부터의 수입 관리 방식을 개선하고, 셋째, 면세 구역이나 면세 기간 등의 투자에 대한 면세 특혜를 축소해야 한다. 넷째, 다국적기업의 투명성을 증대해 세수를 늘리고, 다섯째, 교육을 통해 수원국 국민의 납세의식을 고취시켜야 한다(한국수출입은행, 2014a).

또한 개발원조가 조세 행정 역량을 개발하고 체계를 정립하는 방향으로 제공되어야 한다. 무엇보다 현대적 조세 시스템을 위한 하드웨어와 소프트웨어, 인적 자원 개발 등의 조세 행정 인프라 구축에 더 많은 개발원조를 투입해야 한다. OECD는 기업산업자문위원회(Business and Industry Advisory Committee, BIAC)를 통해 이를 지원하고 있다(주OECD 한국대표부, 2012).

(2) 수원국의 경제발전전략

개발원조의 원천은 공적개발원조와 민간 공여 등 매우 다양하다. 그러나 다양한 경제발전 목표를 달성하는 데에 효과적으로 기여하기 위해서는 수원국의 발전전략과 일맥상통해야 한다. 즉 재원 규모나 원천보다는 이를 어떻게 주체적으로 활용하느냐가 더 중요하다.

다국적기업의 국내 활동을 자국의 경제발전에 도움이 되는 방향으로 활용하려면 먼저 국가적 발전전략이 확립되어 있어야 한다. 오늘날 선진국으로 발돋움할 수 있었던 많은 국가의 경우 국내에 진출한 다국적기업을 활용하여 기술 습득과 성장을 도모하였다. 또한 다국적기업이 현지에서 거둔 수익을 본국으로 너무 많이 송금하지 못하도록 했으며, 대신 무역을 확대하도록 유도했다. 싱가포르와 코스타리카 같은 작은 국가들은 주도면밀한 계획하에 외국인 투자를 적극적으로 유치했다.

경제 규모가 작기 때문에 토착 대기업을 육성하기 어려운 상황을 감안하여, 다국적기업과 합작기업을 설립하는 전략을 통해 인텔과 같은 양질의 외국인 직접투자를 유치해 경제발전의 동력으로 삼았다. ICT라는 특정 유형의 인프라와 교육에 집중한 전략도 주효했다. 대규모 국내시장과 양질의 노동력을 자산으로 외국인 투자를 적극 유치하면서도 적절한 규제 메커니즘을 도입한 중국과 베트남의 사례도 주목할 만하다(장하준 외,

2014).

핵심은 수원국의 주인의식에 기초한 발전계획 수립과 실행에 있다. 이를 위한 국제적 공조 노력은 빈곤감소전략보고서(Poverty Reduction Strategy Papers, PRSP) 발간으로 시작되었다. 1999년 9월 IMF-세계은행 연차총회에서 국가 주도의 빈곤감소전략(PRS) 수립을 조건으로 한 채무 구제와 양허성 차관 공여 방안이 합의되었다. PRSP는 빈곤퇴치와 경제발전을 이룩하기 위한 세계은행의 기본 가이드라인인 세계은행 포괄적 개발 프레임워크(WB Comprehensive Development Framework, CDF)의 원칙에 입각한 각국의 빈곤감소전략을 담는다. PRSP의 핵심은 빈곤의 개념과 그 요인을 분석하는 것이기에 농촌 개발, 인프라 구축 등 개발사업의 추진 방향을 제시한다. 아울러 빈곤 감소에 대한 정책 및 재원 조달 방안을 제시하기도 하며, 모니터링 및 참여 촉진 방안도 포함한다.

반면 MDGs를 거치는 동안 절대빈곤 감소에 성과를 보인 국가가 늘어나고, 2016년에 SDGs가 출범하여 빈곤 감소를 넘어 지속가능 발전에 대한 보다 포괄적인 개발 계획의 필요성이 부각되자 PRSP가 별도로 작성되기보다는 국가개발계획(National Development Plan, NDP)과 통합되는 추세를 보이고 있다.

수원국의 경제개발계획이 자기 주도형으로 수립되기 시작한 분기점은 2005년 파리선언이라고 볼 수 있다. 주인의식과 원조 일관성 등 수원국 내 시스템의 중요성이 강조되기 시작한 것도 이때부터다. 2010년 시행된 파리선언 이행 성과 평가에 따르면 2005년 대비 가장 큰 성과를 보인 항목은 실행 가능한 개발전략(Development Strategy) 보유에 관한 사항이다. 실행 가능한 개발전략 보유 여부의 평가 방식은 수원국이 자국의 개발목표에 적합한 국가 차원의 개발전략을 마련했는지, 현실적이고 우선순위가 명시된 개발전략을 보유하고 있는지, 전략의 실행에 예산을 지원할 수 있는 합리적 비용이 청구되는지를 판단해 점수를 부여하는 것이다. 2005년과 2010년 조사에 모두 참여한 32개국을 기준으로 비교하면, 2005년에는 19%의 수원국이 실행 가능한 개발전략을 가지고 있었던 데 비해 2010년에는 52%로 증가했다. 2010년 개발전략 평가에서 A 등급의 가장 높은 점수를 받은 국가는 탄자니아와 르완다였다(정지원, 2011).

2011년 부산세계개발원조총회의 결과문서를 바탕으로 이듬해 '효과적 개발협력을 위한 글로벌 파트너십(Global Partnership for Effective Development Cooperation, GPEDC)' 체제가 출범하여 정부(OECD DAC 공여국, 협력 대상국, 신흥 공여국), NGO, 민간 등의 모든 주체가 함께 참여하는 포용적 파트너십 구축에 합의했다. GPEDC 체제는 다양한 개발협력 주체의 상호 보완성과 차별성을 인정하는 동시에 공통의 원칙과 목표를 기반하여 구축된 포용적인 개발 파트너십이다. 또한 수원국 현장 중심 이행과 가벼운 형태의 글로벌 거버넌스(global light, country focused)를 통해 개발 효과성을 확대하고자 세부적인 지표와 목표를 설정하고 모니터링 과정에 대한 합의를 도출했다는 점에서 큰 의미가 있다. 글로벌 파트너십은 4대 원칙 및 10대 지표의 진행 상황을 2013년부터 정기적으로 모니터링하고 있다. 제1차(2013/2014)에서는 46개국이, 제2차(2015/2016)에서는 81개국이 참여했으며, 제3차(2017/2018)에서는 86개국이 참여했다. 모니터링 결과는 전반적으로 긍정적이며, 수원국의 주인의식 및 포괄성이 점차적으로 강화되고 있으며, 비국가 개발협력 주체들의 참여가 확대되고 있음을 확인했다(한국국제협력단, 2019). 2016년에 발간된 제2차 모니터링 결과에 따르면, 개발도상국의 거버넌스는 괄목할 만한 성과를 보이고 있다. 우선 99%의 국가들이 국가 및 분야 개발전략을 수립했고 74%의 국가들이 단일 전략 계획문서에 우선순위, 목표, 지표를 설정하고 있다. 개발 파트너 85%가 협력국 성과 프레임워크를 기반으로 개발협력사업 목표를 수립하고 있고, 87%의 국가가 2010년 이후 중간(moderate) 수준의 국가 예산 및 공공재정관리시스템(Public Finance Management, PFM)을 유지하고 있다. 나아가 51%의 국가가 국가개발정책에 대한 다양한 이해관계자와의 논의의 장을 마련하고 있고, 20%의 국가가 시민사회단체를 위한 법적 및 제도적 환경을 갖추었으며, 27%의 국가에서 시민사회단체가 개발효과성 원칙을 따르는 것으로 나타났다. 정부 단위 정책기획 부문의 발전에 비해 여전히 시민사회의 발전과 제도화 수준이 높지 않음을 파악할 수 있다(한국국제협력단, 2019).

그럼에도 불구하고 개발전략 또는 개발계획이 현실성이 떨어지거나 선언적 성격의 전략을 세우는 데 그치는 수원국들이 많다. 개발계획을 자체적으로 수립할 역량이 부족한 경우 컨설팅 기업에 아웃소싱을 하게 되며, 그러다 보니 계획은 거창하나 실행력이 담보되지 않는 경우가 많다. 국제사회는 이런 문제들을 개선하고자 한편으로는 기술협력을 통해 실현 가능한 개발전략을 스스로 수립할 수 있는 역량을 강화해야 할 것이며, 다른 한편으로는 한 번 계획을 세우면 반드시 실행하는 의지와 실천력을 갖추도록 독려하고 지원할 필요가 있다.

(3) 수원국의 ODA 수원 체제

국제적인 개발의제 설정에 있어 수원국은 과거의 수동적 태도에서 점차 능동적 자주적인 자세를 보이며 주인의식을 확대하고 있다. 자국에서 진행되는 개발협력 활동에 대한 통제력도 점점 강화되는 추세다. ODA 프로젝트에 대한 수원국의 관리 시스템은 대개 다음의 단계로 구성된다.

우선 지방정부나 각 부처 등 수원기관(Executing Agency, EA)이 원조가 필요한 분야를 제안하면 사업 형성이 시작되고, 공여국과의 사전협의도 진행된다. 수원 총괄기관은 수원기관이 이미 원조기관과 협의한 ODA 프로젝트를 한데 모으고, 자국의 경제·사회발전 계획에 입각해 진행 여부를 최종적으로 결정한다. 특히 유상원조의 경우 국가의 채무가 되기 때문에 이와 같은 절차가 매우 중요하다. 수원 총괄기관은 국가별로 다를 수 있으나 크게 경제기획부 성격인 경우[9]와 재무부 성격인 경우[10]로 나눌 수 있다.

진행이 결정된 프로젝트에 대해 각 수원기관은 공여기관과 협의해 협의의사록(Record of Discussion, RD) 체결 후 사업을 진행한다. 사업이 개시되면 수원국의 수원기관은 사업관리단(Project Management Unit, PMU)을 구성해 해당 프로젝트의 실행을 관리한다. 수원기관은 PMU에 자금 운영, 기술 상담, 건설 자재 조달, 실행 과정 운영 등을 포함한 프로젝트의 제반 사항을 위탁한다. PMU의 관리 인력은 주로 행정 관료들 중에서 임명된다.

<그림 4-2> 수원국의 ODA 수원 프로세스

수요발굴 ⇒ 사전협의 ⇒ 수원 총괄기관 의사결정 ⇒ 협의의사록 체결 ⇒ 사업 개시 및 사업관리단 구성

---

9 예를 들면 베트남의 기획투자부(Ministry of Planning and Investment, MPI)와 필리핀의 경제개발청(The National Economic and Development Authority, NEDA)이 있다.

10 예를 들면 방글라데시의 재무부(Ministry of Finance, MoF) 산하 대외경제협력청(Economic Relations Division, ERD)이 있다.

이상과 같은 수원 시스템이 매우 기본적인 형태다. 파리선언과 아크라 행동계획(Accra Agenda for Action, AAA)에서 목표한 바처럼, 이는 진정한 의미에서 수원국 시스템을 활용하는 체계는 아니다. 진정한 의미의 수원국 체계 활용은 공공재정관리시스템(Public Finance Management, PFM)의 활용을 가리키는데, 이는 수원국의 법령 및 관련 조례에 의해 수립되고 정부부처에 의해 집행되는 국가 시스템을 통해 재원을 집행하는 것을 뜻한다. 구체적으로는 예산 집행·재정 보고·감사에 있어 수원국의 시스템과 절차만을 활용하고 어떠한 추가적이고 부수적인 요구도 하지 않으며, 재화·용역·서비스 조달에 관해서도 공공조달 시스템을 활용하는 것을 의미한다(이현주, 2010 재인용).

5. 개발협력 주체의 다양화

개발협력의 양적 확대 및 질적 개선과 더불어 공여 주체와 지원 방식도 다양화되고 있다. 특히 SDGs 달성 및 협력국 경제 사회 발전을 위한 민간의 역할은 더욱더 확대될 것이 분명하다.

지금까지 민간은 시민사회의 참여에서부터 자선기금, 직접투자, 기업의 사회적 책임(Corporation Social Responsibility, CSR) 등에 이르는 다양한 방식으로 개발협력에 참여해 왔다. <그림 4-3>에서 확인할 수 있듯이, 전체 개발도상국으로의 재원흐름 중에서 공공이 차지하는 비중이 줄어들고 있는 반면, 민간 재원의 비중은 오늘날 90%를 차지한다. 특히, 시민사회와 민간재단은 각 기관의 전문성을 기반으로 개발도상국 지역민의 삶의 질 개선을 위해 지역에서부터 범국가차원에서 활발히 활동하고 있으며, 기업은 해외직접투자(Foreign Direct Investment, FDI)는 물론이고 기존의 사회공헌활동의 범주를 더욱 확장한 전략적 CSR을 확대하면서 개발도상국에서 개발 목표와 비즈니스 전략을 일치시키는 노력을 하고 있다. 또한 이주 노동자에 의한 본국 송금도 전체 재원 흐름의 30% 내외를 기록하여 이미 주요 재원으로 자리 잡았다.

<그림 4-3> 개발도상국으로의 재원 흐름

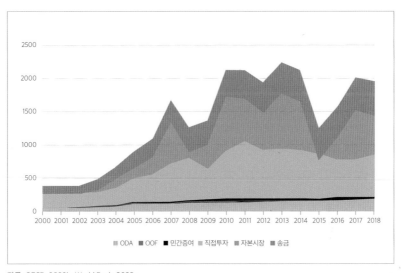

자료: OECD, 2022b; World Bank, 2022a
주: OOF, 직접투자, 자본시장 투자의 경우 상환액 및 투자 회수액을 차감한 순흐름(net flow)임

다음 절에서는 민간 역할의 확대에 따라 더욱 다양화되고 있는 개발협력의 주요한 주체인 시민사회, 민간재단, 기업, 기타 전문가 집단과 개발금융기관에 대해 살펴보고자 한다.

(1) 시민사회

시민사회단체(Civil Society Organization, CSO)는 자발적이고 적극적인 노력을 통해 개발협력의 중요한 주체로 부각되어 왔다. 2008년 가나 아크라에서 열린 제3차 원조효과성 고위급 포럼에서 합의된 아크라 행동계획(AAA)은 시민사회단체를 독립적인 개발 주체로 인정했고, 같은 해 세계 시민사회는 국제개발협력 분야에서 시민사회단체의 역할을 새롭게 정립하고 개발 효과성을 증진시키기 위해 CSO 개발효과성을 위한 오픈 포럼을 출범시켰다.

이와 같은 국제적인 노력은 2010년 9월 튀르키예 이스탄불에서 열린 제1차 오픈 포럼 세계총회로 그 결실을 보았다. 해당 회의에서는 그동안 국제개발협력의 현장에서 모인 의견을 바탕으로 '시민사회 개발 효과성을 위한 이스탄불 원칙'을 수립했다. 이스탄불 원칙은 시민사회단체의 개발협력활동의 효과성을 확보하기 위한 8대 원칙을 제시한다. 여기에는 인권과 사회정의 존중과 증진, 여성과 여아의 권리를 증진하고 성평등과 성형평성 구현, 주민의 역량 강화·민주적 주인의식·주민 참여 강조, 환경의 지속가능성 증진, 투명성과 책무성 실천, 공평한 파트너십과 연대 추구, 지식 창출 및 공유와 상호 학습 추구, 긍정적이고 지속가능한 변화의 실천 등이 포함된다.

국제개발에서 독립적인 개발 행위자로 인정받은 시민사회는 주로 공여국 정부, 공여국 CSO, 개발도상국 시민사회단체(이하 현지 CSO) 간의 파트너십을 형성한다. 1980년대 이후 본격화된 공여국 정부와 자국 CSO의 파트너십은 1990년대 들어 본격화되었고, 점차 공여국 정부와 현지 CSO의 협력도 확대되기 시작했다. 많은 개발도상국에서 사회복지서비스 제공과 국민의 기본적 생활 조건을 제공하지 못하는 정부의 역할을 보완할 수 있는 중요 파트너로 현지 CSO가 강조되고 개발협력에 있어서도 이들의 역할을 기대하게 됐다(이화용, 2017). 이런 인식의 전환을 바탕으로 다수의 공여국 정부들은 현지 CSO에 대한 직접 지원도 활발히 진행하고 있다.

개발협력에 있어 CSO의 기능과 역할은 사회변혁과 사회, 경제개발이라는 두 줄기로 요약할 수 있다.

첫째, 풍부한 현지 활동 경험과 노하우를 바탕으로 개발도상국의 인권 및 민주주의의 신장을 지원하고, 환경보호, 무역 정의 등의 실현에 협력해 사회변혁을 유도한다. CSO는 UN이 출범한 이래 공공부문이 주도해 왔던 국제사회에서 민간이 본 대안을 제시하는 역할을 해 왔다. 특히 1970~1980년대 국가 주도 개발의 실패와 신자유주의 정책 도입에 따른 정부 역할의 축소로 인해 국제개발에서 CSO의 역할이 크게 주목받기 시작했다. 나아가 신자유주의적 접근은 개발도상국의 빈곤과 불평등 문제를 더욱 심화시켰는데, 이를 해결하기 위한 대안적 방법의 하나로 CSO가 부상한 것이다. 대한민국의 CSO들 또한, 1990년대 초부터 사회변혁 활동에 참여하기 시작해 국제무대에서의 개발협력 담론 제시, 네트워크 구축, 정책 제안, 대안 모색 등 다양한 영역으로 활동 지평을 넓히고 있다. 국제개발협력민간협의회(Korea NGO Council for Overseas Development Cooperation, KCOC)는 1999년 설립된 이후 국제구호 개발과 인도적 지원 활동을 하는 140여 개 NGO 연합체로, 연간 96개국에서 약 7,000억 원 규모의 사업을 진행하고 있다. 2010년에는 국제개발협력시민사회포럼(Korea Civil Society Forum on International Development Cooperation, KoFID)이 출범하여 국제시민사회의 개발효과성과 관련한 의제 형성 과정에 적극적으로 참여하고 있다.

둘째, 개발도상국의 사회·경제발전을 위한 개발사업을 수행한다. 비영리기구인 개발 NGO들은 대개 풀뿌리 차원에서 철저한 현지화 및 지역사회와의 네트워킹을 통해 주민들의 권익을 보호하고 사회정의를 실현한다. 이로써 참여적 개발을 촉진시키고 나아가 개발원조의 효과성 제고에 기여한다. 또한 지역주민의 자립을 위한 지역개발사업이나 교육, 보건사업 등을 추진하고, 마이크로크레딧(Microcredit)이나 적정 기술을 활용한 소득 증대 등의 사업도 기획한다.

개발 NGO들의 사업 재원은 자체 모금, 기업 지원, 원조기관의 NGO 지원사업, 국제개발 조달사업 등 다양한 경로로 조성된다. 규모도 다양한데 옥스팜, 케어 인터내셔널, 월드비전처럼 세계적인 조직망을 갖추고 국제개발의 제 분야 사업을 수행하며 개발 담론 및 정책에 큰 영향력을 미치는 대규모 NGO들로부터 분야 또는 특정 지역에 특화한 소규모 NGO들에 이르기까지 다양하다. 옥스팜처럼 이미 국제적 명성을 확보한 개발 NGO들은 경우에 따라 기업 컨설팅보다 더 전문적으로 국제개발협력 관련 사업을 수행하기도 한다. 이와 같은 대형 NGO들은 대규모 개발사업의 조달에 참여해 다국적 컨설팅 업체와 경쟁하기도 한다. 반면 소규모 영세 NGO들의 경우 개발협력사업에 필요한 인력과 재원을 안정적으로 확보하지 못하는 경우가 많다. 따라서 대부분의 원조기관은 자국 기반의 개발 NGO에 대한 인큐베이팅 시스템을 운영해 사업관리 역량 강화, 효율적 관리 기법 전수, 안정적 조직 운영 지원 등을 제공한다.

개발협력 영역에서 시민사회의 역할이 긍정적으로만 평가되는 것은 아니다. CSO들의 역량 부족, 시민들에 대한 책무성 결여, 활동가들에 대한 열악한 처우 등에 대해 지속적으로 비판받았고, 그 과정에서 빈곤 감소를 위한 CSO의 역할이 부진하여 오히려 신자유주의적 패러다임에 매몰된 점도 자주 지적된다. 나아가 개발도상국 현지 CSO들의 활동이 개발도상국 정부의 역할을 대신하게 되어 정부기관의 책임성과 영향력을 약화시킨다는 우려도 제기됐다(이화용, 2017: 4-5).

그럼에도 불구하고 국제개발협력에서 CSO들이 기존 공여-수원의 이분법적 패러다임에 대한 대안 세력이자, 정부와 시장의 관점과 차별화된 방식으로 개발과 사회변화를 이끄는 주체이자 조정자임은 부인할 수 없다.

(2) 민간자선재단

OECD에 따르면 민간자선재단은 2019년에 90억 달러를 개발도상국에 제공했는데, 이는 전년에 비해 3% 증가한 수치이다. 약 84%는 보조금 형태로 확대되었고, 나머지 16%는 재단 대출 활동 및 주식투자와 관련되었다. 그중에서도 빌 앤드 멜린다 게이츠 재단(Bill and Melinda Gates Foundation)은 세계 최대 민간 공여 기구로, 2019년 OECD에 보고하는 민간자선재단 총액의 50%인 41억 달러를 지출했다. OECD에 보고된 최대 규모 5개 재단은 빌 앤드 멜린다 게이츠 재단을 포함하여 BBVA 마이크로파이낸스 재단(BBVA Microfinance Foundation), 유나이티드 포스트코드 로터리(United Postcode Lotteries), 웰컴 신용기금(Wellcome Trust), 마스터카드 재단(Mastercard Foundation)이다(OECD, 2021b).

<그림 4-4> 빌 앤드 멜린다 게이츠 재단 공여 내역

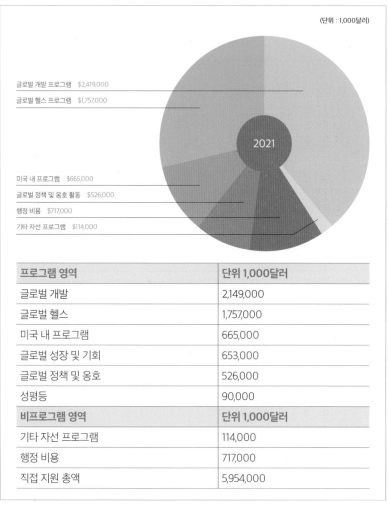

(단위 : 1,000달러)

글로벌 개발 프로그램 $2,419,000

글로벌 헬스 프로그램 $1,757,000

2021

미국 내 프로그램 $665,000

글로벌 정책 및 옹호 활동 $526,000

행정 비용 $717,000

기타 자선 프로그램 $114,000

프로그램 영역	단위 1,000달러
글로벌 개발	2,149,000
글로벌 헬스	1,757,000
미국 내 프로그램	665,000
글로벌 성장 및 기회	653,000
글로벌 정책 및 옹호	526,000
성평등	90,000
비프로그램 영역	단위 1,000달러
기타 자선 프로그램	114,000
행정 비용	717,000
직접 지원 총액	5,954,000

출처 : Bill and Melinda Gates Foundation(2021)

빌 앤드 멜린다 게이츠 재단의 활동은 매우 다양하고 광범위하기에 한마디로 정의하기 어렵다. 전 세계적으로 말라리아·에이즈 등의 질병 치료에서부터 식량문제 해결을 위한 농업개발 및 지원, 교육 문제 해결을 위한 도서관 건립과 빈민 아동의 교육 지원까지, 우리가 자선 활동이라 명명할 수 있는 거의 대부분의 영역을 망라한다. 동 재단은 크게 글로벌 개발, 글로벌 헬스, 미국 내 프로그램, 글로벌 성장 및 기회, 글로벌 정책 및 옹호(advocacy), 성평등 활동 등 6개 프로그램을 추진하고 있다.

2021년 빌 앤드 멜린다 게이츠 재단이 개발도상국을 대상으로 직접 집행한 지원 액수는 약 59.5억 달러였다. 글로벌 개발 프로그램과 글로벌 헬스 프로그램 명목으로 각각 21.5억 달러와 17.5억 달러를 집행했고, 글로벌 개발 프로그램의 경우에 대부분 가족계획, 신생아 및 아동 보건, 영양 등과 같은 보건과 관련 있는 사업이었다. 따라서 재단의 글로벌 프로그램은 사실상 보건 분야에 집중되어 있다고 해도 과언이 아니다. 그중에서도 주로 말라리아, HIV/AIDS, 결핵 등 세계 3대 질병을 대상으로 한 지원을 주로 해 왔으며, 2020년은 코로나19 팬데믹 대응을 위한 백신 개발에도 지원을 확대했다.

현재 빌 앤드 멜린다 게이츠 재단의 자산은 550억 달러(60조 원, 2021년 기준)에 달한다(KPMG, 2022). 빌 게이츠 부부가 260억 원을 출연했고, 이후 자산 운용 등을 통해 현재의 액수로 늘어났다. 일반인의 소액 기부는 행정비용상의 이유로 받지 않는 것을 원칙으로 한다(우종국, 2012).

(3) 기업(FDI 및 CSR)

기업은 크게 두 가지 방식으로 개발도상국의 경제발전과 빈곤퇴치에 공헌한다. 첫째로 기업 본연의 업무인 이윤 창출 활동이며 주로 개발도상국에 대한 해외직접투자(FDI) 형태다. 둘째는 기업의 사회적 책임(CSR) 활동을 통해 원조 공여 및 시행 주체로서 개발 프로젝트에 참여할 수 있다.

1) 개발도상국 직접투자

유엔무역개발회의(UN Conference on Trade and Development, UNCTAD)의 투자 동향 관련 연례보고서에 따르면 2020년 전 세계 외국인 직접투자 규모는 1조 달러를 기록했다. 이는 2019년 대비 35% 감소한 수치로, 2009년 경제위기 때 20% 감소한 것에 비해 2020년 코로나19 팬데믹으로 인해 매우 큰 폭의 감소를 보였다. 대(對)선진국 FDI가 3,120억 달러로, 2019년 대비 58% 감소한 반면 개발도상국에 대한 투자는 6,630억 달러로 2019년 대비 8% 감소한 것이다. 이는 OECD DAC 회원국이 같은 해 시행한 ODA 총액인 1,612억 달러의 네 배를 상회하는 액수다.

지역별로 보면 2위 투자 유치국인 중국이 위치한 아시아 지역만이 2019년 대비 4% 증가한 5,350억 달러 규모, 중남미가 880억 달러, 아프리카는 400억 달러를 기록했다. 이를 통해 특정 국가와 지역에 대한 집중도가 심하고 개발수요가 높은 아프리카에 대한 투자가 여전히 부진함을 알 수 있다(UNCTAD, 2021: 20-23).

국내 자본과 기술이 부족한 개발도상국의 경우 외국인 직접투자를 적극적으로 유치함으로써 경제발전의 토대를 구축하고자 한다. FDI는 세 가지 경로를 통해 개발도상국의 발전에 기여한다. 첫째, 기술 이전의 창구 역할을 함으로써 개발도상국의 기술 수준을 향상시킨다. 둘째, 해외 자본의 유입 경로로 기능해 경제발전에 필요한 재원을 확보한다. 셋째, 노동이 풍부한 개발도상국의 잉여노동력을 소화하는 고용 창출 효과를 가져온다. 이와 같은 이유로 1980년대 이후 개발도상국은 FDI에 대한 부정적인 인식을 떨쳐 버리고, 투자 기업에 대한 다양한 인센티브를 제공하는 등 FDI 유치 활동에 박차를 가하고 있다.

개발도상국에 진출하는 기업 입장에서는 이윤 창출이라는 목표에 입각한 나름의 판단을 통해 투자 대상지를 결정한다. 투자 형태는 크게 생산 거점형(또는 효율성 추구형, efficiency-seeking)과 시장 접근형(market-seeking)으로 구분할 수 있다. 전자의 경우 원자재의 쉬운 조달과 값싼 노동력 등 개발도상국의 비교우위를 활용해 생산비용을 절감하고 글로벌 가격경쟁력을 획득하는 것을 목표로 한다. 후자는 제3국의 시장에 보다 쉽게 접근하려는 목표를 가진다.

시장 접근형 FDI는 일정 수준 이상의 구매력을 가진 개발도상국에 주로 집중된다. 따라서 인구가 많지 않거나 발전도가 낮은 대부분의 개발도상국은 생산 거점형 FDI를 받아들인다. 이를 통해 기대할 수 있는 효과는 전자나 섬유와 의류 산업에서 볼 수 있듯 주로 고용 창출이다.

생산 거점형 직접투자의 경우 원·부자재를 수입해 가공하는 것이 일반적인 생산 형태이므로 현지에서 값싼 단순노동 인력을 활용할 수 있다. 고용 증진이라는 측면에서는 어느 정도 긍정적이나 자본 축적이나 기술 이전이 원활하게 이루어지지 않기에 반쪽짜리 FDI라 할 수 있다. 따라서 개발도상국의 경제가 발전할수록 점차 시장 접근형 직접투자의 비중이 증가하도록 유도해야 한다. 시장 접근형 FDI의 증가는 한국이나 중국이 경험한 것처럼 국내 기업의 체질 개선, 산업구조의 고도화 및 국제경쟁력 강화에 기여할 수 있다.

그럼에도 불구하고 개발도상국에 투자할 때 기업의 가장 큰 우려는 정치적 위험이다. 즉 투자 대상국의 정치 변동으로 인해 기업이 손실을 보는 상황을 경계하는 것이다. 여기에는 환전과 송금 제한, 투자 재산 몰수, 전쟁과 테러, 내란, 계약 불이행, 국가의 채무불이행 등이 포함된다. 이와 같은 맥락에서 국제사회는 투자 위험을 경감하고 우호적인 투자 환경을 조성하기 위한 다양한 기법을 적극 논의하고 있다. 대표적으로 세계은행의 국제투자보증기구(MIGA)를 비롯한 다양한 MDB는 투자자의 비상업적 위험에 대한 손실보상을 위한 보증 서비스를 제공하고 있다.

이와 같은 공여 주체 차원의 안전장치도 필요하지만, 무엇보다 개발도상국 스스로 안정적 제도와 자유민주적 거버넌스를 구축하는 것이 해외투자 유치의 기본 바탕이 됨을 인식해야 한다.

2) 기업의 사회적 책임(CSR)

CSR이란 기업이 이윤을 추구하면서도 아동노동 등 사회적 윤리 기준에 반하는 활동을 하지 않고 사회발전에 기여해야 한다는 개념으로, 시민사회의 강력한 요구로 오늘날 하나의 경영 윤리로 자리 잡았다. 최근에는 기업 활동이 국제화되면서 기업이 이미 진출했거나 진출을 모색하고 있는 개발도상국에 대해 사회적 기여를 확대하고 있는 추세다. 민간기업이 개발도상국에서 시행하는 CSR 활동은 기업이 독자적으로 추진하는 경우도 있고, 공공부문과의 협력을 통한 민관협력 파트너십 형태로 추진되기도 한다.

어느 쪽이든 ODA의 5배가 넘는 해외직접투자(FDI)를 시행하는 기업은 이제 이윤만을 추구하는 이기적인 집단으로 머물 수만은 없게 되었다. 급격히 변화하는 사회적 여건으로 지속가능한 성장을 달성하기 위해서는 기업이 '기업 시민'으로서의 자각을 갖고 사회에 대한 책임을 부담해야 한다는 인식이 발전했다. 이에 따라 국제사회도 관련 규범을 제정해 왔다.

일례로 UN은 2000년 7월 CSR에 관한 조직인 글로벌 콤팩트를 출범시켜 인권, 노동, 환경 및 반부패 분야에 걸친 10대 원칙을 수립, 회원 기업들에 권고하고 있다.

또한 국제표준화기구(International Organization for Standardization, ISO)는 2010년 이러한 국제사회의 논의를 확대해 또 하나의 국제 규범인 ISO 26000 사회적 책임 가이드를 제정했다. 해당 가이드는 책임성, 투명성, 윤리적 행동, 이해관계자의 이익 존중, 법규 준수, 국제 행동 규범 존중, 인권 존중의 7대 기본원칙으로 기업의 사회적 영향을 파악하고 관리하기 위해 만들어졌다.

대부분의 다국적기업은 자신들의 업무 영역과 유사한 분야에서 활발한 글로벌 CSR 활동을 수행한다. 예를 들면 코카콜라는 대규모 수자원 관련 사업(The Water and Development Alliance, WADA)을 주로 아프리카에서 진행 중이며, 스타벅스는 커피 농가에 대한 기술협력을 통해 양질의 커피 생산을 유도해 직접 수매하는 전형적인 전략적 CSR을 전개하고 있다.

3) 환경, 사회, 기업지배구조(ESG)

ESG는 기업의 비재무적 요소인 환경(Environment), 사회(Social), 지배구조(Governance)를 통칭하는 개념으로, 1970년대 이후 촉발된 '지속가능금융(sustainable finance)' 개념의 진화 과정에서 부각되었다. 특히 2008년 글로벌 금융위기 이후 전통적 금융에 대한 반성으로 사회적 가치를 중시하는 '지속가능금융'의 공감대가 확산되었고, 2010년대 초반 '사회적 금융' 중심으로 '지속가능금융' 논의가 본격적으로 전개되었다. 최근 기후·환경 변화의 중요성이 강조되고, 탄소중립 의제화 등의 영향으로 환경(E)에 대한 논의가 부각되며 ESG 개념이 완성되는 과정에 있다(금융위원회, 2021).

ESG는 기업이 고객 및 주주·직원에게 얼마나 기여하는가, 환경에 대한 책임을 다하는가, 지배구조는 투명한가를 다각적으로 평가한다. 단순히 재무적 이익만을 추구하는 것이 아니라 윤리적인 책임을 다하는 기업에게 투자할 수 있는 '사회적 책임투자'를 위한 지표가 된다. 즉 건설회사가 아무리 시공 능력이 뛰어나도 산업재해를 예방하지 않고, 폐기물 처리에도 능숙하지 않으면 ESG 경영에서 멀어지는 것이다. 따라서 품질 경쟁력이 앞선 기업보다 고객을 우선시하며 아낌없는 서비스를 제공하는 착한 기업을 선호하는 풍토가 자리 잡고 있다. ESG 경영의 최종 목표는 장기적인 관점에서 지속적인 성장을 추구하고, 사회적 편익을 확대하는 것이다.

ESG는 기업 재무제표에는 드러나지 않지만, 중장기적 기업 가치에 막대한 영향을 미치는 지속가능성 평가 지표이다. 막연히 환경과 사회, 지배구조의 기준에 부합하는 좋은 일을 해야 한다는 당위성이 아니라 기업의 지속가능성을 개선하는 기준으로 볼 수 있다. 과거엔 기업의 이익 중 일부를 좋은 일에 사용하는 것이 최선이었다면, 지금은 착하게 버는 과정을 투명하게 공개하고 준수하는 것이 더욱 중요해진 것이다. 이것이 ESG와 기존의 CSR과의 기본적인 차이라고 볼 수 있다.

<표 4-2> ESG 구성요소 및 핵심 키워드

	환경 Environment	사회 Social	지배구조 Governance
핵심 키워드	기후변화 대응, 탄소배출 저감, 자원 절약, 재활용 촉진, 청정기술 개발	노동환경 개선, 사회적 약자 보호, 인권 존중, 고용 평등 및 다양성 지향	투명한 기업 운영, 고용 평등, 법과 윤리 준수, 반부패 및 공정성 강화

ESG 개념의 도입으로 개발협력에서 민간기업의 역할이 더욱 강화될 것으로 보인다. 기업의 글로벌 비즈니스에서 ESG 경영이 강조되고, 개발도상국 및 신흥국의 소비시장 규모가 커짐에 따라 이 시장에 진입하거나 사업을 확대하려는 기업들은 각국 정부로부터 ESG 준수를 요구받고 있다. 일례로 인도네시아, 필리핀 등 동남아시아 국가들은 상장기업의 ESG 공시 의무화를 확대하고 있으며, 최근 아세안도 그린 택소노미[11] 도입을 발표했다. 앞으로 기업들은 경영 목표뿐만 아니라 SDGs 및 ESG 구성요소도 충분히 고려하여 비즈니스에 임해야 하며, 이를 위해 원조기관과의 유기적인 협업이 활성화될 것으로 보인다(효성FMS, 2021).

(4) 기타 전문가 집단

1) 개발 컨설팅

개발 컨설팅은 개발도상국의 경제·사회적 발전을 목적으로 전문적인 기획과 자문, 그리고 프로젝트 사이클상의 제반 서비스를 제공하는 지식기반산업이다. 국제사회에서 개발협력 시장 규모가 커짐에 따라, 개발 컨설팅은 규모나 부가가치 면에서 매우 중요한 지식기반산업의 하나로 부상하고 있다. 특히 개발도상국의 정책과 관련한 각종 활동을 통해 빈곤퇴치와 경제개발에 기여함은 물론, 지식기반산업다운 높은 부가가치를

---

11 그린 택소노미(Green Taxonomy)는 녹색산업을 뜻하는 그린과 분류학을 뜻하는 택소노미의 합성어로서, 유럽연합(EU)이 2020년 6월 발표한 개념이다. 그린 택소노미는 온실가스 감축 등에 기여하는 환경적으로 지속가능한 경제활동의 범위를 정하는 기준으로, 친환경 사업에 대한 자금 투자를 유도하기 때문에 ESG 투자를 추구하는 투자자들의 선택 기준이 된다.

창출한다는 점에서 각국의 컨설팅 업체와 이를 지원하는 정부 간 경쟁이 치열한 상황이다.

개발 컨설팅은 사업관리나 평가, 성과관리는 물론 원조사업 초기 단계에서 타당성 조사를 수행하기도 한다. 따라서 본사업의 수주 및 물품 조달 경로 선정에 큰 영향을 미칠 수 있으므로 그 중요성이 지대하다.

글로벌 개발 컨설팅 산업은 20세기 북미와 유럽의 풍부한 ODA 재원에 힘입어 발전해 왔다. 1960년대에는 건설 및 엔지니어링 분야의 인프라·기술 컨설팅이 대부분이었으나 1970년대 이후에는 경제정책, 지역개발, 교육, 보건·의료 등 경제·사회개발 분야가 부상하면서 개발 컨설팅 역시 세분화되고 전문화되어 발전했다.[12] 이와 같은 흐름 속에서 개발 컨설팅 서비스는 자연스럽게 사회·경제 분야 서비스와 기술 분야 서비스로 양분되었다. 또한 개발 컨설팅이 제공되는 분야 역시 경제, 농업, 보건, 인프라 등 개발의 전 분야로 다양화되었다(〈표 4-3〉 참고). 개발도상국 정부에 대한 직접 컨설팅의 경우 경제개발계획을 세워 주거나 부처 및 공기업에 대한 조직 진단과 전략 수립 등에 참여하며, 원조 자금을 활용하는 경우 대규모의 인프라, 경제, 사회개발 사업과 관련한 컨설팅을 제공한다.

---

12 개발 컨설팅 업체는 영리 또는 비영리로 운영된다. 연간 수주액이 16억 달러(2021년)를 상회하는 세계 최대의 개발 컨설팅 기업인 미국의 키모닉스(Chemonics International)와 같은 영리 기업 형태일 수도 있고, 개발도상국의 농촌개발 및 소득 증대에 특화한 ACDI/VOCA(Agricultural Cooperative Development International/Volunteers in Overseas Cooperative Assistance)처럼 비영리 형태로 운영할 수도 있다. 영리 컨설팅은 이윤을 주주에게 배당한다는 점에서 비영리 컨설팅과 구별되나 제공하는 서비스의 질이나 사업 수행 방식은 양쪽이 크게 다르지 않다.

구분	내용	분야
사회·경제 분야 서비스	정책 자문 및 개발 경험 공유 프로그램 및 프로젝트의 형성 및 수행 사업에 대한 모니터링 및 평가	경제산업 개발 빈곤 극복 공공행정 농업 및 자원 분야 개발
기술 분야 서비스	기술 분야에서의 타당성 조사 기술 분야의 실행, 계획, 조사 기술 분야에서의 모니터링 및 평가	보건·의료 금융 및 비즈니스 서비스 재해 및 재난 예방, 복구 민간 부문 지원

출처 : 곽재성(2014: 3)

ODA를 지속적으로 확대하고 있고 개발협력의 성장 잠재력이 큰 우리나라는 개발 컨설팅의 산업적 기반과 역량을 갖추는 것이 매우 중요하나, 아직 성장 단계에 머물러 있다고 볼 수 있다.

2) 대학 및 연구기관

국제개발협력에 있어 대학 및 연구기관의 역할은 매우 다양하다. 고등교육 서비스를 통한 국내 및 개발도상국의 후속 세대 전문가 양성, 개발도상국 대학의 역량 강화를 위한 대학 간 협력사업(예를 들어 대한민국의 교육부 지원 사업), 영국 서식스대학교의 개발학연구소(Institute of Development Studies, IDS)처럼 정책 자문, 성과 평가 등의 개발 컨설팅 사업 수행, 그리고 교수나 연구원들 개인 차원의 ODA 정책자문 활동 등이 모두 여기에 속한다.

최근 들어 개발사업의 세계적인 추세는 대학 및 연구기관의 활동 영역 확장이라고 할 수 있다. 개발협력 분야에도 성과 중심의 패러다임이

자리 잡게 되면서 검증할 수 있는 객관적 데이터에 기초하여 원조 프로그램 및 프로젝트를 관리할 필요성이 대두되었다. 이에 따라 개발의 제 분야에 대한 이론적·기술적 해답을 제공할 수 있는 대학 및 연구기관의 전문가 집단이 부각되었다.

이와 같은 새로운 조류는 미국 USAID가 2012년 고등교육솔루션 네트워크(The Higher Education Solutions Network, HESN) 프로그램을 출범시키면서부터 관측되기 시작했다. 처음 5년간 총 1억 3,000만 달러의 대규모 예산이 투입된 HESN의 기본 목표는 대학의 연구 역량을 활용해 개발도상국의 도전과제에 대한 기술적 해결을 도모하는 것이다. 이를 위해 USAID는 '글로벌 개발 연구실(US Global Development Labs, D-Lab)'의 설립을 지원하고 있는데, 현재 HESN 프로그램에는 7개 대학의 주도로 설립된 8개 D-Lap이 참여하고 있으며(〈표 4-4〉 참고), 추가적인 파트너 대학, 연구소, 기관은 전 세계 200여 개에 이른다.

<표 4-4> HESN 지원으로 운영되고 있는 US 개발학 연구소 현황

연구 솔루션	주관 대학	설명	홈페이지
AidData	윌리엄메리주립 대학교	개발협력 통계 분석	aiddata.org
Comprehensive Initiative on Technology Evaluation	MIT	개발도상국 현지의 혁신적 리더 400명에 대한 지원을 통해 발전 유도	d-lab.mit.edu
International Development Innovation Network	MIT	저전 기술 아이템에 대한 실증적 평가를 통해 타당성 제고	cite.mit.edu
Center on Conflict and Development	텍사스A&M 대학교	학제적 접근을 통해 분쟁 취약국에 지원된 개발협력 프로그램의 효과성을 높이기 위한 연구	condevcenter.org

연구 솔루션	주관 대학	설명	홈페이지
Social Enterprepreneurship Accelerator at Duke	듀크대학교	개발도상국의 혁신적·사회적 기업가 양성	dukesead.org
Development Impact Lab	UC 버클리	장기적 개발효과성 측정	dil.berkeley.edu
ResilientAfrica Network	마케레레대학교 (우간다)	아프리카의 16개국 20개 대학에 대한 지원을 통해 복원력 확보	ranlab.org
Global Center for Food Systems Innovation	미시건주립 대학교	글로벌 식품 시스템에 대해 혁신적 증거 기반 접근을 통해 효과적인 솔루션 제공	gcfsi.isp.msu.edu

출처 : USAID(2021)

우리나라의 대학들도 교육과 연구 경험을 토대로 하여 보건, 교육, ICT 등 개발의제 분야에서 사업 수행자로 참여하거나, 개발협력 분야의 전문성을 중심으로 개발교육, 개발정책 자문, 평가 및 모니터링, 성과 관리 등의 사업에 참여하고 있다. 나아가 국내 개발협력 전문가 양성에 기여하거나, 수원국 대학의 역량 개발을 목적으로 한 사업에도 적극 참여하고 있다.

(5) 개발협력 주체로서의 개발금융 전담기관

1) 영국: 영연방개발공사(CDC)

세계 최초의 개발금융기관(Development Finance Institutions, DFI)인 CDC는 민간부문 개발을 목적으로 1948년에 설립되었고, 설립 이후 개발도상국의 민간 비즈니스에 성공적으로 투자해 왔다. CDC는 2012년부터 아프리카와 남아시아로 투자 지역을 한정, 이들 지역의 일자리 창출 및 소득 증가를 위한 비즈니스 지원을 목표로 설정했다(ICAI, 2019).

CDC는 직접적으로 모든 형태의 금융(주식, 대출, 메자닌, 보증 등)을 통해 개발도상국 비즈니스를 지원한다. 동시에 CDC의 목적 중 하나인 개발도상국(특히 아프리카)의 자본시장 활성화를 위해 다양한 펀드를 조성하여 간접 지원을 시행하며 자체 펀드매니저나 타 금융기구를 통해 개발도상국 자본시장에 투자한다. 한때 CDC는 아프리카 주식시장에서 너무 많은 수익을 올려 모회사격인 DFID 내에서 이슈가 되기도 했다.

CDC의 투자를 받는 기업은 반드시 CDC가 제시한 투자에 관한 규정을 지켜야 한다. 여기에는 환경, 사회, 거버넌스 및 기업윤리 관련 기준이 포함된다. 또한 현지 국내법뿐만 아니라 관련 국제 규약도 지키도록 명시하고 있다(임소영 외, 2016). 공적개발원조 기능을 하는 만큼 CDC는 모든 투자 수익을 다른 비즈니스에 재투자하고 있다.

CDC는 75년의 역사를 뒤로하고 2022년 4월에 영국국제투자 (British International Investment, BII)로 재탄생했다. BII는 2026년까지 연간 지원 목표를 15~20억 파운드 정도로 설정하며 기관명 변경은 물론 기관의 전략 또한 새로 설정된다. BII의 전략은 선택과 집중의 원칙하에 추진되는데, ▲연간 예산의 30%를 그린 인프라 지원을 포함한 기후금융에 지원, ▲디지털 전환에 대규모 지원, ▲연간 예산의 25%를 성평등을 위한 젠더금융에 사용, ▲필리핀, 인도네시아, 메콩강 유역국가 등 기후변화 취약국들이 다수인 인도-태평양 및 카리브 지역들까지 지원을 확대, ▲금융허브로서 런던의 이점을 활용하여 상업금융기관과 연계·협조하여 지원하고 있다(CDC-BII, 2022).

2) 미국: 국제개발금융공사(DFC)

미국 최초의 DFI로 1971년에 설립된 해외민간투자공사(Overseas

Private Investment Corporation, OPIC)는 개발도상국 신흥시장에 투자하는 자국 민간자본에 금융 지원을 시행해 개발도상국의 지속가능한 경제개발과 기업의 시장 진출을 목적으로 했다.

2018년 10월 미 의회는 국제개발금융공사(U.S. International Development Finance Corporation, DFC)를 새로이 설립하는 법안(BUILD Act2)을 공화·민주 양당의 전폭적인 지지로 통과시켰다. 미국 DFC는 종전의 OPIC과 USAID의 개발금융보증부(Development Credit Authority)를 합병하여 새로운 개발금융기관으로 재탄생시킨 것이다. 2019년 12월부터 운영을 개시한 DFC의 금융 제공 한도는 총 600억 달러(71조 원)로 전신인 OPIC의 290억 달러보다 대폭 확대되었다.

DFC의 새로운 미션은 명확하다. 미국 기업들의 해외 프로젝트에 대해 개발금융 공급을 통하여 중국의 일대일로 정책을 적극적으로 차단하겠다는 것이다. 미국 전략문제연구소(CSIS)는 DFC의 목적을 '국가안보(national security)'로 제시한 바 있다. 금융기관이 국가안보를 어떻게 직접적인 목적으로 할 수 있었을까? DFC의 새로운 금융 기능은 이러한 설립 목적을 더욱 분명하게 드러냈다. 설립의 근거가 된 'BUILD법'은 '지분출자(equity investment)', '우선 손실 보증(first loss guarantee)', '현지 통화 대출(local currency loan)' 등 세 가지 금융 서비스를 명시했다. 손실 보증 업무와 현지 통화 대출은 전신인 OPIC에서는 허용되지 않던 업무이다. 지분출자의 경우 DFC가 보다 적극적인 금융 서비스를 제공할 수 있도록 요건을 대폭 완화했다. DFC는 모든 프로젝트에 30%까지 지분투자를 할 수 있다. 즉 이와 같은 직접 금융 수단을 통해 개발도상국에서의 미중 간 패권 경쟁에서 승리하겠다는 계획을 엿볼 수 있다(전병조, 2020).

3) 프랑스: 개발금융공사(Proparco)

프랑스 개발금융공사는 프랑스 개발청(Agence Française de Développment)
의 자회사로서 개발도상국의 발전과 민간투자의 활성화를 목표로 1977년
설립되었다. 초기에는 주로 아프리카 민간기업에 벤처캐피탈을 제공했으
나 1991년 자금 조달 기업으로 전환되어 개발금융을 전담하고 있다. 영국
의 CDC, 독일의 DEG 등이 정부 전액 출자로 설립된 것에 반해 개발금
융공사는 AFD와 프랑스 민간은행 및 재단, 국제금융기관 등 정부와 민간
부문의 공동출자로 설립되었다. 2015년 기준 4억 2,000만 유로의 자본금
을 보유한 개발금융기관(DFI)으로 성장했고, 총지원액은 70억 유로, 연간
사업 지원액은 13억 유로(2020년 기준)이다. 대출과 투자의 비율은 76%와
22%이고, 나머지 2%는 보증 서비스를 제공한다(EDFI, 2022).

개발금융공사는 개발도상국의 지속가능한 발전과 경제성장을 위해
개발도상국의 민간부문 발전에 집중투자하고 있다. 특히 금융기관, 사회
기반시설, 민간기업, 투자기금 등에 투자하고 있으며, 사하라 이남 아프리
카에 50% 이상을 투자하고 있다. 투자 재원은 전액 AFD 차관으로 이루
어진다. 이는 개발금융공사가 독자적으로 국제금융시장에서 재원을 조달
하기에는 경쟁력이 부족하기 때문이다. 투자 이익은 주주에게 배당하지
않으며 개발금융공사 활동에 재투자한다.

4) 독일: 독일투자개발공사(DEG)

독일재건은행(Kreditanstalt für Wiederaufbau, KfW)의 자회사인 독일
투자개발공사(DEG)는 1962년 독일연방경제협력개발부(BMZ) 산하의 독
립 법인체로 출발해 2001년 독일 정부의 원조 효율화 정책에 따라 KfW
100% 출자 자회사로 탈바꿈했다. 이후 개발도상국의 민간부문에 대한

개발금융 지원 기능을 강화해 왔다. 독일 정부는 DEG를 통해 공적개발 원조와 민간개발원조 간 협조 체제를 강화해 개발원조의 효과성 증대를 추구하고 있다. DEG는 개발금융을 성공적으로 수행하기 위한 키워드로 KYC(Know Your Customer, 사전에 고객의 신용도 및 위험 요소를 치밀하게 분석하고 공동의 서류 검토 회의를 통해 철저히 이행), 내부 처리 절차와 리스크 운영의 철저한 이행, 비즈니스 중심의 사고방식을 통해 효율적이고 실질적인 자세로 모든 프로젝트를 집행하는 것을 꼽는다.

중국, 러시아, 브라질, 인도 등 신흥 공여국의 시장 진입과 개발협력 대상국의 장기 자금 수요에 대한 선택의 여지가 많아지며 좋은 프로젝트에 대한 경쟁이 심해지고 있는 데다 장기 대출 자금 공급 역시 증가함에 따라 DEG는 상업은행들이 제공하지 않는 자본투자와 메자닌 금융지원[13]도 늘리고 아프리카보다는 아시아와 중남미 지역과의 협력을 늘릴 계획을 가지고 있다.

독일 정부의 개발도상국에 대한 금융지원은 KfW를 통한 것과 DEG를 통한 것으로 나뉜다. KfW는 공공부문에 대한 직접 지원을 담당하고, DEG는 KfW의 재원을 통해 민간 분야 지원을 전담한다. 2022년 기준 연간 지원액은 5억 유로이다(DEG, 2022).

지금까지 '국제개발협력의 다양한 주체'에서는 개발협력 글로벌 생태계를 이루는 여러 기관과 조직들의 역사와 비전, 그리고 대표 프로그램 등에 대해 알아보았다. 살펴본 바와 같이 개발협력의 여러 주체들은 글로

---

13 부채와 자본의 중간적 성격을 띠는 금융으로 대개 자기자본과 선순위 대출 사이에서 결합 정도에 따라 유연한 형태를 보이는 자본 조달 방식이다.

벌 개발협력의 트렌드 변화에 따라 새로운 환경에 적응하는 역동성을 보이고 있다. 캐나다, 호주, 영국 등의 국가에서 ODA를 전담했던 원조기구가 정부부처와 통폐합되는 구조조정기를 거쳤고, 급증하는 글로벌 인프라 수요에 대응하기 위해 국제금융기관의 역할이 강조되며, 개발재원과 기술 솔루션의 원천인 민간의 역할은 점점 더 강조된다. 수원국의 정부와 시민사회 역량이 점점 강화되고 있고, 이는 곧 오너십 확대로 이어진다. 글로벌 주체 간 파트너십이 더 강화되고 긴밀해지고 있어 SDGs 달성과 개발효과성 확보를 위한 다양하고 풍부한 노력이 계속되고 있다.

필수개념 정리

기술협력: 개발협력의 한 방식으로 경제·사회개발에 필요한 지식과 경험을 개발도상국에 전파해, 궁극적으로 경제와 사회발전에 필수적인 자립 능력을 향상시키는 것이다.

남남협력과 삼각협력: 남남협력은 개발도상국 상호 간에 이루어지는 국제협력으로, 개발도상국들이 자국의 발전 경험을 상호 공유하는 목적으로 주로 정부 또는 공공기관이 직접 지식 전수의 매개가 되어 협력하는 프로그램이다. 삼각협력은 남남협력의 틀에서 공여국이 참여하여 기존의 남남협력을 촉진하는 형태이다.

기업의 사회적 책임: 기업이 이윤을 추구하면서도 아동노동 등 사회적 윤리 기준에 반하는 활동을 하지 않고 사회발전에 기여해야 한다는 개념으로, 시민사회의 강력한 요구로 오늘날 하나의 경영 윤리로 자리 잡았다.

ESG: 기업의 비재무적 요소인 환경(Environment), 사회(Social), 지배구조(Governance)를 통칭하는 개념으로, 기업이 고객 및 주주·직원에게 얼마나 기여하는가, 환경에 대한 책임을 다하는가, 지배구조는 투명한가를 다각적으로 평가한다. 단순히 재무적 이익만을 추구하는 것이 아니라 윤리적인 책임을 다하는 기업에게 투자할 수 있는 '사회적 책임투자'를 위한 지표가 된다.

개발금융: 정부 공공 재원의 부족을 극복하고자 공공 금융기관이 시장 차입 재원(채권)을 활용하여 동원하는 새로운 금융 수단으로, 개발도상국에는 조달 금리보다 이자율이 낮은 저양허성 차관으로 지원하고 조달 금리와 지원 금리 간 차이는 무상원조로 보전한다.

소프트파워: 군사력, 경제 등의 물리적 힘을 지칭하는 하드파워(Hard Power, 경성권력)에 대응되는 개념으로 교육, 학문, 예술, 과학, 기술 등의 이성·감성·창조적 분야를 포함한다. 이 단어를 처음 사용한 하버드대학교의 조셉 나이 교수는 "자신이 원하는 것을 상대도 원하도록 하는 힘"인 문화, 이데올로기, 국제체제 창설 등의 능력 무형 자원을 소프트파워(Soft Power, 연성권력)라고 정의한다.

패키지형 개발협력 방식: 하드웨어, 소프트웨어의 다양한 사업 요소와 유상원조와 무상원조 등의 지원 형태를 결합해 하나의 틀로 추진하는 사업 방식이다.

오너십: 수원국의 오너십 개념의 핵심은 공여국은 수원국 리더십을 존중하고 수원국은 개발전략의 입안 및 이행에 주도적 역할을 수행하는 것이다.

마이크로 크레딧: 무담보 소액 대출은 영세민에게 자활할 수 있도록 자금과 사업 기회를 마련하고, 자활을 지원하기 위해 실시하는 대출 사업이다. 1976년 방글라데시에 마이크로 크레딧 전담 은행인 그라민은행이 설립되면서 본격적으로 시작되었다.

적정기술: 개발도상국 지역사회의 낮은 소득과 열악한 인프라 수준을 고려해 만드는 기술 또는 그 생산물을 의미한다. 수동형 발전 펌프나 구식 라디오 등, 선진국에서 이미 자취를 감춘 기술이 주로 적정기술에서 큰 활약을 하지만 기술개발이 반드시 구식 기술일 필요는 없다. 최신의 기술이라도 제작비나 유지비를 최소화하면 그것 역시 적정기술이 된다.

국제표준화기구(International Organization for Standardization): 각국의 표준 제정 단체들의 대표들로 이루어진 국제적인 표준화 기구다. 1947년에 출범했으며 나라마다 다른 산업, 통상 표준의 문제점을 해결하고자 국제적으로 통용되는 표준을 개발하고 보급한다.

 토론점

1. OECD DAC 회원국별로 다양하게 분화된 개발원조의 형태와 방식, 그리고 변화 추이를 이해하고 그 원인에 대해 논의해 보자.
2. 공여국들이 전문 원조기구를 합병하는 원인과 배경, 그리고 그 여파에 대해 논의해 보자.
3. UN과 국제금융기구의 유사점과 차이점에 대해 논의해 보자.
4. 수원국의 원조 수원 체제 및 프로세스에 대해 논의해 보자.
5. 국제개발협력에서 공여자 및 사업 수행자로서 점점 증대되고 있는 민간의 역할과 의미에 대해 논의해 보자.

📖 읽을거리

유엔의 글로벌 어젠다(A Global Agenda: Issues Before the United Nations)

미국유엔협회 기획·엮음 | 이승희, 최아영 외 옮김 | 에딧더월드 | 2012

UN이 당면하고 집중하고 있는 안보, 평화유지활동, UN과 미국의 관계, 원조, 인권, 기후변화, 잔혹행위 등 8가지 이슈를 이해할 수 있는 개론서다. 국제 문제에 대한 UN의 역할과 UN에 대한 미국의 시각도 볼 수 있으며 UN 실무자들이 현장에서 느끼는 현실 인식을 바탕으로 구체적인 대안도 제시한다.

The Business of Changing the World: How Billionaires, Tech Disrupters, and Social Entrepreneurs Are Transforming the Global Aid Industry

Raj Kumar | Beacon Press | 2019

국제개발협력의 글로벌 미디어 플랫폼인 DEVEX의 창립자인 저자는 소수의 대규모 공여 주체가 이끌었던 '선한 의도'의 자선적 원조 패턴이 어떻게 공공과 민간의 다양한 개발협력 주체로 분화되어 오늘날의 국제개발협력 생태계를 이루었는지 원조 산업(Aid Industry)의 관점에서 체계적으로 분석한다.

Delivering Aid Differently: Lessons from the Field

Wolfgang Fengler and Homi Karas | Brookings Institution Press | 2010

현장 사례에 비추어 변화하는 원조의 이슈와 동향을 파악할 수 있다. 수원국이 당면한 상황과 문제점의 근원이 다르기 때문에 원조 체계도 그에 맞게 기획, 관리, 조정되어야 함을 강조한다. 세계은행, 브루킹스연구소,

개발도상국 경제학자 및 개발 컨설턴트 등이 집필에 참여했다.

Non-Governmental Organizations, Management and Development(3rd edition)

David Lewis | Routledge | 2014

개발 NGO 매니지먼트의 이론과 실무에 관한 생생한 교과서로서 복잡성을 더해 가는 오늘의 국제개발협력에 있어 비영리단체의 구조와 역할 변화, 전문적 관리 기법, 다양한 사례 등이 녹아들어 있다.

기업의 사회적 책임, CSR 경영

다니모토 간지 엮음 | 김재현 옮김 | 시대의창 | 2011

오늘날 기업의 사회 활동과 사회의 공익을 동시에 추구하는 기업의 사회적 책임(Corporate Social Responsibility, CSR) 활동은 기업경영의 필수 요소로 자리 잡고 있다. 이 책은 미국과 유럽의 CSR 사례 소개와 함께 일본 사회의 CSR 추진 체계, 국제적인 기업경영 환경의 변화와 그에 따른 일본 기업의 CSR 대응 및 동향을 분석한다. 또한 향후 기업경영의 과제와 바람직한 모습도 제시한다.

체인지 메이커 혁명

베벌리 슈왈츠 지음 | 전해자 옮김 | 에이지21 | 2013

아쇼카의 글로벌 마케팅 부사장 베벌리 슈왈츠(Beverly Schwartz)가 지속적이며 체계적인 변화를 이루기 위해 개인 리더 혹은 조직 누구나 응용할 수 있는 모델을 소개한다. 특정한 사회문제에서 창의적이고 혁신적인 해결 방법을 제시한 우리 시대의 뛰어난 체인지 메이커 18명에 관한 기록이다. 단지 문제의 증상만을 해결하려고 한 것이 아니라 문제를 양산하는 사회구조, 즉 시스템을 변화시킬 수 있었다고 말한다. 그리고 시스템을 변화시킨다는 것이 무엇을 의미하는지를 다섯 가지의 전략적 관점에서 분류해 설명한다.

아시아 인프라전쟁

매일경제 원아시아 인프라 프로젝트팀 엮음 | 매일경제신문사 | 2015

갈수록 경쟁이 치열해지는 아시아 인프라 시장에서 한국이 살아남기 위한 방법을 제시한다. 아시아 인프라 시장의 규모는 폭발적으로 커질 것이며, 이는 저성장의 늪으로 빠져들고 있는 한국 경제에도 큰 기회라는 점, 이에 정부의 원조에 민간자금을 합친 금융모델을 통해 민관공이 함께 인프라 프로젝트들을 수주해야 한다고 말한다. 특히 단기간에 제조업과 신도시 인프라를 구축한 경험과 IT 역량 등 한국의 강점을 살리면 아시아 인프라 시장에서 승산이 있다고 전망한다.

한국의 국제개발협력
- 한국의 기여:
최빈국에서 원조 공여국으로

김상태 국립한경대학교 교수

1. 들어가며

대한민국[1]은 과거 오랜 역사에도 불구하고 일본과 중국 이외의 외부 세계에는 거의 알려지지 않아 '은둔의 나라'로 불려 왔다. 그러나 6.25전쟁(1950~1953년)[2]이 발발한 1950년, 마침내 세계는 한국의 존재를 발견했다(라종일, 2009). 일반적으로 빈곤에 허덕이는 가난한 나라에 대한 대외적인 이미지는 잘 바뀌지 않는다. 6.25전쟁 이후 절대빈곤 상태를 겪었던 한국도 마찬가지였다.

1996년, 「월스트리트저널」의 마이클 슈만(Michael Shuman) 해외 특파

---

1 이하 '한국'이라 한다.

2 국내에서 한국전쟁, 6.25사변, 6.25동란 등으로 다양하게 사용하나 대한민국 정부에서 공식적으로 사용하는 용어는 6.25전쟁이다.

원은 한국을 냉장고 같은 기본적인 편의시설조차 기대할 수 없는, 가난하고 불결한 나라인 줄 알면서도 모든 불편을 각오하고 부임했다. 그가 부임하기 40여 년 전만 하더라도 한국은 전쟁의 폐허에 묻힌 아시아 국가들 가운데서도 가장 희망이 없는 나라였기 때문이었다(마이클 슈만, 2010). 슈만(Michael Shuman)은 한국 부임 이후에서야 불과 40여 년 만에 기적을 일으킬 수 있는 나라가 세상에 존재한다는 사실을 처음 알았다. 그의 부임 이전 각오를 이해할 만하다.

한국은 전쟁 40여 년 만인 1996년 12월 경제협력개발기구(Organization for Economic Cooperation and Development, OECD)에 가입했다. 또한 2009년에는 OECD 회원국 중에서도 선진국만 가입할 수 있다는 OECD 개발원조위원회(Development Assistance Committee, DAC)의 회원국이 되었다. 2010년 의장국 자격으로 G20 정상회의를 성공적으로 개최했고 한국 주도의 신규 의제로 개발도상국의 빈곤 해소와 개발 격차 해소를 위한 '서울 개발 컨센서스'를 도출했다. 이어 2011년 11월 29일부터 12월 1일까지 부산에서 사상 최대 규모로 '부산세계개발원조총회(이하 부산총회)'를 성공적으로 개최했다. 그뿐만 아니라 2018년에는 미국, 독일, 프랑스, 일본, 영국, 이탈리아에 이어 7번째로 1인당 국민소득 3만 달러 이상, 인구 5,000만 명 이상의 국가에 해당하는 '30-50 클럽국가'의 일원이 되었다. 또한 2020년, 세계 국내총생산(Gross Domestic Product, GDP) 순위 10위를 차지한 데 이어 2021년 제68차 유엔무역개발회의(UN Conference on Trade and Development, UNCTAD) 이사회는 한국을 개발도상국에서 선진국 그룹으로 지위를 변경하는 안건을 통과시켰다. 이는 1964년 UNCTAD 설립 이래 개발도상국에서 선진국으로 지위를 변경한 첫 번째 사례가 되었다. 이는 국제개발협력에서도 한국은 과거 원조를 받는 수원국에서 국제개발협력을 주도적으로 이끌어 가는 공여국 중 하나로서 주요한 역할을 다할 필요가 있음을 의미한다.

이제부터 한국이 최빈국에서 선진국으로 발전할 수 있었던 배경과 경위, 개발과 관련한 한국의 위상과 역할, 그리고 이를 통한 한국의 통일과 국제사회의 평화와 안정을 위한 비전 등을 차근히 알아보자.

2. 최빈국에서 선진국으로

(1) 해방, 전쟁 및 전후 복구(1945년부터 1960년대 초반까지)

한국은 1910년부터 일제의 35년간의 식민 지배를 거쳐 1945년 8월 15일 해방 및 1948년 8월 15일 정부수립에 이어 1950년 시작된 6.25전쟁과 전후 복구 기간인 1960년대 초반까지, 사실상 국민의 의식주 문제와 국가 재정의 대부분은 미국을 비롯한 국제사회의 원조에 의지했다.

원조에 대한 부정적인 의견도 있다. 이들이 한국에 제공한 원조 대부분이 소비재 형태여서 국내의 소비 성향을 높였고, 특히 미국의 농산물 원조는 국내 농업의 경쟁력을 떨어뜨렸으며, 자본의 대외 의존적이고 관료적 성격을 강화했다는 주장이다(전철환, 1987).[3] 한국이 받은 원조에 대해 현재 시각에서의 비판적 견해는 얼마든지 있을 수 있다. 그러나 당시 절대빈곤 상태였던 한국의 실정으로는 원조 형태나 조건을 가릴 상황이 아니었음을 유의해야 한다. 오히려 원조는 해방 직후, 6.25전쟁 및 전후 복구 기간에 기아, 질병 및 불안을 제거하는 생명수 같은 역할을 했다. 또한 신생 한국의 경제 안정에도 크게 기여했다. 원조의 대부분은 소비재 형태였으나 시설재로 도입된 원조는 산업시설 확충 등의 공업화에도 기여했다는 것이 객관적인 평가다.

1945년 해방 이후부터 1948년 8월 15일 정부수립까지는 미군에 의한 군정 기간이었다. 이 시기의 당면 문제는 가혹한 일제 식민 통치 이후의 인플레이션 안정과 제 기능을 상실한 한국 경제의 명맥을 유지하고, 기아와 질병 및 불안을 제거하는 데 있었다. 미군정에 의한 원조는 미군정청(United States Army Military Government in Korea, USAMGIK)에 의한 점령지 구호 원조(Government Appropriations for Relief in Occupied Area, GARIOA), 미군정 점령지역 경제 부흥 자금(Economic Rehabilitation in Occupied Area, EROA), 대외청산위원회 차관(Office of the Foreign Liquidation Commissioner, OFLC) 등의 다양한 형태였으며, 해당 기간의 원조 규모는 5억 5,030만 달러에 달했다(이경구, 2004).

한국 정부수립 이후 불과 2년도 되지 않은 1950년에 발발한 6.25전쟁은 그나마 빈사 상태에라도 있었던 한국 경제를 철저히 파괴시켰다. 행방불명자를 포함한 민간인 사망자가 약 150만 명이었으며, 비군사시설의 피해액이 31억 달러, 민간경제 피해 규모가 1953년 기준으로 국민총생산(Gross National Product, GNP)의 85%, 그리고 산업시설의 43%가 파괴되었

---

3 이 시기 원조의 평가에 대해서는 노중기, 1950년대 한국 사회에 미친 원조의 영향에 관한 고찰,(2002)을 참고하기 바란다.

다(Cha et, al., 1997).

이에 따라 1948년 12월 체결된 한미 원조 협정은 이전의 원조와 달리, 마셜플랜(Marshall Plan)의 경우처럼 경제부흥을 목적으로 시작된 미국의 경제협력처(Economic Cooperation Administration) 원조가 6.25전쟁의 발발로 구호 원조 성격으로 전환되었다. 1950년 한국민간구호(Civil Relief in Korea, CRIK)와 1951년 유엔한국재건기구(UN Korean Reconstruction Agency, UNKRA) 등의 UN에 의한 다자간 원조도 본격적으로 개시되었다. 또한 1955년 '미국 공법 480(Public Law 480)'으로 알려져 있는 미국의 잉여농산물 도입을 위한 협정이 체결되어 미국의 잉여농산물 원조가 개시되었다 (노중기, 2002; 문팔용, 2005).

한국이 국제사회로부터 해방 이후 1960년까지 받은 원조액은 30억 9,790만 달러에 달했다. 1960년 기준 한국의 GNP가 19억 5,000만 달러였음을 감안할 때, 이들 원조가 우리 경제에 얼마나 큰 역할을 했는지 짐작 가능하다.

6.25전쟁 복구가 어느 정도 마무리된 1961년, 한국의 1인당 GNP는 82달러로, 하루 22센트 수준이었다. 이는 당시 아프리카 가나의 179달러의 절반에도 미치지 못하는 것이었다(장하준, 2007). 1960년대 초의 한국은 빈곤의 악순환에서 헤어나지 못하는 전형적인 후진국으로 실업과 불완전 고용이 만연한 상태였다. 우리 국민의 40% 이상이 절대빈곤 상태를 벗어나지 못하고 있었다(Sakong, 1993). 1960년 수입 대금의 71.7%, 정부 예산의 42.9%를 미국의 원조에 의존했다. 해방 후 6.25전쟁에 이어 1960년대 초까지, 국제사회의 원조가 없었더라면 한국 경제는 파탄되어 굶거나 병들어 죽는 국민의 수를 헤아릴 수 없었을 것이다(오원철, 1999).

당시 한국의 민생고를 상징하는 것이 인류 역사상 가장 비참한 표현

중의 하나인 '보릿고개'다. 보릿고개는 농토가 적어서 자기 가족이 먹을 양식을 생산하지 못하는 농가에서 빈번히 일어났다. 가을에 추수한 식량이 봄이 되어 다 떨어지고 나면 보리 추수를 할 때까지 굶는 것 외에 달리 배고픔을 해결할 방도가 없었던 것이다. 이웃 모두 비슷한 처지라 양식을 빌려 올 데도, 빌려줄 사람도 없다.

사람들은 배고픔을 가시게 하고자 보리이삭을 태운 가루에 초근목피(草根木皮, 풀뿌리와 나무껍질)를 넣어 죽을 만들어 먹었다. 거친 음식으로 속이 탈 나거나 항문에 문제가 생기는 일도 허다했다. 이처럼 보릿고개는 '찢어지게 가난한 생활'을 말한다. 한두 해의 문제가 아니라 계속되는 것이었으며, 혼자만의 문제가 아니라 가족 전체의 문제였다. 진짜 문제는 무엇보다 다른 대안이 없다는 점에서 오는 좌절감과 영원히 해결할 수 없다는 절망감 속에 있었다(오원철, 1999).

1950년대에 미국의 원조기관인 미국 국제개발처(United States Agency for International Development, USAID)의 내부 보고에서는 한국을 '밑 빠진 독'이라고 표현할 정도였다. 같은 시기 영국의 한 신문기자가 한국을 취재해 보낸 기사에서 "한국에서 민주주의를 기대하는 것은 쓰레기 더미에서 장미꽃이 피기를 바라는 것과 같다"고 기술했었다.

> 1950년대에 대한민국과 비슷한 어려움을 겪고 있던 대만조차도 1950년대 말기에 들어서는 미국의 원조를 중단하고 자립 경제 단계에 이르렀다. 그러나 대한민국의 경제는 날이 갈수록 나빠지기만 했다. 이런 상태가 되니 우리 국민들은 완전히 용기를 잃고 스스로를 비하하기 시작했다. "엽전이 별 수 있간디", "'와라지' 주제에 무엇을 할 수 있다고"라는 말이 유행했다. 일본은 메이지유신 이후로 단발령을 내렸는데 당시 일본의 식민지였던 우리에게 양복을 입고 구두를 신게 했다. 그러나 천민들은 이를 따를 수 없었다. 사람들은 이들을 '와라지'라며 천시했다.

> 일본인들도 짚신을 신고 있는 한국인들을 와라지라고 했다. 와라지는 짚신을 가리키는 일본 말이다.
>
> 여기서 엽전이나 와라지는 우리 국민을 뜻한다. 풀이하자면 달러 세상이 되었는데 엽전으로 무슨 힘이 있겠느냐는 것이다. 다른 나라 사람은 모두 구두를 신고 다니는데, 우리는 짚신이나 신어야 할 신세임을 한탄하는 것으로, 국민들의 사기는 패잔병의 심리와 다를 바 없었다(오원철, 1999).

(2) 도약 단계(1960년대부터 1980년대 중반까지)

경제발전론으로 유명한 히긴스(Benjamin Higgins) 교수는 "인류의 긴 역사에서 발전은 예외였고 정체가 정해진 규칙이었다"고 했다. 18세기 중반까지 한국을 비롯한 지구상 모든 나라들의 경제성장률은 제로(0)에 가까웠다. 흉년이나 전쟁, 재난 등이 발생하면 마이너스 성장을 기록했다. 장구한 인류의 역사 중에서 1인당 소득이 지속적으로 늘어나기 시작한 것은 영국의 산업혁명이 시작된 이후로 1840년부터 1940년까지 약 100년간 영국을 비롯한 주요 선진국들의 경제성장률은 1~1.5%를 넘지 못했다(박승, 1992). 하지만 과거와는 달리 성장이 지속적으로 이루어져 자본축적을 통한 자본주의 발전에 기여했다는 데 큰 의미가 있다.

한국이 긴 정체를 벗어나 본격적으로 도약을 시작한 것은 제1차 경제개발 5개년 계획(1962~1966년)을 시작하면서부터다. 이후로는 사상 유례가 없을 정도로 고도의 압축성장을 이룩했다. 수출 성장률 측면에서 보면 1962~1966년간 연평균 43.8%, 1967~1971년간 33.8%, 1972~1976년간 50.9%라는 기록적인 성장을 보였다. 1962년 5,480만 달러에 불과하던 수출액은 20년 후인 1982년에는 399배가 늘어난 218억 5,340만 달러였다.

같은 기간 연평균 경제성장률은 약 8%에 달했으며, 1인당 국민소득은 87달러에서 1,824달러로 21배 늘었다. 이는 1990년대 이후 중국과 함께 지속적인 고도성장을 하고 있는 베트남보다도 훨씬 빠른 속도였다. 한국의 1960~1970년대 발전 단계에 해당하는 베트남의 경우 1990~2010년까지 20년간 1인당 소득은 12배, 수출액은 30배 증가했다.

<표 5-1> 대한민국의 1인당 소득 및 수출액 증가 추이(1962~1982)

구분	1962년(A)	1967년	1972년	1977년	1982년(B)	(B)/(A)
1인당 GNP (달러)	87	142	319	1,012	1,824	21
수출액 (100만 달러)	54.8	320.2	1,624.1	10,046.5	21,853.4	399

출처 : 송병락(1993: 44-45, 405)

<표 5-2> 베트남의 1인당 소득 및 수출액 증가 추이(1990~2010)

구분	1990년(A)	1995년	2000년	2005년	2010년(B)	(B)/(A)
1인당 GNP (달러)	98	288	402	636	1,200	12
수출액 (100만 달러)	2,404	5,449	14,483	32,447	71,600	30

출처 : ADB(2015)

(3) 도약 단계의 외자도입

1) 개발 연대 전기(1961년부터 1975년까지)

제1차 경제개발 5개년 계획(1962~1966년)이 시작되면서 한국은 정부 주도로 대외 지향적인 공업화전략을 적극 추진했으나 미국의 무상원조 등이 줄어들면서[4] 외자도입에 의한 투자 재원 확보 정책을 적극 추진했다. 이와 함께 국제개발부흥은행(International Bank for Reconstruction and Development, IBRD), 국제통화기금(International Monetary Fund, IMF), 국제개발협회(International Development Association, IDA) 등과 같은 국제기구 가입으로 공공차관 도입의 기반을 조성했다.

1965년 일본과의 국교 정상화로 재정 차관 및 상업 차관을 도입할 수 있는 기반도 마련했다. 이 시기 전체 외자 도입 규모 면에서 무상원조 비율은 점차 줄어든 대신에 공공 및 상업차관 비율이 대폭 증가했다. 1962~1965년간 외자 도입액 중 83.4%를 차지하던 무상원조 비율이 1966~1972년간 17.8%로 줄어든 반면에 공공 및 상업차관의 경우 같은 기간 15.1%에서 72.0%로 크게 늘었다. 외국인 직접투자는 같은 기간 1.5%에서 5.3%로 늘었으나 전체적으로는 미미한 수준이었다(재무부·한국산업은행, 1993).

2) 개발 연대 후기(1976년부터 1990년까지)

이 시기 한국의 외자 도입 특징은 다음과 같이 정리할 수 있다.

---

4 미국의 무상원조는 1957년 36억 9,100만 달러로 최고조에 달한 이후 계속 줄어 1969년 10억 7,100만 달러, 1971년 5억 1,100만 달러, 1974년 1,100만 달러를 마지막으로 종결되었다.

첫째, 미국을 대신해 일본의 역할이 크게 늘었다. 외자 공여 주체별로 볼 때, 일본이 20억 1,430만 달러로 57.4%, 미국이 5억 1,200만 달러로 14.6%, 기타가 9억 8,450만 달러로 28.0%를 차지했다. 이는 1965년 일본과의 국교 정상화로 대일 청구권 자금이 유입되기 시작했기 때문으로, 한국에 대한 미국의 부담을 줄이기 위해 한일 국교 정상화를 적극 후원한 미국의 정책 방향과 일치하는 것이었다.

둘째, 중장기 외자 도입이 대폭 확대되어 1973~1978년간 112억 1,900만 달러에서 1979~1985년간 349억 1,400만 달러로 늘었다. 1986~1992년간은 전기에 비해 줄어든 303억 8,900만 달러였다. 1986년 이후 경상수지가 흑자로 전환되면서 외자도입이 줄었기 때문이다.

셋째, 내용 면에서 보면 1970년대 말 이후부터는 우리 경제의 대외 신인도를 바탕으로 은행 차관과 금융 차관의 외화 채권 발행이 외자도입을 주도하기 시작했다. 1980년대 후반부터는 외국인 투자가 크게 활성화되어 전기의 3.3%에서 18.7%로 늘었다.

(4) 외자도입 및 활용 성과와 시사점

외자도입은 국민경제에 긍정적인 효과도 있지만, 국가 간 자본 이동에서 파생되는 부정적인 영향 또한 크다. 부정적인 영향은 다음과 같은 이유다. 첫째, 외자 사용으로 창출된 과실 배분과 재투자 등이 대부분 자본 수출국의 이해에 따라 결정되기에 외자도입국의 자본축적과 사회적 후생에 크게 기여하지 못하는 경우가 있다. 둘째, 적극적인 외자 유치를 위해 외자 기업에 각종 혜택을 주어 외자도입국 경제의 대외의존도를 심화시키는 경우가 있다.

반면에 1960년대 초부터 적극적으로 시작된 한국의 외자도입은 경제발전에 크게 기여했다고 평가받는다. 대내외 여건 변화에 부응해 국가발전과 연계된 효율적인 외자도입으로 심각한 외채 위기 없이 지속적인 고도성장을 달성할 수 있었기 때문이다(재무부·한국산업은행, 1993). 한국의 대표적인 외자도입 및 활용의 성공 사례는 미국의 무상원조에 의한 한국과학기술원(Korea Institute for Science and Technology, KIST) 설립, 일본의 공공차관인 해외경제협력기금(Overseas Economic Cooperation Fund, OECF)에 의한 경부고속도로 건설, 대일청구권자금을 이용한 포항제철(Pohang Iron and Steel Company, Ltd., POSCO) 설립, 세계은행의 공공차관에 의한 새마을운동 등을 들 수 있다.

그러나 1960년대 후반에는 과잉 도입과 방만한 사용으로 외자도입기업의 부실화 문제가 대두되었다. 또한 1973년 제1차 석유위기와 1979년 제2차 석유위기에 따른 원유가의 급상승으로 비산유 개발도상국의 외채 규모가 급증하는 가운데 1980년대 초 멕시코, 브라질, 아르헨티나가 모라토리엄(Moratorium, 대외채무 지급유예)을 선언하는 외채위기가 발생했다. 한국의 경우 1986년 말 총외채는 444억 달러로 대표적인 채무 국가였으나 당시 저유가, 저금리, 일본 엔화 가치의 고평가 등 소위 3저 현상으로 국제수지가 1986년부터 흑자 기조로 전환하면서 총외채 규모가 감소하기 시작했다(재무부·한국산업은행, 1993; 전철환, 1987).

한국의 성공적인 외자도입 및 활용 경험은 다음과 같은 점에서 개발도상국에 많은 시사점을 준다.

첫째, 개발 초기 여건의 중요성으로는 우선 자본주의 시장경제체계의 도입과 우수한 인적 자원의 중요성을 들 수 있다. 1960년대의 미국 경제학자 로스토(Walt. W. Rostow)는 도약의 선행조건으로 정치적 혁명, 신시장 출현, 신기술 발명, 수출 가격 상승 등을 제시했다(박승, 1992). 한국과 북한은 개발 초기 정치 및 경제체제를 제외한 모든 면이 같았으나 지금은 엄청난 격차가 있다. 이러한 점에서 개발을 위한 가장 중요한 여건이 자본주의와 시장경제체계의 도입임을 알 수 있다. 이미 북한을 제외한 거의 모든 사회주의 국가들이 자본주의 시장경제체계로 전환했다는 점에서도 역사적·경험적으로 재론의 여지가 없다 하겠다.

다음으로는 우수한 인적 자원의 중요성이다. 애덤 스미스(Adam Smith)가 "국가의 부(富)는 그 국민의 생산력에 달려 있다"고 하면서 경제개발의 결정적 요소로 인적자원의 중요성을 강조한 이래로 경제성장의 함수로서 인적자원은 중요한 요소였다. 1950년부터 1990년까지 미국의 경제성장 요인을 분석한 솔로(Robert M. Solow)에 의하면 노동 및 자본 등 양적 투입의 성장기여도는 12.5%에 불과했으나 교육을 통한 기술 발전 등에 의한 생산성 향상기여도는 87.5%를 차지했다(Lee, 1987). 세계은행의 교육 부문 정책 논문도 교육 분야의 투자가 가장 높은 결과를 배출한다고 결론짓는다(World Bank, 1980). 마이어와 라우치(Meier and Rauch, 2000)는 국가의 경제성장 속도에 차이가 벌어지는 것은 인적자원의 수준이 다르기 때문이라고 주장했다. 한국은 부족한 천연자원에도 불구하고 풍부한 인적자원을 잘 활용해 성공적으로 경제와 사회의 발전을 이룩한 나라로 널리 알려져 있다(Kim, 1987). 미국 오바마(Barack Obama) 대통령은 2011년 국정 연설에서 "한국에서는 교사가 국가 건설자(nation builder)라고 불린다"고 여러 차례 한국의 교육에 대해 언급했다.

유엔개발계획(UN Development Programme, UNDP)이 매년 발행하는 인간개발보고서(Human Development Report, HDR)는 국가별 인간개발지수

(Human Development Index, HDI)와 그 순위, 그리고 1인당 GDP 순위와 1인당 HDI 순위의 격차를 발표하는데, 이를 통해 1인당 HDI와 GDP 순위는 커다란 상관관계가 있음을 알 수 있다. 예를 들어 2020년 보고서(UNDP, 2020)에 의하면 "매우 높은 HDI 최상위국 그룹"에 속하는 66개국에는 OECD 회원국 38개국 중에서 36개국이 포함되어 있다(멕시코 74위, 콜롬비아 83위 제외).[5] 1위 노르웨이, 2위 아일랜드 및 스위스, 4위 홍콩 및 아이슬란드, 6위 독일, 13위 영국, 17위 미국, 19위 일본, 23위 한국 등이다. 북한은 남태평양 도서 국가, 소말리아와 함께 HDI에 관한 자료가 없는 나라에 속한다.

한편 1인당 GNI 순위-HDI 순위(격차)는 향후 발전 잠재력을 나타내는 지표다. HDI 순위는 상위지만 GNI 순위가 낮은 국가는 개발 잠재력은 높으나 개발 장애요인으로 GNI 순위가 낮은 경우를 의미하므로, UNDP 등에서는 개발 잠재력을 나타내는 주요 지표로 활용한다. 한국의 경우 1961년 GNI 순위-HDI 순위(격차) 지표와 유사한 사회문화복합지표를 기준으로 74개국을 대상으로 한 조사에서, 사회문화복합지표 면에서는 14위로 높은 수준을 기록한 반면 1인당 소득 면에서는 60위로 개발 잠재력(46)이 매우 높았음을 알 수 있다(Sakong, 1989). 2020년 보고서 기준 GNI 순위-HDI 순위 격차가 가장 큰 나라는 쿠바로 45이며 자본주의 시장경제체계로 전환이 이루어질 경우 발전 잠재력이 매우 높을 것으로 기대된다. 반면 산유국 쿠웨이트는 -51로서 석유 의존도가 매우 높음을 알 수 있다.

---

5 1인당 HDI 지수가 낮은 나라 중 상대적으로 1인당 GDP가 높은 나라는 중동 산유국 등 자원이 풍부한 나라들이다.

둘째, 한국의 개발 경험은 사후적으로 볼 때 파리선언의 5대 원칙인 주인의식, 원조 일치, 원조 조화, 성과 관리, 상호책무성과 대체로 일치한다고 볼 수 있다는 점이다. 2005년 2월 28일부터 3월 2일까지 파리에서 개최된 '제2차 원조효과성 제고를 위한 고위급 포럼'의 결실인 파리선언의 5대 원칙은 제2차 세계대전 이래 국제개발협력의 경험을 집약한 것으로, 원조효과성 제고를 위해 원조를 받는 측과 주는 측 공동의 노력을 강조했다. 한국의 개발 경험으로 볼 때 수원국인 한국은 확고한 주인의식을 바탕으로 원조의 효과성을 높이기 위하여 다양한 원칙을 적용하여 왔는데, 이러한 원칙들이 파리선언의 5대 원칙과 크게 다르지 않다고 볼 수 있어 파리선언 5대 원칙의 보편적 가치를 뒷받침해 주고 있다고 볼 수 있는 것이다.

파리선언 5대 원칙

- 주인의식(Ownership)
    수원국이 개발정책, 전략 및 원조 활동을 적극적으로 조정·주도하는 것을 의미한다. 한국은 개발 연대에 들어 우리의 확고한 주인의식에 의해 기대 이상의 성과를 거둔 것으로 평가할 수 있다. 무상원조의 경우 KIST 설립이 대표 사례다. 당초 미국 측은 공과대학이나 기초과학연구소 설립을 제안했으나 한국 측은 우리의 산업과 직결되는 연구를 할 수 있는 계약연구소가 필요하다고 주장해 반영된 것이다(최형섭, 1994). 경부고속도로 및 포항제철의 경우 세계은행이 타당성이 없다는 결론을 내렸으나 박정희 대통령의 강력한 의지로 사업을 추진했다.[6] 현대 정주영 회장의 조선 사업 등 민간의 경우도 마찬가지다.

---

6 이와 비슷한 많은 사례는 최중경. 매일경제신문사. "청개구리 성공신화: 대한민국, 전쟁 폐허에서 산업 강국으로"(2012보도)를 참고하기 바란다.

- 원조 일치(Alignment)

모든 원조를 수원국의 개발전략에 일치시키는 것을 의미한다. 한국은 주도적으로 개발재원을 국가 개발 계획에 효과적으로 일치시켰다. 1961년 부흥부의 기획 업무, 재무부의 예산국과 내무부의 통계국을 흡수해 경제기획원(Economic Planning Board, EPB)을 설립했다. 경제기획원 장관은 부총리직이 부여되었으며 경제기획원은 한국의 국가 개발과 관련해 네 가지 중요 기능을 담당했다. 첫째, 개발 계획 기획, 둘째, 경제정책의 조정 및 통제, 셋째, 예산 배분, 넷째, 심사 분석 및 평가 등이다. 경제기획원은 개발 계획상 우선순위가 높은 사업에 먼저 국내외 재원을 동원할 수 있었다. 한국 정부는 재벌이 정책입안자들이 우선순위가 높다고 판단하는 생산 활동에 재투자하는 한 재산의 축적 방법에 대해서는 거의 제동을 가하지 않았다(KDI-HIID, 1981).

- 원조 조화(Harmonization)

공여국의 원조 활동이 서로 상충하지 않고 상호 협력해 공동의 제도와 절차를 간소화한다는 측면에서 공여국들 상호 간의 역할이 중요하다. 한국의 경우 1966년 11개 회원국과 4개 국제기구로 구성된 대한경제협의기구(International Economic Consultative Organization for Korea, IECOK)를 설립해 1984년 제13차 총회를 끝으로 해체될 때까지 한국의 경제개발 과정에 소요되는 외자를 원활하게 도입·활용했을 뿐만 아니라 회원국 및 국제기구의 원조 조화에도 기여했다. 무엇보다 1960년대 중반부터는 주로 공여국이 주도하는 무상원조보다는 일단 차입한 재원을 재량적으로 사용할 수 있는 차관에 의지해 한국이 주도적인 역할을 담당할 수 있었다는 점에 유의할 필요가 있다.

- 성과 관리(Managing for Results)

원하는 성과를 거두기 위해 성과 목표 및 지표를 중심으로 관련 정보를 효율적으로 활용해 보다 나은 의사결정과 원조 관리를 도모하는 것을 말한다. 워터슨(Albert Waterson)의 후진국 55개국의 사례 분석에 의하면 개발 계획의 실패 사례가 많고, 대부분 계획 목표를 제대로 달성하지 못했을 뿐만 아니라 오히려 후퇴한 나라도 적지 않았다. 하지만 한국은 다른 어떤 나라보다 경제계획 시행에 성공한 나라로 유명하다(송병락, 1993). 1980년 한국개발연구원(Korea Development Institute, KDI) 및 하버드대학교 부설 국제개발연구소는 미국의 한국에 대한 원조의 역할을 평가한 『한국 경제·사회의 근대화』라는 보고서를 발행했는데, 여기에 "대한민국의 경우 계획 진행에 보다 큰 역점을 두고 있으며 해마다 계획을 재검토하는 제도를 통해 변화하는 여건에 적응토록 하고 있을 뿐만 아니라 계획을 수행하는 민간 및 공공기업체와 기관의 실적을 엄밀히 점검하고 있다"(KDI-HIID, 1981)고 나와 있다.

또한 "대한민국 정부의 역량은 개발정책 수립보다는 시행에 있어 뚜렷하게 발휘된다. 뮈르달(Gunnar Myrdal)의 정의에 따르면 한국 정부는 정책을 실천에 옮길 능력을 가진 경성국가[7]인 것이다"라고 언급했다(KDI-HIID, 1981). 인도, 필리핀 등 많은 개발도상국이 우수한 개발정책에도 불구하고 실천 능력이 부족했던 것과는 대조적이다.

- 상호책무성(Mutual Accountability)

원조 자금을 제공하는 공여국과 이를 활용하는 수원국은 모든 이해당사자들에게 투명하게 정보를 제공하고 그 성과를 설명해야 할 책임이 있음을 말한다. IECOK의 운영 방식을 보면 한국 정부는 경제 동향에 관한 기본 자료로서 매 반기별 총자원 예산, 외자도입에 의한 각 부문별 사업계획 및 자금 계획서를 IECOK의 의장직과 사무국 역할을 하는 세계은행에 제출하고, 회원국들도 각국이 한국에 대한 사업 내용을 세계은행에 보고하면 세계은행은 이를 최종적으로 IECOK 총회에 보고한다.

셋째, 한국은 원조 초기에 무상원조 도입을 통해 성공한 모델들을 이후 차관 도입 등을 통해 전국적으로 확대했다. KIST 모델은 이후에 설립된 많은 정부출연 연구소의 모델이 되었다(최형섭, 1994). 직업훈련원의 경우 무상원조 자금으로 한독부산직업훈련원, 일본 자금으로 대전직업훈련원, 미국 의회의 지원으로 정수직업훈련원, 벨기에 정부 지원으로 한백창원직업훈련원을 건립했다. 또한, 1973년부터는 아시아개발은행(Asian Development Bank, ADB) 차관 지원으로 5개 거점 직업훈련원을 설립했으며, 이후 세계은행의 교육 차관 사업을 통해 15개의 직업훈련원을 건립했다(이영현·옥준필, 2008).

---

7 경성국가(Hard State)는 정부의 경제개발 정책을 저항세력의 반대에도 불구하고 실천해 성과를 나타낼 수 있는 국가를 의미한다. 대표적으로 한국, 싱가포르, 중국, 대만 등을 들 수 있다. 이와 반대로 인도, 스리랑카, 방글라데시, 필리핀 등은 연성국가(Soft State)에 해당한다. 전 싱가포르 수상 리콴유(Lee Kuan Yew)는 '무질서와 저개발 문제에 직면해 있는 개발도상국'에는 이러한 경성국가가 필요함을 역설했으며, 아프리카 잠비아 출신의 여성 경제학자 담비사 모요(Dambisa Moyo)는 '죽은 원조'에서 같은 취지의 언급을 하고 있다.

(5) 원조기관 설립과 OECD DAC 가입

한국경제는 1980년대에 들어와 거시경제 면에서 괄목할 만한 성과를 보였다. 1983년부터 1988년까지 연평균 10.5%의 성장률에도 불구하고 같은 기간 연간 인플레이션은 4.5% 이하를 유지했다.[8] 특히 사상 전례가 없는 경상수지 흑자를 이룩하면서 한국 경제는 새로운 발전 단계에 진입했으며[9] 1989년 말 경제 규모 면에서 세계 15위, 무역 규모 면에서는 세계 12위를 차지했다.[10] 과거 아시아 경제 강국에 불과했던 한국은 세계경제에 별 영향을 미치지 못했으나 이제는 세계경제에 큰 영향을 주는 강대국이 된 것이다(송병락, 1993).

특기할 것은 그간의 '받는 원조'에서 '주는 원조'를 본격적으로 시작했다는 점이다. 1987년 7월 개발도상국에 양자간 양허성 공공차관 공여를 촉진시키기 위해 재무부 산하에 대외경제협력기금(Economic Development Cooperation Fund, EDCF)을 설립한 데 이어, 1991년 4월 개발도상국에 제공하는 무상원조 및 기술협력 창구를 일원화하고자 외무부 산하에 한국국제협력단(Korea International Cooperation Agency, KOICA)을 설립하여 원조의 효과성과 효율성을 제고할 수 있는 획기적인 계기를 마련했다.

1990년부터 1997년 외환위기 바로 전인 1996년까지 한국은 연평균 8%의 경제성장률을 기록했으며, 1인당 GNI가 1만 548달러에 이른 1996년 12월 22일 OECD의 29번째 회원국이 되었다. 1998년은 전년도의 외

---

8 1962~1982년까지의 연평균 인플레이션은 18.4%였다.
9 1986~1989년간 흑자 규모는 338억 달러였다.
10 구소련 및 동유럽권 국가는 제외한 것이다.

환위기 영향으로 마이너스 5.7%의 성장률을 기록했으나 1999년에는 10.7%의 성장률로 위기를 조기에 극복했다. 이어서 2009년 11월 25일에는 OECD 산하 DAC의 24번째 회원국으로 가입이 결정되어 2010년부터 정식 회원국으로 활동하고 있다.

DAC는 1960년 1월 미국의 주도로 개발원조그룹(Development Assistance Group, DAG)이 설립된 후 1961년 9월 OECD의 발족에 따라 산하 위원회로서 개편되었는데, DAC 설립 이래 사상 최초로 한국은 개발도상국 출신 회원국이 되었다. 이로써 우리가 과거의 절대빈곤과 혼란을 극복하고 이제는 우리보다 어려운 나라를 도와줄 수 있는 나라로 발전했음을 국제사회에서 공식적으로 인정받게 되었다.

제5장

3. 공적개발원조(ODA) 공여국으로의 한국

(1) 역사적 개관

한국이 1963년부터 개발도상국을 대상으로 개발원조를 시작했다는 사실을 알고 있는 사람은 드물다. 과거 빈곤의 악순환 상태에 있던 한국이 국제사회로부터 많은 원조를 받는 실정에서 이웃 국가를 돕는다는 것은 상상하기 어려울 것이다.

한국은 1963년 USAID가 제공하는 자금으로 최초로 개발도상국의 연수생을 국내에 초청해 훈련시키기 시작했다. 1965년부터는 한국 정부의 자금으로 외국 연수생을 초청했다. 이 외에도 전문가, 의사 및 태권도 사범의 개발도상국 파견사업, 개발조사사업, 해외봉사단 파견사업, 물자지원사업, 프로젝트형 사업 등 무상원조사업과 공공개발 차관사업, 비정부기구(Non-governmental organization, NGO) 지원사업 등 연차적으로 다양한 원조 프로그램을 시행했다.

우리나라의 ODA 역사를 연대별로 개관해 보자. 초기 ODA는 주로 북한과의 경쟁 관계 속에서 외교적 고려에 중점을 두었다. 1990년대의 체제 정비에 이어 2000년대 이후 양적 확대 및 질적 개선을 위한 노력과 함께 새로운 ODA 정책 방향과 제도 수립을 위해 노력해 왔다. 2010년대에 들어서는 국제사회에서 주도적 역할을 강화해 나가기 위해 노력하고 있다.[11]

1) 1960년대

한국은 1963년 USAID로부터 자금을 지원받아 개발도상국의 연수생을 국내에 초청하기 시작한 데 이어 1965년에는 자체 자금으로 외국 연수생들을 초청했다. 이를 한국 최초의 ODA 프로그램이라 할 수 있다. 1967년부터는 한국 전문가를, 1968년에는 외무부 주관으로 의료단 파견 프로그램을 시작했다. 1969년에는 프로젝트형 기술협력사업을 시작했다. 이 시기 한국은 ODA의 주요 수혜 대상국 중 하나였으며, 제1차 경제개발 5개년 계획을 시작으로 초기 단계의 경제개발을 시작한 때였다. 1969년 한국의 1인당 국민소득은 210달러에 불과했지만 ODA를 제공하기 시작한 것은 한국이 그만한 여력이 있어서라기보다는, 북한과의 외교 경쟁에서 우위를 차지하기 위한 노력의 결과라 할 수 있을 것이다. 의료단 파견 프로그램을 보건 담당 부처를 대신해 외무부가 담당한 것도 이와 같은 고려가 반영된 것이었다.

---

11 1990년대까지의 내용은 Kim Sang-Tae, (2003: 17-19)를 주로 참고했다.

2) 1970년대

1960년대 초부터 지속적인 고도 경제성장 단계에 진입한 한국은 1970년에는 신흥 공업국 중 하나로 부상했다. 1970년대에도 지속적인 고도성장을 유지해 두 차례의 석유파동에도 불구하고 1962년부터 1979년까지 연평균 8.7%의 경제성장률을 기록했다. 이 시기 새로운 ODA 프로그램으로 1972년 외무부 주관으로 해외에 태권도 사범을 파견했으며, 무엇보다 1977년부터 외무부 주관으로 무상원조 프로그램을 제공하기 시작했다.

남한과 북한 사이의 외교 경쟁은 1970년대 초부터 더욱 가속화되었다. 1975년 한국이 비동맹회의[12] 회원국 가입에 실패한 반면 북한은 정식 회원국이 되었다. 한편 1969년 7월 25일 아시아에서 미국의 역할 감축을 선언한 닉슨 독트린 이후 연이은 주한미군의 감축[13]과 미국·중국의 화해 및 수교, 남베트남의 패망 등 일련의 급격한 국제 환경 변화는 한국 안보의 심각한 취약성에 대한 인식을 높이는 계기가 되었다.

1973년 6월 23일 박정희 대통령은 안보 외교의 다양화를 위해 비동맹 국가, 특히 사회주의국가들과의 관계 개선을 위한 노력의 일환으로 6.23 특별선언[14]을 발표했다. 한국의 양자간 무상원조 프로그램은 한국의 개발도상국에 대한 원조 노력 향상에 있어 중요한 발전 계기가 된 것이긴

---

12 전시 민립호 비동맹운동(Non Aligned Movement, NAM)이다. 1955년 인도네시아 반둥에서 개최된 아시아 아프리카회의를 계기로 마련된 회의체로 주로 강대국(냉전 당시 미국과 소련)과 공식 동맹관계를 맺지 않은 나라들이 회원국이다. 한국은 1975년 당시 비동맹 회원국인 북베트남을 대상으로 한 미국 주도의 베트남전쟁에 참전하고 있다는 공산권의 비난으로 인해 가입이 좌절되었다. 2021년 10월 세르비아 수도 베오그라드에서 창립 60주년을 기념하는 제17차 비동맹정상회의를 개최했다.

13 1971년 미국은 주한미군의 3분의 1을 감축했는데, 한국 정부와 국민들은 이를 주한미군의 완전 철수를 위한 첫 단계 조치로 간주했다.

14 6.23 특별선언을 계기로 한국은 "북한과 외교관계가 있는 나라와는 수교하지 않으며 북한과 외교관계를 새로이 수립한 나라와는 단교한다"는 서독의 소위 할슈타인원칙(Hallstein Doctrine)을 기조로 하는 외교정책을 폐기했다.

하나 국제사회에서 북한의 영향력에 대응할 필요성이 작용했음도 부인할 수 없다. 예를 들어 1977년부터 시작된 외무부 무상원조와 관련된 예규[15]에 무상원조의 목적이 "첫째, 비동맹 등 제3세계와의 관계 증진, 둘째, 미수교국과의 관계 개선, 셋째, 남남협력 및 통상 증진 활동 기반 조성, 넷째, 인도적 견지에서 천재지변 등 재난의 구호" 등으로 명시되어 있듯이 외교·정치적 목적이 우선하고 있음을 알 수 있다.

3) 1980년대 및 1990년대

1980년대 한국의 원조 프로그램은 더욱 확대되었다. 또한 지속적인 경제성장, 1986년 서울 아시안게임과 1988년 서울올림픽 개최, 국제수지 흑자 등으로 북한과의 경쟁 관계를 걱정할 필요가 없게 되자 기존의 외교적 고려보다는 개발도상국과의 경제적 협력 강화를 고려한 ODA가 본격화되기 시작했다. 1982년 한국개발연구원(KDI)은 한국의 개발 경험 공유를 목적으로 한 국제개발연찬회의(International Development Exchange Program, IDEP) 프로그램을 시작했다. 1984년 건설부는 개발 조사의 일환으로 무상 건설기술 용역사업을, 같은 해 노동부는 프로젝트형 사업의 일환으로 직업훈련원 건립 및 운영 프로그램을 각각 시작했다. 건설부의 개발 조사 프로그램은 경제적 연계라는 관점에서 본격적으로 시작된 최초의 원조 프로그램이라 할 수 있다.

개발 조사는 다양한 분야의 개발계획 및 프로젝트에 관한 컨설팅 서비스 사업으로 여러 분야와 과제에 대한 기초 조사, 타당성 조사, 마스터

---

15 무상원조와 관련된 외무부 예규 '대외무상원조업무처리규정'(1987년 10월 제정)은 1991년 KOICA가 설립되며 '한국국제협력단사업 수행지침'으로 통폐합되었다.

플랜 작성 조사, 상세설계 등이 있다. 개발 조사의 최종 보고서는 개발계획의 타당성 조사와 프로젝트 실시 여부를 결정하는 중요 자료가 되며 세계은행, 지역개발은행, 한국과 다른 원조 공여국에게 소요 자금 지원을 요청하는 데 필요한 기초 자료가 된다. 개발 조사에 참여한 기업이나 기관은 조사와 관련된 많은 정보와 경험 축적과 인적 네트워크 구축을 통해 향후 본 공사 수주나 유사 사업 진출에 유리한 기회를 얻을 수 있다(Kim and Kim, 1992).

1987년에는 개발도상국에 공공차관을 제공하기 위해 양자간 유상 ODA인 대외경제협력기금(EDCF)을 설립함으로써 한국 ODA 프로그램은 커다란 전환점을 맞이했다. EDCF로 제공되는 개발사업 차관, 기자재 차관, 민자사업 차관, 물자 차관 등을 통해 우리 기업의 해외 진출 기회도 확대되었다. 아울러 1989년에는 유네스코 한국위원회 주관으로 '한국 청년 해외봉사단(Korea Youth Volunteers, KYV)' 프로그램[16]이 시작되었다.

한편 EDCF 설립을 전후해 그동안 외무부, 과학기술처, 문교부, 건설부, 노동부, 경제기획원 등 다양한 부처에서 각각의 필요에 따라 자생적으로 시행하여 오던 무상 ODA 사업을 체계적으로 추진할 수 있는 무상 ODA 전담기관의 설립 필요성에 관한 논의가 자연스럽게 대두되었다. 이에 당시 해외 취업과 이주 확대라는 설립 목적을 다한 한국해외개발공사를 모태로 한 외무부 산하 출연기관[17]으로 1991년 양자간 무상원조 및 기술협력 집행기관인 KOICA를 설립했다. 1994년에는 국제협력 요원에 관한 법

---

16 KYV 프로그램은 1991년 4월 1일 발족한 KOICA에 통폐합되었으며, 2009년 외교부 등 5개 부처에서 파견하는 7개 봉사단을 통합하여 해외 봉사단 통합 브랜드인 '월드프렌즈코리아(World Friends Korea, WFK)'를 출범시켰다.
17 KOICA는 2016년 1월 28일 개최된 '공공기관운영위원회'에서 '준정부기관'으로 지정되었다.

률이 제정되어 병역 요원이 국제협력 의사와 국제협력 요원으로 해외 봉사 활동을 할 수 있는 근거가 마련되었다. 1995년에는 개발도상국에서 개발 활동을 전개하고 있는 한국 NGO에 대한 지원 프로그램을 시작함으로써 한국 ODA는 현행 원조 프로그램과 행정 체제를 거의 갖추게 되었다.

4) 2000년대 이후

2000년대 들어 ODA를 둘러싼 국내외 여건이 급격히 변화했다. 2000년 9월 개최된 UN 새천년정상회의에서는 189개 회원국 대표들이 서명한 '새천년선언'을 채택했다. 이 선언에서 새천년개발목표(MDGs)를 제시했으며, 이를 달성하기 위해 2002년 3월 멕시코 몬테레이에서 개최된 제1차 개발재원총회 등의 다양한 국제적 노력이 전개되었다. 또한 2003년 로마선언, 2005년 파리선언, 2008년 아크라 행동계획, 2011년 부산선언 등 원조효과성 제고를 위한 국제적 노력을 전개했다.

한편 2001년 미국에 대한 9.11테러에 이은 아프가니스탄전쟁, 이라크전쟁과 2004년 12월 서남아시아 지진해일(쓰나미) 등으로 ODA 규모가 대폭 증가하면서 한국 정부도 체계적인 ODA 정책을 수립하기 시작했다. 2000년대의 주요 정책 문서는 2003년 5월 2일 대통령 자문 지속가능발전위원회 사회분과 ODA 소위원회에서 작성한 '우리나라 대개발도상국 공적개발원조(ODA) 정책의 개혁 과제와 개선 방안', 2005년 11월 15일 국무조정실에서 국무회의에 보고한 '대외원조 개선 종합대책', 2007년 7월 20일 개최된 제2차 국제개발협력위원회에서 채택한 'ODA 중기전략(2008~2010년)', 2010년 10월 25일 개최된 제7차 국제개발협력위원회에서 채택한 '국제개발협력 선진화 방안' 등이다. 이후 2011년부터는 5개년 단위의 국제개발협력 종합기본계획(기본계획)과 연도별 국제개발협력 종합시행계획 체제로 정착되었다. 현재는 기본계획 1차(2011~2015), 2차 (2016~2020)에 이어 3차 계획(2021~2025)을 시행 중에 있다.

　　제도적인 면에서는 2006년 국제개발협력위원회가 출범해 정부 차원의 ODA 정책 및 집행의 일관성을 높이기 위해 노력하고 있다. 2007년 3월 29일 해외긴급구호에 관한 법률을 제정했으며, 2007년 9월 한국국제협력단법의 개정을 통해 국제빈곤퇴치 기여금 제도를 도입, 2007년 9월 30일부터 국제선을 이용하여 출국하는 내외국인들(승무원, 영유아, 환승인 제외)로부터 1,000원의 기여금을 징수하고 있다. 이를 통해 조성된 재원은 주로 사하라 이남 아프리카 지역 최빈국의 빈곤 및 질병 퇴치에 사용되고 있다.

　　특히 2010년 1월 25일 제정된 국제개발협력기본법[18]은 한국 ODA의 제도적 측면을 사실상 완성한 것으로 간주할 수 있다. 한국보다 ODA 역사가 훨씬 오래된 일본의 경우에도 아직 ODA 관련법을 제정하지 못하고 '국제협력대강(Official Development Assistance Charter, 2015년 개정)'이 최상위 정책 문서임을 감안할 때 한국의 국제개발협력기본법 제정은 획기적인 조치라 하지 않을 수 없다. 관련 내용은 아래 '4. 국제개발협력 체제 및 정책'에서 구체적으로 살펴볼 예정이다.

　　한국은 2010년부터 OECD DAC의 정식 회원국으로서 명실상부한 선진 원조 공여국 대열에 진입했다. 2010년에는 G20 정상회의 의장국 자격으로 의장국 주도에 의한 신규 의제로 '개발협력'을 포함했으며 개발도상국의 빈곤 해소와 개발 격차 해소를 위해 '다 함께 성장을 위한 서울 개발 컨센서스(Seoul Development Consensus for Shared Growth)'와 '다년간 개

---

18 '국제개발협력기본법'은 제정 이래 7차례의 개정을 거쳐 2020년 5월 26일 '전부 개정'되었다.

발 행동계획(Multi-Year Action Plan on Development)'의 채택을 이끌어 냈다. 2011년에는 부산총회를 개최했다. 이 회의에서 국제사회의 모든 개발 주체가 참여하는 새로운 글로벌 파트너십 출범에 합의한 후 OECD 원조효과작업반(Working Party on Aid Effectiveness, WP-EFF) 최종 회의를 통해 '효과적인 개발협력을 위한 글로벌 파트너십(Global Partnership for Effective Development Cooperation, GPEDC)'이 출범했다. 한국 정부는 이의 성공적인 안착을 위해 글로벌 파트너십 이행 점검을 위한 정례 국제회의 개최 등 세계개발원조총회 개최국으로서의 지속적인 리더십을 발휘했다.

또한 2015년 이후의 개발체제 구축에 대한 국제사회의 논의에 적극 참여해 지속가능발전목표(Sustainable Development Goals, SDGs) 수립에도 크게 기여했다. 2012년 7월 반기문 전 UN 사무총장이 임명한 전 세계 저명인사 27명으로 구성된 Post-2015 개발의제에 관한 UN 고위급 패널에는 김성환 당시 외교부 장관이 참여했다. 그리고 2013년 8월 개발 주체 간 파트너십을 강화하고, Post-2015 개발목표에 대한 한국의 입장을 정립하기 위해 'Post-2015 코리아포럼'을 출범시키고, 2013년 10월 7일 외교부와 UNDP는 '서울 Post-2015 컨퍼런스'를 공동 개최했다. 2015년 12월 국제원조투명성기구(International Aid Transparency Initiative, IATI)에 가입하고 2016년 8월 11일 아시아 국가 중 최초로 한국 ODA 정보를 공개했다. 2019년 1월 제32차 국제개발협력위원회에서는 정부-시민사회 협력의 목적, 목표, 추진 원칙 등을 포함한 '국제개발협력 분야 정부-시민사회 파트너십 기본정책'을 수립하여 개발협력 저변을 확대하는 계기를 마련했다. 2020년 2월 효율적이고 효과적인 인도적 지원을 위한 '인도적 대합의(Grand Bargain)'에 한국도 가입했다. 한국이 가입한 인도적 대합의는 2016년 5월 세계인도지원정상회의의 결과로서 공여국의 질 높고 예측 가능한 기여, 인도적 지원기구의 효율적이고 공정한 지원 등을 담고 있다.

<표 5-3> 한국 ODA 역사적 개관

연도	내용
1963년	USAID 자금으로 연수생 초청사업 시작
1965년	한국 자금으로 연수생 초청사업 시작
1967년	한국 자금으로 전문가 파견사업 시작
	UN 및 국제기구와 공동으로 연수생 초청사업 시작
1968년	의료단 파견사업 시작
1972년	태권도 사범 파견사업 시작
1977년	무상원조 프로그램 시작
1981년	공동조사 연구사업 시작
1982년	국제개발 연찬사업 시작
1984년	무상 건설기술 용역사업 시작
	직업훈련원 건립 및 운영사업 시작
1987년	대외경제협력기금 설립
1989년	한국 청년 해외봉사단 파견사업 시작
1991년	한국국제협력단(KOICA) 설립
1994년	국제협력 요원 제도 도입
1995년	NGO 지원사업 시작
2004년	경제발전 경험 공유사업(KSP) 시작
2006년	국제개발협력위원회 설치
2007년	해외긴급구호에 관한 법률 제정
	국제빈곤 퇴치 기여금제도 도입
2009년	OECD DAC 가입 확정(11월 25일)
2010년	국제개발협력기본법 제정
	G20 정상회의 '서울 개발 컨센서스' 합의
2011년	부산세계개발원조총회 개최

연도	내용
2012년	개발협력연대(DAK) 출범
	녹색기후기금(GCF) 유치
2015년	국제원조투명성기구(IATI) 가입
2019년	정부-시민사회 파트너십 제정
2020년	인도적 대합의(Grand Bargain) 가입

출처 : 저자 작성

(2) ODA 공여 실적

1985년 4,830만 달러, 2000년 2억 1,220만 달러에 불과했던 한국의
ODA 규모는 2020년 22.5억 달러로 크게 늘어났다. 1985년부터 1990년
까지 한국의 ODA는 상대적으로 작은 규모인 데다 대부분은 다자간 원조
로 구성되었다. GNP 대비 ODA 비율[19]은 다자간 원조 비율이 상당히 늘
어난 1986년을 제외하고는 매우 낮은 수준이었다.

<표 5-4> 1985~1990년 대한민국 ODA 지원 현황

(단위 : 100만 달러)

구분	1985년	1986년	1987년	1988년	1989년	1990년
양자 원조	14.9	15.0	17.3	19.9	22.9	32.4
무상	8.5	8.5	9.1	11.4	12.6	11.6
기술협력	6.4	6.5	8.2	8.5	8.5	9.1
유상	-	-	-	-	1.8	9.9
행정비용	-	-	-	-	-	1.8

---

19 1990년까지는 ODA/GNP 비율을 기준으로 했다.

구분	1985년	1986년	1987년	1988년	1989년	1990년
다자 원조	33.4	96.5	57.4	42.4	75.6	56.8
출자금	28.5	91.6	51.6	36.7	66.9	46.5
기부금	4.9	4.9	5.8	6.7	8.7	10.3
합계	48.3	111.5	74.7	62.3	98.5	89.2
ODA/GNP(%)	0.05	0.05	0.06	0.04	0.05	0.04

출처 : Kim and Kim(1992: 27)

　　같은 기간 ODA 규모가 지속적인 증가 추세를 보여 주고 있는 것도 아니었다. 1990년 전체 ODA 규모는 DAC 회원국들 중 아일랜드 다음으로 최소 원조 공여국인 뉴질랜드의 9,300만 달러와 유사한 수준이었다. 1990년 한국의 ODA는 GNP의 0.04% 수준이었는데, 이는 DAC 평균 0.33%는 물론 DAC 회원국 최소 수준인 아일랜드의 0.16%보다도 훨씬 낮았다.

　　1991년부터 2000년까지의 ODA 규모는 1997년 말 발생한 외환위기에도 불구하고 꾸준히 증가했다. 1991년부터 1997년까지 ODA/GNI 비율은 0.05% 이하의 낮은 수준을 기록했다. 1998년에는 전년도의 0.042% 대비 0.016%포인트가 증가한 0.058%를 기록했다. 이는 어려운 여건에도 불구하고 한국 정부가 이미 약속한 원조사업을 이행하기 위해 노력했음을 보여 준다. 달러 기준으로 1998년 ODA 총액은 전년인 1997년에 비해 1.6%포인트가 준 반면, 원화 기준 ODA는 전년 대비 44.8% 증가했다. 이는 평균 32% 수준의 달러 대비 원화 가치 하락으로 GNI의 규모는 대폭 줄어든 반면, 달러 기준으로 기존에 약속된 ODA 사업을 유지했기 때문에 ODA/GNI는 상대적으로 높은 0.058%를 기록한 것이었다.

　　1999년 ODA/GNI 비율이 0.079%로 사상 최대치를 기록한 주요 요인은 세계은행 및 국제개발협회(IDA)에 1억 2,600만 달러를 출자했기 때문이다. 그러나 2000년에는 이 비율이 다시 0.047% 수준으로 떨어졌다. 이 기간의 특징 중 하나는 1996년부터 양자간 ODA 중 유상 비중이 무상을 초과하기 시작했고, 1998년 및 1999년에는 유상 비율이 70%를 초과했다는 점이다.

<표 5-5> 1991~2000년 대한민국 ODA 지원 현황

(단위 : 100만 달러)

구분	1991년	1992년	1993년	1994년	1995년	1996년	1997년	1998년	1999년	2000년
공조개발원조 (ODA)	57	77	112	140	116	159	186	183	317	212
양자 ODA	32	45	60	60	71	123	111	125	131	131
무상원조	25	31	33	38	50	53	55	37	39	48
유상원조	6	14	27	22	21	70	57	87	92	83
다자 ODA	26	32	51	80	45	36	74	58	186	81
(ODA/GNI, %)	0.02	0.03	0.03	0.04	0.03	0.03	0.04	0.06	0.08	0.05

출처 : OECD Statistics 홈페이지(2022.5.30.검색)

2001~2010년 사이 ODA 규모는 꾸준한 증가 추세를 보였다. 2005년에는 한국이 미주개발은행(Inter-American Development Bank, IDB)에 가입하면서 8,120만 달러의 출연·출자금을 납입하고 국제개발협회(IDA)에 대한 출자금을 4,370만 달러에서 1억 1,970만 달러로 증가시키면서 일시적이나마 큰 폭으로 증가했다. 이에 따라 같은 해 ODA/GNI 비율도 0.1%로 증가했다.

2006년 0.05% 수준으로 떨어졌던 ODA/GNI 비율은 2009년 다시 0.1%로 상승했으며, 2010년에는 0.12%를 기록했다. 이 기간의 특징은 첫째, 아프가니스탄 및 이라크의 전후 복구 지원, 서남아시아 지진해일(쓰나미) 복구 지원 등으로 2003년부터 양자간 무상원조 비중이 유상원조를 초과했다는 점이다. 둘째, 양자간 무상원조 중에서 KOICA에 의한 지원 비중이 점차 낮아졌다는 점이다. 2001년 88.8%, 2002년 87.8%에 달했던 KOICA 지원 비중은 2005년 63.5%까지 낮아진 이후 평균 75% 이하 수준을 유지했으며 2010년 79.3%로 소폭 상승했다. 이로써 여타 부처 및 지방자치단체 등의 ODA 참여 및 지원이 늘어나는 원조 분절화 현상이 나타나고 있음을 알 수 있다.

<표 5-6> 2001~2010년 대한민국 ODA 지원 현황

(단위 : 100만 달러)

구분	2001년	2002년	2003년	2004년	2005년	2006년	2007년	2008년	2009년	2010년
공조개발원조 (ODA)	265	279	366	423	752	455	696	802	816	1,174
양자 ODA	172	207	245	331	463	376	491	539	581	901
무상원조	53	67	145	212	318	259	358	369	367	574
유상원조	119	140	100	119	145	117	132	171	214	327
다자 ODA	93	72	121	93	289	79	206	263	235	273
(ODA/GNI, %)	0.06	0.06	0.06	0.06	0.1	0.05	0.07	0.09	0.1	273

출처 : OECD Statistics 홈페이지(2022.5.30.검색)

DAC 가입 시 한국 정부는 "2015년까지 ODA/GNI 비율을 0.25%로 하겠다"는 목표치를 제시했으나 2015년 ODA/GNI 비율은 0.14%로 목표 달성에 실패했다. 하지만 한국은 DAC 가입을 전후하여 ODA 규모를 지속적으로 확대하여 2009년 대비 ODA규모는 2010년 약 1.4배 증가했으며, 2019년에는 약 3배 증가했다. 그뿐 아니라 2010~2019년까지 한국 ODA의 연평균 증가율은 11.9%로 DAC 회원국(DAC 회원국 연평균 증가율 2.4%) 중 가장 높은 수준을 기록했다. 이는 국제사회의 개발협력 노력에 실질적으로 기여하고 보다 주도적인 역할을 하려는 한국 정부의 의지가 반영된 결과라고 볼 수 있을 것이다.[20]

<표 5-7> 2011~2020년 대한민국 ODA 지원 현황

(단위: 100만 달러)

구분	2011년	2012년	2013년	2014년	2015년	2016년	2017년	2018년	2019년	2020년
공조개발원조 (ODA)	1,325	1,597	1,755	1,857	1,915	2,246	2,201	2,355	2,463	2,250
양자 ODA	990	1,183	1,310	1,396	1,469	1,549	1,615	1,731	1,857	1,751
무상원조	575	715	809	884	906	985	1,034	1,128	1,171	1,155
유상원조	415	468	501	512	562	564	581	603	686	597
다자 ODA	335	414	446	461	447	698	586	624	606	499
(ODA/GNI, %)	0.12	0.14	0.13	0.13	0.14	0.16	0.14	0.14	0.15	0.14

출처 : OECD Statistics 홈페이지(2022.5.30.검색)

<그림 5-1> OECD 회원국(ODA 규모 중위권 이상 국가)의 ODA 규모 연평균 증가율 (2010~2019)

(단위: %)

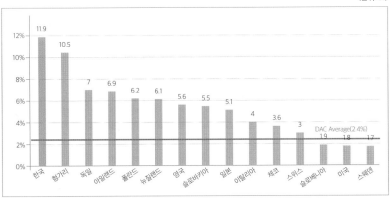

출처 : 국무조정실(2020)

---

20 ODA Korea. 출처: http://www.odakorea.go.kr(2022.3.15.검색)

2020년 기준 29개 DAC 회원국의 총 ODA 지원 규모는 약 1,612억 달러이며, 한국은 회원국 중 16위로 22억 4,900만 달러(약 1.4% 수준)를 지원했다. DAC 회원국 중 한국보다 적은 규모의 ODA를 제공한 나라는 그리스, 뉴질랜드, 룩셈부르크, 슬로바키아, 슬로베니아, 아이슬란드, 아일랜드, 오스트리아, 체코, 포르투갈, 폴란드, 핀란드, 헝가리 등 13개국이다. 또한 ODA 확대 노력의 지표라 할 수 있는 ODA/GNI 비율은 DAC 회원국 평균이 0.30%이며, 한국은 0.14%로 27위이다. 한국보다 낮은 나라는 0.13%를 기록한 체코와 그리스이다.

(3) ODA 형태별 지원

한국 ODA는 양자간 ODA와 다자간 ODA로 대분되며, 양자간 ODA는 무상 ODA와 유상 ODA 원조로 구분된다. 다자간 ODA는 UN 산하기구 등 국제기구에 대한 지원과 세계은행 등 국제개발 금융기관 등에 대한 출자와 출연으로 구분된다. 또한 인도적 지원, 민관협력, 국제빈곤퇴치 기여금 제도 등이 있다.

다음 절에서 ODA의 다양한 지원 형태에 대해 알아보기로 하자.

1) 양자간 무상 ODA[21]

양자간 무상 ODA 사업은 외교부 및 KOICA 외에도 다양한 정부 부

---

21 양자간 무상 ODA. 출처: http://www.mofa.go.kr; http://www.koica.go.kr

처 및 기관, 지방자치단체에서 추진 중이다. 무상 ODA 규모는 1990년 약 3백만 달러 수준으로 규모가 적었지만 개발도상국의 개발에 기여하기 위해 ODA 규모를 증가해 오면서 30여 년 후인 2020년에는 11억 5,500만 달러를 지원하며 규모 면에서 약 385배 증가했다. 무상원조 사업 초기에는 초청 연수, 봉사단 및 전문가 파견과 같은 기술협력 사업과 기자재 및 물자지원이 주를 이뤘다면 현재는 기술협력 사업을 포함해 프로젝트, 개발컨설팅, 인도적 지원, 민관협력, 국제기구 협력사업 등으로 사업 내용과 형태가 다각화되고 고도화되었다. 여기서는 무상개발협력 전담기관인 KOICA 사업을 중심으로 사업형태별 주요 사업의 특징과 현황을 살펴보고자 한다.[22]

① 국별협력사업[23]

국별협력사업은 협력 대상국의 경제·사회발전 및 복지 향상 등 특정 개발목표의 달성을 위하여 물적 협력 수단과 인적 협력 수단을 패키지화하여 다년간(약 3~5년) 지원하는 사업으로, 프로젝트형 사업과 개발컨설팅 사업(Development Experience Exchange Partnership, DEEP 프로그램)이 있다.

프로젝트형 사업은 건물, 시설물 및 기자재 등의 물적 협력 수단(Hardware)과 전문가 파견 및 연수생 초청 등의 인적 협력 수단(Software)을 결합해 다년간(통상 3~5년) 지원하는 사업으로 사업의 발굴, 계획, 실시, 심사 및 평가에 이르는 전 과정을 체계적으로 추진하는 종합적인 수단이다.

---

22 양자간 무상 ODA 형태 및 관련 내용은 KOICA 홈페이지 및 KOICA의 연도별 '대외무상원조실적 통계'를 주로 참고했다.

23 한국국제협력단법(법률 제1716호 2020.3.31.) 제7조(사업)에는 "자금·시설 및 기술지원 등이 결합된 국제개발협력사업"으로 정하고 있다.

교육, 보건, 공공행정, 농림수산, 기술·환경에너지 등 다양한 분야에 걸쳐 지원하고 있다.

　개발컨설팅 사업은 소프트웨어 및 제도 구축 지원에 특화된 사업을 말하며, 통상 건축을 포함하지 않는 사업 중 컨설팅, 전문가 파견, 초청 연수 등 소프트웨어 위주로 구성된 기술협력 중심의 사업이다.

　국별협력사업의 매년 지원 국가 수는 60개국 내외이며, 총 사업 수는 매년 350건 내외로 KOICA 사업형태 중 ODA 지원비중이 가장 높다.

　사업 참여 방법으로는 일반적으로 경쟁입찰을 통하여 사업 수행자를 선정하는데, KOICA 본부에서 진행하는 국내/국제입찰과 현지 사무소에서 진행하는 현지입찰을 통해 참여할 수 있다. 연간 또는 개별입찰 정보는 KOICA 전자조달시스템(http://nebid.koica.go.kr)을 통하여 확인할 수 있다. 다음으로는 정부 부처가 제안한 ODA 사업 내용을 바탕으로 KOICA와 부처가 공동으로 사업을 기획하고 KOICA가 예산을 확보하여 추진하는 '정부부처 제안사업'과 KOICA의 개발 전문성과 공공기관의 고유 분야 전문성을 연계하여 추진하는 '공공협력 공모제도'를 통한 방법이 있다.

　② 글로벌 연수사업

　글로벌 연수사업은 한국이 경제와 사회의 발전 과정에서 축적한 경험과 기술을 협력 대상국의 경제·사회발전을 이끌어 갈 인재를 양성하기 위하여 이들 국가의 공무원, 기술자, 연구원, 정책입안자 등을 대상으로 실시하는 대표적 인적자원개발(Human Resource Development, HRD) 사업이다. 1963년 최초의 對개발도상국 지원사업으로 출발한 연수사업은 약 60년 동안 9만여 명의 연수생에게 한국의 개발경험과 지식을 전수하였다. 2013년 글로벌연수사업이 개발도상국 발전을 위한 밑거름의 '씨앗'이 되어 그들의 경제사회발전에 큰 역할을 하기 바라는 희망을 담은 '씨앗(Capacity Improvement and Advancement for Tomorrow, CIAT)' 브랜드를 출범하였으며, 2021년 범정부 비대면연수 통합 플랫폼인 씨앗온(CIAT-On)을 OECD DAC 아시아 회원국 최초로 구축하였다.

연수사업 형태로는 구체적인 수요를 기반으로 특정 수원국의 개발 문제 해결을 위해 단일 수원국이 참여하는 국별연수, 한국의 비교우위 분야를 중심으로 특정 분야 개발과제 해결을 목적으로 다수 수원국이 참여하는 다국가연수, 개발도상국의 경제사회발전에 기여할 수 있는 핵심인재 양성을 위해 한국의 주요 대학에서 석박사 학위를 취득하는 학위연수 등이 있다.

일반적으로 공모 및 입찰을 통해 연수사업 수행기관을 선정하며, KOICA 홈페이지 및 설명회를 통해 관련 정보를 안내한다.

③ 해외봉사단 파견 및 글로벌 인재양성사업

해외봉사단 파견 및 글로벌 인재양성사업은 한국인들이 사업 참여를 통하여 협력 대상국 주민들의 삶의 질 향상에 기여하고 개발협력 인재로 성장할 수 있도록 지원하는 대표적인 국민참여사업이다. 귀국한 봉사단원들은 KOICA 코디네이터, 다자협력전문가(KOICA Multilateral Cooperation Officer, KMCO), 프로젝트 실무 전문가 및 초급 전문가로 활동하거나 혁신사업에 참여할 수 있다. 이런 경력을 바탕으로 KOICA 등 국내 원조기관, 국제기구, NGO, 공공 및 민간기업 등에 국제개발협력 분야 전문가로 진출할 수 있다.

파견 형태는 해외봉사단, 자문단, 영프로페셔널(Young Professional,

YP), KMCO, 글로벌협력의사, 코디네이터 등이다.

참여를 희망한다면 KOICA 봉사단 홈페이지에 안내되는 모집 일정을 확인한 후 지원을 통해 참여할 수 있다.

④ 혁신적 개발협력사업

혁신적 개발협력사업(Development Innovation Program, DIP)은 개발협력사업의 원조효과성을 제고하기 위해 다양한 분야의 전문성 있는 파트너와 협업하여 글로벌 사회적 가치 실현에 기여하는 사업으로, 혁신적 기술 프로그램(Creative Technology Solution, CTS), 포용적 비즈니스 프로그램(Inclusive Business Solution, IBS), 혁신적 파트너십 프로그램(Innovative Partnership Solution, IPS) 등 세 가지 프로그램으로 구성된다.

CTS는 예비 창업가, 스타트업 등 혁신가들의 혁신적 아이디어, 기술 등을 ODA에 적용하여 기존의 방법으로 해결이 어려웠던 개발도상국 사회 문제해결에 대한 솔루션을 찾는 데 기여하고 개발협력사업의 효과성을 제고하는 사업이다. 예비혁신가 양성 및 사업모델 기획을 위한 교육 프로그램인 'Seed 0', 혁신기술 사업모델의 기술개발·인력·소규모 현지 실증사업 비용 및 네트워킹 기회를 제공하는 'Seed 1(최대 3억 원 지원)', 기술개발 및 R&D가 완료되어 시장성을 가진 아이디어의 개발도상국 내 시범사업을 지원하는 'Seed 2(최대 5억 원 지원)'로 구성되어 있다.

IBS는 협력국의 사회 개발 문제 해결과 우리 기업의 비즈니스 니즈 충족이라는 공통의 목표 달성을 위한 전략적인 파트너십 사업이다. 상품 및 서비스의 개발·공급·생산·판매·유통·마케팅 활동 등을 통하여 협력국 BOP 계층의 일자리 창출 및 소득증대에 기여하는 사업을 말하며, 최근 IBS 사업 중 기업의 ESG 경영 전략과 연계하여 지속가능성 및 글로벌 사회적 가치 창출에 기여하는 'KOICA 플랫폼 ESG 이니셔티브 사업', 개발도상국 소셜벤처 및 인프라 스트럭쳐 대상 무상지원을 통해 민간투자를 견인하는 '혼합금융사업(Blended Finance Solution, BFS)'이 추가로 포함되었다.

IPS는 SDGs와 연계된 다양한 분야에서 우수한 성과를 창출하고 해당 분야를 선도적으로 이끌어 가며 국제적으로 유수한 해외 기관들과 협업하는 파트너십 사업이다. KOICA가 기존 사업에서 시도하지 않았던 새로운 분야, 지역, 방식 등을 시범적으로 진행하고 학습 결과를 내재화하여, 신규 사업 모델을 확대·재생산하기 위한 목적을 갖는다.

현재까지 USAID, 막스 플랑크 재단, 빌 앤드 멜린다 게이츠 재단, 카타르 재단, 아시아 재단 등 해외 우수 파트너와 공동협력사업을 추진해왔다.

⑤ 시민사회협력사업

시민사회협력사업은 정부와 시민사회단체(Civil Society Organization, CSO), 기업, 대학 등 다양한 이해관계자들이 포괄적인 파트너십을 구축하고 민간의 인적자원, 지식자산, 기술, 사업 역량, 재원을 활용하여 협력 대상국의 지속가능한 발전과 빈곤 완화에 기여하는 대표적인 국민참여형 국제개발협력사업이다. 구체적인 사업 개요는 다음과 같다.

<표 5-8> 시민사회협력사업 프로그램 개요

구분		주제	참여 자격요건	연간 지원 상한액	기간/최대 지원횟수
시민 사회 협력 프로 그램	전략형	CP/정부정책 부합	CSO, 대학 (재정역량, 사업역량 충족 필요)	10~20억 원	5년/3회 (15년)
	성장형	6개 분야 (고등교육, 교육, 보건, 농림수산, 다분야, 사회연대경제) 內 민간 자율	CSO, 대학 사회적경제조직	5억 원	3년/3회 (9년)
	진입형	5개 분야 (고등교육, 교육, 보건, 농림수산, 다분야) 內 민간 자율	CSO, 대학 (신규 및 중소형 기관 중점)	1억 원	2년/3회 (6년)

출처 : 한국국제협력단 홈페이지

한편 개발협력연대(Development Alliance Korea, DAK)는 지구촌 빈곤 감소와 지속가능한 발전에 효과적으로 기여하고 '부산 글로벌 파트너십'을 이행하기 위해 마련된 국내 최대 정부, 민간을 포괄하는 협력 플랫폼이다. 개발협력사업에 참여하는 다양한 기관들의 경험을 서로 공유하고 각 주체들이 보유한 비교우위와 전문성을 결집, 시너지 창출을 통해 개발효과성을 높이고 있다. 개발협력연대는 회원기관의 다양한 의견을 수렴하며 민간 주도의 자발적인 참여로 운영된다. 현재 분야별 분과위원회를 구성하여 전문 교육 프로그램, 세미나 등을 진행함으로써 개발협력계의 전문 역량을 지원하고 혁신적 사업 발굴을 지원하고 있다. KOICA는 개발협력 연대의 사무국 역할을 수행하고 있다.[24]

---

24 개발협력연대(DAK). 출처: https://dak.koica.go.kr

⑥ 인도적 지원사업

인도적지원사업은 한국 정부와 민간이 협력하여 급증하는 전 세계의 재난 및 위기상황에 대해 적극적으로 구호 및 복구, 추가 재난 예방을 위한 인도적 지원 활동을 수행하는 사업으로 현금/현물지원, 해외긴급구호대(Korea Disaster Relief Team, KDRT) 파견, 인도적지원 민관협력 프로그램 등의 형태로 지원된다.

현금/현물지원은 현금 또는 현물(텐트, 천막, 담요 등)을 지원해 재난으로 인한 피해를 최소화하고, 재난 피해자들의 생명과 기본적 권리 보호에 기여한다. KDRT는 재난이 발생한 국가의 피해, 복구, 인명구조, 의료 구호 등을 지원하기 위해 정부 차원에서 구호대를 파견하는 사업으로 '해외긴급구호에 관한 법률(시행 2017.7.26.)'에 근거해 외교부 장관이 관계 중앙행정기관의 장과 협의하여 편성한다. KOICA는 이 밖에도 긴급재난 및 만성재난 대응을 위한 인도적지원 민관협력사업(Humanitarian Partnership Program, HPP), 국제사회 기준에 맞는 인도적지원 전문가 육성을 위한 역량강화, 인도적 위기에 공동 대응하기 위한 국내외 네트워크 구축 활동 등 촉진 역할을 수행하고 있다.

⑦ 국제기구 협력사업

국제기구 협력사업은 협력 대상국의 경제·사회개발 지원, 인도적지원 및 식량안보, 기후변화, 인권 등 범지구적 과제 해결에 동참하기 위한 공여국 정부와 국제기구의 협력사업이다. KOICA는 사업의 목적과 특성에 따라 다양한 형태로 국제기구 협력사업을 수행하고 있다. 양자 사업의 수행기관을 국제기구로 하는 ▲국별 국제기구사업, 글로벌 이니셔티브를 중심으로 국제기구와 중점주제를 공동 발굴하여 공모를 통해 유망사업을 발굴하는 ▲글로벌 국제기구사업, 분쟁취약국의 시의적 지원을 위한 ▲분쟁·취약국 국제기구사업, 국제질병퇴치를 위한 국제공조를 위한 ▲국제기구 협력 국제질병퇴치사업으로 국제기구 협력사업을 크게 4가지 형태로 분류할 수 있다. KOICA는 우리 정부의 다자개발협력 추진전략을 기반으로, 만성화되는 분쟁, 기후변화, 코로나19와 같은 감염병 발생의 위기 상황에서 SDGs 성과 달성과 개발협력 파트너 다변화를 위한 글로벌 파트너십 추진에 중점을 두고 있다. KOICA의 기관목표와 국제기구의 전문성과 현장 네트워크를 효과적으로 활용할 수 있는 사업을 중점발굴, 추진하고 나아가 한국인과 한국 NGO 등의 민간 국제사회 진출을 위한 교두보 역할 이행을 지속적으로 추진해 갈 계획이다.

⑧ 국제질병퇴치기금

국제질병퇴치기금(Global Disease Eradication Fund)은 '항공권연대기여금(Air-ticket solidarity levy)' 제도를 기반으로 국내에서 출발하는 모든 국제선 항공권에 1,000원씩 부과하여 마련하는 재원으로, 개발도상국의 감염병 예방·퇴치를 지원하여 글로벌 사회적가치(SDG 3. 모든 연령층의 건강한 삶 보장 및 웰빙 증진) 달성에 기여하는 것을 목적으로 한다. 한국은 2007년 10월부터 국내에서 출발하는 국제선 항공기 탑승객(내외국인)에 대해 1,000원의 '국제빈곤퇴치기여금'을 부과했고, '국제질병퇴치기금법(법률 제14404호, 2016.12.20.)' 제정에 따라 '국제질병퇴치기금'으로 전환하여 개발도상국의 질병 예방 및 퇴치를 위해 사용 중이며, 동법 시행령에 따라 KOICA에 위탁하여 시행하고 있다.

⑨ 경제발전 경험 공유사업

경제발전 경험 공유사업(Knowledge Sharing Program, KSP)[25]은 외교부가 주관하는 다른 양자간 무상 ODA 사업과는 달리 기획재정부에서 주관하며, 한국의 발전 경험과 지식을 바탕으로 협력 대상국의 수요와 여건을 고려한 맞춤형 정책연구·정책자문·역량배양 지원사업으로, 대상국의 경제·사회발전에 기여하는 지식집약적인 개발협력사업이다. KSP는 국가정책 자문 사업, 국제기구와의 공동 컨설팅 사업, 경제발전 경험 모듈화 사업으로 구성되어 있다.

국가정책 자문사업은 개발도상국 수요 중심의 맞춤형 사업으로, 협력 대상국이 필요로 하는 주제에 대해 정책자문을 제공하고 있다. 국제기구와의 공동 컨설팅 사업은 한국의 발전 경험과 국제기구의 개발 전문성 및 네트워크를 연계시킨 개발협력 모델로 주목받고 있다. 경제발전 경험 모듈화 사업은 한국의 발전 경험을 경제 일반, 행정·ICT, 농어업, 보건의료, 산업에너지, 인적자원, 국토건설, 환경 등 개발협력 8대 분야를 중심으로 체계적으로 정리하여 총체적 개발지식 콘텐츠를 구축하는 사업이다. 사업의 결과물은 정책 보고서의 형태로 발간되어 향후 지식기반형 개발협력 프로그램의 기초 자료로 활용됨과 동시에 국제기구와의 협력을 통해 개발도상국 및 국제사회와 한국의 정책 경험을 공유함으로써 증가하는 지식 공유 수요에 부응하고 개발도상국의 경제·사회발전을 지원하는 것을 목표로 하고 있다. 특히 KSP 사업은 유상 ODA 사업과 연계하여 협력 대상국의 개발정책 역량을 높이고 스스로 성장할 수 있는 기반을 조성

---

25 KSP에 관해서는 『2020 대한민국 ODA 백서』를 주로 참고했다.

할 수 있도록 지원하는 데 중점을 두고 있다.

2) 양자간 유상 ODA[26]

한국의 양자간 유상 ODA는 대외경제협력기금(EDCF)으로 원리금을 상환받는 장기(40년 이내 만기), 저금리(0.01~2.5%)의 양허성차관(Concessional Loan)[27]이다. 기획재정부가 주관 부처이며 한국수출입은행이 집행을 담당한다.

지원 형태는 첫째, 개발도상국 정부 또는 법인에 대한 차관으로 개발사업 차관, 민간사업 차관, 프로그램 차관, 섹터 개발 차관, 기자재 차관, 국제개발금융기구앞 차관, 민간협력 차관, 민간협력 전대 차관 등이 있다. 둘째, 집합투자기구 및 민자사업에 대한 출자, 셋째, 협력사업 채무보증 등이 있다.

EDCF는 개발도상국의 교통, 수자원·위생, 에너지, 보건, 통신 등 경제·사회 인프라 건설사업을 집중적으로 지원하고 있으며, 급증하는 개발도상국의 대규모 인프라 개발수요를 충족시키기 위해 EDCF, 개발금융, 수출금융 등을 연계한 패키지 지원 추진, 다자개발은행(Multilateral Development Bank, MDB)과의 협조융자사업 확대 등을 통해 부족한 재원을 확보하는 한편, 대내외적인 개발협력 환경 변화에 부응하여 개발도상국의 지속가능한 성장과 한국과의 경제교류 증진을 위해 지속적으로 노력하고 있다. 1987년 기금 설립 이래, 2020년 12월 말까지 57개 국가의

---

26 양자간 유상 ODA는 『2020 대한민국 ODA 백서』를 주로 참고했다.
27 양허성차관(concessional loan)은 영리를 목적으로 하는 상업차관(commercial loan)보다 돈을 빌리는 차주 입장에서 조건이 좋은 차관을 의미한다.

460개 사업에 대해 총 20조 5,058억 원을 승인했으며, 집행 누계는 10조 1,077억 원에 이른다. 2009년 처음으로 연간 승인액 1조 원을 넘어선 이래, 2020년 8,139억 원 상당의 사업을 신규로 승인하는 등 한국이 국제사회에 약속한 ODA 지원 규모 확대를 위해 지속적으로 노력하고 있다. 2020년 12월 말 기준, 경제·외교적 중요도가 높은 아시아(68.9%)에 중점 지원하고 있으며, 신흥시장인 아프리카(20.8%) 및 중남미(10.3%) 등으로 원조를 다변화하고 있다.

<그림 5-2> EDCF 지원 형태

개발사업차관 (Development Project Loan)	민자사업차관 (Public-Private Partnership Loan)
댐, 상하수도설비, 도로, 병원, 환경설비, 공장설비 등 경제개발사업의 실시에 필요한 자금의 개도국 정부 또는 개도국 법인에 대한 융자	민자사업의 실시에 필요한 자금의 개도국 정부 또는 민자사업의 사업시행자에 대한 융자
프로그램차관 (Program Loan)	섹터개발차관 (Sector Development Loan)
개도국의 종합 또는 부문별 개발계획 이행을 위한 다수의 정책과제, 개발사업 등의 실시에 필요한 자금의 개도국 정부에 대한 융자	개도국의 특정 분야 개발을 위해 다수 사업의 실시에 필요한 자금의 개도국 정부에 대한 융자
기자재차관 (Equipment Loan)	국제개발금융기구앞 차관 (Loan to International Development Finance Institutions)
산업발전에 필요한 기자재의 조달에 소요되는 자금의 개도국 정부 또는 개도국 법인에 대한 융자	개도국의 경제발전 및 복리증진에 필요한 자금의 국제개발금융기구에 대한 융자
민간협력차관 (Private Sector Loan)	민간협력전대차관 (Private Sector Two-Step Loan)
중소기업 육성, 고용창출 등 민간부문 개발을 통해 개도국의 경제발전 및 복리증진에 기여하는 사업을 수행하는 개도국 법인에 대한 융자	민간협력차관의 지원대상인 개도국 법인이 사업을 수행하는 데 소요되는 자금을 전대하기 위한 자금의 개도국 금융기관에 대한 융자

출처 : EDCF 홈페이지(2022.3.17.검색)

3) 다자간 ODA

다자간 ODA는 협력 대상국의 경제·사회개발 및 환경, 빈곤, 여성 개발 등 범분야 과제 해결에 동참하기 위해 UN 등의 국제기구 활동에 재정적으로 기여하거나 세계은행, 아시아개발은행(ADB) 등 다자개발은행에 자본금을 출자·출연함으로써 협력 대상국을 간접적으로 지원하는 형태의 ODA이다. 외교부는 UN 및 기타 국제기구를 통한 다자간 ODA를 주관하고 있으며 기획재정부는 다자개발은행을 통한 다자간 ODA를 주관하고 있다.

한국 ODA 지원 규모가 확대됨에 따라 다자원조 규모도 늘어나고 있다. UN 및 다자개발은행 등의 국제기구를 통한 다자원조의 규모는 2000년 이후 꾸준히 확대되어 2020년 6.9억 달러를 기록했다. 2020년 기준 ADB 등 지역개발은행에 대한 출자·출연은 총 1억 달러, UN과 세계은행에 대한 출자·출연은 1.3억 달러를 기록했다(외교부, 2021).

4. 국제개발협력 체제 및 정책

(1) 수행체제

한국의 국제개발협력 수행체제는 국제개발협력기본법에서 정하고 있는데 총괄 및 조정기구, 주관기관, 시행기관으로 구성되어 있다. 국제개발협력위원회는 국제개발협력에 관한 총괄 및 조정기구로서 국제개발협력 정책이 종합적, 체계적으로 추진될 수 있도록 주요 사항을 심의 및 조정하는 한국 정부의 개발협력 분야 최고의 정책기구이다. 위원회의 위원장은 국무총리가, 간사위원은 국무조정실장이 역임하며, 위원회는 간사위원을 포함한 25명 이내의 ODA 주요 중앙행정기관, 관계기관의 장 및 민간위원들로 구성된다. 산하에 국제개발협력 실무위원회를 두고 있다. 실무위원회는 국무차장을 위원장으로, 국무조정실장을 간사위원으로 하여 25명 이내의 위원으로 구성된다. 실무위원회에서는 위원회에 부의될 안건을 미리 협의, 조정하며 위원회로부터 위임받은 사항을 처리한다. 또한 2021년 12월에는 국무조정실에 국제개발협력본부를 신설하여 국제개발협력위원회 사무국 역할을 수행하고 있다.

양자간 ODA 중 유상 ODA는 기획재정부가, 무상 ODA는 외교부가 주관기관이다. 국제금융기구에의 가입조치에 관한 법률에 규정된 국제금융기구와의 협력은 기획재정부가, 그리고 그 밖의 국제기구와의 협력은 외교부가 주관기관이다. 주관기관인 기획재정부와 외교부는 국제개발협력기본법에 따라 각각 소관 분야의 업무를 체계적, 통합적, 효율적으로 이행하기 위하여 개발협력전략회의를 둘 수 있다. 기획재정부는 유상 ODA인 EDCF 운용위원회를 두고 있으며, 외교부는 2021년 3월 무상개발협력전략회의를 출범시켰다. 아울러 ODA를 효율적으로 수행하기 위하여 국제개발협력 평가전문위원회를 두고 있다.

유상 ODA의 집행은 대외경제협력기금법 및 동법 시행령에 따라 한국수출입은행이 기획재정부 장관으로부터 EDCF의 운용·관리에 관한 사무를 위탁받아 수행한다. 무상 ODA의 집행은 한국국제협력단법에 따라 설립된 KOICA가 수행하며, 이 밖에도 40여 개의 정부부처 및 지방자치단체도 무상 ODA를 집행하고 있다.

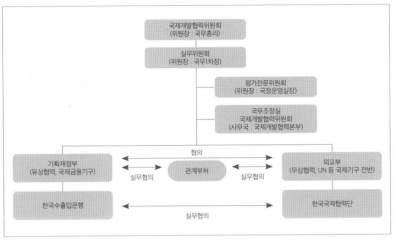

출처 : 국무조정실(2020: 67)

(2) 정책

국제개발협력기본법에서 정한 국제개발협력 종합기본계획은 매 5년마다 수립되는 한국의 ODA 중장기 계획으로 한국 ODA 정책의 기본 방향, ODA 규모 및 운용 계획, 지역별·주요 분야별 추진 방향 등을 포함한다. 연도별 국제개발협력 종합시행계획은 종합기본계획의 틀 안에서 전년도 실적에 대한 평가 및 당해 연도 추진 계획을 수립하는 등 중장기 목표 달성을 위한 실행 계획을 수립한다. 한편 코로나19 대응 ODA 추진전략과 정부의 신남방·신북방 정책과 조화를 이루어 동남아시아국가연합(Association of South East Asian Nations, ASEAN)과 인도(신남방) 및 몽골·중앙아시아(신북방) 지역에 대해 ODA 자원 규모를 확대하고 있다.

1) 국제개발협력기본법

국제개발협력기본법(기본법)은 아래와 같은 주요 기본사항을 정하고 있다.

국제개발협력 주요 기본사항

- 주요 용어에 대한 정의와 함께 국제개발협력의 기본정신 및 목표, 기본원칙, 국가 등의 책무에 관한 사항 등 기본사항
- 국무총리 소속 국제개발협력위원회 및 국제개발협력 주관기관의 역할 및 기능, 재외공관의 역할, 권한의 위임·위탁 등 제도에 관한 사항
- 국제개발협력 종합기본계획 및 종합시행계획의 수립, 중점 협력 대상국의 선정 및 전략 수립, 국제개발협력에 대한 평가, 민간 국제개발협력 단체 등에 대한 지원에 관한 사항
- 국민 참여를 위한 홍보, 전문 인력의 양성, 국제 교류 및 협력 강화, 국제개발협력 통계 관련 정보, 국제개발협력사업에 대한 점검 및 지원에 관한 사항

국제개발협력기본법은 국제개발협력 기본정신, 목표 및 기본원칙 등을 아래와 같이 정하고 있다.

① 기본정신

국제개발협력은 개발도상국의 빈곤 감소, 여성·아동·장애인·청소년의 인권 향상, 성평등 실현, 지속가능한 발전 및 인도주의를 실현하고 개발도상국과의 경제협력 관계를 증진하며 국제사회의 평화와 번영을 추구하는 것을 기본정신으로 한다.

② 목표

국제개발협력의 기본정신을 추구하기 위해 국제개발협력은 다음의

사항을 달성하는 것을 목표로 한다.

- 개발도상국의 빈곤 감소 및 삶의 질 향상
- 개발도상국의 발전 및 이를 위한 제반 제도·조건의 개선
- 개발도상국과의 우호협력 관계 및 상호 교류 증진
- 국제개발협력과 관련된 범지구적 문제해결에 대한 기여
- 국제적으로 합의된 지속가능발전과 관련된 목표(2015년 9월 UN지속가능발전정상회의에서 채택된 2030 지속가능발전의제 등을 말한다)의 달성에 대한 기여
- 그 밖에 기본정신을 달성하기 위하여 필요하다고 인정되는 사항

③ 기본원칙

첫째, 국가, 지방자치단체, 그 밖의 시행기관(이하 '국가 등'이라 한다)은 국제개발협력을 실시하는 경우 다음 각 호의 원칙과 한국의 대외정책을 종합적으로 고려하여 추진하여야 한다.

- 국제연합헌장의 제반 원칙 존중
- 개발도상국의 자조 노력 및 능력 지원
- 개발도상국의 개발 필요 존중
- 개발 경험 공유의 확대
- 국제사회와의 상호 조화 및 협력 증진

둘째, 국가 등은 양자간 개발협력과 다자간 개발협력 간의 연계성과 무상협력과 유상협력 간의 연계성을 강화하고, 국제개발협력정책을 일관성 있게 추진함으로써 국제개발협력의 효과가 극대화되도록 노력하여야 한다.

2) 국제개발협력 종합기본계획

국제개발협력 종합기본계획은 1차(2011~2015년), 2차(2016~2020년)에 이어 3차 계획(2021~2025년)을 시행 중에 있다. 3차 기본계획은 협력과 연대를 통한 글로벌 가치 및 상생의 국익 실현이라는 비전 달성을 위하여 4대 전략 목표별 추진과 이행 기반 공고화를 위한 추진 과제를 제시하고 있다.

전략 1(포용적 ODA)은 ① 글로벌 보건 위협 대응 강화(보건 ODA 규모 확대, 종합적·체계적 감염병 대응, 보건·의료 체계 구축, 기초 위생 인프라 구축), ② 취약 분야 인도적 지원 확대(인도적 지원 지속 확대, 인도적 지원-개발-평화간 연계(Humanitarian Development-Peace Nexus, HDP Nexus) 강화[28], 취약국·취약계층 지원 강화, 인도적 지원 효과성 제고), ③ 인간의 삶의 질 향상(기아 해소 및 지속가능 식량 생산 지원, 재난재해 경감 및 대응 지원, 교육 기본권 강화 기반 조성)에 관한 세부 추진 방안을 제시하고 있다.

전략 2(상생하는 ODA)는 ① 경제·사회 발전 기반 조성(개발도상국 경제 인프라 지원, 개발도상국 사회 인프라 지원, 인프라 지원 협업 체제 강화), ② 녹색 전환 선도(기후변화 논의 선도 및 협력 강화, 전략적 그린 뉴딜 ODA 추진, 개발도상국 기후변화 대응 지원 강화), ③ 대외정책과의 정합성 제고(ODA 전략·사업과 대외정책 조화, 신남방정책과의 연계, 신북방정책과의 연계, 정상급 외교 ODA 연계 지원)에 관한 세부 추진 방안을 제시하고 있다.

전략 3(혁신적 ODA)은 ① 수원국 혁신역량 강화(과학기술 혁신 지원, 디지털 격차 완화, 디지털 뉴딜 ODA 추진, 공공행정 혁신 지원), ② 개발협력 프로그램

---

28 인도적 지원-개발-평화간 연계를 통해 취약성을 완화하고, 갈등·분쟁 등 위험을 예방하여 지속가능한 발전 및 평화 달성을 위한 2019년 2월의 DAC 권고안이다.

혁신(혁신적 사업 모델 개발, 사업 지원 방식 혁신, 새로운 ODA 콘텐츠 개발), ③ 개발 협력 재원 다양화(민간재원 활용 확대, 개도국 민간부문 지원 강화, 공공부문의 개발금융 기능 활성화)에 관한 세부 추진 방안을 제시하고 있다.

전략 4(함께하는 ODA)는 ① 시민사회 파트너십 강화(정부-시민사회 협업 활성화, 시민사회 역량 강화 지원, 시민사회 프로그램 다각화), ② 국제협력 고도화(국제기구와의 협력 강화, 공여국과의 협력 확대, 협력 방식 다각화), ③ 개발협력 외연 확대(민간기업·재단과의 협력 강화, 공공기관·대학 등과의 협업, 지방자치단체와의 협력 확대)에 관한 세부 추진 방안을 제시하고 있다.

이행 기반 공고화를 위한 정책목표 1(지속성: 개발협력 생태계 조성)은 전문인력 양성·활용 강화, 일자리 창출·연계 제고, 개발협력 참여 확대에 관한 세부 추진 방안을 제시하고 있다. 정책목표 2(책무성: 성과 관리 및 정보공개 강화)는 평가 실효성 제고, 세이프가드 강화, 정보공개 확대 및 투명성 제고에 관한 세부 추진 방안을 제시하고 있다. 정책목표 3(효율성: ODA 추진체계 혁신)은 ODA 전 주기 혁신, 사업정보 관리 인프라 구축, ODA 통합성·현장성 강화, ODA 홍보 체계화에 관한 세부 추진 방안을 제시하고 있다.

ODA 재원 배분 방향은 첫째, 재원 규모 및 유형별 구성과 관련해서는 ODA 총 규모를 2019년(3.2조 원) 대비 2030년까지 2배 이상 확대하고, 양자·다자 비율은 사전에 설정하지 않고 국제사회 요구 및 정부 대외전략 등과 연계하여 신축적으로 운영하기로 했다. 유상·무상의 비율은 40:60을 원칙으로 하고 유상의 비구속성(untied) 비율은 60% 이상, 무상은 95% 이상으로 정했다. 둘째, 지역별 배분 방향과 관련하여 중점 협력국을 24개국에서 27개국으로 조정하고 양자 ODA의 70%를 이들 중점 협력 대상국에 투입하기로 했다. 셋째, 소득 그룹별로는 저소득국과 저중소득국에 대한 지원을 확대하고 소득수준별 수요 맞춤형으로 지원을 차별화하기로 했다. 넷째, 분야별 배분 방향은 2022년까지 보건 분야를 중점 지원하고, 그린·디지털·공공행정에 대한 ODA를 확대하고 시민사회 협력 ODA 예산 비중 확대를 위해 노력하기로 했다.

3) 코로나19 대응 ODA 추진전략

3차 기본계획 수립에 앞서 코로나19로 급변하는 상황을 선제적으로 대응하기 위해 글로벌 연대·협력을 선도하기 위한 시민사회, 기업 등 국가 역량을 결집하여 4대 전략(전략목표 1: 보건·의료 ODA 역량 집중, 전략목표 2: 코로나19 극복을 위한 글로벌 협력 선도, 전략목표 3: 개도국 경제·사회 회복력 강화, 전략목표 4: 상생 발전의 생태계 구축), 14개 중점 과제 및 61개 세부 과제를 추진키로 했다(국무조정실, 2020).

4) 신남방·신북방 지역 지원 확대

정부의 주요 대외정책인 신남방·신북방정책과 조화를 이루면서 개발도상국과 상호 성과를 확대할 수 있도록 아세안 국가·인도(신남방) 및 몽골·중앙아시아(신북방) 지역에 대해 ODA 지원 규모를 확대하고 있다. 특히 신남방 국가를 대상으로 무상 ODA를 더욱 확대할 계획이다. 신남방정책은 3P(People, Peace, Prosperity)를 기반으로 하여 '신남방 ODA 5대 중점 프로그램'을 개발하여 추진하고 있다. SDGs 및 신남방 국가의 수요, 한국의 비교우위를 종합적으로 고려하여, ① 포용적 개발을 위한 디지털 파트너십, ② 더 나은 미래를 위한 고등교육, ③ 포용적이고 지속가능한 농촌개발 및 지뢰 제거(한-메콩 미래 평화공동체 사업), ④ 자연과 함께하는 스마트 도시개발, ⑤ 균형 성장을 견인하는 포용적 교통 등 ODA 브랜드 사업을 통해 신남방 국가와의 협력을 강화하고 있다. 신북방 국가를 대상으로는 패키지형 사업 지원, 우수 사업 브랜드화 및 국제기구·민간기업 연계사업의 확대 등을 통한 지역 국가와의 협력 강화를 계획하고 있다(국무조정실, 2020).

5. 국제개발협력과 한국의 위상 및 역할

(1) 한국의 위상

한국은 2009년 OECD DAC 가입 이래 국제사회의 주요 논의의 장에서 개발 이슈를 의제화하고, 선진국과 개도국의 가교 역할을 수행하기 위해 적극 노력해 왔다. 2010년 G20 정상회의 개최, 2011년 부산세계개발원조총회를 성공적으로 개최했다. 또한 Post-2015의 SDGs 수립 과정에 적극 참여하는 등 지속적인 리더십을 발휘하고 있다.

2012년에는 글로벌녹색성장기구(The Global Green Growth Institute, GGGI) 설립에 적극적 기여 및 회원국 참여, 2012년 녹색기후기금(The Green Climate Fund, GCF) 사무국 유치 등을 통해 기후변화 분야에서 선도적 역할을 한 한국은 2019년에 유엔기후변화협약(UN Framework

Convention on Climate Change, UNFCCC) 체제 전반의 이행에 관한 사항을 관장하는 UNFCCC 부속기구의 부의장국으로 선출되어 향후 기후변화 협약의 목표 달성을 위한 국제적 이행을 지원하기 위해 핵심적인 역할을 수행해 나가고 있다. 아울러 2016년 아시아 국가 중 최초로 국제원조투명성기구(IATI)에 한국 ODA 관련 정보를 제공했다.

2018년 OECD DAC의 동료평가(Peer Review)는 "한국은 국제개발의 성공사례"로 DAC 가입 이래 지속적으로 ODA 규모를 확대하고 한국의 성공적인 개발 경험을 다른 나라와 공유함으로써 선진국과 개발도상국 간 가교 역할을 수행하는 등 국제사회에서 매우 가치 있는 역할을 수행하고 있다고 평가했다(OECD, 2018).

한국은 SDGs의 목표 연도인 2030년까지 지구상의 모든 인류가 포괄적이고 지속가능한 평화, 번영 및 복지의 혜택을 볼 수 있도록 지속적인 리더십을 발휘해 나갈 것이다.

(2) 한국의 역할

1) 국제사회에 보답하는 한국 ODA

한국의 ODA 지원과 관련해 흔히 받는 질문 중 하나가 "우리나라에도 아직 의식주 문제를 제대로 해결하지 못하는 빈곤계층과 소외계층이 많은데 왜 남의 나라를 도와야 하는가"와 "설사 도와야 한다고 해도 우선순위가 제일 낮은 것이 아닌가?"이다.

1999년부터 2021년까지 여러 차례 ODA 관련 여론조사가 시행되었다. 각 여론조사별로 설문 대상 및 인원, 조사기관, 설문 내용 등이 상이하므로 연도별로 일관성 있는 추세를 파악하기는 어렵지만 다음과 같이 그 특징을 요약할 수 있다.

첫째, ODA에 대한 인지도는 1999년 16.8%에서 2005년 37%, 2008년 50.8%, 2011년 52%, 2012년 61%, 2017년 63%, 2021년 64.3%로 점차 높아지고 있다.

둘째, 한국의 ODA 제공에 대해서는 대체로 찬성하고 있는 것으로 나타났다. 1999년, 2003년, 2008년, 2011년의 조사에서는 가장 많은 응답자가 현재 수준이 적절하다고 답했다. 2002년, 2005년, 2012년 조사에서도 확대 찬성 의견이 다수였다. 2014년의 경우에는 86.5%가 찬성한 것으로 나타났는데, 2021년의 경우 76.0%로 하락했으나 이는 코로나19 보건 위기와 경기 위축에 따른 것으로 해석된다.

셋째, 한국의 ODA 규모 확대와 관련해 2021년 응답자의 66.3%는 "현재 수준을 유지해야 한다"고 답변하여 2019년 조사 결과(62.1%) 대비 소폭 증가(4.2%)했다. ODA를 확대해야 한다는 의견과 축소해야 한다는 의견은 각각 14.2%와 19.4%로 2019년 조사 결과와 비슷하게 나타났다.

넷째, 2021년 최근 ODA에 관한 현안 질문과 관련하여 코로나19로 인해 국제사회 원조에 대한 필요성이 변화했는지에 대해 응답자의 63.1%가 "큰 변화가 없다"고 했고 32.0%는 "필요성이 증가"한다고 답했다. 한국 정부가 개발도상국의 코로나19 백신 지원에 동의하는지에 관해서는 응답자의 3분의 2가 넘는 71.1%가 동의하는 것으로 나타났다. 또한 국제개발협력에 대한 국민의 이해와 관심을 높이기 위하여 한국이 DAC에 가입한 날인 11월 25일을 매년 '개발협력의 날'로 지정하는 것에 대해서는 응답자의 58.7%가 찬성한 것으로 나타났다.

ODA 제공의 일반적인 동기로 알려져 있는 인도주의적 동기, 정치·외교적 동기, 경제적 동기 등은 한국의 경우에도 적용된다. 하지만 개발원조와 관련하여 한국이 다른 선진국들의 경우와 차이점이 있다면 우리나라는 국제사회의 도움으로 개발원조 수혜국에서 원조 공여국으로 변모할 수 있었다는 것이다.

우리는 우리가 어려울 때 도와준 미국이나 일본 등의 선진국을 반드시 도와줄 필요는 없다. 그러나 오늘날 우리가 누리고 있는 경제적인 부와 국제적인 지위는 그냥 주어진 것이 아니라 도움을 받아 이룬 것이다. 따라서 우리도 우리보다 못사는 나라들이 우리와 같이 발전할 수 있도록 도와줄 의무가 있다. 사회정의는 보다 많이 가진 자들이 자신들의 도의적 의무를 다할 때 이룰 수 있다. 사람들은 돈만 많고 자신이 가진 것을 유지하고 누리는 데만 전념하는 졸부들을 존경하지 않는다. 가진 자의 의무를 먼저 생각하고 이를 실천하는 사람을 존경한다.

국가의 경우도 마찬가지다. 국민소득 3만 달러는 선진국이 되기 위한 필요조건일 수는 있으나 충분조건은 아니다. 아무리 국민소득이 높다 할지라도 빈부격차가 심하고 자국에서 일하는 여성을 차별하거나, 외국인 노동자의 인권을 유린하고 임금을 지불하지 않고, 남의 나라를 돕는 데 인색한 나라가 국제사회에서 존경받고 지도적 역할을 담당할 수는 없을 것이다.

ODA를 제공하는 데 있어서도 남북한이 분단되어 있는 한국은 다른 선진국들에 비해 여러 가지 면에서 어려운 실정에 처해 있는 것은 사실이다. 그러나 다른 선진국들도 여유가 있어서 남의 나라를 돕는 것은 아니다. 한국이 자국민들을 다 잘살게 만들고 다른 나라를 도우려 한다면 그것은 우리 세대에는 물론 미래에도 불가능한 일이다. 어떻게 보면 국내 빈곤계층 문제는 한국의 국민소득이 부족해서가 아니라 국민소득의 분배 문제일 수도 있다.

한편 ODA는 정치·외교적 동기, 경제적 동기에 의한 다양한 형태의 국익의 확대에도 기여한다. ODA 확대만큼 한국 기업, NGO 및 국민의 국제 ODA 시장 참여 기회 확대, 국내외 일자리 창출과 이러한 과정을 통한 학습효과(Learning by Doing)와 인재 양성에도 크게 기여할 수 있다. 또한 국제사회에서의 위상 제고를 통하여 국제평화와 안보 유지에 보다 주도적인 역할을 강화할 수 있다. 따라서 한국이 세계로부터 존경받는 리더로서의 역할을 수행하기 위해서는 국력에 상응하는 규모로 국제사회에 대한 기여를 확대하는 데 더 많은 노력이 필요하다.

2) 개발도상국에 희망을 주는 한국 ODA

2010년 10월 25일 열린 제7차 국제개발협력위원회에서 채택된 '국제개발협력 선진화 방안'은, 한국 국제개발협력의 3대 가치 중 하나로 개발도상국의 빈곤퇴치와 자립을 통하여 수원국에게 희망을 주는 것을 지향한다고 명시했다. 이후의 국제개발협력 종합기본계획도 이러한 기조를 이어받고 있다. 한국이 과거의 절대빈곤과 혼란을 극복하고 역사상 최초로 개발도상국에서 선진국 대열에 들어, 우리보다 못사는 나라들을 돕는 데 주도적인 역할을 담당하게 되었음은 많은 개발도상국들에게 큰 의미가 있다.

1964년 독일의 뤼프케 대통령 초청으로 서독을 공식 방문했던 박정희 대통령의 방문 목적은 라인강 기적의 실체와 그 원동력을 확인하는 것이었다(오원철, 2006). 이 시기에 자란 학생들은 독일의 경제부흥과 관련하여 라인강 기적에 대한 이야기와 최소 네 사람은 모여야 성냥 하나를 태운다는 독일인의 절약 정신에 관한 이야기를 귀가 따갑도록 들으며, 그들을 부러워하며 자랐다. 한편 도저히 이룰 수 없는 꿈만 같은 한강의 기적을 이룩하자는 얘기도 많이 들었다.

지금 생각하면 한강의 기적이야말로 진정한 기적이라 할 수 있다. 독일은 두 차례 세계대전을 일으킬 정도로 강대국이었다. 두 차례 세계대전에서 모두 패했지만 미국의 마셜플랜으로 빠른 시일 내 부흥했다. 망한 기업이 정부의 자금 지원을 받고 회생한 것과 유사하다. 모든 정보와 기술, 인재, 조직, 네트워크 등을 다 갖추고 있지만 다만 자금 부족으로 어려움을 겪던 회사가 자금 지원으로 회생하는 것은 그리 어려운 일은 아니라고 할 수 있다. 하지만 한국의 경우에는 그야말로 무에서 유를 창조한 것으로, 불가능한 일을 이룩했으니 기적이라고 할 수 있다.

에리히 프롬은 『사랑의 기술』에서 인간을 개발시키는 데 있어 가장 중요한 가르침은 "성숙하고 사랑할 수 있는 능력이 있는 사람이 단지 존재한다는 것만으로 줄 수 있는 가르침"이라고 언급했다. 인도의 마하트마 간디는 돈도 집도 없고, 심지어 입을 옷 한 벌조차 제대로 없었지만 존재 자체로 수억 명의 인도 사람들을 하나의 마음으로 뭉치게 했다.

김수환 추기경이나 법정 스님의 경우도 마찬가지이다. 김수환 추기경 1주기 추모미사에서 천주교 서울대교구장 정진석 추기경은 "그분은 추기경이기 전에 따뜻하고 여린 마음을 지닌 한 사람으로, 존재 자체만으로도 우리들에게 큰 위안이 되었다"며 "우리 사회가 당면한 갈등과 분열을 해결하기 위해서는 전혀 다른 견해를 가진 사람들과의 대화를 마다하지 않았던 김 추기경님의 삶을 모범으로 삼아야 할 것"이라고 강조한 바 있다. 2010년 3월 입적한 법정 스님은 우리 사회에 나누는 마음에 대한 큰 교훈을 남겼다.

마찬가지로 무에서 유를 창조해, 최빈국에서 선진국으로 부상한 한국이 지구상에 존재한다는 자체가 많은 개발도상국들에게는 무한한 희망과 가능성의 길을 열어 주는 역할을 할 수 있는 것이다. 현재 대부분의 개발도상국들은 1950년 및 1960년대 초의 우리나라 여건보다 나은 실정이다. 따라서 "한국이 우리보다 더 어려운 여건에서 이렇게 발전했는데 우리도 열심히 하면 한국처럼 될 수 있다"는 희망을 품고 노력할 수 있을 것이다. "한강의 기적을 세계로 대동강으로"(좌승희·이태규, 2019)라는 비전을 품고 체계적으로 전수할 필요가 있다.

6. 향후 과제

앞으로 국제사회에서 한국이 우리의 위상에 맞는 역할을 수행하기 위해서는 ODA의 양적 확대와 질적 개선을 도모하고, ODA 수행 방식의 선진화를 위해 다양한 노력을 기울일 필요가 있다. 한국 정부는 이미 국제개발협력 선진화 방안을 마련하고, 추진 중이다. 하지만 구체적인 실행계획 및 예산과 성과 프레임워크를 포함한 구속력 있는 문서의 성격보다는 정책의 방향성을 제시하는 성격으로 결과에 대한 조치 방안이 미비하여 구체적인 성과를 나타내는 데 한계가 있다. 따라서 다음과 같은 사항을 포함해 보다 적극적인 대책 마련이 필요하다.

(1) ODA 양적 확대 및 질적 개선

첫째, 한국의 ODA 규모를 지속적으로 확대해야 한다. DAC 가입을 계기로 한국은 2015년까지 ODA/GNI 비율을 0.25% 달성할 것을 국제사회에 약속했다. 하지만 2020년 한국의 ODA/GNI 비율은 0.14%로 여전히 과거 목표를 달성하지 못하고 있다. 이에 제3차 국제개발협력 기본계획에서는 목표를 현실적으로 조정했으며 ODA 총규모를 2019년 3.2조 원 대비 2030년까지 2배 이상 늘리고자 목표를 설정한 만큼, 금번에는 계획된 목표를 차질 없이 달성하도록 노력해야 할 것이다.

둘째, ODA의 질적 수준을 높일 필요가 있다. 현재 양자간 ODA 중 60% 수준의 무상 ODA를 DAC 평균 수준인 87.5%와 유사한 수준으로 꾸준히 높일 필요가 있다. 또한 한국은 재화와 용역의 구매를 조건부로 하지 않는 비구속성 ODA의 비율을 3차 기본계획에서 2020년까지 유상 ODA 60%, 무상 ODA 95%로 정했는데 DAC 회원국의 평균인 86.5% 수준으로 지속적으로 높일 필요가 있다.

(2) 국제경쟁력 강화

한국 ODA의 양적 확대는 납세자인 국민의 부담이 가중됨을 의미하지만 앞서 언급한 바와 같이 ODA는 국익의 확대에도 기여한다. 이와 관련하여 국제경쟁력 강화를 위하여 적극적으로 대응할 필요가 있다.

첫째 대책은 대국민 홍보 및 개발교육에 관한 사항이다. ODA는 한국 국민의 세금으로 지원된다. 따라서 납세자인 국민의 이해와 지지가 필수이므로 우리 국민의 적극적인 참여가 중요하다. ODA는 사업 현장이 국내가 아닌 국외이기 때문에 일반 국민들에게 ODA의 중요성과 국민의 세금이 유용하게 쓰이고 있다는 것을 알리기가 매우 어렵다. 어린 시절부터 국제개발협력의 중요성에 대한 교육이 필요하며, 또한 우리 국민의 참여 확대를 위해 관련 정보를 적극 제공하고 개발 관련 교육을 적극적으로 실시할 필요가 있다.

둘째, 우수한 ODA 사업 발굴, 기획, 집행, 감리 및 평가 등의 역할을 수행할 수 있는 개발 컨설턴트 등 전문인력양성이 시급하다. 흔히 물고기를 주는 대신 낚시 방법을 알려 주는 것이 진정한 원조라고 한다. 하지만 한국의 ODA 규모가 대폭 늘어나면서 정작 중요한 문제는 이러한 방법을 효과적으로 전수할 수 있는 전문인력과 전문 개발 컨설팅 기업의 수가 매우 부족한 실정이다. 현장에 파견되는 전문가의 상당수는 전업 개발 컨설턴트가 아닌 대학교수, 연구원 등 다른 직업 종사자이다 보니 적기에 파견이 어려우며, 그나마 적격자도 희망자도 부족한 실정이다.

일본은 여타 선진국들에 비해 반세기 늦게 식민지 경쟁에 뛰어들어 컨설팅 산업 후진국이었지만 1960년대 초부터 탈공업화 이후의 지식산업 시대에 대비해 원조 자금을 통한 개발 컨설턴트 조사 활동 대폭 확대, 해외 컨설팅협회 설립과 전폭적인 지원, 컨설팅 수익에 대한 세금 감면 조치 등을 통해 해외 개발 컨설팅 산업을 대대적으로 육성해 왔다(한국국제협력단, 1991). 하지만 1978년부터 1997년까지 약 20년간 다섯 차례나 ODA를 두 배씩 늘려 가는 ODA 배증 계획(doubling plan)을 추진하면서 전문가 확보에 어려움이 많아지자 일본국제협력기구(Japan International Cooperation Agency, JICA)에서 1984년 '국제협력종합연구소'를 설립해 자체적으로 필요한 전문가를 양성하여 과도기를 넘긴 바가 있다.

한국의 ODA는 2010년 DAC 가입 이래 2019년까지 ODA 예산이 2.4배 증가했고 2019년(3.2조 원) 대비 2030년까지 2배 이상으로 확대할 계획이다. 이러한 추세는 과거 일본의 ODA 배증 계획 당시와 비슷한 상황이다. 한국 정부는 2011년 4월 '국제개발 컨설팅 산업기반 조성 방안'에 이어 2022년 1월에 'ODA 전문인력 양성 및 활용 확대 방안'을 마련했다. 중점 과제로는 해외봉사단 참여 여건 개선, 개발협력 인재 체계적 육성, ODA 전문기업 육성, 기업의 ODA 사업 참여 지원, 시민사회 참여 확대, 민관 협업채널 활성화, 전문인력 DB 활용 활성화 등을 추진해 오고 있다. 하지만 앞서 언급한 바와 같이 이 방안은 구속력 있는 문서의 성격보다는 정책의 방향성을 제시하는 성격으로 구체적인 성과를 나타내는 데 한계가 있으므로 보다 성과 지향적인 정책을 추진할 필요가 있다.

셋째, 연구조사 강화다. 1998년 세계은행은 '원조평가'라는 정책보고서를 통해 원조효과성과 연구의 상관관계를 밝힌 바 있다(World Bank, 1998). 또한 영국의 ODA 백서는 "연구조사는 빈곤을 타파하는 중요 무기이다. 연구를 하지 않으면 개발 활동이 실패하거나 성과가 낮은 반면 연구를 하면 승수 효과를 가져온다. 연구는 영국 ODA 목표 달성을 위한 핵심 요소"라고 언급하고 있다(U.K. White Paper, 1997: 48).

특히 DAC 가입과 관련해 환경, 여성 개발, 조달, 평가 등 DAC의 각종 정책 권고 및 가이드라인을 준수하는 등 ODA 업무 방식을 국제규범과 조화시킬 필요가 있다. 이러한 정책 권고 및 가이드라인을 제대로 추진하기 위해서는 연구조사 활동 강화가 선행되어야 한다. 또한 수원국의 실정에 적합한 수원국 중심의 원조를 위해서는 이에 대한 지역 연구는 물론 보건, 교육, 농업 등 다양한 분야와 빈곤, 환경, 여성 문제 등 개발 과제에 대한 연구 활동이 중요하다.

한국의 경우 국제개발협력학회의『국제개발협력연구』, KOICA의 『국제개발협력』, 수출입은행의『한국의 개발협력』등과 같은 정기간행물이 발행되며, 최근의 ODA 증가 추세를 반영해 다양한 연구보고서를 발행 중이다. 또한 대학교 부속 연구원이나 사단법인 형태의 관련 연구소도 점차 설립되는 추세다. 하지만 대부분 전문 ODA 연구소로서의 기능은 아직 미흡하다. 자체적인 연구역량 강화는 물론 종합정보 시스템 구축을 통한 정보 전달 기능과 국내외 다양한 유관기관 및 관계자들과의 네트워크를 형성할 필요가 있다.

덴마크의 경우 덴마크 국제개발기구(Danish International Development Agency, DANIDA)로부터 연구 관련 지원을 받아 오던 거버넌스, 경제정책, 공공행정 연구 네트워크, 농업개발 연구 네트워크, 환경개발 연구 네트워크를 2007년 합병해 덴마크개발연구네트워크(Danish Development Research Network, DDRN)를 발족시켰다(이영현 외, 2009). 일본의 경우 2008년 JICA의 국제협력종합연구소와 일본국제협력은행(Japan Bank of International Cooperation, JBIC)의 개발원조연구소를 통·폐합해 JICA연구소를 설립했고, 국내외 유관기관 및 전문가와 공동연구, 외국의 원조기관 및 개발도상국 정책 결정자들과 연구 교류 및 정보 공유를 확대하고 있다.

한국의 개발 연대기에는 우리보다 앞선 나라를 뒤쫓는 과정에서 우수한 계획 수립보다 철저한 주인의식과 성과 지향적인 관리를 통해 오늘날의 훌륭한 성과를 이룩했다. 이제 남을 돕는 일에 있어서도 국제개발협력 선진화 방안, 국제개발협력 기본계획과 같은 훌륭한 계획을 마련하는 일에 못지않게 가시적 성과를 나타낼 수 있는 성과 중심의 글로벌 협력 리더십을 발휘해야 할 것이다.

2018년 세계 7번째로 30-50클럽에 가입한 한국은 가까운 장래에 글로벌 도덕적 리더십, 열린 리더십과 협력 리더십을 갖춘 통일 한국이 세계평화와 번영에 지구상 그 어느 국가보다 크게 기여할 수 있는 날이 올 것으로 기대한다.

경제개발 5개년 계획: 한국의 경제개발 5개년 계획은 1962년부터 1996년까지 총 7차에 걸쳐 실행되었는데 시장경제를 바탕으로 국민경제 활동을 뒷받침하기 위한 유도적 성격(indicative plan in nature)의 계획이다. 동 5개년 계획은 시장제도의 결함을 보완하여 경제활동을 촉진시킬 뿐만 아니라 국민들의 참여와 이해 및 협조를 증진하고 국제협력을 얻는 방편이 되기도 했다. 5개년 계획의 목표는 경제발전단계에 따라 변화했다.

기술협력: 개발협력의 한 방식으로 초청연수, 전문가 파견과 같이 경제·사회개발에 필요한 지식과 경험을 개발도상국에 전파해, 궁극적으로 경제와 사회발전에 필수적인 자립 능력을 향상시킨다.

프로젝트형 사업: 건축, 시설물, 기자재 등의 물적협력수단(hardware)과 전문가 파견, 연수생 초청 등의 인적협력수단(software)을 결합해 다년간(통상 2~5년) 지원하는 사업이다. 사업의 발굴, 계획, 실시, 심사 및 평가에 이르는 전 과정을 체계적으로 추진하는 종합적인 수단이다.

개발컨설팅 사업: 소프트웨어 및 제도구축 지원에 특화된 사업으로 통상 건축 사업을 포함하지 않는 사업 중 컨설팅, 전문가 파견, 초청연수 등 소프트웨어 위주로 구성된 기술협력 중심의 사업이다.

국제개발협력 기본법: 2010년 ODA 정책의 법적 안정성 확보와 정책 일관성 및 원조효과성 증진을 위해 국제개발협력 기본법이 제정 및 발효되

었다. 동 법은 한국의 개발원조에 대한 목적, 정의, 기본정신 및 원칙, 국제개발협력위원회, 수행체계 등을 담고 있으며, 법 제정을 통해 국내적으로는 보다 체계적인 ODA 정책과 시스템을 갖추고, 대외적으로는 국제사회에 대한 한국의 기여 의지를 표명한다는 데에 의의가 있다.

국제개발협력위원회: 국제개발협력에 관한 총괄 및 조정기구로서 국제개발협력 정책이 종합적, 체계적으로 추진될 수 있도록 주요 사항을 심의 및 조정하는 한국 정부의 개발협력 분야 최고의 정책기구이다. 위원회의 위원장은 국무총리가, 간사위원은 국무조정실장이, 위원회는 간사위원을 포함한 25명 이내의 ODA 주요 중앙행정기관, 관계기관의 장 및 민간위원들로 구성된다.

 토론점

1. 한국 개발 경험의 성공 요인은 무엇인지 토론해 보자.
2. 한국의 개발 초기 여건과 현재 개발도상국 여건과의 공통점과 차이점은 무엇이고, 개발도상국에 적용될 수 있는 우리의 경험과 교훈은 무엇인지 토론해 보자.
3. 효과적인 원조와 관련된 국제적 논의가 한국 ODA 개선에 주는 시사점은 무엇인지 토론해 보자.

📖 읽을거리

- 국무조정실, 『2020 대한민국 ODA 백서』. 국무조정실.
- 김정렴, 2006. 『최빈국에서 선진국 문턱까지: 한국 경제정책 30년사』. 랜덤하우스.
- 오원철, 2006. 『박정희 어떻게 경제강국 만들었나』. 동서문화사.
- 최중경, 2012. 『청개구리 성공신화: 대한민국, 전쟁 폐허에서 산업 강국으로』. 매일경제신문사.

국제개발협력 진로 탐색

강연화 KOICA 조달실 실장

1. 국제개발협력 진로 방향

　전 세계 약 80억 명의 사람들이 함께 살고 있는 지구는 빈곤, 질병, 기후변화, 전쟁, 재난, 폭력, 테러 등 다양한 문제로 몸살을 앓고 있다. 이전 신종플루, 메르스, 사스 등의 감염병에 이어 현재 코로나19 팬데믹을 겪고 있고, 앞으로도 어떠한 새로운 도전에 직면하게 될지 예측하기 어렵다.

　우리나라는 국제사회의 일원으로서 그간 경제발전이라는 국내 문제에서 벗어나 전 지구적 의제인 빈곤문제 해결 및 개발도상국의 경제발전에 기여하고자 1987년에 대외경제협력기금(Economic Development Cooperation Fund, EDCF)과 1991년에 한국국제협력단(Korea International Cooperation Agency, KOICA)을 설립하고 본격적으로 국제개발협력에 관심을 가지기 시작했다. 우리의 관심과 더불어 지난 60년간 이루어 낸 '한강의 기적', 'IT 강국' 및 '한류 열풍'의 경제·문화적 발전을 토대로 반기문 전 UN 사무총장 배출 등으로 국제사회에서 우리나라의 책임과 역할이 한층 요구되고 중요해졌다. 국제개발협력에서의 역할 증대에 따라 우리나라는 경제협력개발기구(Organization for Economic Cooperation and Development, OECD)의 개발원조위원회(Development Assistance Committee, DAC)에 가입했고 각종 미디어는 지구촌의 재난과 빈곤에 대한 고찰, 세계화 시대에서의 상생의 중요성과 국제사회에 기여하는 대한민국을 조명하는 비중이 늘기 시작했다. 이와 함께 국제개발협력을 공부하고 관련 분야로 진출하고자 하는 젊은 인재들이 많아지고 있다는 것이 고무적이다.

한국 정부 차원에서도 청년층의 일자리 창출과 베이비붐 세대의 퇴직에 대응하며, 동시에 우리 인재들이 전 세계를 무대로 시야를 넓혀 진출할 수 있는 방법 찾기에 관심을 기울여 왔다. 국제개발협력 전문기관들에서도 국내외의 관심에 부응하고 점점 늘어나는 역할을 도맡을 경험과 전문성을 갖춘 인재를 찾고자 하는 수요가 점진적으로 늘고 있다. 이러한 수요와 더불어 국제개발협력사업의 질적 제고 차원에서의 국제개발협력 전문인력의 양성이 중요과제로 등장하고, 청년 일자리 창출 과제로서의 공적개발원조(Official Development Assistance, ODA) 산업계의 역할과 기대가 증대되고 있다.

지금부터 국제개발협력 분야에서 진로를 찾고자 하는 개발협력 인재들의 길라잡이가 될 수 있도록 국제개발협력 분야의 다양한 기회들을 소개하고자 한다.

(1) 인재상

국제개발협력 분야에서 원하는 인재상은 해당 기관의 비전과 가치에 바탕을 둔다. 여기에는 다소 차이가 있을 수 있으나 공통점이 많다.

첫째, 전문성과 책임감을 가진 인재다. 글로벌 환경과 국제개발협력에 대한 이해를 바탕으로 전문성과 경험을 보유하고, 책임감을 가진 인재를 원한다. 전문성과 경험이 없다면 업무 수행에 한계가 있을 수밖에 없다. 개발의 가치와 목표에 대한 진지한 고민과 함께 개발도상국의 환경과 상황을 고려한 국제개발협력 제반 업무 수행에 최선을 다하고, 책임감과 전문가 의식으로 변화·발전하는 국제개발 이슈에 적극적으로 대응하고자 노력하는 자세가 필요하다.

둘째, 다양한 문화와 가치관을 존중하고 포용적인 자세를 갖춘 '국제화'된 인재다. 국제개발협력은 문화와 가치관이 서로 다른 개발도상국들에서 이루어진다. 다양한 이해관계자들과 협업을 이루는 과정이라고 할 수 있기에 나와 다른 문화와 가치관을 이해하며 조화를 이루고 상대를 존중하는 자세가 필수 소양이다. 개발도상국을 존중하는 포용력과 이해심은 국제개발협력의 근간이 되는 소통과 협업으로 이어진다. 그리고 이를 통해 진정한 협력관계로 발전할 수 있다.

셋째, 열정과 적극성을 가진 인재다. 최빈곤 지역, 분쟁 지역, 취약 지역, 재난 지역에서 활동할 수 있다는 열정과 적극적인 자세를 가진 인재가 필요하다. 많은 도전과 난제가 있겠지만 이를 피하기보다 적극적으로 헤쳐 나가겠다는 의지가 필요하다. 뜨거운 열정과 적극적인 자세는 업무 수행 과정에서 필요한 객관적이고도 냉철한 이성과 함께할 때 더욱 빛을 발할 것이다.

넷째, 공정과 도덕, 윤리 규범을 지키는 인재다. 국제개발협력 업무를 하는 과정에서는 매번 힘든 결정의 순간을 직면한다. 사사로운 감정이나 이해관계에 얽힌다면 본연의 목적을 달성할 수 없을뿐더러 진정성과 신뢰에 흠집이 생길 수 있다. 국제개발협력 업무를 수행하는 여러 기관은 정책 결정, 사업 선정 및 조달 과정에서의 직업적 의무와 개인적 이익 사이에 갈등이 발생하는 것을 지양하고 올바른 가치관과 정의로운 기준에 따라 성실히 업무를 수행할 수 있도록 직원의 윤리성과 청렴성을 강조한다.

이상의 네 가지가 국제개발협력 분야에서 공통으로 원하는 인재상이다. 국제개발협력에 대한 진정성과 신뢰를 만들 수 있는 인재를 바란다는 것을 기억해야 한다.

<표 1> 기관별 인재상

구분	주요 내용
한국국제협력단 (KOICA)	· Integrity 높은 도덕성·책임성을 실천하는 KOICA인 · Respect for diversity 차이·다양성을 존중하는 KOICA인 · Global leadership 글로벌 수준의 전문성을 보유한 KOICA인 · Communication 적극적으로 소통하는 KOICA인
한국수출입은행	· 최고 전문가를 추구하는 수은인 · 리더십과 팀워크를 중시하는 수은인 · 미래와 세계에 도전하는 수은인 · 고객 가치 창출에 기여하는 수은인 · 국민과 고객으로부터 신뢰받는 수은인
굿네이버스	· 굶주림 없는 세상, 더불어 사는 세상을 만들기 위해 존재하는 굿네이버스의 사명과 이웃의 인권을 존중하는 철학과 이념을 품은 인재 · 급변하는 환경을 성장의 기회로 삼고 기관의 비전을 성취하기 위해 진취적이고 강한 열정으로 끊임없이 도전하는 인재 · 분야별 필요한 전문적 지식과 기술을 습득하고, 이를 현장에 적용함으로 삶의 의미와 목적을 발견하고 공동체로서 헌신할 수 있는 인재

구분	주요 내용
세이브더칠드런	· 주도하는 세이브인 　역량을 개발하여 지속적인 성과 도출 · 협력하는 세이브인 　공감과 소통으로 영향력 있는 관계 구축 · 혁신하는 세이브인 　변화를 주도하며 전문적인 문제 해결
어린이재단	· 도전: 열정을 가지고 끊임없이 도전하는 인재 · 행복: 행복을 가꾸어 가는 인재 · 소통: 서로를 존중하고 자유롭게 소통하는 인재 · 배움: 배움을 멈추지 않고 성장하는 인재 · 꿈: 희망을 품고 꿈을 이루어 가는 인재

출처 : 각 기관별 홈페이지(2022년 5월 기준)

(2) 필요 자질

　　국제개발협력은 개발도상국의 '개발'을 위한 국제사회 혹은 국가 간 협력체제와 전반적인 활동으로 이해할 수 있다(한국국제협력단, 2013). 여기서 개발의 의미는 경제부터 시작하여 사회, 인적 자원까지 광범위하고 다양하게 해석이 가능하다. 국제개발협력 업계에서는 국제개발협력 전문가의 필요 자질에 대해서 다양하게 제시하고 있다. 국제개발협력은 국제관계, 행정, 정치·외교, 경제, 경영, 회계, 재무, 보건의료, 농업, 과학, 인류학, 법, 환경, 토목공학과 같은 여러 분야의 지식과 행정 절차가 필요하다. 따라서 국제개발협력 분야에 진출하고자 한다면 자신의 관심과 적성, 경력에 맞는 전공을 선택하는 것이 바람직하다. 반면 농업, 보건, 교육, ICT 등과 같은 특정 분야의 전문성을 보유했다고 해도 이것으로 국제개발협력에 관련된 전문성을 가졌다고 단정할 수는 없다.

예를 들어 우리가 영화를 한 편 만든다고 해 보자. 여기에는 기획자, 감독, 투자자, 주연배우, 조연배우, 엑스트라, 촬영감독, 일반 스태프, 마케터 등의 수많은 참여자와 그에 따른 역할이 필요하다. 이들 모두 영화 제작의 한 부분이라고 할 수 있다. 그리고 한 편의 영화가 완성되기까지는 참여자들의 끊임없는 대화와 소통, 협력을 통해 제작 과정에서 발생할 수 있는 갈등을 해결하고 이해관계자들 사이의 조화를 이루어야 한다. 기획자의 기획 능력, 네트워킹과 조율 능력, 예산 확보, 감독의 역량, 시나리오, 마케팅, 배우들의 연기력, 장소와 배역 섭외, 의상, 소품, 세트, 출연진과의 의사소통, 촬영 일정, 미술, 녹음 등 어느 것 하나 소홀히 하거나 무시할 수 없다.

국제개발협력도 마찬가지이다. 하나의 사업에도 다양한 역할과 역량이 필요하다. 기획자가 될 것인지 감독이 될 것인지, 아니면 스태프가 될 것인지는 참여자의 경력, 위치, 역량에 따라 달라진다.

우리는 어떠한 일을 수행할 때 좋은 의도, 타인을 향한 배려, 온정을 가진다면 좋은 결과가 나올 것이라 기대한다. 그러나 현실은 다르다. 특히 국제개발협력의 현장은 의도가 좋다고 해서 반드시 좋은 결과를 가져온다고 할 수 없다. 봉사와 헌신의 마음으로 철저히 준비하여 수행했거나 다른 지역에서 이미 성공을 거둔 사업을 똑같이 적용했더라도 개발도상국의 수원 태도, 상황 등에 따라 전혀 다른 결과를 초래한다.

국제개발협력에서는 "최소한 해악의 결과는 발생시키지 말자(Do no harm)"는 원칙을 강조한다. 국제개발협력 현장의 다양한 사례에서 그런 경우를 쉽게 접할 수 있다. 다양한 이해관계자들과의 의견을 조정하지 못했거나, 개발도상국의 상황을 이해하지 못하고 어설프거나 일방적인 지원 등으로 목적이나 의도와는 다르게 개발도상국 국민에게 부정적인 결과를 낳을 수 있다. 하나의 프로그램이나 프로젝트 수행 과정에서 해당 개발도상국별 상황에 맞는 세심하고 정성 어린 마음으로 최선을 다할 때 좋은 결과로 이어질 수 있다. 덧붙여 개발효과성 제고를 위해서 투입 노력과 예산 대비 최적의 가치(value for money)를 창출하기 위한 노력이 필요하다.

결론적으로 국제개발협력으로 진로를 정하고자 한다면 개발도상국에 대한 이해, 분야의 전문성 또는 역할에 따른 통합 지식 보유, 개발원조에 관한 지식 보유, 의사소통 능력, 실무 능력, 리더십, 기획 및 조사 분석 능력, 프로젝트 사이클을 종합적으로 관리하는 능력, 문화 이해 및 적응 능력, 도덕성, 합리적인 사고와 위기관리 능력 등의 다양한 역량을 보유한 멀티-플레이어가 될 필요가 있다.

국제개발협력 관련 업무를 수행할 인재들이 갖춰야 할 역량과 자질들 가운데 몇 가지를 자세히 살펴보자.

1) 어학 능력

국제개발협력은 전 세계가 활동 무대이기에 영어가 필수다. 현장에서는 개발도상국 정부와 공무원, 지역주민과의 원활한 소통이 무엇보다 중요하다. 사업 제안서 작성, 수원국 정부와의 문서 교환 및 협상, 국제기구와의 협력사업 수행 등에도 영어를 사용한다. 특히 UN 등 국제기구에서 일하는 경우 영어 구사력과 영어 작문 능력은 기본으로 요구되는 능력이다. 국내 근무라고 할지라도 영어가 필요하다. 국가 간 또는 기관 간에 주고받는 문서 등의 주요 영문 문서를 해독하고 작성할 수 있어야 한다. 국내를 방문한 인사들과의 면담 등을 위해서라도 의사소통에 필요한 영어 능력이 필요하다.

영어 외의 언어도 구사할 수 있으면 금상첨화다. 예를 들어 아프리카 지역의 국가들 중 케냐, 우간다, 에티오피아, 탄자니아 등의 동아프리카는 영어를 공용어로 사용한다. 반면에 코트디부아르, 세네갈, 콩고민주공화국, 말리 등 서아프리카 국가들 대부분은 프랑스어가 공용어다. 이 때문에 많은 UN 직원들과 공여기관 직원들은 프랑스어를 구사한다. 반면 중남미 지역은 영어 소통에 한계가 있는 지역으로 업무와 회의를 스페인어로 진행한다. 따라서 이곳에서 활동하고 싶으면 스페인어 습득이 중요하다. 우즈베키스탄, 카자흐스탄, 키르기스스탄, 투르크메니스탄, 타지키스탄 등은 각자의 모국어가 있지만, 러시아어로도 통용이 가능하므로 러시아어를 구사하면 유용하다. 이러한 이유로 국제기구들은 직원 채용 시 아랍어, 중국어, 프랑스어, 포르투갈어, 러시아어, 스페인어 중 하나 이상 가능할 시 우대한다.

2) 의사소통 및 협상 능력

언어 구사 능력만큼 중요한 것이 의사소통 능력이다. 국제개발협력 업무는 공여국, 수원국, 사업 수행 기관, 파트너 기관, 참여 전문가 그룹, 수혜 주민 등과의 끊임없는 의사소통의 연속이기 때문이다. 자신의 의사를 명확히 전달하는 것은 물론이고 수원국 파트너, 사업 수행자 등 다양한 이해관계자들을 설득하거나 이해시켜 업무 수행 과정에서 빈번히 일어날 수 있는 의견 차이, 오해, 갈등을 해소하고 협상 결과를 도출해야 하기 때문이다.

국제개발협력 관련 업무 중 상대와의 대화 방식 차이, 업무에 대한 자세, 이해도 차이, 문화 및 가치관 차이, 개발도상국 간의 상이한 상황 등으로 수원국 관계자를 이해시키고 합의점을 도출하는 데에 따른 어려움이 있다. 일방적인 의견이나 주장을 고집하거나 수원국의 요구사항에 대한 무조건적인 수용보다는 상대편의 의견을 청취·이해하고 협의와 설득의 과정에서 서로의 합일점을 찾도록 해야 한다. 모든 사회생활이 그렇듯 의사소통 능력은 조직 내 함께 일하는 동료 사이에서도 중요하다. 의사결정 과정에서 명확한 정보와 의사를 전달해 시행착오를 줄이고 올바른 의사결정이 이루어지게 할 필요가 있기 때문이다.

3) 기획 및 실무 능력

국제개발협력 분야의 일은 현장에서의 일만 뜻하지 않는다. 현장을 감독하고 조율하는 것만큼 개발도상국에 대한 문제를 진단하고 기획하는 능력 역시 중요하다. 개발도상국이 직면하고 있는 정치·경제·사회 상황 및 다양한 이슈에 대한 조사와 분석 등을 통해 그들에게 지원할 수 있는 최적의 프로그램을 형성하고 계획을 수립할 수 있는 역량이 매우 중시된다.

개별 프로젝트에서 사업 책임자의 역량은 국제개발협력의 사업 성패에 핵심적인 결정 요소다. 사업 추진 절차를 명확히 이해하고 프로젝트 사이클의 종합적인 관리 및 인력 관리 능력이 필요하다. 개별 프로젝트 기획 단계에서는 정보 수집 및 분석을 통해 사업 범위를 명확히 하고, 사업 구성 요소(건축, 기자재, 인력 등) 설정, 일정 관리, 사업비 책정, 다양한 이해관계자와의 의사소통, 수원국 정부와의 교섭을 통한 협정 체결, 조달 및 계약 관리, 품질관리, 성과관리 등을 원활히 수행할 수 있는 실무 능력이 요구된다.

이런 업무들은 행정으로 구체화된다. 행정은 조직 내외적으로 국제개발협력 수행 과정을 공식화하는 중요한 업무로 절대 가벼이 여길 수 없다. 기안문이나 보고서 작성 능력, 업무에 필요한 경비 관리, 회의록 작성,

워크숍 및 세미나 개최, 인력 선발, 파견인력 관리 및 현지 직원 관리 매뉴얼 등, 적기에 정확하게 각종 행정 업무를 수행할 실무 능력이 필요하다. 중요하지 않은 업무는 없다. 사소하다고도 생각될 수 있는 업무 하나하나의 수행을 통해 본인의 업무 역량을 키울 수 있다.

4) 문제해결 능력과 리더십

국제개발협력 관련 사업은 개발도상국에서 이루어지는 만큼 수시로 예측 불가능한 일들이 발생한다. 업무 수행 과정에서 일어날 수 있는 문제들을 예측하여 사전에 철저하고 세심히 대비해 최대한 문제 발생 가능성을 줄여야 한다. 그러나 예측하지 못한 문제가 발생했을 때, 어떻게 이를 해결하고 위기를 관리할 것인지가 더욱 중요하다. 이를 어떻게 대응하느냐에 따라 그 결과는 180도 달라질 수 있기 때문이다. 그 때문에 적기에, 정확하게 문제를 해결하는 능력이 매우 중요하다.

경력이 쌓일수록 리더십이 중요해진다. 각종 분야에서 정부 부처 및 기관, 학계, 국제기구, NGO, 수원기관, 수행자(시공사, 설계사, 감리사, 컨설팅업체, 물품공급업체), 전문가 등 여러 이해관계자와 함께 사업을 수행하기에 다양한 이해관계자를 포용·조율·관리하여 당초 목표와 성과를 달성하는 능력이 필수다.

이처럼 국제개발협력에 관련된 사업 수행 과정에서 발생할 수 있는 여러 문제에 대해 이해관계자들과의 협의를 통해 현황과 문제, 갈등을 명확히 파악하고 해결 방법을 제시하는 능력과 리더십을 키워야 한다. 조직 내에서 직급이 올라갈수록 더욱 중요한 자질로 꼽히는 것들이다.

2. 국제개발협력 진로 탐색

국제개발협력 진로 탐색은 국내 전문기관, 유관 정부 부처, UN 및 세계은행(World Bank, WB) 등 국제기구, 국내외 비영리기관, 기업의 사회적 책임(Corporate Social Responsibility, CSR) 활동, 개발 컨설턴트로 참여 등으로 생각해 볼 수 있다. 국제개발협력 업계에서는 직원 채용 외에 ODA 전문인력양성과 더불어 청년들의 글로벌 경쟁력 확대 및 일자리 창출을 위해 다양한 프로그램을 제공하고 있다. 특히 KOICA에서는 경력사다리, 일자리 창출 로드맵 등을 통해 플랫폼 역할을 수행하며 다양한 프로그램을 추진하고 있다. 다음 절에서는 국제개발협력 분야의 다양한 진로를 살펴보겠다.

(1) 정부기관

1) 한국국제협력단(KOICA)

① 직원 채용

국내에서 이루어지는 정책 수립 과정에서의 참여부터 국내 및 현장에서의 집행까지 포괄적인 범위에서 국제개발협력과 관련된 일을 하고 싶다면, KOICA의 직원이 되는 방법을 생각해 볼 수 있다. KOICA는 대한민국을 대표하는 무상원조 집행기관이다. KOICA는 크게 국별 프로그램(국별협력사업), 파트너십 프로그램(민관협력사업, 다자협력사업, 인도적 지원사업, 질병퇴치기금사업), 개발협력 인재양성 프로그램(해외봉사사업, 글로벌인재교육, 글로벌연수사업)을 통해 개발도상국과 다양한 방식으로 사업을 추진하고 있으며, 국제개발협력 이해증진 및 전문인력 양성을 위한 ODA교육사업과 사업·경영지원(조달, ODA연구, ODA평가, 경영전략, 홍보 등)을 위한 다양한 직무도 수행하고 있다.

KOICA 직원은 일반직(신입 및 경력)과 공무직(무기계약직), 개방형 직위, 기간제근로자 등으로 구성된다. KOICA 직원은 직무 능력 중심의 블라인드 채용 방식으로 선발하며, 일반직 및 공무직 직원은 연 1~2회 공채로 선발하며, 개방형 직위, 기간제 근로자 등은 공석 발생, 추가 수요 발생 시 비정기적으로 채용한다.

KOICA 일반직 및 공무직 공채는 서류 전형, 필기 전형, 면접 전형(1, 2차)의 절차를 거쳐 진행된다. 일반직 신입 공채의 경우 블라인드 채용으로 학력이나 전공을 보지는 않지만 국제개발협력 직무의 특성을 고려하여 일정 수준 이상의 어학 성적을 요구한다. 일반직 필기 전형은 직업기초능력평가(NCS), 영어(영작 및 번역), 논술, 종합 인성검사를 실시하며, 공무직 필기 전형은 직무수행능력평가 또는 직업기초능력평가와 종합 인성검사를 실시한다. 매년 채용규모, 전형 기준 및 선발 방식은 연간 채용계획에 따라 변경되며, 채용과 관련한 상세 내용은 KOICA 홈페이지의 채용공고에서 확인할 수 있다.

② KOICA 글로벌 인재양성 프로그램

KOICA는 국제개발협력 인력양성과 우리 인력의 해외 진출을 위해 3단계 경력사다리[1]를 제시하고 있으며, WFK[2] KOICA 봉사단, WFK KOICA 자문단, 국제기구 인력 파견, 코디네이터, 영프로페셔널, 프로젝트실무전문가(Project Action Officer, PAO) 및 초급전문가, 인턴 등 다양한 인재양성 프로그램을 운영하고 있다. 이러한 다양한 제도를 기회로 활용해 경력을 쌓아 국제개발협력 분야로 진출하는 방법을 모색할 수도 있다.

---

1 3단계 경력사다리: (1단계) 해외봉사단, 영프로페셔널→(2단계) 다자협력전문가(KMCO), 코디네이터, 프로젝트실무전문가(PAO) 등→(3단계) 국제기구 진출, 개발협력사업 전문기관 취업
2 WFK는 2009년 정부가 각 부처에서 운영하고 있는 봉사단을 통합하여 출범시킨 해외봉사단 통합 브랜드임

<표 2> KOICA 글로벌 인재양성 프로그램으로의 경력 개발

구분	사업명	파견기간	활동기관
월드프렌즈 코리아(WFK) 봉사단 파견	KOICA봉사단, 프로젝트 봉사단, 국제개발전문봉사단, 드림 봉사단, 청년중기봉사단, NGO봉사단	1~2년 (청년중기 봉사단은 5개월)	개발도상국 파견기관
	KOICA 자문단	1~3년	
인재 양성 및 일자리	해외사무소 재외공관 영프로페셔널	6개월 또는 1년	KOICA 현지 사무소 또는 재외공관
	ODA 사업수행기관 영프로페셔널	7개월	NGO 등 국내 사업 수행 기관
	코디네이터	2년 이내	KOICA 현지사무소
	인턴십	단기	KOICA 본부
	초급 전문가	단기	KOICA 본부 또는 사무소
기업과의 협력	프로젝트실무전문가(PAO)	1년	KOICA 사업 수행 기관
UN과의 협력	다자협력전문가(KMCO*)	1~2년	국제기구 현지 사무소
	KOICA UNV* 대학생봉사단	6개월	국제기구 현지 사무소

※ 상기 파견 제도 및 파견 기간 등은 정책에 따라 변경되는 바, 지원 시 확인 필요
* KMCO : KOICA Multilateral Cooperation Officer
* UNV : UN Volunteers

출처 : KOICA 홈페이지 자료 참고하여 저자 재구성(2022.5.)

먼저 봉사단과 자문단, 코디네이터, 영프로페셔널, 인턴십 프로그램 별로 간략히 소개한다. KOICA의 국제기구 인력 파견 프로그램은 UN의 경력 개발 부분에서, PAO 제도는 기업에서의 경력 개발 부분에서 살펴보 도록 한다.

■ WFK KOICA봉사단

KOICA는 대한민국 국민이 개발도상국 현장에서 지식과 경험을 공

유하고, 지역사회의 변화와 촉진을 통해 개발도상국의 경제·사회발전에 이바지할 수 있도록 해외봉사단 파견 사업을 시행하고 있다. 지금까지 다양한 연령층의 사람들이 WFK KOICA봉사단을 통해 개발도상국의 인재 양성 및 기술 전수 등의 활동에 참여했다. 일반 봉사단의 경우 5대 분야(공공행정, 교육, 농림수산, 보건의료, 기술·환경에너지)의 49개 직종(2022년 4월 기준)을 중심으로 파견되고 있다. 파견 유형에 따라, 일반 봉사단(파견 기간 1~2년), 프로젝트 봉사단(1~2년), 국제개발전문봉사단(1년), 드림봉사단(1년), 청년중기봉사단[3](5개월)이 있다. 이 외에도 KOICA에서 지원하여 NGO 기관이 선발·파견하는 WFK NGO봉사단(1년)이 있다.

KOICA봉사단 자격은 만 19세 이상의 대한민국 국적자로, 해외 파견이 가능한 신체 건강한 자, 국가공무원법 제33조의 결격사유에 해당하지 않는 자, 남자는 병역을 필했거나 면제된 자이다. 선발은 서류 및 면접, 신체검사 등으로 진행된다. 최종 선발 시 일정 기간 국내에서 교육과정을 수료한 후 지원국에 파견된다. 지원자의 전문성 보유 여부를 심사하기 때문에 지원을 희망하는 자는 관련 경력 개발 및 자격증 취득 등을 추천한다. 상세한 모집 정보는 봉사단 홈페이지(http://kov.koica.go.kr)에서 확인할 수 있다.

■ WFK KOICA자문단

은퇴 후 제2의 진로를 고민하는 장년층에게도 WFK KOICA자문단은 좋은 기회가 될 것이다. KOICA는 국내 퇴직(예정)자들의 해외 진출을

---

3 대학생 팀제 봉사단

활성화하고 대한민국의 경제·사회개발 경험 전수를 위해 WFK KOICA자문단을 운영하고 있다. 자문단은 개발도상국 정부에서 수요를 요청하는 분야에 대한 지식과 경험을 보유한 퇴직자들로 구성되는데, 1년간 해당 개발도상국의 관련 기관에 파견되어 정책 자문 및 기술 전수 등의 역할을 수행한다. 성과에 따라 최대 3년까지 연장할 수 있다.

개발도상국 봉사에 관심이 있고, 적격 자격을 보유한 퇴직자라면 관심 있게 지켜볼 만한 제도다. 정보통신산업진흥원(National IT Industry Promotion Agency, NIPA)에서도 WFK NIPA자문단 파견을 시행하고 있으니 참고하자. 자문단은 관련 분야에서 10년 이상의 경력을 보유한 퇴직(예정)자에 한해 선발한다(2022년 기준). 자문단 선발은 일반 봉사단과 같지만 최종 전형으로 '수원국 의견 조회' 절차가 추가된다. 다시 말해 수원국 파견기관이 선발자의 이력 사항에 동의할 경우에 한해서만 선발과 파견이 가능하다. 연 1~2회 선발한다.

■ 영프로페셔널(Young Professional)

KOICA는 국제개발협력사업 현장에서의 실무 경험을 통한 청년들의 글로벌 경쟁력 제고와 ODA 전문인력양성 기반을 마련하기 위해 영프로페셔널 제도(구(舊) ODA 청년인턴제도)를 운영하고 있다. 영프로페셔널은 만 19세 이상 만 34세 미만의 미취업자를 대상으로 하며, KOICA 해외 사무수 및 재외공관 영프로페셔널과 국내 개박협력 사업 수행기관 영프로페셔널로 구분한다. KOICA 해외 사무소 및 재외공관 영프로페셔널은 KOICA 해외 사무소 또는 대한민국 재외공관에 최대 1년(6개월 근무 후 본인 희망 여부 및 평가 결과에 따라 6개월 연장) 파견[4]되어 우리 정부의 공적개발원조 사업 현장을 체험할 수 있는 기회를 얻으며, 국내 개발협력사업 수행기관 영프로페셔널은 NGO, 대학, 연구기관, 민간 컨설팅 기관, 사회적경제 기관, 국제기구(한국사무소) 등 ODA 및 국제개발협력 관련 업무를 수행하는 기관에서 7개월간 근무하며 해당 기관의 국제개발협력 업무를 지원하게 된다.

KOICA 해외 사무소 및 재외공관 영프로페셔널의 경우 일정 이상 영어점수가 기본 자격요건이나 개발협력사업 수행기관 영프로페셔널은 선발하는 기관[5]과 담당 업무에 따라 조건이 다를 수 있다. 기타 학력이나 전공에 대한 제한은 없지만 선발 시 취약계층, 보훈대상자, 제2외국어 우수자, 차상위계층, 다문화가정, 지방 인재 등을 우대한다. 상세 내용은 모집 공고를 확인하자.

■ KOICA 코디네이터

KOICA 해외사무소에서 근무하며 봉사단 복무 활동 지원, 해외 사무소 운영, 프로젝트 현장 관리 등 실무 경험을 제공하기 위해 KOICA 코디네이터 제도를 운영하고 있다. 코디네이터는 봉사단 코디네이터, 개발협력 코디네이터가 있다. 업무 세부적으로는 개발협력사업 성과관리, 개발협력 전문분야 사업관리, 봉사단 복무관리, 사무소 운영관리, 파견인력 안전관리로 나눌 수 있다. 코디네이터 제도는 개발 현장에서 직접적으로 사업 발굴 및 관리 등에 참여할 수 있어 경력 개발에 아주 유용한 프로그램이라고 할 수 있다. 자격요건은 만 19세 이상~60세 이하(2022년 기준)로 개발협력 경험자를 우대하며 현지 사무소별 업무 영역에 따라 요구 조건이

---

4 영프로페셔널 파견 기간은 제도, 운영 방침에 따라 달라질 수 있다.
5 ODA 사업 수행기관의 경우 기관의 업무 내용에 따라 부분적으로 추가 자격요건이 있을 수 있다.

다소 차이가 있을 수 있다.

■ 인턴십

영프로페셔널 제도 외에도 개발원조에 대한 이해 증진 및 대학(원)생 커리어 개발을 위해 연 2회(5월, 11월 공고) 선발하여, 방학 기간 중 8주간 KOICA 본부에서 근무하는 국제개발협력 인턴십 제도를 운영 중이다.

■ 초급 전문가

KOICA는 초급 전문인력 역량 강화 및 일자리 지원을 위해 초급 전문가 제도를 운영 중에 있다. KOICA 개발협력사업의 기획조사, 평가 등 수요 발생 시 수시로 선발하여 정해진 과업 기간 내 업무를 수행하게 된다. 투입되는 전문가 성격에 따라 초급 전문가 인재풀 내에서 선발하거나 별도 공모 선발을 통해 운영되기도 한다.

2) 한국수출입은행

한국수출입은행은 유상원조(양허성차관 사업), 즉 '대외경제협력기금(EDCF)' 사업의 시행기관이다. 한국수출입 '은행'이라는 이름처럼 수출과 수입, 해외투자 및 해외자원 개발 등 대외경제협력에 필요한 금융을 제공하는 기관으로 EDCF 외에도 남북협력기금 관리 및 공적수출신용기관의 역할도 수행한다. 다시 말해 EDCF는 한국수출입은행이 정부의 위탁을 받아 관리하는 기금들 중 일부의 정책기금을 가리킨다.

한국수출입은행은 EDCF 관련 사업으로 개발도상국 지원 요청 사업에 대한 심사, 차관 계약의 교섭 및 체결, 융자 집행 및 사후관리, 지원 업무 관리 등을 담당하고 있다. EDCF를 통해 개발도상국의 요청 사업에 대한 지원 외에도 아시아개발은행(Asian Development Bank, ADB), 세계은행 (WB) 등 주요 다자개발은행들과 공동으로 대규모 개발도상국 개발사업에 대한 자금 조달에 참여하기도 한다. 또한 기획재정부의 일임을 받아 경제 발전 경험 공유사업(Knowledge Sharing Program, KSP)도 수행하고 있다.

한국수출입은행은 EDCF 분야를 포함한 신입 행원을 통상 하반기에 연 1회 채용하나 상반기에 부정기적 채용도 있을 수 있다. 채용 절차는 인터넷을 통한 원서 접수, 서류 전형, 필기 전형, 면접 전형으로 실시한다.[6]

또한 ODA 현장경험 제공을 목적으로 한국수출입은행에서는 청년 프로그램과 연계하여 인턴을 선발하여 본점 경협본부와 EDCF 현지사무소에서 교차 근무기회를 제공하고 있다.[7] 국내외 환경에 따라 운영 방식이 달라질 수 있기 때문에 모집 공고를 확인하자.

3) 중앙 및 지방정부 부처

정부 차원에서 국제개발협력의 정책 수립 및 결정에 참여하고 싶다면 국무조정실, 기획재정부, 외교부의 관련 담당본부, 국, 과에서 일하면 된다.

국무조정실은 국제개발협력본부[8]에서 대한민국 ODA 사업의 통합 전략을 수립하고, 이행 상황을 점검 및 평가하며, 국제개발협력위원회의 사무국 역할을 수행한다. 기획재정부와 외교부는 각각 유상원조와 무상 원조의 주관기관으로, 외교부 개발협력국에서 무상원조사업을 총괄 관리

---

6 상세정보: recruit.koreaexim.go.kr
7 2020년/2021년은 코로나19의 확산으로 해외 파견이 중단되어 국내 근무로 대체했다.
8 국무조정실은 2021년 2월 국제개발협력본부를 신설했다.

한다. 기획재정부는 개발협력과에서 EDCF 사업을 총괄하고, 국제개발정책팀에서 경제발전 경험 공유사업(KSP)[9]을 추진한다.

국무조정실, 기획재정부, 외교부 외에도 농림축산식품부, 환경부, 여성가족부, 농촌진흥청, 보건복지부, 국토교통부, 지방정부 등의 정부 부처들이 국제협력 차원에서 부처별 업무 특성을 반영해 사업 일부를 수행하고 있다. 또한 일부 지방자치단체들에서도 국제개발협력사업 수행을 위한 전담 부서를 마련하고 지방정부의 정책을 반영하여 국제개발협력사업을 추진하고 있다. 중앙 및 지방정부 부처의 직원이 되어 해당 부처에서 수행하는 국제개발협력 업무에 참여할 수 있다.

4) 여타 정부 유관기관

한국개발연구원, 한국농어촌공사, 한국도로공사, 대외경제정책연구원 등 국제개발협력이 주요 업무가 아닌 정부 유관기관들에서도 국제개발협력 관련 업무를 수행한다. 경제·사회정책 전문 연구기관인 한국개발연구원에서는 기획재정부의 일임을 받아 경제발전 경험 공유사업(KSP)을 수행하고, 한국농어촌공사는 농림축산식품부의 위탁을 받아 집행 역할을 수행한다. 한국국제보건의료재단은 개발도상국, 북한, 재외동포 및 국내 거주 외국인 근로자, 해외 재난 등 정부 차원의 보건의료 지원사업과 고(故) 이종욱 제6대 WHO 사무총장 펠로우십 사업을 수행한다. 정보통신산업진흥원(NIPA)에서는 WFK NIPA자문관을 파견하고, 한국연구재단과 한국지능정보사회진흥원에서도 봉사단 파견사업을 일부 시행하고 있다. 기

---

9 대한민국의 발전 경험과 노하우를 토대로 개발도상국의 경제발전을 지원하기 위한 정책 자문 프로그램이다.

후변화 등으로 인해 환경 분야에서 국제협력의 중요성이 커짐에 따라, 한국수자원공사, 한국환경공단, 한국환경산업기술원은 환경부의 위탁에 따라 환경 분야 국제협력 업무를 수행하고 있다.

앞서 소개한 한국개발연구원, 한국농어촌공사 등은 중앙부처의 일임을 받아 해외 사업을 수행하면서도 KOICA 등 국제개발협력 전문기관의 사업 수행자로 참여한다. 또한 한국수자원공사, 한국도로공사, 한국공항공사, 인천국제공항공사, 한국토지주택공사, 한국거래소, 국토연구원, 대한무역투자진흥공사, 한국과학기술연구원 등 많은 공공기관들도 전문성을 바탕으로 국제개발협력사업의 사업 수행자로 참여한다. KOICA의 국제개발협력사업에서 한국농어촌공사는 베트남, 미얀마 농촌 종합 개발사업, 한국도로공사는 베트남, 미얀마 등 도로 타당성 조사 사업 등에 참여했다.

이처럼 많은 정부 유관기관들은 KOICA, 한국수출입은행에서 발주하는 사업의 수주 경험을 축적하면서 세계은행, 아시아개발은행(ADB) 등의 국제기구들이 발주하는 개발 업무에 참여하고자 많은 노력을 하고 있다. 이들 기관은 국제개발협력 업무가 주된 업무가 아니다. 때문에 국제개발협력 관련 업무를 수행하고 싶다면 입사 후 국제협력사업 관련 부서(해외사업부 등)에서 근무하면 된다.

(2) 비정부기구(NGO) & 민간 비영리 단체(NPO)

국제개발협력에 대한 관심이 높아짐에 따라 대한민국에서도 개발 NGO 및 민간 비영리 단체(Non Profit Organization, NPO)들이 다양한 활동을 펼치고 있다. 세이브더칠드런, 어린이재단, 월드비전, 플랜, 옥스팜 등 국제개발 NGO뿐만 아니라 굿네이버스, 엔젤스헤이븐, 팀앤팀, 지구촌나눔운동과 같은 국내 자생 NGO들도 많다. 이들은 KOICA와 같은 각 공여국들의 개발협력기관이나 UN 등 국제기구에서 예산을 지원받거나 일반 국민들을 대상으로 한 기부금 모금을 통해 업무를 수행하고 있다.

NGO 사업은 정부 차원의 공적개발원조(ODA) 사업을 보완하여 NGO의 현지 네트워크 및 민간부문의 전문성과 경험을 활용하여 지역사회 밀착형 사업을 수행한다. 각 기관의 운영 방식에 따라 조금씩 다르나 우리나라에서 활동하는 국제개발 NGO는 한국지부에서 모금 활동을 하고 현지 지부를 통해 사업을 실시하는 경우가 많다. 펀딩 기관의 요청에 의하거나 사업 효과성을 제고하기 위해 NGO의 현지 사업장에 한국인 관리자를 파견해 현장을 관리·감독하고 사업 모니터링 역할 수행, 각종 행정 처리 등을 일임하는 것이 보통이다.

우리나라에서 다양한 NGO가 생겨나고 활동이 확대됨에 따라 국내 NGO 협력관계 구축, 정보공유, 역량 강화 등을 위한 협의체도 만들어지고 있는데 대표적으로 국제개발협력민간협의회(Korea NGO Council for Overseas Development Cooperation, KCOC)[10]가 있다. NGO는 인력을 정기적으로 채용하는 경우도 있지만 대부분 공석이 발생할 경우에 수시로 채용하고 있다. 전공 분야와 무관하게 직원을 채용하고 있으나 국제개발 관련 분야를 전공했거나 유관 분야 경험자를 우대한다. 기관별로 채용 방식이 상이하고 시기 및 방법도 변경되고 있기에 상세한 내용은 관심 기관 홈페

---

10 국제구호개발과 인도적 지원활동을 하는 140여 개 NGO 단체들의 연합체

이지의 모집 공고란을 확인하기 바란다.

(3) 국제기구

국제기구라고 하면 UN과 세계은행, ADB처럼 다자개발은행, OECD 등을 떠올릴 수 있다. 국제기구는 직원의 퇴직, 전출, 보직 신설 등으로 결원이 발생하거나 적정 인력이 없는 경우 공모를 통해 수시로 인력을 채용하고 있다. 국제기구별로 우수한 젊은 인재를 선발 육성하기 위해 역량 강화 목적으로 YPP(Young Professionals Program) 프로그램을, 학습 및 경험 축적·자기계발 기회 제공을 위해 인턴십 프로그램 등을 시행하고 있다. 공석 공모, YPP, 인턴십 등 국제기구의 일원으로서 경력 개발 외에도 UN, 세계은행, 아시아개발은행 등이 사업 추진 시 고용하는 컨설팅 기관(일반 회사, 대학교, NGO)의 일원이나 개인 컨설턴트로 참여하는 방법도 고려할 수 있다. 각 기구의 제도 변경 및 업데이트가 수시 발생할 수 있으므로 각 기관 웹사이트에서 자주 확인해 볼 필요가 있다.

1) UN

UN은 세계의 거의 모든 국가(193개국)가 참여하는 국제기구로 다양한 국적의 사람들이 일하고 있다. UN에는 사무국, UN 프로그램과 사업(유엔개발계획(UNDP), 유엔아동기금(UNICEF), 유엔난민기구(UNHCR), 세계식량계획(WFP), 세계보건기구(WHO), 유엔인구기금(UNFPA), 유엔환경계획(UNEP), 유엔마약범죄사무소(UNODC), 유엔여성기구(UN Women) 등), 전문기구, 관련 기구들이 있다. 대한민국 외교부는 UN 진출 가이드 등의 상세정보를 외교부 국제기구인사센터 홈페이지를 통해 제공하고 있다.

● 공석 공고

UN 직원은 세 가지 부류(임시직, 계약직, 정규직)로 구분 가능하다.[11] UN 본부, 사무국 및 UN 정직원이 되기 위해서는 공모에 지원하거나 UN의 직원 선발 프로그램인 YPP에 응시해야 한다. 경쟁이 치열하고 경력과 전문성이 필수이기 때문에 지원 희망자는 철저히 준비하여 지원해야 한다. 직무 내용에 따라 차이는 있으나 UN 직원은 보통 석사 이상의 자격요건과 관련 분야의 경력, 유창한 영어와 프랑스어 구사력을 요구받는다. 따라서 대부분의 직원은 해당 분야에서 어느 정도 경력을 쌓은 뒤 채용된 경우가 많다(이혜원, 2008). UN의 직원들은 직군 분류(staff categories)에 따라 구성되어 있고, 각 직군마다 책임과 역할, 경력에 따라 구분된다. 지원 희망자는 적합한 직군을 찾아서 구직할 필요가 있다.

■ UN의 직군
· 전문가 및 고급(P와 D): 글로벌 채용
전문 지식이나 기술 경험 등을 보유한 전문인력으로 공석 공고를 통해 글로벌로 채용

---

11 Temporary(임시직)는 대부분 1년 미만의 단기 근무자며 Fixed term(계약직)은 1년 이상 5년 미만의 근무자다. 계약직은 한 차례 정도 계약 연장 가능성이 있다. Continuing(정규직)은 계약직의 조건 아래서 경쟁시험을 거쳐 합격한 자이거나 소속 기관의 수요나 근무 평점에 따라 정해진다. 출처: https://hr.un.org/page/appointment-types(2022.5.30.검색)

구분	직급	필요경력	비고
입문 단계	P2	최소 2년의 경력	YPP 지원자는 경력을 요구하지 않음
	P3	최소 5년의 경력	
중간관리	P4	최소 7년의 경력	
	P5	최소 10년의 경력	
고위급	P6/D1	최소 15년의 경력	P6: UN에 수년간의 분석 및 연구 결과 제공 D1: 부국장급
	P7/D2	15년 이상의 경력	D2: 국장급

출처 : UN 홈페이지(2022. 5.30.검색)[12]

· 일반직, 행정직, 기능직 등(GS, TC, S, PIA, LT) 직군: 보통 현지채용
· 현지 채용 전문직(NO): 상주 국가의 언어, 문화, 제도 등에 익숙한 상주 국적 직원 채용, 인권, 정무, 법, 의료, 유아 보호, 인도주의, 토목공학 직종
· 현장 전문가(Field Service, FS): 사업 현장 업무 수행을 위해 글로벌 채용

　국제기구로 진출하기를 희망하는 청년들은 국제기구에서 일할 수 있는 여러 경로를 개발하는 것이 필요하다. 국제기구초급전문가(Junior Professional Officer, JPO), 인턴십 프로그램, UNV 프로그램, 컨설턴트 등을 활용하는 것이 UN으로 향하는 진입 문턱을 낮출 수 있을 것이다. 우리나라 외교부가 협력하는 JPO와 UNV 외에도 KOICA가 국제기구와 직접적

---

12 UN careers. "Staff categories". 출처: https://careers.un.org/lbw/home.aspx?viewtype=SC&lang=en-US (2022.5.30.검색)

으로 협력해 추진하고 있는 다자협력전문가(KMCO)나 KOICA-UNV 대학생봉사단 등을 활용하여 진출하는 것도 좋은 방법이다.

■ Young Professionals Program(YPP)

YPP는 만 32세 이하의 회원국 국적 보유자로 학사학위 소지자에 한해 자격이 주어진다. 합격자는 자질 및 역량에 따라 전문직의 제일 낮은 직급인 P1, 또는 P2의 직급으로 활동을 시작한다. 선발 분야는 UN의 직원 수요에 따라 달라진다.[13]

■ 국제기구초급전문가(JPO)

JPO는 파견국의 비용 부담을 전제로 하는데, 수습 직원으로 UN 및 관련 국제기구의 사무국에 파견되어 정규 직원과 동등한 조건으로 근무하는 제도다. 정규 직원과 동등한 조건의 실제 근무를 통해 국제개발협력에 관심 있는 젊은이들이 국제기구의 업무에 필요한 자질을 습득하도록 돕는다. 전문인력을 양성하고 국제기구에 대한 인적 기여를 목적으로 한다. 근무 기간은 처음에 1년으로 시작하여 성과에 따라 연장될 수 있으나 정규직으로 선발되는 것을 의미하지 않으며 직원 선발 공고 시 다른 후보자와 마찬가지로 지원할 수 있다. 만 32세 미만[14]의 공여국 국적 소유자로 우리 정부가 지원하는 JPO는 2016년부터 국제기구에서 선발을 주관하고, 파견 기간은 최대 2년이다. 상세한 내용은 외교부 홈페이지에서 확인

---

13 출처: https://careers.un.org/lbw/home.aspx?viewtype=NCE(2022.5.30.검색)
14 공여국 방침에 따라 나이 제한은 달라질 수 있다.

할 수 있다.[15]

■ UN 봉사단(UNV)

UNV는 UN 기구와 NGO는 물론이고 사기업 및 지역단체 등과 연계하여 사업을 수행한다. 농업, 보건 및 교육, 인권, 정보통신기술, 지역 개발, 산업 및 인구 등 115여 개의 전문 카테고리에서 선발·파견하는데, 160여 개국, 56개 UN 기구에서 활동하고 있다.

UNV는 UN 직원으로의 진입 경로는 아닐지라도 UNV 경력을 통하여 다양한 경험과 기회를 얻을 좋은 기회이다. 우리나라는 UNV의 최대 협력국 중 하나로 외교부와 KOICA에서 지원하고 있다. 외교부에서는 'UNV 청년봉사단(UN Youth Volunteers Programme)' 프로그램과 'UNV 전문봉사단(UN Volunteers Specialist)' 프로그램에 재정지원하고 있다. UNV 청년봉사단은 젊은 인재들로 하여금 교육, 개발, 인도주의, 인권, 젠더 등 다양한 분야에서 1년간 UNV 봉사단원으로 근무하는 프로그램으로 대한민국 국적으로 만 23세 이상 만 29세 이하를 선발한다. UNV 전문봉사단은 만 25세 이상 전문지식을 가진 대한민국 인재들이 2년간 전문적인 기술과 경험을 전수한다.[16]

■ UN 인턴 프로그램(Internship Programme)

졸업을 앞둔 대학교 마지막 학기 학생과 석사, 박사과정 학생들을 대

---

15 외교부 국제기구인사센터. "JPO 소개". 출처: http://unrecruit.mofa.go.kr/jpo_ncre/jpo.jsp(2022.5.14.검색)

16 자세한 사항은 외교부 국제기구인사센터 홈페이지와 UNV 홈페이지에서 확인할 수 있다.
출처: http://unrecruit.mofa.go.kr/unv/introduce.jsp(2022.5.14.검색); https://www.unv.org/(2022.5.30.검색)

상으로 하며 졸업생의 경우 졸업 후 1년 이내에만 인턴십 프로그램에 참가할 수 있다. 최소 2개월에서 최대 6개월 동안 진행되는 무급 인턴 프로그램이다.[17] 각 기구별로 필요에 따라 선발 시기, 인턴 자격 요건 등을 달리하여 인턴십 프로그램을 운영하므로 수시로 홈페이지를 통해 확인하도록 한다.

■ KOICA 프로그램을 활용한 UN에서의 경력 개발 : KMCO

KMCO는 KOICA와 KMCO 파견 약정을 체결한 국제기구에 파견하는 인력으로서, KOICA 사업 모니터링 및 관리를 통한 사업 효과성 제고, KOICA와 국제기구 간 상시 네트워크 채널 구축을 통한 협력 강화를 목적으로 우리 인력을 파견하는 프로그램이다.

2013년 1기 파견을 시작으로 매년 약 20명 내외를 신규 파견하고 있으며, 파견된 전문가는 국제기구 내에서 Expert on Mission 지위로서 UN P2~3 직급의 업무를 수행한다. 최초 계약기간은 1년이나 평가를 통해 최대 2년까지 근무 가능하며, 계약 종료한 KMCO가 국제기구에서 일정기간 이상 계속 근무하는 경우 일정 기간 인건비를 일부 지원하는 사후지원제도를 운영 중에 있다.

KOICA는 서류와 면접을 통해 1차 합격자를 선정한 후 파견 예정 국제기구와의 2차 면접을 통해 최종 합격자를 정하며, 최종 합격자는 약 1주간의 국내 교육을 필수로 이수해야 한다. KMCO 파견 경비는 KOICA가 부담한다. 상세 내용은 모집공고에서 확인할 수 있다.

---

17 United Nations careers. "Internship programme".
　출처: https://careers.un.org/lbw/home.aspx?viewtype=IP&lang=en-US(2022.5.30.검색)

2022년 현재 UNDP, UNICEF, UNHCR, WFP, UNFPA, 유엔교육과학문화기구(UNESCO), 유엔사업기구(UNOPS), 글로벌녹색성장기구(GGGI)와 파견 약정을 맺고 있으며, 향후 약정 체결 기구를 지속적으로 확대해 국제기구 진출을 희망하는 국내 인재들이 글로벌 인재로 발돋움할 수 있는 더 넓은 발판을 마련하고자 한다.

KMCO 활동 종료자들은 국제기구, NGO, KOICA 등 국제개발협력 관련 다양한 기관에서 활약하고 있다.

■ KOICA-UNV 대학생봉사단

KOICA는 우리 청년들에게 국제기구 근무 경험을 제공하여 향후 국제개발협력 분야로의 청년 진출 확대에 기여하고자 UN 산하 기구인 UNV와 협력해 2016년부터 KOICA-UNV 대학생봉사단을 파견하고 있다.

파견자들은 UNDP, UNICEF, UNFPA, UNV, WFP, FAO 등의 국제기구에서 6개월 동안 근무하며 주로 프로젝트 지원 업무를 수행한다. 매년 약 30명을 파견하고 있다. UNV 본부 및 UN 파견 기구의 서류, 면접 전형을 통해 최종 합격자를 정하며, 최종 합격자는 KOICA 및 UNV 교육을 필수로 이수해야 한다. 지원 자격은 만 18세 이상 만 29세 이하로 대학 또는 대학원 재학·휴학생, 졸업 예정자, 졸업자(졸업 1년 이내)가 지원할 수 있다.

KOICA-UNV 대학생봉사단은 각 파견 기관별 직무에 따라 지원하는 시스템이기에 희망하는 직무와 파견국 및 기관에 대한 이해가 필수다. 외교부가 지원하는 UNV 프로그램과 달리 대학생 수준의 경력과 자격요건을 요구하기 때문에, 국제기구 진입장벽이 높은 현실 속에서 우리 청년들이 초급 레벨의 국제기구 근무 경험을 축적할 수 있는 매우 유용한 제도라 할 수 있다.

2) 국제금융기구

개발도상국의 재건과 개발에 필요한 자금을 차관 형태로 지원하거나 전문적인 기술협력을 제공하는 다자개발은행에서 경력 개발을 고려할 수도 있다. 대한민국 기획재정부는 국제금융기구로의 진출을 희망하는 인재들을 위해 국제금융기구 채용 정보를 제공[18]한다.

세계은행그룹과 아시아개발은행(ADB)을 살펴보자.

■ 세계은행그룹

세계은행의 직원이 되기 위해서는 높은 학력과 국제적 경력을 보유하고 개발 이슈에 대해 잘 알고 있어야 한다. 세계은행은 직원의 핵심역량으로 아래의 다섯 가지를 제시하고 있다.[19] 세계은행 취업 시 영어는 필수적으로 능통해야 하며, 아랍어와 중국어, 프랑스어, 포르투갈어, 러시아어, 스페인어 중 하나 이상의 언어구사가 가능하면 우대한다.

① 고객 지향 성과 도출(Deliver Results for Clients)

② 협업 및 포용(Collaborate Within Teams and Across Boundaries)

③ 선도 및 혁신(Lead and Innovate)

④ 전문성 발현, 자기계발, 네트워크 확대(Create, Apply and Share Knowledge)

---

18 출처: https://ifi.moef.go.kr/job/organ/info.do(2022.5.14.검색)

19 WB. "WBG CORE COMPETENCIES".
  출처: https://thedocs.worldbank.org/en/doc/521791568041235683-0220012019/original/WBGCoreCompetenciesFinal.pdf(2022.5.30.검색)

⑤ 분석적 사고 및 판단, 적기결정 및 실행(Make Smart Decisions)

세계은행은 각 부서의 결원이 발생할 때 수시로 채용을 진행한다. 170여 개 이상 다양한 국적의 직원들로 구성된 1만 6,000여 명의 세계은행 직원은 경제, 금융, 교육, 공중보건, 공학, 사회과학, 환경공학, 에너지 등 여러 분야의 전문성을 보유하고 있으며, 130여 개 지역에서 근무 중이다. 세계은행 직원은 전 세계 개발도상국의 발전을 지원하기 위해 정책 및 전략 수립 지원부터 개발 프로젝트의 발굴 및 감독까지 각 정부, 시민사회, 민간부문 등과 함께 일을 한다.

세계은행의 직원은 채용 대상과 기간에 따라 다음과 같이 구분된다.

<표 4> 세계은행 채용 대상 및 고용 기간

분류별	구분	내용
채용 대상	글로벌 채용 직원 (Internationally Recruited Staff, IRS)	세계은행 모든 회원국 지원자를 대상으로 하는 글로벌 인재 채용
	현지 채용 인력 (Locally Recruited Staff, LRS)	세계은행 본사 또는 현지 지역 사무소에서 모집하는 채용
고용 기간	계약직(Term appointment)	1~5년 고용
	무기한 고용 (Open-ended appointment)	개별적으로 간헐적으로 고용

출처 : 세계은행[20], 기획재정부[21] 홈페이지(2022.5.14.검색)

20 출처: https://www.worldbank.org/en/about/careers/employment-policy(2022.5.30.검색)
21 출처: https://ifi.moef.go.kr/job/organ/info.do(2022.5.14.검색)

● 공석 공모

세계은행 직원들은 10개 직급으로 구분되며 직급이 올라갈수록 책임, 기술, 자질 요구 수준이 높아진다. 경영진(GH-GJ), 전문직&기술직(GA-GJ), 행정직(GA-GD)으로 구성된다. 전문직&기술직(GA-GJ)은 기술적 전문성, 학업성과 및 지식, 기술전문 자격증이 강조된다. 전문직&기술직의 GA-GD 직급은 학사학위 및 2~3년의 경력이, 전문직&기술직의 GE 이상 직급은 최소 5년의 관련 경력과 석사 또는 박사학위를 요구하는데 주로, 투자, 운영, 프로그램 매니저, 전문 기술인, 이코노미스트, 재무 전문가 등이다. 경영진(GH-GJ)직은 직원 관리, 직원 업무 및 예산 관리 등을 수행하고 리더십, 비전 제시 등이 요구되며, 주로 분야 책임자, 사무소장, 시니어 자문관, 부총재 등이다.

광범위한 개발 이슈와 개발도상국에 대한 지역적 지식과 정책 레벨에서의 경험이 중요하며, 민간부문에서의 경력도 중시된다.[22]

---

22 자세한 사항은 세계은행 홈페이지(www.worldbank.org)에서 확인할 수 있다.

<그림 1> 세계은행 직원 직급 체계

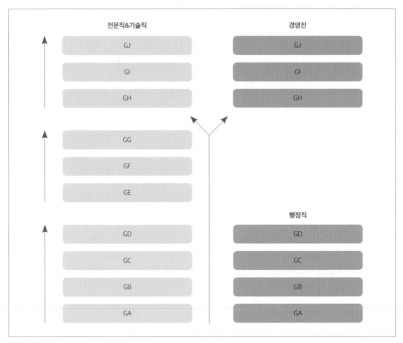

<그림 1> 세계은행 직원 직급 체계

● Young Professionals Program(YPP)[23]

YPP는 다양한 젊은 인재를 육성하고자 5년 계약으로 채용하며, 2년 간 직무 및 리더십 개발 훈련을 하는 프로그램이다. 선발 규모는 매년 상 이하나, 2021년 기준으로 24개국으로부터 49명을 선발했다. 2년간의 직 무 훈련이 종료된 이후 3년간의 고용이 유지된다. 최소 자격 요건으로는

---

23 출처: https://www.worldbank.org/en/about/careers/YPPfaq(2022.5.30.검색)

만 32세 이하의 박사나 석사학위 소지자, 최소 3년 이상의 경력 보유자(세계은행그룹 내 기관별로 상이)[24], 영어 능통자일 것을 요구한다. 경제, 교육, 공공보건, 사회과학, 엔지니어링, 재무, 도시 개발, 농업, IT, 수출신용, 프로젝트 파이낸스, 기후변화 등 관련 분야의 자격을 보유한 인력을 채용한다.

선발 일정[25]을 살펴보면 모집 공고(6월), 서류 전형(자격 요건 확인, 7~8월), 1차 선발(9~10월), 면접(11~12월), 선발 결과 공지(12~2월), 입사(9월)로 구성되어 있어 선발까지는 9개월 이상 소요된다.

제출 서류는 주로 이력서, 학위 증명서, 에세이 1부, 논문 요약본, 추천서 3부이다.

● Junior Professional Associates(JPA)[26]

JPA 제도는 직무 경험 및 국제개발에 있어 처음 접하는 인재를 대상으로 하는 프로그램으로, 2년간 계약으로 조사 분석 등 실무 경험을 할 수 있다. 세계은행 직원 채용 프로그램이 아니기 때문에 2년을 초과하여 계약이 연장될 수는 없다. 28세 미만으로 학사학위 이상만 지원이 가능하다.

● Legal Internship Program(LIP)[27]

세계은행은 법학 전공생들을 대상으로 최소 3개월 기간으로 1년에 3

---

24 세계은행그룹 내 기관별로 상이. 세계은행은 3년 이상 경력, 국제금융공사(IFC)와 국제투자보증기구(MIGA)는 4년 이상 경력 요구

25 2022년 기준

26 출처: https://www.worldbank.org/en/about/careers/programs-and-internships/Junior-Professional-Associates(2022.5.30.검색)

27 출처: https://www.worldbank.org/en/about/careers/programs-and-internships/Legal-Internship-Program(2022.5.30.검색)

번[28] 법무 인턴십 프로그램을 제공하고 있다. 지도 변호사의 지시하에 다양한 법률 관련 업무를 수행한다. 세계은행 법률 담당 부총재가 근무하는 워싱턴 DC 또는 법률 담당 부총재실의 변호사가 근무하는 현장 사무소에서 근무할 수 있다. 제출 서류는 이력서, 관심 분야 기술서, 법 전공(LLB, JD, LLM, SJD, PhD 상당) 재학증명서 및 성적증명서, 법률부총재실에서 제시한 연구 주제에 관한 에세이이다.

- 인턴십 프로그램(Bank Internship Program)[29]

연령제한은 없으며 대학 졸업자로 석사나 박사과정에 있는 학생들을 대상으로 1년에 2번 인턴십 프로그램(5~9월, 11~3월)을 제공한다. 제출 서류는 이력서, 관심 분야 기술서, 석사 재학 증명서이다. 시간당 급여나 출장수당 등이 지원되지만 주거는 스스로 해결해야 한다.

- 공여국 예산지원 프로그램(Donor Funded Staffing Program, DFSP)[30]

DFSP 프로그램은 공여국 예산을 지원받아 운영하는 프로그램으로 JPO(Junior Professional Officer) 및 중견 전문가(Mid-career Professional) 프로그램으로 구분된다. 예산을 지원하는 공여국 국적 보유자에 한하여 JPO는 석사 및 최소 2년의 경력을 요구하고, 중견 전문가 프로그램은 석사 및 최소 5년의 경력을 요구한다.

---

28 필요에 따라 달라질 수 있으나 보통 여름 인턴십(6~8월), 가을 인턴십(9~11월), 봄 인턴십(3~5월)

29 출처: https://www.worldbank.org/en/about/careers/programs-and-internships/internship(2022.5.30.검색)

30 출처: https://www.worldbank.org/en/about/careers/programs-and-internships/donor-funded-staffing-program(2022.5.30.검색)

■ 아시아개발은행(ADB)

● 공석 공모

ADB 직원들은 60여 개 이상의 국적을 가지고 있다. 공석이 발생할 경우 공고를 통해 직원을 선발한다. YPP 프로그램을 제외하고는 특별히 연령 제한은 없으나 대부분 석사학위 이상 및 8~10년의 경력을 가지고 있다. ADB의 직원 고용은 계약직 형태로, 3년 기간으로 채용된다. 성과가 인정될 경우나 필요한 경우 계약 기간이 연장되거나 직급에 따라 정규직으로 전환될 수 있다.

직원 구분

·글로벌 채용 직원(International staff)

·현지 채용 직원(National staff, Administrative staff): 본부 근무자 및 현장 사무소 근무자로 구분

<표 5> International Staff 직급[31]

구분	내용
1~2급	초급직, YPP 및 Young Economist 포함
3~4급	일반적인 신입직 단계, 다양한 전문 지식 요구, 제한적인 관리 책임
5~6급	시니어 레벨, 일반적으로 책임자급의 입문 단계로 다른 International Staff에 대한 업무 관리 책임, 사업 운영 분야에서는 프로그램·프로젝트 기획 단계에 관여
7~8급	관리자급
9~10급	부서장, 규모가 큰 부서의 경우에는 부책임자 역할

출처 : 아시아개발은행 홈페이지(2022.5.30. 검색)

---

31 출처: https://www.adb.org/work-with-us/careers/faqs#accordion-0-8(2022.5.30. 검색)

• Young Professionals Program(YPP)

ADB도 YPP(Young Professionals Program)를 제공한다. 3년 계약으로 선발하는데 만 32세 이하, ADB 회원국 국적자, 관련 분야 학력 보유자로 2년 이상의 경력을 요한다.[32]

• 인턴십 프로그램(ADB Internship Program)

1년에 2번 공고를 낸다. ADB 회원국 국적 보유자로 석사나 박사과정에 있고 ADB와 관련된 분야에 학업 중인 학생으로 관련 분야 경력이 있는 자들을 대상으로 인턴십을 제공한다.[33] 인턴십 기간은 짧게는 8주, 길게는 11주이다.

3) 경제협력개발기구(OECD)[34]

OECD는 38개 회원국으로 구성된 국제기구로 경제정책 조정, 무역문제 검토, 산업정책 검토, 환경문제, 개발도상국의 원조 문제 등의 다양한 업무를 수행한다. 공석에 대해 매주 채용 공고를 내고 있다. 최초 채용 시에는 3년을 초과하지 않는 범위 내에서 계약 기간을 두고 채용하며, 지원자의 성과와 기관 수요에 따라 기간을 연장한다.[35]

---

32 출처: http://www.adb.org/site/careers/adb-young-professionals-program(2022.5.30.검색)

33 출처: http://www.adb.org/site/careers/internship-program(2022.5.30.검색)

34 OECD도 UN이나 세계은행과 마찬가지로 다양한 배경을 가진 초임 전문가를 고용하기 위해 Young Professionals Program(YPP)을 운영하였으나 2022년 현재 YPP 운영 방식에 대해 전면적으로 재검토 중에 있다.
출처: https://www.oecd.org/careers/apply/(2022.5.30.검색)

35 출처: https://www.oecd.org/careers/Staff_Rules_EN.pdf(2022.5.30.검색)

■ 인턴십(Internships)[36]

재학생 대상으로 인턴십을 제공한다. 지원자는 경제학(미시경제, 거시경제)이나 여타 OECD와 관련된 분야(세금 정책 및 행정, 개발협력, 환경, 과학기술 및 산업, 재정, 고용, 노동, 교육, 통계, 무역 및 농업, 공공행정 및 국토 개발, 예산과 회계, 법률, 인사 등)에서 학업 중인 영어와 프랑스어에 능통한 학생으로 통계와 IT 역량을 가지고 다문화와 글로벌 환경에서 팀워크가 가능한 자를 선발한다. 대부분의 인턴은 프랑스 파리에서 근무한다. 연간 대략 500명 정도의 인턴을 선발하고 기간은 1~6개월 범위 내에서 6개월 연장하여 최대 1년까지 근무할 수 있다. 매월 생활비로 700유로 정도를 지원한다.

■ Young Associates Programme(YAP)[37]

YAP는 정책 수립, 연구 및 분석 분야에서 처음으로 전문 경험을 축적하고 싶은 대학생을 대상으로 하는 2년간의 프로그램이다. 이 프로그램의 목적은 우수 대학생들이 세계 유수의 대학교에서 석·박사학위를 공부하도록 발판을 마련해 주는 것이다. 이 프로그램의 핵심 구성은 멘토십으로 Young Associates는 2년간 OECD에서 전문 경험, 정책 전문성, 업무역량 등에 따라 선정된 관리자들에게 면밀하게 지도를 받고, 역량 있는 미래 인재로 발전할 수 있도록 지원받는다. 지원자는 학사학위 소지자, OECD 회원국 국적자, 학업성적 우수자(GPA 4.0 중 3.0 이상), 영어와 프랑스어 구사자, YAP로서 업무 기여 및 YAP 프로그램 종료 후 학업 추진 계

---

36 출처: http://www.oecd.org/careers/internshipprogramme.htm(2022.5.30.검색)
37 출처: https://www.oecd.org/careers/young-associate-programme(2022.5.30.검색)

획을 위한 지원 동기를 잘 나타낼 수 있어야 한다.

(4) 기업

1) 국제개발협력사업을 통한 비즈니스 모델 개발

국제개발협력 분야로의 진출을 목표로 하는 사람들도 그 대상을 KOICA, 한국수출입은행 등의 정부기관, 국제개발 NGO, UN 등의 국제기구로만 한정하기 쉽다. 그러나 국제개발협력사업을 수행하기 위해서는 전문인력, 기술, 물자, 건축 등의 다양한 요소가 필요하다. 컨설팅, 물자 구매, 시공, 시스템 구축 등 국제개발협력의 요소들은 사업 수행업체를 선정하는 조달 과정을 통해 이루어진다. 즉 공여국 정부, 수원국 정부, 국제기구 또는 집행기관이 입찰로 발주한 사업에 기술과 전문성, 물자를 가지고 있는 국내외 민간기업들이 적극적으로 참여할 수 있다.

민간기업이나 컨설팅 업체 또한 KOICA, EDCF 사업 등 국제개발협력 관련 사업의 중요한 파트너이고, UN과 다자개발은행 등의 국제 원조 조달시장[38]이 활성화되어 있는 만큼 다양한 국제개발협력의 기회를 적극 찾아볼 필요가 있다. 따라서 국제개발협력에서 민간부문의 책무성도 강조될 수밖에 없다.

---

[38] UN은 컨설팅, 계약 같은 세계은행, ADB 등의 국제금융기구와 UN, 정부 부처 등에서 발주하는 정보를 제공(http://www.devbusiness.com/)하고 있다. 이 외에도 국제 원조 조달 관련 정보는 KOICA 홈페이지에서 찾을 수 있다(https://nebid.koica.go.kr/oep/masc/mainPageForm.do).

<표 6> 민간 부문이 참여 가능한 단위사업 요소

구분		주요 업무
프로젝트 기획·관리		프로젝트 기획에서 단위사업 시행자 선정까지 기술 자문
프로젝트 사업 수행		사업 관리 및 수행에 관한 기술 자문 현지 조사, 컨설팅 및 기술 지도, 정책 자문, 연구, 보고서 작성, 워크숍 개최 수원국 관계자 연수 실시 계획 수립, 연수 프로그램 가이드 작성, 연수 과정 운영
시스템 개발		정보화 전략 계획 수립, 시스템 기능 요구 분석 시스템 설계, 구축 및 설치, 운영 지원
건축 관리(CM)		건축 부문에 대한 기술 자문 건축비 산정, 공정, 설계 변경, 기성, 품질, 관리
단위사업 시행자	설계	설계도면 작성
	시공	건축·토목 시공
	감리	건축·토목 감리
	기자재	기자재 공급, 설치, 운영 교육
모니터링 및 평가		종료평가 또는 사후평가

출처 : KOICA 자료 편집 활용

민간기업 입장에서는 국제개발협력시장에서 해외 경험을 축적하고 협소한 국내시장을 벗어나 국제조달시장에서의 경쟁력을 확보할 수 있는 좋은 장을 얻을 수 있다. 나아가 KOICA나 EDCF 사업을 통해 수원국에 시스템 구축 등 기술을 전수하거나 물자를 공급해 수원국에 민간기업의 기술력을 보여 주는 기회로 활용할 수도 있다. KOICA, 조달청 등 국내 유관기관에서는 우리 기업이 UN 등 국제 원조 조달시장에서 수주할 수 있도록 하기 위해 해외 ODA 진출 기회 관련 컨설팅 등을 제공하고 있다.

최근 많은 기업들이 ODA 사업 참여를 해외 진출 기회로 적극 활용하고 있다. 현지 기업 환경에 대한 이해가 높은 인력을 채용하고 있음에 따라 채용 기회를 얻을 수도 있다. 봉사단, 인턴 등을 통해 개발도상국의 문화와 제도를 체득하고 현지의 언어를 습득해 지역 및 국가 전문가로 성장하고 자신의 가치를 높이는 것도 좋은 방법이다.

2) KOICA 프로젝트실무전문가(PAO) 참여

KOICA는 청년들의 해외 진출 연계를 위해 개발협력과 관련된 다양한 전공 지식 및 업무 경험을 보유한 인력들을 프로젝트와 개발 컨설팅 사업에 '5급 전문가에 상당하는 PAO'로 투입해, 이들의 취업 및 경력 개발을 지원하고 있다. KOICA는 PAO 인력들을 신규 사업의 형성과 기획 단계에서 수행 계획에 반영하고, 사업 수행기관과의 용역 계약 시 PAO를 투입 인력에 포함하여 예산을 지원한다. 사업 수행기관은 인력 수요에 따라 직접 PAO를 선발한다.

KOICA로서는 PAO를 통해 개발협력 유관 분야 전공 청년들을 대상으로 청년 일자리를 제공하고 개발협력사업을 수행하는 중소기업을 지원하는 효과도 기대할 수 있다. 사업 수행기관 입장에서는 참여 사업의 품질 및 성과관리가 용이해지고 효율적 사업 수행을 위한 인력을 확보하게 된다. 참여하는 인재들 입장에서는 국내외 현장에서 사업관리 및 성과 모니터링에 참가하여 현장 실무 경험을 축적할 수 있다. 따라서 국제개발협력 분야에서 진로를 모색하고 있는 인재들은 KOICA 사업 수행기관으로 참여 중인 민간기업의 PAO로 참여하는 방법을 모색할 수 있다.

3) 기업의 사회적 책임(CSR) 사업

21세기에 들어서 기업의 사회적 책임(Corporate Social Responsibility, CSR)은 기업활동에 있어 중요한 요소로 자리 잡은 지 오래이다.[39] 이는 과거 기업이 이윤 창출에만 관심을 두었다면 현재는 국제사회의 이슈, 환경 문제, 사회적 약자에 대한 배려 등 기업에 대한 사회적 요구가 증대되고 있기 때문이다.

즉 개발도상국가에서의 CSR 활동은 기업의 가치를 높일 수 있는 전략으로도 볼 수 있다. 또한 기업 입장에서는 현지 기업환경에 대한 이해, 수원국의 법률적·제도적 이해, CSR 활동을 통한 네트워크 구축 등 보다 나은 기업 활동을 영위할 수 있는 기회를 포착할 수 있다.

삼성, CJ, KT, 현대자동차, 롯데, 포스코 등 대한민국의 여러 기업들도 국제개발협력의 일환으로 CSR 활동에 적극 참여하고 있다. 따라서 기업의 CSR 활동에 참여해 국제개발협력 관련 경력을 개발할 수 있다.

■ KOICA 혁신적 개발협력사업

KOICA는 국내외 기업과의 파트너십을 통해 수원국의 개발 수요와 기업의 다양한 비즈니스 전략을 연계하여 개발도상국의 비즈니스 활성화에 기여하고자 혁신적 개발협력사업(Development Innovation Program, DIP)을 운영 중이다. 이 사업은 세 가지 세부 프로그램으로 구성되어 있는데, 먼저 스타트업, 소셜벤처 등과 협력하는 '혁신적 기술 프로그램(Creative

---

[39] 더 나아가 최근에는 기업의 비재무적 요소인 환경, 사회, 지배구조(Environmental, Social and corporate Governance, ESG) 경영이 중요한 화두로 떠오르고 있으며, 기업 활동에 친환경, 사회적 책임경영, 법과 윤리준수가 중요시되고 있다.

Technology Solution, CTS)[40]'과 대기업, 중소기업 등과 함께하는 '포용적 비즈니스 프로그램(Inclusive Business Solution, IBS)[41]'이 있다.

이 외에도 해외 유수 기관과의 파트너십을 통해 기존 전통적인 ODA 사업으로 추진해 보지 않은 혁신적 사업모델을 도입하여 시범운영 및 그 결과를 재확산하는 '혁신적 파트너십 프로그램(Innovative Partnership Solution, IPS)'을 운영하고 있다. 이와 같은 사업을 통해 국내 기업들이 다양한 국제개발협력사업에 참여할 수 있으므로 관심을 갖고 기회를 잘 활용해 보자.

(5) 학계

학계에서도 국제개발협력의 기회를 찾을 수 있다. 다양한 개발협력 주제 및 원조효과성 제고 방안관련 연구, 지역 연구 등의 연구용역을 수행하거나 각 대학의 산학협력단을 중심으로 KOICA 등의 국제개발협력 기관에 컨설팅이나 사업관리 역할 등의 사업 수행자로 참여하기도 한다. KOICA는 대학(원)과의 파트너십을 통해 대학(원) 내 국제개발협력 교과목 개설 및 국내 현장활동을 지원하고 있다. 이는 국내 대학(원)생들에게 국제개발협력 이론과 실무 지식을 제공하여 세계시민의식을 함양하고, 국

---

40 개발도상국 대상 우리 혁신 벤처 스타트업, 소셜벤처의 기술 기반 혁신 솔루션(Innovative Solution) 모델의 연구개발, 개발도상국 현지 테스트베드를 지원하여 개발협력 난제에 대한 솔루션을 찾는 데 기여함은 물론 우리 기업의 해외 진출에 동시에 기여하는 사업

41 개발도상국 대상 비즈니스 경험이 부족한 한국 기업이 개발도상국 현지 사회적기업과 적극적으로 협업, 개발도상국에서 통하는 비즈니스 가치사슬 개발을 지원하는 사업

제개발협력에 대한 이해 증진을 지원해 관련 분야 진로 탐색의 기회를 제
공하기 위한 것이다.

(6) 개별 전문가 및 컨설턴트

KOICA나 EDCF 등 개발협력사업의 전문가로 참여해 볼 수 있다.
UN 기구, 세계은행, ADB 등 국제금융기구에서도 컨설턴트를 지속적으
로 모집한다. 사업의 기획과 형성 및 시행, 성과측정 및 평가 등을 위해 교
육, 보건, 농업, ICT, 환경 등 분야 전문가 또는 성과 전문가 등 많은 전문
가들의 참여가 필요하다. 이러한 전문가는 개별적으로 공고된다. 국가별·
분야별로 전문가에게 요구되는 담당 과업 및 자격요건이 다르기에 컨설
팅 업무에 관심이 있다면 모집 공고를 수시로 확인하자.

3. 국제개발협력 진로 개발 사례

국제개발협력 현장에서 만날 수 있는 인재들은 여러 배경하에 관심을 가지고 시작하여 자신의 전문 역량을 개발하고, 다양한 경로를 통해 참여하고 있다. 이에 대한 몇 가지 사례를 소개하고자 한다.

(1) 다자협력전문가(KMCO)를 발판으로 국제환경 전문가로!

먼저, KMCO를 통해 개발협력 커리어를 성장시킨 사례를 소개하겠다. 조선 전문가는 KOICA의 KMCO 사업을 통해 UNDP 르완다 국가사무소에서 2016~2018년 기후변화 및 녹색성장 전문가로 일을 했다. 그가 환경 관련 국제개발협력 분야에 발을 들이게 된 첫 동기는 한국에서 학부 전공(응용생명화학)을 공부하던 중 환경 및 생태학에 관심을 갖게 된 것이었다. 이후 일본에서의 교환학생 생활을 통해 국경을 초월하는 환경문제에 관심을 갖기 시작했고, 이는 자연스럽게 UN과 같은 다자협력을 하는 국제기구에서 일해 보겠다는 커리어 비전으로 이어졌다고 한다. 그 후 외교부에서의 인턴십, 석사과정 중 UNESCO 자카르타 사무소 인턴십을 통해, 환경 이슈와 개발협력 간의 긴밀한 관계에 관심을 가지게 되었고, 석사 졸업 후 케냐 유엔환경계획(UNEP) 본부 유엔봉사단(UNV), KMCO까지 경력이 이어졌다. 현장 경험을 쌓고 싶은 그에게 KMCO는 환경을 포함한 다양한 분야의 개발협력 전문가를 모집하고, 현장 사무소가 많은 UN 기구의 국가 및 현장 사무소로 파견을 보내는 점, 정부에서 지원하는 국제기구초급전문가(JPO) 사업처럼 최장 2년까지 일할 수 있는 안정적인 고용 조건, 연령 제한이 없다는 점 등이 큰 이점이었다.

조선 전문가는 KMCO 경험이 전체 커리어의 방향에서 가장 의미가 있다고 말한다. UNV로 UNEP 본부에서 개발협력 사업을 보조하던 위치에서 벗어나 주도적으로 정부 관계자들과 직접 협업하며 한 국가의 환경 및 개발정책의 전략 수립, 이행 및 보고, 관련 사업관리를 주도적으로 맡아 일할 수 있었기 때문이다. 이는 KMCO 경험 이후 UN 내 지원 시 현장 경험이 있는 것으로 고려되어 상당한 이점으로 작용했다. KMCO 이후 현재까지 근무 중인 UNEP 내 녹색성장지식파트너십(Green Growth Knowledge Partnership, GGKP)에서도 르완다에서의 현장 경험은 채용 시뿐 아니라 실제 사업을 수행하는 데에도 가장 든든한 경험이 된다. 어떻게 사업을 발굴하고 집행하며 보고하는지, 어떻게 파트너들 및 정부 관계자들과 협업하여 일을 수행하는지에 대한 안목과 경험을 키울 수 있었기 때문이다.

그는 르완다 사무소에서 기후변화, 녹색성장, 생물다양성, 환경교육, 폐기물 관리, 농촌개발 및 역량강화 분야를 아우르며 르완다 환경 이슈 전문가로 거듭날 수 있었다. 또한 KMCO로 정부와 직접적으로 현장에서 일해 본 경험은 현재 여러 아프리카 국가들과 진행하는 소규모 시범 연구 사업을 관리하는 데 큰 도움을 주고 있으며, KMCO로 한국 정부 지원의 사업을 담당한 점 또한 한국 정부의 지원을 받고자 하는 UN 기구에서 일할 때 큰 장점으로 작용한다고 말한다. 국제개발협력 커리어가 늘 장밋빛으로 가득했던 것만은 아니었지만 단계를 밟으며 쌓아 올린 경험은 그 무엇보다도 값지고 정부 관계자나 이해당사자로부터 사업의 성과에 대한 긍정적인 피드백을 받을 때는 그 무엇과도 바꿀 수 없는 보람을 느낀다. 그는 KMCO의 경험을 발판으로 삼아 앞으로도 꾸준히 국제환경 전문가로 성장해 나가기를 희망한다고 밝혔다.

마지막으로 그는 개발협력의 커리어를 꿈꾸는 후배들에게 두 가지 조언을 남겼다. 첫째는 환경 분야와 관련된 개발협력사업도 현장 경험이 중요하다는 것이다. UNEP처럼 본부 수준에서 정책 수립 지원 사업을 담당하는 경우에도 현장에서 사업을 해 본 경험은 사업 발굴, 사업 계획 및 집행 시에 매우 큰 도움이 된다. 둘째는 개발협력 관련 경력을 조금 쌓은 뒤 본인이 직접 사업관리를 도맡아 할 수 있는 수준이 되었을 때 현장 경험을 해 볼 것을 추천한다. 요즘은 외교부 및 KOICA에서 지원하는 다양한 초급 레벨 지원 사업이 있다. 본인의 경험을 반추해 보았을 때 기초적인 경험을 다진 뒤 다자협력전문가로 일하며 전문적인 현장 경험을 쌓는다면 추후 개발협력 커리어에 매우 큰 도움이 될 것이라고 말한다.

(2) 민간기업에서의 경험을 국제기구 직원으로의 토대로!

김유식 전문가는 민간기업에서 경력을 쌓고 NGO 단체를 거쳐 국제기구에서 일하고 있는 사례이다. 현재 유엔 해비타트 르완다 사무소(UN-Habitat Rwanda Office)에서 유엔전문봉사단(UNV Specialist)으로 근무 중으로, 인간정주프로그램 담당관(Human Settlement Programme Management Officer)이다.

김유식 전문가는 대학 시절 영국에서 1년간 자원봉사를 하며 비영리 조직에서 일하고 싶다는 막연한 생각을 가지게 되었다. 먼저 관심 분야에서의 업무를 습득하고 비영리 조직에서 일하겠다는 생각으로 국내 대기업 건설회사를 첫 직장으로 선택했다고 한다. 건설 현장 관리와 부동산 개발 영업 업무를 수행하며 기업의 사업관리 방식과 사업을 기획하고 발굴하는 관점, 문제해결을 위한 이해관계자 소통에 대해 배울 수 있었다.

민간기업에서 비영리단체로 이직을 계획할 때는 예상과는 다르게 NGO의 높은 진입장벽을 체감했다. 이를 계기로 본인이 체득한 업무 경험과 NGO 활동을 향한 진정성으로 승부를 보겠다고 다짐하며 초심으로 돌아갈 수 있었다.

민간기업, 시민사회를 거쳐 국제기구로 경력을 전환하되, 자신의 전문 분야인 도시화, 주택, 사업관리로 그간의 경력을 연결하고 있다. 현재 업무에서 이전 기관에서 얻은 경험을 지속적으로 연결하여 활용하고 있는데, 이는 업무 흐름의 기본이 다르지 않기 때문이다. 주요 내·외부 고객이 누구인지 파악하고, 업무 프로세스를 먼저 이해하면 주어진 일뿐만 아니라 업무 개선에 대한 전략들이 보인다는 것이 그의 설명이다. 특히 NGO에서 KOICA와 협업하면서 사업 형성부터 종료까지 전체 프로젝트

주기에 대해 경험한 것은 국제기구에서도 업무를 수월하게 추진하는 데 도움이 되었고, 새로운 사업을 발굴하고 형성하는 과정에서도 적극적으로 적용할 수 있었다고 한다.

그는 국제개발협력 분야에서의 경력 개발에는 왕도가 없다고 말한다. 필수적으로 어떤 시기에는 무엇인가를 성취해야 한다는 분위기가 형성되는 것이 있는데, 오히려 남들과 다른 경력을 가져가는 것이 자신의 장점과 철학, 원칙을 부각하는 데 도움이 되지 않겠느냐는 질문을 던진다.

"많은 분이 제 경력에 UNV로의 지원이 아쉽다는 말씀을 하셨어요. 하지만 저는 기회라고 판단했습니다. 단순히 UN이라는 타이틀을 보고 지원한 것이 아니라, 제가 이제까지 쌓아 온 경력을 더 풍부하게 할 직무라고 판단했거든요. 그곳에서 어떤 경험을 쌓을지는 제가 하기 나름이니까요. 물론 지금은 봉사단의 신분이지만, 이곳에서 제가 제대로 된 경험을 쌓고 연결할 수 있겠다는 생각이 들어 도전했습니다. 길은 없으면 만들어 가면 되는 것이니까요."

새로운 일을 시작하는 것에 대한 두려움은 있지만 지금이 도전해야 할 때라고 생각했다. 막연하게 국제기구에 가서 일해야겠다는 생각으로 온 것이 아니라, 이때까지 해 왔던 일을 더욱 빛나게 해 줄 수 있다는 확신이 있었기 때문에 이곳에 오게 되었다고 부연한다.

"함께 일하고 싶고, 이 분야라고 하면 바로 제 이름을 떠올릴 수 있는, 준비된 사람으로 도움이 되는 사람이 되고 싶습니다."

그는 조정 역량(coordination skill)을 언급했다. 국제사회에서 한국의 위치나 역할을 고려했을 때, 중간에서 연결하고 일을 만들어 주는 역량이 중요하다고 느꼈고, 이는 커뮤니케이션 역량과도 밀접하게 연결된다고 말한다. 상대의 의도와 필요를 정확하게 파악하고 그것을 다른 이해관계자에게도 전달하여 서로의 방향을 맞추는 것이 업무에 상당 부분을 차지하기 때문이라고 말한다. 사람의 마음을 사고 진정성 있게 대하는 방법은 여러 가지가 있고, 사람마다 역량을 개발하는 방법이 다르기에 공식화된 해결책은 없지만, 그는 자신만의 대화법에 대해 진지하게 고민하기 시작했다고 강조했다.

UNV 면접에서 '조정 역량'이 자신만의 장점이라고 설명했는데, "조정 역량에서 가장 중요한 요소는 무엇이라고 생각하는지?"라는 질문에 대해 "상대의 의중을 파악하기 위해 적절한 질문을 던지는 것이 가장 중요합니다"라고 답변했다. 김유식 전문가는 조정 역량은 자신이 끊임없이 고민하고 개발하는 부분이라면서 국제개발협력에 입문하고자 하는 분들께 드리는 조언이라기보다는 함께 고민하고 공유하고 싶은 내용이라고 하며 끝맺었다.

(3) 난민에 대한 관심에서 시작하여 인도적 지원 & 기후위기 대응 전문가로!

장설아 전문가는 2001년 대학교 재학 당시, 태국 국경에 위치한 미얀마 난민캠프 방문을 계기로 난민문제에 관심을 두게 되었다고 한다. 당시 유엔난민기구(UNHCR)로부터 정식으로 '난민' 신분을 인정받지 못한 카렌족을 비롯해 미얀마 여러 소수 민족들은 한 캠프당 수천 명의 어른과 아이들이 언제 쫓겨날지 모르는 불안감과 생계 불안을 함께 안고 살아가고 있었다. 이들 대부분은 북미와 유럽계 NGO들의 지원에 의존하고 있었고, 보호자 미동반 아동과 장애 아동을 위한 보호시설을 비롯하여 캠프 곳곳 필요한 곳마다 어김없이 등장했던 NGO들은 그의 진로를 바꾸고 싶을 만큼 깊은 인상을 주었다고 한다. 그러나 당시만 해도 국내에서는 낯선 분야였고, 수입이 없는 직업이라는 인식이 있었기 때문에 선뜻 발을 들이기에는 부담이 있었다. 대학원에서 본격적으로 강제 이주(Forced Migration) 이슈를 중심으로 개발학을 공부할 때까지 다섯 차례 난민캠프에서 봉사활동을 하며, 개인적인 관심을 이어 갔다.

학부 졸업 후, 베이징 소재 한국 기업에 근무하다가 진로의 전환점을 만들기 위해 대학원에 진학했다. 민간기업에서 CSR도 주요 업무의 한 부분이었지만, 수익을 내기 위해 동종업계 기업들과 경쟁을 해야 하는 업계 특성으로 인해 점차 스스로 이끌고 갈 동력이 떨어지기 시작했다고 한다. 석사 학위를 취득한 직후 현장에서 근무할 수 있는 기회를 찾고 있을 때, WFK NGO 봉사단 프로그램이 눈에 띄었다. 아직 전문적인 현장 경험은 없었지만 국제구호·개발 NGO에 관심이 많은 이에게 의미 있는 기회를 제공해 준다고 판단하여 WFK NGO 봉사단에 지원했다고 한다.

2011년, WFK NGO 봉사단으로 월드비전 케냐 이시올로(Isiolo) 사업장에 파견되었고, 1년간 긴급 식량 배분에서부터 여아 교육 및 구조 센터(Rescue Centre) 건축 모니터링까지 경험을 쌓았다. 그 후 국내 국제구호·개발 NGO와 활동가들을 위한 우호적인 환경(enabling environment) 조성에 대한 고민을 하기 시작했고, 이 고민을 풀 수 있을 것이라는 기대와 함께 국제개발협력민간협의회(KCOC) 정책센터에 입사했다. 2012년부터 2018년까지 NGO 네트워크 기관 정책센터와 인도적지원팀 등에 근무하며 레바논, 페루, 볼리비아, 탄자니아, 말라위, 미얀마 등 여러 국가의 인도적 지원 사업과 NGO 단원 파견 사업장 모니터링·평가, OECD DAC 동료검토를 비롯하여 민관협력 및 인도적지원 관련 정책에 대한 시민사회 제안, WFK NGO 봉사단 성과 프레임워크 구축 연구 등의 업무를 담당하며 당시의 고민들을 그때마다 맡은 권한 범위 내에서 풀어 갈 수 있었다.

현재 그는 세이브더칠드런의 '인도적 지원&기후위기 대응팀' 매니저로서 인도적 지원 사업과 전략, 파트너십 등을 담당하고 있다. 또한, 세이브더칠드런 인터내셔널 국제구호 대응팀 소속으로 재난 발생 시 현장의 요구에 따라 바로 파견될 수 있도록 대기하고 있으며, 실제로 2022년 5~6월간 폴란드에 파견되어 우크라이나 사태 긴급 대응을 하기도 하였다. 이와 더불어 KCOC 인도적 지원 초급 전문가 과정 멘토, KCOC 인도적 지원 이해교육 강의, 그리고 인도적 지원-개발-평화 연계(HDP-N)를 위한 시민사회 연구 등에도 참여하며 국내 '인도적 지원 생태계 활성화', 그리고 NGO 활동가들의 역량 강화라는 나름의 사명 의식을 가지고 활동하고 있다고 한다.

돌아보면 NGO에 몸을 담으며 매 순간 동기부여가 되었던 것도 아니고, 권태기도 없지 않았으며, 처음의 열정이 식지 않고 유지되었던 것은 더더욱 아니었다고 말한다. 그러나 이 지구 마을에 잠시 머물다 가는 세계시민으로서 '시민'을 정체성으로 규정하는 NGO에서 다음 세대인 아이들, 그리고 위기에 처한 동료 시민들을 도울 수 있는 일을 업으로 삼고 있다는 것은 그에게 여전히 매력적이라고 한다. 현재 그는 부르키나파소의 분쟁으로 발생한 실향민 대상 평화 사업[42]을 위해 현지 사무소로 2년간 파견을 앞두고 있다. 그는 그간 배운 바를 겸허하게 나누고 더 많은

---

42 2022년 하반기에 착수되는 UNFPA의 KOICA 다자협력사업이며, 세이브더칠드런이 파트너(Implementing Partner)로 사업의 3분의 1을 수행할 예정

것을 배우고 성장하는 시간이 되기를 기대하며, 열심히 프랑스어 공부에 매진하고 있다고 한다.

(4) 느리지만 빠르게, 느려서 빠르게 – 개발협력전문 컨설턴트로의 성장

김은영 전문가는 개발 컨설팅이 여전히 생소한 우리 개발협력 수행 생태계에서 자생적으로 성장한(5급으로 시작하여 3급 전문가가 된) 개발 컨설턴트이다. 2015년 KOICA 사업수행기관 영프로페셔널(YP, 구 ODA 청년인턴)로 국제개발협력 생태계에 진입 후 개발 컨설턴트로서 경력을 이어 가고 있다. 특별한 해외 경험 없이 국내 학·석사 프랑스어학, 종교학 전공으로 국제개발협력에 대한 관심과 경험이 크지 않았으나 실무를 통해 역량을 고도화시킨 사례다. 백지상태로 시작했지만 다양한 경험을 열린 마음으로 받아들이고 적극적으로 자산화한 것이 경력 개발의 주안점이라고 할 수 있다.

인문학을 전공한 초급 전문가 시절 항상 마주해야 했던, 그러나 돌아보면 쓸모없는 고민이었던, "어떤 섹터에 관심이 있는지", "어떤 프로젝트를 하고 싶은지" 등의 질문에 대한 멋스러운 답을 찾지 못해 남몰래 위축되고 걱정과 고민이 많았지만 "해 보기 전엔 알 수 없다", "어디든 무엇이든 내가 일할 수 있는 기회가 있다면 시도해 본다"라는 마음가짐으로 8년간 30여 건 이상의 정책연구, 프로젝트 수행관리, 성과관리와 평가(M&E), 타당성 조사, 교육과정 기획 운영 등 다양한 형태의 크고 작은 프로젝트에 참여했고, 공공기관, NGO, 연구센터, 대학, 민간기업 등 국내

외 여러 파트너와의 협업 경험을 보유하게 되었다. 5년 차까지는 주로 연구 보조, 사업관리, PAO 등의 역할을 수행했고, 6년 차부터는 공동 연구원, 성과관리 전문가, PL(Project Leader) 등 팀 내 허리가 되는 전문가로 활동하고 있다. 큰 문제 없이 잘 해낸 프로젝트보다는 헤매고 실패하고 당황했던 경험이 많은 프로젝트에서 더 큰 성장이 있었고, 특히 다양한 분야 전문가들과의 네트워킹이 경험의 자산화에 가장 큰 도움이 되었다고 여긴다. 김은영 전문가는 일련의 경험을 통해 프로젝트를 기획·관리·평가하는 개발협력 전문가에게 섹터는 목표가 아니라 도구일 뿐, 오히려 인문학 전공을 통해 내재화한 읽기·쓰기와 같은 기초 역량이 업무에 더욱 큰 바탕이 되었음을 깨달았다.

김은영 전문가는 개발협력 전문가로서 역량을 쌓아 가는 동시에 개발 컨설팅 전문 기업[43]에서 최고운영책임자로 기획, 재무, 인사 등 경영 전반에 참여하고 있기도 하다. 기업경영 관리의 경험과 개발협력 프로젝트 수행 경험이 밀접하게 연관되어 있음을 깨닫고 두 경험이 선순환될 수 있도록 시야를 넓히고 역량을 보강하고자 MBA를 취득했다. 개발협력 전문가이자 개발 컨설팅사 관리자로서 나 혼자만의 성장이 아닌 '건강하고 지속가능한 한국 개발협력 생태계 구축'에 관심과 책임을 느껴 KOICA STEP-UP 프로그램(KOICA 글로벌인재양성 프로그램)에 참여하고, '개발협력 문제해결', '프로젝트 관리', '개발컨설팅 진로탐색' 등의 강의와 진로 컨설팅을 통해 초급 전문가의 커리어 개발을 지원하고 있다.

경력 초기 국내외 개발협력 생태계에 대한 정보가 많지 않을 때는

---

43 KODAC(Korea Overseas Development and Consulting)

시야가 좁을 수밖에 없고 선택지도 많지 않다 보니 확실하고 안정적인 길을 찾으려는 경향이 있다. 당장 눈앞에 보이는 진로가 KOICA 아니면 UN뿐인 탓이다. 이럴 때 오히려 한 발짝 뒤로 물러서서 스스로를 단련시키는 데 좀 더 힘쓸 것을 김은영 전문가는 제안한다. 다른 이의 실재적 삶을 깊이 이해해야 하는 일이고, 다양한 이해관계와 수많은 문제상황 속에서 최선의 성과를 도출해 내야 하는 일인 만큼 정해진 길을 누구보다 빠르게 가겠다는 마음가짐은 개발협력과 어울리지 않는다. 결국은 통합적이고 논리적인 사고를 바탕으로 효율적인 팀워크를 수행할 수 있어야 한다. 이처럼 정해진 답이 없는 일이기 때문에 다양한 유형의 성격과 역량을 가진 전문가가 모두 어우러져 더 큰 가치를 만들어 낼 수 있는 것이 국제개발협력이라고 강조한다.

경력 초기에는 거대한 글로벌 담론과 목표, 수많은 국내외 전문가 사이에서 위축되기 쉽다. 하지만 누구나 자신만의 이야기, 자신만의 비교우위를 이미 가지고 있으니 내가 가진 것에서 출발하되 부족한 것은 협업을 통해 채워 나가면 된다는 믿음을 가지고, 특정 전문가의 경력 개발 사례를 따르기보다는 내 자리에서 그 순간 주어진 일에 최선을 다하는 좋은 동료가 되는 것이 결국 느리지만 빠르게, 오래가고 멀리 갈 수 있는 방법이 아닐까.

(5) KOICA 경력사다리를 통해 자치단체국제환경협의회(ICLEI) 동아시아본부 운영 담당관(Operation Officer)으로!

봉사단원으로 시작하여 개발협력사업에 입문한 사례를 소개하겠다.

정혜지 전문가와 KOICA의 인연은 그가 KOICA 일반 봉사단으로 스리랑카에 파견된 2017년부터 시작된다. 대학에서 식품공학을 전공하여 요리사 및 식품회사에서 근무했던 그는 고등학교 시절 「코이카의 꿈」 방송을 통해 봉사단 파견제도를 알게 되었고, 20대 때 앞으로의 인생을 살펴보고자 KOICA 일반 봉사단 요리 교육 분야로 개발협력 분야에서 첫걸음을 시작하게 되었다고 한다. 호텔 및 레스토랑, 그리고 식품회사에서의 근무 경력을 기반으로 스리랑카 지방의 직업기술학교에서 학생들의 직업훈련, 현지 교사 역량 강화, 교실 개선 프로젝트 등의 활동을 주도적으로 진행하면서 프로젝트를 구성하고 실행하는 기본 흐름에 대해 몸소 경험할 수 있었다. 2년간의 단원 생활을 계기로 개발협력 분야에서 일하고 싶다는 생각에 KOICA 경력사다리를 통해 경력을 발전시키고자 경력사다리 2단계로 KOICA 스리랑카 사무소에서 코디네이터로 근무하게 된다.

2년간의 봉사단 경험으로 현지어 구사력과 현지에 대한 이해도를 높일 수 있었고 KOICA 사무소 업무에 빠르게 적응할 수 있었다. 2019년 코디네이터로 파견된 당시에는 봉사단 파견 업무를 지원할 예정이었으나 스리랑카 부활절 테러로 인해 봉사단 파견이 지연되면서 개발협력사업 운영지원 분야 파트에 집중하게 되었다. 개발협력사업 운영지원 파트는 사무소 운영 전반, 즉 회계, 운영, 현지 직원 인사 지원 등의 업무를 담당하기 때문에 그에게 생소한 업무로 회계 시스템 등을 처음부터 배워 가면서 업무를 해야 했고, 사무소 내 한국인 및 현지 직원들과의 의사소통이 중요했다. 이 외에도 코로나19로 인한 제약이 있는 상황에서도 추진해야 하는 KOICA 사무소 본연의 업무를 위해 KOICA 사무소 구성원으로서, 현지 사회적기업과 협업하여 지역사회 경제 회복을 위한 소규모 프로젝트 진행이 필요했다. KOICA는 코디네이터 대상 연간 개인 목표

관리(Management By Objectives, MBO) 설정을 요구하는데, 그는 PRINCE2 Foundation 자격증 취득을 목표로 설정하고 KOICA의 지원을 받아 자격증을 취득했다. 코디네이터 계약 종료 이후에는 단기로 스리랑카 사무소에서 사업형성조사의 초급 전문가로 참여할 기회를 얻게 되고, 이 경험을 통해 KOICA 필리핀 사무소에서 추진한 사업기획조사에서 초급 전문가로 선정되었다. 현지 사무소의 근무 경력과 PRINCE2 Foundation 자격증 취득으로 초급 전문가로 조사 과정에 참여할 수 있었다.

현재는 지속가능 정책 및 저탄소, 자연 기반, 공정, 회복력, 자원순환도시를 위한 지역적 활동을 추진하는 자치단체국제환경협의회(ICLEI-Local Governments for Sustainability)[44] 동아시아본부의 프로젝트 예산을 관리하는 운영 담당관(Operation Officer)으로 입사했다. 담당 업무가 학부에서 전공한 분야도 아니고 대학원 학위도 없었지만 그는 KOICA 사무소에서 사무소 운영 및 예산, 회계 업무를 수행한 경험이 기관의 요구 직무에 부합하여 선발되었다. 즉, KOICA 프로그램인 봉사단, 코디네이터 경험 이후 KOICA 경력사다리 중 3단계에 도달할 수 있었다. 처음에는 본연의 직무가 아니었을지라도 KOICA 사무소에서 내부 소통을 통해 주어진 업무에 최선을 다한 결과 새로운 기회를 잡을 수 있었다. 정혜지 전문가는 미래 섹터 전문성 향상을 위해 이전 요리 전문 분야 경력과 환경에 대한 관심을 접목시킨 순환 환경 구조에 기반한 식품 소비 방향성에 대한 연구를 하고 싶다고 밝혔다.

---

44 1990년에 설립된 지속가능한 개발을 촉진하기 위한 국제 비영리기관으로 글로벌 지방정부 네트워크

(6) KOICA 직원 도전, 이렇게 준비했다!

2021년 KOICA 신입 직원으로 입사한 이승윤 전임 이야기이다. 이 승윤 전임은 학부 때 국제개발학을 전공하며, 개발협력은 누구도 소외받지 않는 세상을 만들고자 하는 따뜻한 마음으로 움직이고, 대한민국의 국제적 위상을 높일 수 있는 매력적인 분야라고 생각했다.

그는 KOICA의 경력사다리 프로그램을 적극적으로 활용했다. 먼저 학부 때, '사회적 자본과 새마을사업의 상관관계' 연구를 위해 'KOICA 미얀마 농촌공동체 개발사업' 사업지의 주민들을 대상으로 한 인터뷰와 설문조사에 참여했다. 이후 KOICA 영프로페셔널 프로그램을 통해 주미얀마 한국대사관에서 근무하면서 사업 시행자로 개발협력사업에 참여할 때와는 다른 시각에서 대사관에서 수행하는 공공외교 활동, ODA 모니터링 및 평가, ODA 현지 협의체 개최 등을 경험했을 뿐만 아니라, '재외공관 소규모 무상원조사업'에 일부 참여할 수 있었다.

영프로페셔널 프로그램 종료 후에는 KOICA 사업인 '미얀마 직업기술교사교육원 설립사업' 사업수행기관의 PAO로, '에티오피아 직업기술교육훈련 관리자 및 교사 역량강화 사업' 사업관리기관의 연구원으로 참여하며 국제개발협력 실무 경험을 축적했다. 이 과정에서 각 분야 전문가들과 함께 교육과정·교재 개발, 역량강화 프로그램 설계, 실습 기자재 목록 작성 등의 업무와 사업의 예산과 일정, 산출물 품질관리 등 사업관리 행정 업무를 함께 수행하며, KOICA의 국별 협력사업 지침과 산출물 관리 시스템에 대해 새롭게 알게 되었고, 직업훈련 분야의 주요 이론, 업무 절차 등에 대해서도 습득했다.

KOICA 입사를 위해서는 매년 수백 명의 개발협력 입문자와 경력자들이 쏟아지는 상황에서 본인만의 차별화된 경쟁력이 중요하다고 생각했다. 그는 서류 전형에 앞서 그간의 개발협력 관련 교육 이수 내역과 경험을 정리하며, 다양한 파트너로서 활동했던 경험과 개발협력을 통해 '국제사회 속 대한민국의 위상을 제고하겠다'는 목표가 본인만의 강점이라는 생각이 들어, 해당 내용을 중심으로 자기소개서를 작성했다. 필기시험을 위해서는 KOICA ODA교육원의 국제개발협력 첫걸음, 분야별 이슈, SDGs 알아보기, 프로젝트 사업관리 교육과정을 반복 학습했고, KOICA 연구보고서와 보도자료, 인터뷰 기사를 통해 KOICA의 현안과 관심사를 파악하고, 영어 시험, 직업기초능력평가(NCS)는 반복 학습을 통해 준비했다. 면접 전형은 기출 질문 목록을 바탕으로 한국어, 영어로 답하는 연습을 했고, 필기 합격자들과 토론 면접 스터디를 하며 생소한 주제가 주어지더라도 순발력 있게 정리하여 답할 수 있도록 반복 연습을 했다.

현재 그는 동남아시아1실에서 근무하며, 베트남과의 협력관계 발전에 보다 나은 내일을 만들기 위해 KOICA 사무소와 다양한 사업 수행 기관들과 함께 국별 협력사업을 지원하고 있다. 그는 돌이켜 생각해 보면, 미래에 대한 불안과 고민이 많았던 20대를 KOICA 경력사다리와 함께 보내며 진로를 구체화해 왔다고 얘기한다. 개발협력사업에 대한 끊임없는 학습과 현장에 대한 이해가 중요하다는 생각이 확고해짐에 따라 진정한 개발협력 전문인력으로 거듭나고, KOICA와 대한민국의 개발협력사업에 이바지할 수 있도록 이론적 지식과 업무 역량을 강화해 나갈 계획이라고 한다.

부록

4. 국제개발협력 진로 설정 시 고려할 점

UN 등 국제기구 및 국제협력 전문기관에서는 입사 전의 경험과 전문성도 중시되는 만큼 경험 축적 기회를 포착하는 것이 중요하다. 경험과 전문성 축적은 하루아침에 이루어지지 않는다. 시간과 노력을 투자한 만큼 결과가 나오기 때문에 지속적으로 준비해야 한다. 다양한 인턴십, 봉사, 인재 양성 프로그램 등의 기회를 잘 활용하자. 직원 채용 이후에도 지속적인 학습과 경험 축적은 자신의 가치를 높일 수 있다.

국제개발협력에 대한 막연한 환상과 동경심으로 진로를 설정하는 것은 바람직하지 않다. 국제개발협력을 바르게 이해하고, 본인의 성향과 적성에 대해서도 깊이 생각해 보자. 국제개발협력 사업은 우리와는 다른 환경, 나와는 다른 사람들 속에서 끊임없이 소통하고 보다 나은 솔루션을 찾기 위해 고민해야 한다. 그에 맞는 책무성뿐만 아니라 열악하고 낯선 환경과 문화에 노출되기도 하며 외롭고 예측 불가능한 상황에 자주 직면하기에 강인한 정신력, 끈기, 인내심이 요구된다. 또한 끊임없이 변화하는 국제환경에 빠르게 적응하고 이에 따라 발전하는 개발 어젠다에 대한 지속적인 학습 태도가 필수적이다. 일방적인 지원보다는 개발도상국과 협력하고 같이 성장한다는 태도와 개발에 대한 진지한 고민을 바탕으로 겸손하고 공부하는 자세로 임하는 것이 시행착오를 최소화하는 길이다.

국제개발협력 분야로 첫발을 내딛고자 한다면 관련 분야의 학습을 통해 개발도상국과 국제개발협력에 대한 전반적인 이해를 높일 것을 추천한다. KOICA는 국내 최초의 국제개발협력 전문 교육기관인 KOICA ODA교육원을 설립하여 국제개발협력 인재 양성에 힘쓰고 있다. ODA교육원에서는 일반인과 사업 참여자를 대상으로 다양한 정규 교육과정을 제공하고 있다. 먼저 입문자들은 일반 교육을 통해 국제개발협력의 기본 지식을 함양할 수 있으며, 사업 참여자 혹은 국제개발협력 실무자들은 사업관리 교육을 통해 개발협력사업의 실무 관련 지식을 향상할 수 있다.[45] 교육원은 국제개발협력에 대한 지식을 측정할 수 있는 ODA 일반 자격시험을 운영하고 있다. 이 외에도 교육원은 청소년 대상 미래세대 교육, 국내 대학교의 국제개발협력 교과목 개설 지원 등 우리나라 국민들의 세계시민의식 함양과 미래의 국제개발협력을 이끌어 갈 인재 양성을 위해 힘쓰고 있다.[46]

국제개발협력과 관련한 진로를 모색 중인 인재들은 관심 있는 프로

---

45 일반인 및 사업 참여자 대상 국제개발협력 기본과정을 온라인(K-MOOC, Youtube)으로 만나 볼 수 있으며, 상세 정보는 KOICA ODA교육원 홈페이지(http://oda.koica.go.kr)에서 확인할 수 있다.

46 ODA교육원 홈페이지. 출처: http://oda.koica.go.kr/main/Main.do(2022.5.30.검색)

그램이나 기관 홈페이지를 수시로 방문해 정보를 확인해 보자. 다양한 프로그램이 새로 만들어지고 기존 프로그램들도 끊임없이 변화하고 있다. 최근 국내와 해외 대학원 졸업생, 해외봉사단 귀국 단원, UNV, JPO, KMCO, 인턴십 등 국제기구 유경험자, KOICA 영프로페셔널, 개발협력 참여 대학들이 증가하면서 국제개발협력 분야의 경험자도 늘어나고 있는 추세다. 유경험자들은 KOICA나 한국수출입은행 같은 정부기관, UN 뿐만 아니라, 연구기관, 개발 컨설팅, 민간기업, 소셜벤처로도 시각을 넓힐 필요가 있다. KOICA는 청년층의 취업과 창업 촉진을 위해 '개발협력 커리어센터'를 운영하여 다양한 취업 정보를 제공할 뿐만 아니라, 개발협력 분야 진로 설계 지원을 위한 STEP-UP 교육 프로그램[47]을 운영하고 있다. 또한 창업을 희망하는 인재들을 위해서 이노포트 프로그램[48], 리턴 프로그램[49], 소셜벤처 경연대회 지원사업[50] 등을 추진하고 있고, 정부와 민간기업과의 협력을 강화하고 있음을 참고하자.

---

47 출발(Step-Zero), 디딤(Step-Plus), 기초(Step-one), 심화(Step-two) 등 단계별 교육으로 구성되어 있다.
48 일반 창업가 대상 창업지원 프로그램
49 귀국봉사단, 코디네이터, YP 출신 대상 창업지원 프로그램(3명 이상 팀 단위로 참여 필요)
50 고용노동부 산하 사회적기업진흥원에서 매년 진행하는 사회적기업 창업 지원 경연대회에서 KOICA가 후원하여 2팀 지원

5. 국제개발협력 진로 전망

　지구촌에서 벌어지고 있는 다양한 문제들이 우리의 삶에 직간접적인 영향을 끼치고 있음에 따라, 국제개발협력은 전 세계가 공생하기 위한 전략으로 시각을 확대해 발전하고 있다. 2000년 중반부터 지구촌 빈곤퇴치를 위해 ODA만으로는 충분하지 않다는 공감대가 본격화되었다. 다양한 국제개발협력 주체가 등장했고, 공적개발재원의 한계를 벗어나기 위한 개발재원의 다양화 노력은 국제개발협력 참여자들 간의 연계, 국제개발협력 유형의 다양화, 민간의 역할이 확대되어 왔다. 앞으로도 기업참여 민관협력(Public-Private Partnership, PPP)이 확대되고 NGO뿐만 아니라 기업들의 역할도 강조될 수밖에 없다. 기업 입장에서는 기업의 가치를 높이고 글로벌 기업들과의 경쟁에서 살아남기 위한 생존전략일 수도 있다. 이와 같이 전통적인 ODA 사업에서 벗어나 개발협력의 범위와 유형이 다양화되는 추세 속에서 국제개발협력 산업은 더욱 확대될 것으로 기대한다.

새로운 개발의제, 개발재원 및 개발협력 유형의 다양화, 파트너십 확대 등 국제개발협력 분야는 끊임없이 변화하며 발전하고 있다. 이렇듯 국내에서 변화·발전하고 있는 우리 인력의 해외 진출 및 국제개발협력 인력 양성 프로그램에 끊임없이 관심을 가지고 고정관념에서 벗어나 다양한 기회를 찾기 위해 시각을 넓히도록 노력하자. 노력한 만큼 기회를 얻을 수 있을 것이다. 날로 새로워지고 치열해지는 국제개발협력 현실에서도 기회를 잘 활용하여 자신만의 특별한 경험을 축적하고 전문적 역량을 배양하여, 국제개발협력 현장에서 만날 수 있기를 기대해 본다.

| 약어집 |

AAA	Accra Agenda for Action	아크라 행동계획
AAAA	Addis Ababa Action Agenda	아디스아바바 행동계획
ADB	Asian Development Bank	아시아개발은행
AFD	Agence Française de Développement	프랑스 개발청
AfDB	African Development Bank	아프리카개발은행
AfDF	African Development Fund	아프리카개발기금
APEC	Asia Pacific Economic Cooperation	아시아태평양경제협력체
ASEAN	Association of South East Asian Nations	동남아시아국가연합
AU	African Union	아프리카연합
AusAID	Australian Agency for International Development	호주 국제개발청
BHN	Basic Human Needs	인간의 기본적 욕구
BMZ	Bundesministerium für wirtschaftliche Zusammenarbeit und Entwicklung	독일연방경제협력개발부
BRICS	Brazil, Russia, India, China, Republic of South Africa	브릭스
CIDCA	China International Development Cooperation Agency	중국 국제개발협력청
CSO	Civil Society Organization	시민사회단체
CSR	Corporate Social Responsibility	기업의 사회적 책임
DAC	Development Assistance Committee	개발원조위원회
DAG	Development Assistance Group	개발원조그룹
DAK	Development Alliance Korea	개발협력연대
DCF	Development Cooperation Forum	개발협력포럼
DFI	Development Finance Institutions	개발금융기관
DFID	Department for International Development	영국 국제개발부
EBRD	European Bank for Reconstruction and Development	유럽부흥개발은행
ECOSOC	Economic and Social Council	경제사회이사회
EDCF	Economic Development Cooperation Fund	대외경제협력기금
EU	European Union	유럽연합
FAO	Food and Agriculture Organization of the UN	식량농업기구
FDI	Foreign Direct Investment	해외직접투자
GDI	Gender-Related Development Index	남녀평등지수
GDP	Gross Domestic Product	국내총생산
GII	Gender Inequality Index	성불평등지수
GNI	Gross National Income	국민총소득
GNP	Gross National Product	국민총생산
GPEDC	Global Partnership for Effective Development Co-operation	효과적 개발협력을 위한 글로벌 파트너십
GTZ	Gesellschaft für Technische Zusammenarbeit	독일기술공사
HDI	Human Development Index	인간개발지수

HDR	Human Development Report	인간개발보고서
HLF	High Level Forum on Aid Effectiveness	원조효과성 고위급 포럼
HRBA	Human Rights Based Approach	인권기반접근
IATI	International Aid Transparency Initiative	국제원조투명성기구
IBRD	International Bank for Reconstruction and Development	국제부흥개발은행
IDA	International Development Association	국제개발협회
IDB	Inter-American Development Bank	미주개발은행
IFC	International Finance Corporation	국제금융공사
IFI	International Financial Institutions	국제금융기구
IMF	International Monetary Fund	국제통화기금
IRO	International Refugee Organization	국제난민기구
ISI	Import Substitute Industrialization	수입대체산업화
ISO	International Organization for Standardization	국제표준화기구
JICA	Japan International Cooperation Agency	일본국제협력기구
JPO	Junior Professional Officer	국제기구초급전문가
KCOC	Korea NGO Council for Overseas Development Cooperation	국제개발협력민간협의회
KfW	Kreditanstalt für Wiederaufbau	독일재건은행
KMCO	KOICA Multilateral Cooperation Officer	다자협력전문가
KOICA	Korea International Cooperation Agency	한국국제협력단
KSP	Knowledge Sharing Program	경제발전 경험 공유사업
KYV	Korea Youth Volunteers	한국 청년 해외봉사단
LDC	Least Developed Countries	최빈개발도상국
LIC	Low Income Countries	저소득국
LMIC	Lower Middle Income Countries	저중소득국
MDB	Multilateral Development Bank	다자개발은행
MDGs	Millennium Development Goals	새천년개발목표
MIGA	Multilateral Investment Guarantee Agency	국제투자보증기구
NATO	North Atlantic Treaty Organization	북대서양조약기구
NDB	New Development Bank BRICS	브릭스신개발은행
NGO	Non-Governmental Organization	비정부기구
NIPA	National IT Industry Promotion Agency	정보통신산업진흥원
NPO	Non Profit Organization	민간 비영리 단체
ODA	Official Development Assistance	공적개발원조
OECD	Organization for Economic Cooperation and Development	경제협력개발기구
OEEC	Organization for European Economic Cooperation	유럽경제협력기구
OOF	Other Official Flows	기타공적자금
PAO	Project Action Officer	프로젝트실무전문가
PSI	Private Sector Instruments	민간금융수단
PRS	Poverty Reduction Strategies	빈곤감소전략
PRSP	Poverty Reduction Strategy Papers	빈곤감소전략보고서
QDDR	Quadrennial Diplomacy and Development Review	4개년 외교·개발 검토보고서
SDGs	Sustainable Development Goals	지속가능발전목표
SIDA	Swedish International Development Cooperation Agency	스웨덴 국제개발협력청
TOSSD	Total Official Support for Sustainable Development	지속가능한 발전을 위한 총공적지원

UMIC	Upper Middle Income Countries	고중소득국
UN	United Nations	국제연합
UNCED	UN Conference on Environment and Development	유엔환경개발회의
UNCHE	UN Conference on the Human Environment	유엔인간환경회의
UNCTAD	UN Conference on Trade and Development	유엔무역개발회의
UNDP	UN Development Programme	유엔개발계획
UNEP	UN Environment Programme	유엔환경계획
UNESCO	UN Educational, Scientific and Cultural Organization	유엔교육과학문화기구
UNFCCC	UN Framework Convention on Climate Change	유엔기후변화협약
UNFPA	UN Population Fund	유엔인구기금
UNHCR	UN High Commissioner for Refugees	유엔난민기구
UNICEF	UN Children's Fund	유엔아동기금
UNIDO	UN Industrial Development Organization	유엔공업개발기구
UNRRA	UN Relief and Rehabilitation Administration	유엔구제부흥기관
UNV	UN Volunteers	유엔봉사단
USAID	United States Agency for International Development	미국 국제개발처
VNR	Voluntary National Review	자발적 국가보고서
WB	World Bank	세계은행
WFK	World Friends Korea	월드프렌즈코리아
WFP	World Food Programme	세계식량계획
WHO	World Health Organization	세계보건기구
WTO	World Trade Organization	세계무역기구

※ 일러두기
『국제개발협력 입문편』(개정판) 1-3쇄본의 약어 수정 사항을 다음과 같이 안내드립니다.

페이지	약어	수정 전	수정 후
94	FAO	Food and Agricultural Organization of the UN	Food and Agriculture Organization of the UN
204			
268			
470			
94	UNHCR	Office of the UN High Commissioner for Refugees	UN High Commissioner for Refugees
472			

| 참고문헌 |

제1장

국내

- 김태훈, 2017. "PPP, 개발금융을 통한 개발협력 로드맵 마련". 기획재정부.
  https://www.training.go.kr/htmi/Report/TD0392TR0221016/20180419N7183pLC.
  pdf?saveas=
- 말콤 글래드웰(Malcolm Gladwell), 2012. 『아웃라이어』 노정태 역. 김영사.
- 임소진, 2015a. "ODA 현대화와 민간재원 Ⅱ : 민간금융수단(PSI)의 ODA 통계보고"
  『EDCF Issue Paper』. 한국수출입은행. 4(5).
- 임소진, 2015b. "국제사회의 개발재원 지형의 변화와 한국 개발협력에 대한 시사점" 『한
  국의 개발협력』. 한국수출입은행. 2015(1): 3-31.
- 칼 맥대니얼(Carl N. McDaniel)·존 고디(John M. Gowdy), 2006. 『낙원을 팝니다: 지구의 미래를 경험
  한 작은 섬 나우루』 이섬민 역. 여름언덕.
- 핀 타르프(Finn Tarp), 2009. 『원조와 개발』 임을출 역. 한올아카데미.
- 한국국제협력단, 2008. 『국제개발협력의 이해』. 한올아카데미.
- 한국국제협력단, 2011. 『(함께 알아보는)국제개발협력의 이해: 일반교육, 기본과정』. 한국국제
  협력단.

국외

- Dambisa Moyo. 2009. 『Dead Aid. Farrar(First American Paperback Edition 2010)』. Straus and
  Giroux.
- Emma Seery and Ana Caistor Arendar. 2014. "Even it Up: Time to End Extreme
  Inequality". Oxfam International.
  Era Dabla Norris, Kalpana Kochhar, Nujin Suphaphiphat, Franto Ricka and
  Evridiki Tsounta. 2015. 『Causes and Consequences of Income Inequality: A Global
  Perspective』. IMF Staff Discussion Note. IMF.
- Lucas Chancel, Thomas Piketty, Emmanuel Saez and Gabriel Zucman. 2021.
  "WORLD INEQUALITY REPORT 2022".
  https://wir2022.wid.world/
- Michael P. Todaro and Stephen C. Smith. 2002. 『Economic Development(8th Edition)』.

Addison Wesley.

- OECD. 1996. "Shaping the 21st Century: The Contribution of Development Co-operation". OECD.
- OECD. 2002. "Keeping the Multiple Dimensions of Poverty at the Heart of Development". OECD.
- OECD. 2011a. "The United States. Development Assistance Committee(DAC) Peer Review: Main Findings and Recommendations". OECD.
  https://www.oecd.org/dac/peer-reviews/48434536.pdf
- OECD. 2011b. 『Development Co-operation Report 2011: 50th Anniversary Edition』. OECD.
- OECD. 2013. 『Development Co-operation Report 2013: Ending Poverty』. OECD.
- OECD. 2014a. 『Development Co-operation Peer Reviews: Japan 2014』. OECD.
- OECD. 2014b. 『OECD Development Co-operation Peer Reviews: United Kingdom 2014』. OECD.
- OECD. 2015a. 『Development Co-operation Report 2015: Making Partnerships Effective Coalitions for Action』. OECD.
- OECD. 2015b. "Development Cooperation by Countries Beyond the DAC: Toward a more complete picture of international". OECD.
  https://www.oecd.org/dac/dac-global-relations/Development%20Co-operation%20by%20Countries%20beyond%20the%20DAC.pdf
- OECD. 2021a. "Official Development Assistance".
  https://www.oecd.org/dac/financing-sustainable-development/developmentfinance-standards/What-is-ODA.pdf
- OECD. 2021b. "COVID-19 spending helped to lift foreign aid to an all-time high in 2020 Detailed Note". OECD.
  https://www.oecd.org/dac/financing-sustainable-development/developmentfinance-data/ODA-2020-detailed-summary.pdf
- OECD. 2021c. 『Development Co-operation Report 2021: Shaping a Just Digital Transformation』. OECD.
- OECD. 2022a. "Net ODA"(indicator). OECD iLibrary.
  https://doi.org/10.1787/33346549-en(검색일자2022.3.12.).
- OECD. 2022b. "ODA Levels in 2021-Preliminary Data: Detailed Summary Note". OECD.
- OECD DAC. "DAC List of ODA Recipients".
  https://www.oecd.org/dac/financing-sustainable-development/development-

finance-standards/daclist.htm
- OECD DAC. "List of OECD Member countries".
  https://www.oecd.org/about/document/ratification-oecd-convention.htm(검색일자
  2022.5.30.).
- OECD DAC. 2001. "The DAC Guidelines: Poverty Reduction". OECD.
- Robert Chambers. 1999. 『Whose Reality Counts? Putting the First Last』.
  Intermediate Technology Publications.
- UN. 2015. "The Millennium Development Goals Report 2015". UN.
- UNCTAD. 2020. "UNCTAD Handbook of Statistics 2020–Population". UNCTAD.
  https://unctad.org/system/files/official-document/tdstat45_FS11_en.pdf
- World Bank. "Population, total". World Economic Forum.
  https://data.worldbank.org/indicator/SP.POP.TOTL?view=chart(검색일자2022.3.6.).
- World Bank. 2001. 『World Development Report 2000/2001: Attacking Poverty』.
  World Bank.
- World Bank. 2020. "Poverty and Shared Prosperity 2020: Reversals of Fortune".
  World Bank.
  https://reliefweb.int/report/world/poverty-and-shared-prosperity-2020-
  reversalsfortune
- World Bank Open Data 홈페이지.
  https://data.worldbank.org/(검색일자2022.5.30.).
- World Economic Forum. 2010. "The Global Competitiveness Report 2010-2011".
  https://www3.weforum.org/docs/WEF_GlobalCompetitivenessReport_2010-11.pdf

제2장

국내

- 강선주, 2012. "부산세계개발원조총회(HLF-4)의 성과와 글로벌 원조구조 전망"『주요국제
  문세분석 2012-10』. 국립외교원.
- 강선주, 2015. "Post-2015 개발 아젠다의 이해: MDGs에서 SDGs로의 진화"『외교』. 112:
  94-105.
- 권상철·박경환, 2017. "새천년개발목표(MDGs)에서 지속가능개발목표(SDGs)로의 이행: 그 기
  회와 한계"『한국지역지리학회지』 23(1).
- 권해룡, 2006. 『개발협력을 위한 한국의 이니셔티브』 크레이크 맥클레인 역. 삶과꿈.
- 던컨 그린(Duncan Green), 2010. 『빈곤에서 권력으로』 주성수 역. 이매진.

- 박형중, 2007. 『구호와 개발 그리고 원조: 국제논의 수준과 북한을 위한 교훈』. 해남.
- 손혁상, 2014. "국제개발 규범형성에 대한 구성주의적 접근: 새천년개발목표(MDGs)와 Post-2015 프레임워크 사례를 중심으로" 『국제정치논총』 한국국제정치학회. 54(1): 231-265.

  https://www.kci.go.kr/kciportal/ci/sereArticleSearch/ciSereArtiView.kci?sereArticleSearchBean.artiId=ART001865406
- 손혁상·이진영·여원영, 2011. "부산 세계개발원조총회-'원조효과성'을 넘어 '효과적인 개발'로" 『한국의 개발협력』 2011(4): 79-85.
- 송현주, 2011. "국제개발협력과 젠더" 『한국의 개발협력』 2011(4): 35-51.
- 윌리엄 R. 이스털리(William R. Easterly), 2011. 『세계의 절반 구하기: 왜 서구의 원조와 군사 개입은 실패할 수밖에 없는가』 황규득 역. 미지북스.
- 윤유리, 2019. "2030 어젠다 달성을 위한 GPEDC의 역할 및 한국의 기여 방안" 『개발과 이슈』 제53호. 한국국제협력단.
- 이강국, 2007. 『가난에 빠진 세계』. 책세상.
- 이성훈, 2011. "인권동향과 전망 칼럼" 『한국인권재단 인권소식』.
- 임소진, 2012. "국제사회의 Post-2015 개발 프레임워크 수립동향 및 한국 ODA의 기여방안" 『KOICA 개발정책포커스』 제14호.
- 장하준, 2020. 『사다리 걷어차기』 김희정 역. 부키.
- 제프리 삭스(Jefferey Sachs), 2006. 『빈곤의 종말』 김현구 역. 21세기북스.
- 조동준, 2020. 『규범의 국제정치』. 사회평론아카데미.
- 조이슬·김희강, 2016. "발전규범으로서 유엔의 지속가능발전목표: Martha Nussbaum의 가능성이론을 중심으로" 『한국행정학보』 50(3).
- 조한슬·김아리·이인호, 2017. "KOICA의 MDGs 이행실적 및 시사점". 한국국제협력단.
- 주동주, 2007. "국제개발협력의 역사와 그 성과" 국제개발협력학회 창립 학술대회 발표 (2007.12.).
- 주동주, 2011. 『국제개발과 국제원조』. 시나리오친구들.
- 지구촌빈곤퇴치시민네트워크, 2017. "지구촌빈곤퇴치시민네트워크 활동백서". 지구촌빈곤퇴치시민네트워크·경제정의실천시민연합.
- 캐럴 랭커스터(Carol Lancaster), 2010. 『왜 세계는 가난한 나라를 돕는가』 유지훈 역. 시공사.
- 한국국제협력단, 2013. 『국제개발협력의 이해』. 한울아카데미.
- 한국국제협력단, 2015. "지속가능개발목표(SDGs) 수립현황과 대응방안". 한국국제협력단.
- KoFID, 2011. "Issue Brief 제1호: 원조효과성과 개발효과성".

국외
- Alexander Gerschenkron. 1962. "Economic Backwardness in Historical Perspective".

The Belknap Press of Harvard University Press.
- Amartya Sen. 1999. 『Development as Freedom』. Anchor Books.
- Andre Gunder Frank. 1969. 『Latin America: Underdevelopment or Revolution』. Monthly Review Press.
- Ashok Chakravarti. 2005. 『Aid Institutions and Development: New Approaches to Growth. Development and Poverty』. Edward Elgar.
- B.D. Ruben and L.P. Stewart. 2006. 『Communication and Human Behavior. 5th Edition』. Pearson Education.
- Dambisa Moyo. 2009. 『Dead Aid. Farrar(First American Paperback Edition 2010)』. Straus and Giroux.
- David Hulme. 2017. "The Emergence and Spread of the Global Poverty Norm" 『In Millennium Development Goals: Ideas, Interests and Influence』. Routledge.
- David Lewis. 1998. "Development NGOs and the Challenge of Partnership: Changing Relations between North and South" 『Social Policy & Administration』.
- David Lewis, Nazneen Kanji and Nuno S. Themudo. 2009. 『Non-Governmental Organizations and Development』. Routledge.
- Economist. 1999. "Helping the poorest"(1999.8.12).
- Finn Tarp. 2006. 『Foreign Aid and Development: Lessons Learnt and Directions for the Future』. Routledge.
- Government of the United Kingdom. 2005. "The UK's Contribution to Achieving the Millennium Development Goals".
  https://webarchive.nationalarchives.gov.uk/+/http:/www.dfid.gov.uk/pubs/files/uk-cont-mdg-report.pdf
- Jane Harrigan, Paul Mosley and John Toye. 1995. 『Aid and Power-Vol 1 The World Bank and Policy Based Lending』. Routledge.
- Jeffrey Haynes. 2008. 『Development Studies』.
- John Rapley. 2007. 『Understanding Development: Theory and Practice in the Third World』. Lynne Rienner Publishers Inc.
- Lynton Keith Caldwell. 1996. 『International Environmental Policy』. Duke University Press Books.
- Maggie Black. 2007. 『The No-Nonsense Guide to International Development』. New Internationalist.
- Michael Edwards and David Hulme. 1996. "Too Close for Comfort? The Impact of Official Aid on Nongovernmental Organizations" 『World Development』 24(6).
- Mitchell A. Seligson and John T. Passe-Smith. 2008. 『Development and

Underdevelopment: The Political Economy of Global Inequality』. Lynne Rienner Publishers Inc.

- ODI. 2006. "Governance, Development and Aid Effectiveness: A Quick Guide to Complex Relationships". Briefing Paper.
- OECD. 1994. "The Story of Official Development Assistance: A history of the Development Assistance Committee and the Development Cooperation Directorate in dates, names and figures". OECD.
- OECD. 1996. "Shaping the 21st Century: the Contribution of Development Co-operation". OECD.
- OECD. 2010. 『Development Co-operation Report 2010』. OECD.
- OECD DAC. 2001. "The DAC Guidelines: Poverty Reduction". OECD.
- Olav Stokke. 2009. 『The UN and Development from Aid to Cooperation(UN Intellectual History Project Series)』. Indiana University Press.
- Peter Hjertholm and Howard White. 1998. "Survey of Foreign Aid: History, Trends and Allocation". Department of Economics of Copenhagen University.
- Roberz Chambers. 1995. "Poverty and Livelihoods: Whose Reality Counts?" 『Environment and Urbanizaion』 7(1).
- Roger C. Riddell. 2007. "Does Foreign Aid Really Work?". Oxford.
- Sakiko Fukuda-Parr and David Hulme. 2009. "International Norm Dynamics and 'the End of Poverty': Understanding the Millennium Development Goals(MDGs)" 『Brooks World Poverty Institute Working Paper』 17(1): 17-36.
- Shaohua Chen and Martin Ravallion. 2004. "How have the world's poorest fared since the early 1980s?" 『World Bank Policy Research Working Paper』. Oxford University Press. 19(2).
- UN. 2010. "Millennium Development Goals Report". UN.
- UN. 2015. "The Millennium Development Goals Report 2015". UN.
- UNDP. 1990. "Human Development Report 1990". UNDP.
- UNGA. 1994. "An Agenda for Development: Report of Secretary-General" 『UNGA』.
- Walter Rostow. 1960. "Walter Rostow, 1960, The Process of Economic Growth". Clarendon Press.
- WFP and FAO. 2010. "The State of Food Insecurity in the World: Addressing food insecurity in protracted crises".
  http://www.fao.org/docrep/013/i1683e/i1683e.pdf

제3장

국내

- 김민지, 2019. "총공적개발지원 외"『국토』. 국토연구원. 454(8): 51-54.
- 문도운·민경일·이소연·이하늬·이현아, 2016. "알기 쉬운 지속가능발전목표 SDGs"『국제개발협력시민사회협력포럼』16-18.
- 외교부, 2015. "유엔개발정상회의" 2015. 9. 25.~27. 외교부 개발협력국.
- 임소진, 2012. "국제사회의 Post-2015 개발 프레임워크 수립동향 및 한국 ODA의 기여방안"『KOICA 개발정책포커스』제14호. 한국국제협력단.
- 임소진, 2013a. "Post-2015 개발 프레임워크와 UN 고위급패널 보고서"『개발과 이슈』제10호. 한국국제협력단.
- 임소진, 2013b. "모두를 위한 품위 있는 삶: Post-2015 개발의제를 위한 UN 사무총장 보고서"『개발과 이슈』제12호. 한국국제협력단.
- 임소진, 2015a. "ODA 현대화와 민간재원 II : 민간금융수단(PSI)의 ODA 통계보고"『EDCF Issue Paper』. 한국수출입은행. 4(5).
- 임소진, 2015b. "국제사회의 개발재원 지형의 변화와 한국 개발협력에 대한 시사점"『한국의 개발협력』. 한국수출입은행. 2015(1): 3-31.
- 정상희·임소진, 2022.『중남미 국제개발협력의 변화와 전망: 코로나19 이후 SDGs 체제에서의 과제』. 한울출판사.
- 황선형·김지원, 2020. "청년을 위한 UN과 SDGs 핸드북".
  https://www.unescap.org/sites/default/files/UN%20and%20SDGs_A%20Handbook%20for%20Youth_Korean.pdf

국외

- ECLAC. 2022. "2030 Agenda in Latin America and the Caribbean"
  https://agenda2030lac.org/(검색일자2022.4.23.).
- Jeffrey Sachs, Christian Kroll, Guillaume Lafortune, Grayson Fuller and Finn Woelm. 2021. "SUSTAINABLE DEVELOPMENT REPORT 2021: The Decade of Action for the Sustainable Development Goals includes the SDG Index and Dashboards". Cambridge University Press.
- Jeffrey Sachs, Guido Schmidt-Traub, Christian Kroll, Guillaume Lafortune and Grayson Fuller. 2018. "SDG Index and Dashboards Report 2018: Global responsibilities. Implementing the goals".
- Jeffrey Sachs, Guido Schmidt-Traub, Christian Kroll, Guillaume Lafortune and Grayson Fuller. 2019. "Sustainable Development Report 2019: Transformations

to Achieve the Sustainable Development Goals. Includes the SDG Index and Dashboards". Bertelsmann Stiftung and Sustainable Development Solutions Network(SDSN).

· Jeffrey Sachs, Guido Schmidt-Traub, Christian Kroll, Guillaume Lafortune, Grayson Fuller and Finn Woelm. 2020. "Sustainable Development Report 2020: The Sustainable Development Goals and Covid-19 Includes the SDG Index and Dashboards". Cambridge University Press.

· Noha Shawki. 2016. 『International Norms, Normative Change and the UN Sustainable Development Goals』. Lexington Books.

· OECD. 1996. "Shaping the 21st Century: The Contribution of Development Co-operation". OECD.

· OECD. 2014a. "2014 DAC High Level Meeting Final Communique". OECD.

· OECD. 2014b. 『Development Co-operation Report 2014: Mobilising Resources for Sustainable Development』. OECD.

· OECD. 2015a. "Progress in Implementing the 2014 High Level Meeting(HLM) Mandate, with a Focus on TOSSD. DCD/DAC(2015)31". OECD.

· OECD. 2015b. Summary of the 13 May Expert Workshop on Total Official Support for Sustainable Development(TOSSD). OECD.

· OECD. 2020. "The Impact of the Coronavirus(COVID-19) Crisis on Development Finance". OECD.

· Taekyoon Kim and Sojin Lim. 2017. "Forging Soft Accountability in Unlikely Settings: A Conceptual Analysis of Mutual Accountability in the Context of South-South Cooperation" 『Global Governance』. 23(2): 183-203.

· UN. 2003. "Monterrey Consensus of the International Conference on Financing for Development". UN.

· UN. 2008. "Doha Declaration on Financing for Development: Outcome Document of the Follow-up International Conference on Financing for Development to Review the Implementation of the Monterrey Consensus". UN.

· UN. 2013a. "A Life of Dignity for All: Accelerating Progress towards the Millennium Development Goals and Advancing the United Nations Development Agenda beyond 2015". UN.

· UN. 2013b. "A New Global Partnership: Eradicate Poverty and Transform Economies through Sustainable Development The Report of the High Level Panel of Eminent Persons on the Post-2015 Development Agenda". UN.

· UN. 2014. "Report of the Open Working Group of the General Assembly on

Sustainable Development Goals". UN.

- UN. 2015a. "Outcome Document of the Third International Conference on Financing for Development: Addis Ababa Action Agenda". UN.
- UN. 2015b. "Transforming Our World: the 2030 Agenda for Sustainable Development". UN.
- UN. 2018. "The Sustainable Development Goals Report 2018". UN.
- UN. 2019. "The Sustainable Development Goals Report 2019". UN.
- UN. 2020a. "Financing for Development in the Era of COVID-19 and Beyond". UN.
- UN. 2020b. "The Sustainable Development Goals Report 2020". UN.
- UN. 2021. "The Sustainable Development Goals Report 2021". UN.
- UN System Task Team. 2012. "Realizing the Future We Want for All Report to the Secretary-General". UN.
- UN System Task Team. 2013a. "A renewed global partnership for development". UN.
- UN System Task Team. 2013b. "Statistics and Indicators for the Post-2015 Development Agenda". UN.
- UNDP. 2017. "Financing the SDGs in the Pacific islands: Opportunities, Challenges and Ways Forward". UNDP.
- UNESCAP. "Asia and the Pacific SDG Progress Report 2021". UNESCAP.
- UNSD. 2022. "E-Handbook on Sustainable Development Goals Indicators". UNDP.
- World Bank. 2009. "Annual Report 2009". World Bank.
- World Bank. 2015. "From Billions to Trillions: MDB Contributions to Financing for Development". World Bank.

제4장

국내

- 곽재성, 2014. "국제개발 컨설팅이란" 『KODAC Brief』. 성희대학교 국제학연구원 ODA센터. 1(4).
- 곽재성, 2022. 『KODAC Brief』 한중남미협회. 외교부.
- 곽재성·이성훈·홍문숙·윤지영·김수진·송수전, 2018. "SDG16 달성을 위한 KOICA 이행방안 연구". 한국국제협력단.
- 국제개발협력민간협의회, "비전과 미션".
  http://ngokcoc.or.kr/theme/ngokcoc/01/info01.php(검색일자2022.8.30.).

- 국제금융기구 정보시스템 홈페이지.

  https://ifi.moef.go.kr/main/main.do(검색일자2022.8.30.).
- 권율·정지선, 2009. "북유럽 주요국의 언타이드 원조정책과 시사점". KIEP 대외경제정책
  연구원.
- 금융위원회, 2021. "ESG 국제동향 및 국내 시사점".

  https://www.fsc.go.kr/comm/getFile?srvcId=BBSTY1&upperNo=75339&fileTy=AT
  TACH&fileNo=8
- 기획재정부. 대한민국정책브리핑. [보도참고] 아시아개발은행 사무총장에 엄우종. 아시아
  인프라투자은행 국장에 김헌 신규 선임(2021.2.22.보도).

  https://www.korea.kr/news/pressReleaseView.do?newsId=156437514
- 김용수. 연합뉴스. 일본, 타국군 지원 가능토록 'ODA 대강' 개정(2015.2.10.보도).

  https://www.yna.co.kr/view/AKR20150210080000073
- 김종섭, 2012. "유럽의 ODA 정책과 한·유럽 개발협력 2012". KIEP 대외경제정책연구원.
- 김종섭·이은석, 2014. "아프리카 지역의 수원정책: 르완다 사례를 중심으로"『개발협력과
  국제협력』제1권 제1호. 한국개발연구원.
- 나이로비무역관 윤구. KOTRA 해외시장뉴스. 아프리카개발은행을 통한 아프리카 프로젝
  트 진출 기회(2019.8.1.보도).

  https://dream.kotra.or.kr/kotranews/cms/news/actionKotraBoardDetail.do?SITE_
  NO=3&MENU_ID=110&CONTENTS_NO=1&bbsSn=245&pNttSn=176610(검색일자
  2022.8.30.).
- 네이버 지식백과, "국제통화기금".

  https://terms.naver.com/search.naver?query=%EA%B5%AD%EC%A0%9C%ED%8
  6%B5%ED%99%94%EA%B8%B0%EA%B8%88&searchType=&dicType=&subject=
  (검색일자2022.8.30.).
- 도충구·서민교·전정기, 2001.『국제경제기구의 이해』. 학현사.
- 박홍영, 2011. "전후 일본 공적개발원조정책의 변화상"『일본연구논총』. 32: 247-248.
- 외교부, 2014.『2014 유엔개황』.

  https://overseas.mofa.go.kr/www/brd/m_3874/view.do?seq=351864&srchFr=&a
  mp;srchTo=&srchWord=&srchTp=&multi_itm_seq=0&itm_
  seq_1=0&itm_seq_2=0&company_cd=&company_nm=&page=19
- 외교부, 경제협력개발기구(OECD) 개발원조위원회(DAC), 우리나라 국제개발협력에 대한 동
  료검토 권고이행 상황 긍정 평가(2021.8.2.보도).

  https://www.mofa.go.kr/www/brd/m_4080/view.do?seq=371403
- 외교부, 대한민국정책브리핑. 2022-24년 우리나라의 유엔 예산 분담률 결정(2.574%)
  (2021.12.28.보도).

https://www.korea.kr/briefing/pressReleaseView.do?newsId=156488984(검색일자 2022.8.30.).

- 외교부, 제6차 한-메콩 협력기금 사업 선정 공모 개시(2022.3.21.보도).
  https://www.mofa.go.kr/www/brd/m_4080/view.do?seq=372185(검색일자2022.8.30.).

- 외교통상부 주벨기에·유럽연합대사관, 2012. "EU가 그리는 더불어 사는 세계". 애드컴 서울.

- 우종국. 매거진 한경. "[빌 앤드 멜린다 게이츠 재단] 세계 최대 규모 재단… 퍼주기 식 자선은 없었다(2012.9.14.보도)".
  https://magazine.hankyung.com/business/article/202102246096b

- 윤유리, 2019. "2030 어젠다 달성을 위한 GPEDC의 역할 및 한국의 기여 방안"『개발과 이슈』제53호. 한국국제협력단.

- 윤지영, 2019. "스웨덴 국제개발협력의 주요 정책 및 전략 동향"『국제사회보장리뷰』 2019(10): 23-33.
  http://repository.kihasa.re.kr/bitstream/201002/33361/1/2_%EA%B8%B0%ED%9A%8D2_%EC%9C%A4%EC%A7%80%EC%98%81.pdf

- 이현주, 2010.『수원국 공공 재정관리 및 조달시스템 활용방안』. 한국국제협력단.

- 이화용, 2017. "공여국의 개발도상국 시민사회(CSO) 지원의 담론과 현황: OECD DAC 회원국 중심으로 국제지역연구". 한국외국어대학교 국제지역연구센터. 21(1): 3-38.

- 임소영·정선인·나혜선·이상준, 2016. "민간부문 개발을 위한 개발협력 전략 수립 방안 연구―동남아시아 지역을 중심으로"『연구보고서』. 산업연구원.
  https://www.kiet.re.kr/research/reportView?report_no=812

- 임화섭. 연합뉴스. WHO 한국사무소 50년 만에 철수… 이달 말 폐쇄(2012.9.7.보도).
  https://www.yna.co.kr/view/AKR20120907045000017#

- 장하준, 2008.『다시 발전을 요구한다: 장하준의 경제정책 매뉴얼』. 부키.

- 전병조, 2020. "[여시재 제안] 아시아 인프라 시장에 中 이어 美라는 강력한 경쟁자 등장". 태재 아카데미. 여시재.

- 정지원·이주영, 2011. "국제사회의 '원조 효과성에 관한 파리 선언' 이행 성과 및 평가". KIEP 대외경제정책연구원.

- 성효민, 2019. "일본 원조의 특성과 결성 요인에 대한 분석"『지역발전연구』. 28(2): 93-122.

- 조항일. 엔지니어링데일리. ODA도 차이나머니 대세… 10년간 2배 '껑충'(2020.10.12.보도).
  http://www.engdaily.com/news/articleView.html?idxno=12272(검색일자2022.8.30.).

- 주OECD 한국대표부, 2012. "조세와 개발".

- 최지은·박동규, 2015.『공공투자 사업의 경제성분석을 위한 사회적 할인율 추정』. 경희대학교 사회과학연구원. 41(3): 145-167.

- 최춘흠·김영윤·최수영, 2008. 『UN기구의 지원체계와 대북활동』. 통일연구원.
- 한국국제협력단. "KOICA 오픈데이터포털".

  https://www.oda.go.kr/opo/nmasc/main.do(검색일자2022.7.3.).
- 한국국제협력단, 2011. "중국의 대외원조정책 및 시사점".
- 한국국제협력단, 2012. 『국제개발협력 첫걸음』. 한국국제협력단.
- 한국국제협력단, 2013. 『국제개발협력의 이해』. 한울아카데미.
- 한국수출입은행, 2014. "OECD DAC 동향" 제17호.
- 한국은행, 2015. "중국의 대신흥국 대외원조 현황과 전망".
- 효성FMS [뉴스레터 33호] 사업하는 데 사무실이 꼭 필요할까? 달라지는 오피스 트렌드!(2021.7.28.보도).

  https://www.hyosungfms.com/fo/acv/newsLetterView.do?pageIndex=4&nttId=1288(검색일자2022.8.30.).
- KSP, 2021. "정책자문사업: 메콩강위원회 홍수·가뭄 관리 및 예·경보 개선방안". 기획재정부.

  https://www.ksp.go.kr/pageView/info/797
- ODA KOREA. "주요 참여자".

  https://www.odakorea.go.kr/ODAPage_2022/category01/L02_S01.jsp
- Open Forum for CSO Development Effectiveness·KOFID·KCOC·부산세계개발원조총회, 2011. "알기 쉬운 시민사회의 개발 효과성".
- VOA. 세계은행 '개도국 FDI 유치 위해 정치적 위험 해소해야'(2011.12.12.보도).

  https://www.voakorea.com/a/article--1212-world-bank-fdi--135435628/1345201.html(검색일자2022.8.30.).

국외

- ADB. 2018. "Strategy 2030: Achieving a Prosperous. Inclusive. Resilient. and Sustainable Asia and the Pacific". ADB.
- AfDB. "Member countries".

  https://www.afdb.org/en/about-us/corporate-information/members(검색일자2022.8.30.).
- Alex Thier. ODI. MEDIA NOTE: Former US ambassador Mark Green nominated to lead USAID-statement and expert available(2017.5.11.보도).

  https://odi.org/en/press/media-note-former-us-ambassador-mark-greennominated-to-lead-usaid-statement-and-expert-available
- Bill and Melinda Gates Foundation. 2021. "Annual Report 2021". Bill and Melinda Gates Foundation.

  https://www.gatesfoundation.org/about/financials/annual-reports

- BMZ. 2017. "Supporting TVET-Shaping the Future". BMZ.
- CDC-BII. 2022. "2022-2026 Strategy". CDC-BII.
- CIDCA. 2022. China International Development Cooperation Agency.
  http://www.cidca.gov.cn/index.htm#jgzn.
- CISION. New Development Bank updates: NDB enters 2022 in expansion mode
  (2022.1.13.보도).
  https://www.prnewswire.com/news-releases/new-development-bank-updates-ndbenters-2022-in-expansion-mode-301460273.html(검색일자2022.8.30.).
- develoPPP. "DAS F RDERPROGRAMM DEVELOPPP".
  https://www.developpp.de/foerderprogramm
- Economist. A contest between populism, diplomacy and aid is looming in Britain
  (2020.11.21.보도).
  https://www.economist.com/britain/2020/11/19/a-contest-between-populismdiplomacy-and-aid-is-looming-in-britain(검색일자2022.8.30.).
- EDFI. "Proparco France".
  https://www.edfi.eu/member/proparco/
- European Bank for Reconstruction and Development. 2022. "Republic of Korea:
  EBRD shareholder profile".
  https://www.ebrd.com/who-we-are/structure-and-management/shareholders/korea.html(검색일자2022.8.30.).
- European Commission. The European Union remains world's leading donor of
  Official Development Assistance with 75.2 billion in 2019(2020.4.16.보도).
  https://ec.europa.eu/commission/presscorner/api/files/document/print/en/ip_20_674/IP_20_674_EN.pdf
- FAO. 2015. "France Diplomatie 2015". French Official Development Assistance(ODA).
- Financial Times. Britain's Foreign Office has badly lost its way, say critics(2021.12.25.보도).
  https://www.ft.com/content/422629e4-5219-4dfa-a2ab-e06a0410f50f
- German Federal Ministry for Economic Cooperation and Development(BMZ). 2015.
  "Vocational Education and Training in Development Cooperation".
  https://europa.eu/capacity4dev/articles/technical-and-vocational-education-andtraining-development-cooperation
- ICAI. 2019. "Report: CDC's investments in low-income and fragile states: A
  performance review".
  https://icai.independent.gov.uk/html-version/cdc
- International Monetary Fund. "Where the IMF Gets Its Money".

- Janadale Leene Coralde and Miguel Antonio Tamonan. Top GIZ contractors: A primer(2021.9.27.보도).

  https://www.devex.com/news/top-giz-contractors-a-primer-101603
- Johann P. Arnason. 2004. "Introduction" 『Thesis Eleven』. 77(1): 1-3.
- Jonathan Glennie. The Guardian. Spain can be a trailblazer in this new age of aid austerity(2013.2.26.보도).

  https://www.theguardian.com/global-development/poverty-matters/2013/feb/26/spain-trailblazer-age-aid-austerity
- José Antonio Alonso. 2012. "From Aid and Global Development Policy". UN.
- Julia Kagan. Investopedia. What Is the Tax-to-GDP Ratio? Definition, and What Is a Good One?(2021.7.31.보도).

  https://www.investopedia.com/terms/t/tax-to-gdp-ratio.asp
- KfW 홈페이지.

  https://www.kfw.de/kfw.de.html
- KPMG. 2022. "Consolidated financial Statements". Bill and Melinda Gates Foundation.
- Marian L. Lawson. 2017. "Major Foreign Aid Initiatives Under the Obama Administration: A Wrap-Up".

  https://www.everycrsreport.com/reports/R44727.html
- Mark Anderson. The Guardian. UK passes bill to honour pledge of 0.7% foreign aid target(2015.3.9.보도).

  https://www.theguardian.com/global-development/2015/mar/09/uk-passes-bill-law-aid-target-percentage-income
- Miguel Antonio Tamonan. devex. German aid: A primer(2022.3.14.보도).

  https://www.devex.com/news/german-aid-a-primer-102799(검색일자2022.3.14.).
- MRC. "Mekong River Commission for Sustainable Development".

  https://www.mrcmekong.org
- OECD. "Development Co-operation Report 2017: Data for Development". OECD.

  https://doi.org/10.1787/dcr-2017-en
- OECD. 2010. "What are the Benefits of Using Country Systems?". OECD.
- OECD. 2014a. "Aid to developing countries rebounds in 2013 to reach an all-time high". OECD.
- OECD. 2014b. 『OECD Development Co-operation Peer Reviews: Australia 2013』. OECD.
- OECD. 2014c. 『OECD Development Co-operation Peer Reviews: France 2013』.

OECD.
- OECD. 2015. 『Development Co-operation Report 2015: Making Partnerships Effective Coalitions for Action』. OECD.
- OECD. 2018. 『OECD Development Co-operation Peer Reviews: Australia 2018』. OECD.
- OECD. 2020. "Global Outlook on Financial for Sustainable Development 2021". OECD.
  https://www.oecd.org/development/global-outlook-on-financing-for-sustainable-development-2021-e3c30a9a-en.htm
- OECD. 2021a. "COVID-19 spending helped to lift foreign aid to an all-time high in 2020: Detailed Note".
  https://data.oecd.org/united-kingdom.htm
- OECD. 2021b. 『Development co-operation funding: Highlights from the complete and final 2019 ODA statistics』.
- OECD. 2022a. "Development Assistance Committee(DAC)".
  https://www.oecd.org/dac/development-assistance-committee/
- OECD. 2022b. "Private flows(indicator)".
  https://data.oecd.org/drf/private-flows.htm
- OECD. 2022c. "Query Wizard for International Development Statistics".
  https://stats.oecd.org/qwids
- Patrick Wintour. The Guardian. UK aid cuts imposed with no transparency, says watchdog(2021.6.23.보도).
  https://www.theguardian.com/global-development/2021/jun/23/uk-aid-cuts-imposed-with-no-transparency-says-watchdog
- Pete Troilo. DEVEX. Alleviating the confusion: Germany's new aid structure and business model(2011.9.26.보도).
  https://www.devex.com/news/alleviating-the-confusion-germany-s-new-aidstructure-and-business-model-76022(검색일자2022.8.30.).
- UN. Department of Public Information. 2017. "The United Nations System".
  https://www.un.int/sites/www.un.int/files/Permanent%20Missions/un_system_chart_eng_final_march13_2017_1.pdf(검색일자2022.8.30.).
- UNCTAD. 2021. "World Investment Report 2021". UN.
  https://unctad.org/system/files/official-document/wir2021_en.pdf
- UNDG. 2015. United National Development Group.
- UNDP. "Top contributors".

https://www.undp.org/funding/top-contributors(검색일자2022.8.30.).

- UNDP. 2015. United Nations Development Programme.
- UNICEF. 2015. United Nations International Chlderen's Emergency Fund.
- UNOSSC. "About UNOSSC".
  https://www.unsouthsouth.org/about/about-unossc
- USAID. 2021. "About the Higher Education Solutions Network".
- Van Seters, Jeske and Henrike Klavert. 2013. "EU development cooperation after the Lisbon Treaty: People. institutions and global trends". European Centre for Development Policy Management(ECDPM).
  https://ecdpm.org/wp-content/uploads/2013/10/DP-123-EU-Development-Cooperation-Lisbon-Treaty-People-Institutions-2011.pdf
- World Bank. 2022a. "DataBank: Personal Remittances, Received".
  https://data.worldbank.org/indicator/BX.TRF.PWKR.CD.DT?end=2020&start=2005
- World Bank. 2022b. "Everything you always wanted to know about the World Bank". World Bank.

제5장

국내

- 경제기획원, 1982. 『개발연대의 경제정책』. 경제기획원.
- 관계부처합동, 2010. "국제개발협력 선진화 방안".
- 관계부처합동, 2011. "국제개발 컨설팅 산업기반 조성방안".
- 관계부처합동, 2021. "제3차 국제개발협력 종합기본계획(2021-2015)".
- 국무조정실, 2020. "2020 대한민국 ODA 백서". 국제개발협력위원회.
- 국제개발협력학회. "국제개발협력연구".
  https://www.kaidec.kr/contents/bbspage/xbd/board.php?bo_table=m3_db1(검색일자 2022.5.30.).
- 권율·박수경·이주영, 2011. 『ODA에 대한 국민인식 조사 결과 및 국제비교』. KIEP 대외경제정책연구원.
- 김채형, 1992. "OECD 회원국의 NGO 활동: 개발원조를 중심으로". 한국국제협력단.
- 김현종, 2010. 『한미 FTA를 말하다』. 홍성사.
- 김희정·조흥식·김상태, 2010. "(2010)한국 개발복지 NPO 총람: 한국 개발복지 NPO 현황 조사".
- 노중기, 2002. "1950년대 한국 사회에 미친 원조의 영향에 관한 고찰". 서울대학교.

- 대외경제협력기금 홈페이지.
  https://www.edcfkorea.go.kr/index(검색일자2022.3.17.).
- 대외경제협력기금·국제개발협력연구센터·수출입은행, 2015. "한국의 개발협력". 대외경제협력기금.
- 도미니크 바튼(Dominic Barton)·마이클 슈만(Michael Schuman)·스티븐 로치(Stephen Roach)·샤론 램(Sharon Lamm)·클라우스 슈왑(Klaus Schwab)·프레드 버그스텐(Fred Bergsten)·리처드 돕스(Richard Dobbs)·루벤 바르디니안(Ruben Vardanyan)·케이트 머피(Kate Murphy)·다케나카 헤이조(Heijo Takenaka)·빌 에모트(Bill Emmott)·도널드 그레그(Donald Gregg)·롤랜드 빌링어(Roland Villinger)·비샤카 데사이(Vishakha Desai)·조셉 나이(Joseph Nye)·키쇼어 마부바니(Kishore Mahbubani)·존 손튼(John Thornton)·쉔 딩리(Shen Dingli)·구로다 하루히코(Haruhiko Kuroda)·마이클 엘리엇(Michael Elliott)·나라야나 무르티(Narayana Murthy)·마이클 바버(Michael Barber)·제프리 가튼(Jeffrey Garten)·리처드 플로리다(Richard Florida)·기 소르망(Guy Sorman)·크리스토퍼 그레이브즈(Christopher Graves)·스티브 발머(Steve Ballmer)·피터 벡(Peter Beck)·마크 클리퍼드(Mark Clifford)·아킴 슈타이너(Achim Steiner), 2010. 『2020 대한민국, 다음 십 년을 상상하라: 세계를 움직이는 30인이 바라본 한국의 미래』 이은주 역. 랜덤하우스.
- 라종일, 2009. 『세계의 발견: 라종일이 보고 겪은 한국현대사』. 경희대학교출판국.
- 로버트 치알디니(Robert B. Cialdini), 2004. 『설득의 심리학』황혜숙 역. 21세기북스.
- 박승, 1976. 『경제발전론』. 박영사.
- 박승, 1992. 『경제발전론』. 박영사. pp.30-33.
- 박한규, 2005. "외교정책의 이해". 경희대학교출판국.
- 법제처 국가법령정보센터, "국제질병퇴치기금법".
- 서남원, "한국에 대한 외국 원조의 관리"『아세아연구』 고려대학교 아세아문제연구소. Vol.6 No.2.
- 송명근, 1998. 『세계 챔피언 의사를 향한 집념(2001년 한국 59인의 초상)』. 월간조선.
- 송병락, 1993. 『한국경제론』. 박영사.
- 에리히 프롬(Erich Fromm), 2019. 『사랑의 기술』황문수 역. 문예출판사.
- 오원철, 1999. 『한국형 경제건설: 내가 전쟁을 하자는 것도 아니지 않느냐』. 한국형경제정책연구소.
- 오원철, 2006. 『박정희는 어떻게 경제강국 만들었나』. 동서문화사.
- 외교부. '20년 우리나라 ODA는 22.5억 불, OECD 개발원조위원회(DAC) 29개 국가 중 16위(2021.4.13.보도).
  https://www.mofa.go.kr/www/brd/m_4080/view.do?seq=371089
- 외교부 홈페이지.
  https://www.mofa.go.kr(검색일자2022.5.30.).
- 유원근·조용래, 1994. 『자본주의 사회를 보는 두 시각』. 율곡출판사.

- 이경구, 2004. "한국에 대한 개발원조와 협력: 우리나라의 수원 규모와 분야 효과사례 등에 관한 조사연구". 한국국제협력단.
- 이계우, 2009. "한국의 국제개발원조 조달시장 진출정책". 국제개발협력 2009년 통권 제4호. 한국국제협력단.
- 이영현·옥준필, 2008. "산업화와 직업교육훈련". 한국직업능력개발원.
- 이영현·임언·김철희·김상태·박명준, 2009. "교육훈련 국제개발협력 선진화 전략". 한국직업능력개발원.
- 이한빈, 1996. 『일하며 생각하며』. 조선일보사.
- 장하준, 2007. 『나쁜 사마리아인들: 장하준 경제학 파노라마』. 부키.
- 재무부·한국산업은행, 1993. 『한국외자도입 30년사』. 재무부·한국산업은행.
- 전철환, 1987. 『경제협력이야기』. 한국경제신문사.
- 조이제·카터 에커트(Carter J. Eckert), 2005. 『한국 근대화, 기적의 과정』. 월간조선사. pp.443-467.
- 좌승희·이태규, 2019. 『한강의 기적을 세계로 대동강으로』. 기파랑.
- 최중경, 2012. 『청개구리 성공신화: 대한민국, 전쟁 폐허에서 산업 강국으로』. 매일경제신문사.
- 최형섭, 1994. "과학기술개발" 『박정희 시대: 그것은 우리에게 무엇이었는가』.
- 한국국제협력단. "전자조달시스템".
  http://nebid.koica.go.kr(검색일자2022.5.30.).
- 한국국제협력단. "KOICA 오픈데이터포털".
  https://www.oda.go.kr/opo/nmasc/main.do(검색일자2022.5.30.).
- 한국국제협력단, 2009. "개발조사사업 형태별 평가 결과보고서". 한국국제협력단.
- 한국국제협력단, 2010. "선진원조기관의 DAC 권고사항 및 평가지표 적용현황과 KOICA의 대응방향연구". 한국국제협력단.
- 한국국제협력단, 2010. "NGO지원사업 종합평가 결과보고서". 한국국제협력단.
- 한국국제협력단, 2020. "KOICA 대외무상원조실적 통계". 한국국제협력단.
- 한국국제협력단 개발협력부, 1991. "개발컨설턴트".
- 한국국제협력단 홈페이지.
  http://www.koica.go.kr(검색일자2022.5.30.).
- 한승주, 1995. "New Korea's Diplomacy toward the World and the Future" 『세계화 시대의 한국 외교: 한승주 前 외무부장관 연설 기고문집』. ㈜지식산업사.
- KDI-HIID, 1981. 『한국 경제·사회의 근대화: 한국경제의 근대화과정연구』. 한국개발연구원.
- Kim S, 1987. "In-Service Training in Korea". Kyung Hee University.
- Kim Sang-Tae, 2003. "ODA Policy of the Republic of Korea: In the Context of Its

Evolving Diplomatic and Economic Policies". KOICA.

- KOICA봉사단 홈페이지.
  https://kov.koica.go.kr(검색일자2022.5.30.).
- Lee Chong Ouk, 1987. "Science and Technology Policies and Manpower Development". KDI.
- Ministry of Foreign Affairs and Trade, 2000. Korea's Official Development Assistance.
- ODA Korea 홈페이지.
  https://www.odakorea.go.kr/main(검색일자2022.3.15.).

국외

- ADB. 2015. "Key Indicatiors for Asia and the Pacific". ADB.
- Dong-Se Cha, 김광석 and Dwight H. Perkins(Dwight Heald). 1997. "The Korean Economy 1945-1995: Performance and Vision for the 21st Century". KDI.
- G.M. Meier and J.E. Rauch. 2000. "From Project Aid to Programme Assistance". Foreign Aid and Development-Lessons Learnt and Directions for the Future. Routledge.
  https://www.taylorfrancis.com/chapters/edit/10.4324/9780203461761-17/project-aid-programme-assistance-paul-mosley-marion-eeckhout
- Il Sakong. 1989. "Korea in the World Economy". Institute for International Economics.
- Il Sakong. 1993. 『Korea in the World Economy』. Institute for International Economics.
- KDI-HIID. 1980. "The Modernization and Social Modernization of the Republic of Korea". Harvard University Press.
- Louis A. Picard, Robert Groelsema and Terry F. Buss. 2008. 『Foreign Aid and Foreign Policy Lessons for the Next Half-century』. Routledge.
- OECD. 2009. 『Managing Aid: Practices of DAC Member Countries』. OECD.
  https://doi.org/10.1707/9709264062609 en
- OECD. 2018. 『OECD Development Co-operation Peer Review: Korea 2018』. OECD.
- OECD Statistics 홈페이지.
  https://stats.oecd.org/(검색일자2022.5.30.).
- Sang-tae Kim. 2003. "Future Tasks to Upgrade Korea's ODA(Korea-OECD/DAC Forum)". KOICA.
- Sooyong Kim and Wan-soon Kim. 1992. "Korea's Development Assistance:

Performance, Prospects and Policy". International Center for Economic Growth(International Trade and Business Institute Institute for Contemporary Studies).

- Steven W. Hook. Boulder et Londres. 1995. "National Interest and Foreign Aid". Lynne Rienner Publisher.
- Stuart Harris and James Cotton. 1991. 『The End of the Cold War in Northeast Asia』. Lynne Rienner Publisher.
- U.K. White Paper. 1997: 48.
- UNDP. 2020. 『Human Development Report 2020』. UNDP.
- World Bank. 1980. "Education Sector Policy Paper". World Bank.
- World Bank. 1998. "Assessing Aid: What Works, What Doesn't, and Why". Oxford University Press.

부록

국내

- 굿네이버스 홈페이지. "굿네이버스 인사제도 인재상". https://goodneighbors.recruiter.co.kr/appsite/company/callSubPage?code1=4000&code2=4200(검색일자2022.7.18.).
- 기획재정부 국제금융기구 정보시스템. "채용: WB 세계은행". https://ifi.moef.go.kr/job/organ/info.do(검색일자2022.5.14.).
- 김성규, 2012. "기업의 글로벌 사회적 책임(Global CSR)과 개발협력".
- 김혜경, 2009. "국제개발협력과 기업의 사회적 책임".
- 박종남·박경랑·이은정, 2021. 『ODA 일자리 특성 분석』. 한국국제협력단.
- 세이브더칠드런 홈페이지. "세이브더칠드런 인재상". https://recruit.sc.or.kr/hr-system-type-of-talent(검색일자2022.7.18.).
- 외교부국제기구인사센터. "국제기구직원이 되려면". http://unrecruit.mofa.go.kr/overview/unemploy.jsp(검색일자2022.5.14.).
- 월드비전 홈페이지. https://www.worldvision.or.kr/(검색일자2022.5.14.).
- 이혜원, 2008. 『나는 유엔으로 간다』. 한솜미디어.
- 초록우산어린이재단 홈페이지. https://www.childfund.or.kr/main.do(검색일자2022.8.31.).
- 한국국제협력단. "전자조달시스템". http://nebid.koica.go.kr(검색일자2022.5.30.).

- 한국국제협력단. "해외봉사단 및 글로벌인재양성사업".
  https://kov.koica.go.kr/intro/summary.koica(검색일자2022.8.31.).
- 한국국제협력단, 2011.『한국해외봉사단 20년 발자취』. 에덴복지재단.
- 한국국제협력단, 2013.『국제개발협력의 이해(개정판)』. 한울아카데미.
- 한국국제협력단, 2014.『개발학 강의:정치, 경제, 사회문화, 인류학의 관점으로 바라본 개발학의 모든 것』. 푸른숲.
- 한국수출입은행 인재 채용 홈페이지. "수출입은행 인재상".
  https://recruit.koreaexim.go.kr/HPHFRR030M01(검색일자2022.8.31.).
- KCOC 국제개발협력민간협의회 홈페이지.
  http://ngokcoc.or.kr(검색일자2022.6.27.).
- KOICA ODA교육원.
  http://oda.koica.go.kr(검색일자2022.5.30.).
- ODA Korea 홈페이지.
  https://www.odakorea.go.kr/main(검색일자2022.8.31.).

국외

- ADB. ADB 홈페이지.
  https://www.adb.org/(검색일자2022.5.30.).
- ADB 홈페이지. "ADB Internship Program".
  http://www.adb.org/site/careers/internship-program(검색일자2022.5.30.).
- ADB 홈페이지. "ADB YPP".
  http://www.adb.org/site/careers/adb-young-professionals-program(검색일자2022.5.30.).
- OECD 홈페이지. "OECD Careers".
  https://www.oecd.org/careers/(검색일자2022.5.30)
- OECD 홈페이지. "OECD Internship".
  https://www.oecd.org/careers/internship-programme/(검색일자2022.5.30.).
- OECD 홈페이지. "OECD YAP".
  https://www.oecd.org/careers/young-associate-programme(검색일자2022.5.30.).
- OECD 홈페이지. "STAFF REGULATIONS, RULES AND INSTRUCTIONS APPLICABLE TO OFFICIALS OF THE ORGANISATION".
  https://www.oecd.org/careers/Staff_Rules_EN.pdf(검색일자2022.5.30.).
- UN 홈페이지.
  https://devbusiness.un.org/(검색일자2022.5.30.).
- UN 홈페이지. "Staff categories".
  https://careers.un.org/lbw/home.aspx?viewtype=SC&lang=en-US(검색일자2022.5.30.).

• UN 홈페이지. "Young Professionals Programme".

  https://careers.un.org/lbw/home.aspx?viewtype=NCE(검색일자2022.5.30.).

• UNV programme.

  https://www.unv.org/(검색일자2022.5.30.).

• World Bank 홈페이지.

  http://www.worldbank.org(검색일자2022.5.14.).

• World Bank 홈페이지. "DFSP".

  https://www.worldbank.org/en/about/careers/programs-and-internships/
  donorfunded-staffing-program(검색일자2022.5.30.).

• World Bank 홈페이지. "WB apply".

  https://www.worldbank.org/en/about/careers/employment-policy(검색일자2022.5.30.).

• World Bank 홈페이지. "WB Internship".

  https://www.worldbank.org/en/about/careers/programs-and-internships/
  internship(검색일자2022.5.30.).

• World Bank 홈페이지. "WB JPA".

  https://www.worldbank.org/en/about/careers/programs-and-internships/Junior-
  Professional-Associates(검색일자2022.5.30.).

• World Bank 홈페이지. "WB YPP".

  https://www.worldbank.org/en/about/careers/YPPfaq(검색일자2022.5.30.).

• World Bank 홈페이지. "WBG CORE COMPETENCIES".

  https://thedocs.worldbank.org/en/doc/521791568041235683-0220012019/original/
  WBGCoreCompetenciesFinal.pdf(검색일자2022.5.30.).

『국제개발협력 입문편』 발간에 참여해 주신 분들

◇ 기획 총괄

홍석화 KOICA 사업전략·파트너십본부 이사
오성수 KOICA 사업전략처 처장
박수영 KOICA ODA연구센터 센터장

◇ 기획

전영은 KOICA ODA교육팀 팀장
유지영 KOICA 필리핀사무소 부소장
이소영 KOICA ODA교육팀 과장
김혜진 KOWORKS ODA교육1팀 과장

◇ 집필

제1장 조한덕 KOICA 베트남사무소 소장
제2장 손혁상 KOICA 이사장
제3장 임소진 영국 센트럴랭커셔대학교 교수
제4장 곽재성 경희대학교 교수
제5장 김상태 국립한경대학교 교수
부 록 강연화 KOICA 조달실 실장

◇ 감수

김복희 KOICA ODA연구센터 연구위원
김혜경 이화여자대학교 초빙교수

◇ 그 외 도움을 주신 분들

강서아, 김소영, 김연희, 김영란, 김유겸, 김유식, 김윤지, 김은영, 김은총, 김진주, 류현아, 박신영, 변민지, 송보영, 신소렬, 신은선, 신지혜, 염정현, 오기윤, 오연금, 오재혁, 유종화, 윤후정, 이상백, 이승윤, 이예은, 장설아, 장은정, 전명현, 전지혜, 정혜지, 조선, 조소희, 조정명, 조하연, 최혜령, 황재상